Forum Zukunft
hrsg. von Joachim Jens Hesse und Christoph Zöpel

Band 2

Joachim Jens Hesse/Christoph Zöpel (Hrsg.)

Neuorganisation der Zeit

Nomos Verlagsgesellschaft
Baden-Baden

CIP-Titelaufnahme der Deutschen Bibliothek

Neuorganisation der Zeit / Joachim Jens Hesse; Christoph Zöpel (Hrsg.). – 1. Aufl. – Baden-Baden: Nomos Verl.-Ges., 1987
(Forum Zukunft; Bd. 2)
ISBN 3-7890-1512-1
NE: Hesse; Joachim Jens [Hrsg.]; GT

1. Auflage 1987

Satz: Institut für Landes- und Stadtentwicklungsforschung des Landes Nordrhein-Westfalen (ILS), Dortmund
Druck und buchbinderische Verarbeitung: Nomos Verlagsgesellschaft, Druckhaus Sinzheim

Inhaltsverzeichnis

Vorbemerkung

Die Veranstaltungs- und Publikationsreihe 'Forum Zukunft' sieht ihre Aufgabe in der systematischen Beschäftigung mit Zukunftsfragen und in der Diskussion der Rolle des Staates bei der Zukunftsgestaltung. Im Rahmen der Ressortforschung des Ministeriums für Stadtentwicklung, Wohnen und Verkehr des Landes Nordrhein-Westfalen laden die Herausgeber hierzu Persönlichkeiten, die in Staat, Wissenschaft, Wirtschaft und Verbänden Verantwortung tragen, zu einer regelmäßig stattfindenden Aussprache ein. Das Forum versteht sich dabei als Aufforderung zum Dialog über die Möglichkeiten der ökonomischen, ökologischen und sozialen Erneuerung westlicher Industriestaaten und soll den Prozeß der gesellschaftlichen Verständigung darüber verstärken, welche Qualität des Lebens, Arbeitens, Wirtschaftens und Wohnens in Zukunft erforderlich, wünschenswert und erreichbar ist.

Der vorliegende Band dokumentiert die Ergebnisse des zweiten Zukunftsforums, das am 1. Juli 1987 in Düsseldorf dem Thema 'Neuorganisation der Zeit' gewidmet war. Diese Themenstellung entwickelte sich aus unterschiedlichen zeit-orientierten Überlegungen im Rahmen der ersten Forums-Veranstaltung zum Thema 'Zukunft und staatliche Verantwortung'. (Hesse/Zöpel (Hrsg.), Baden-Baden 1987). Dabei wird zunächst davon ausgegangen, daß wir in einer nicht vollbeschäftigten und in ihrer Zeitverwendung unsicheren Gesellschaft leben. Die westlichen Industriestaaten sind in dieser Situation vor eine historisch neuartige Herausforderung gestellt. Aufgrund der technischen Entwicklung und des durch sie erreichten Wohlstandsniveaus eröffnet sich die historische Chance, daß Gesellschaften ohne Not entscheiden können, ob und wie Ungleichgewichte und Ungleichverteilungen bei der Verfügung über Erwerbs- und erwerbsfreie Zeiten durch eine soziale Organisation der Zeit ausgeglichen werden sollen. Damit wird die Zeit zu einem Politikfeld der Zukunft. Wie groß dessen Gestaltungsspielräume sind und unter welchen Voraussetzungen sie gesellschaftlich sinnvoll genutzt werden können, war die erkenntnisleitende Fragestellung der hier dokumentierten Veranstaltung.

Nach der Einführung, die unterschiedliche Zugänge zu einem Politikfeld 'Zeit' und 'Zeitverwendung' umreißt und Ansätze für politisches Handeln formuliert, stehen zunächst drei Beiträge im Vordergrund, die sich um eine Bestandsaufnahme und eine Darstellung erkennbarer Entwicklungen im Bereich der Zeitverwendung bemühen. Friedhart Hegner skizziert dabei auf der Grundlage einer fundierten Datenbasis die zukünftige Entwicklung von Erwerbs-

und erwerbsfreien Zeiten und verweist auf politische Gestaltungsmöglichkeiten. Werner Glastetter greift diese auf die Konturen zukünftiger Arbeitszeitpolitik konzentrierten Überlegungen auf und stellt sie in den Zusammenhang gesamtwirtschaftlicher Prognosen, wobei er zeigt, wie wichtig die Arbeitszeitpolitik als Element einer sozialen Wirtschaftspolitik auch in den kommenden Jahren sein wird. Jürgen P. Rinderspacher schließlich verweist demgegenüber auf die sozialen Folgen einer sich abzeichnenden Flexibilisierung und Vermischung von Zeitstrukturen für den gesellschaftlichen Alltag. Seine Frage nach den Konsequenzen einer 'Rund-um-die-Uhr-Gesellschaft' macht deutlich, wie komplex und unwägbar Prozesse einer Reorganisation der Zeitverwendung für den gesellschaftlichen Alltag sein können.

Unter der Rubrik 'Handlungsmöglichkeiten' formulieren Karlheinz Blessing und Michael Jungblut dann zum Teil konträre, zum Teil aber auch konvergierende Positionen zur künftigen Neuorganisation der betrieblichen Zeitverwendung. Dabei ist besonders interessant, wie die gewerkschaftliche Sichtweise und die eines engagierten Marktwirtschaftlers wechselseitige Lernprozesse erkennen lassen, die nicht nur die Bedeutung unserer Themenstellung, sondern auch und gerade den Weg zu einer gesellschaftlichen Verständigung über ursprünglich äußerst kontroverse Positionen signalisieren. Eine demgegenüber noch weitgehend undiskutierte Perspektive wird von Rolf G. Heinze und Claus Offe unter dem Titel 'Requalifizierung von Zeit' vorgestellt. Hier geht es um einen theoriegeleiteten Ansatz, das gesellschaftliche Medium 'Zeit' dem bislang dominanten Generalindikator 'Geld' gegenüber aufzuwerten.

Als Beispiele für die Bereitschaft zur Reflexion und zur Kritik, die die Diskussionen anläßlich des 'Forums Zukunft' prägte, stehen die Beiträge von Claus Schäfer und Bodo Richter. Während Schäfer der Betonung individueller Arbeitszeitregelungen die Notwendigkeit kollektiver Vereinbarungen im Bereich der Erwerbswirtschaft gegenüberstellt, verweist Richter nachdrücklich auf Schwierigkeiten bei der Einführung neuer Arbeitszeitmodelle im öffentlichen Dienst und auf sich daraus ergebende Folgen für die Leistungsfähigkeit öffentlicher Einrichtungen.

Ein 'vorläufiges Fazit' sucht die politischen, ökonomischen, sozialen und kulturellen Zugänge zum Thema 'Zeit und Zeitverwendung' zu summieren und gibt an, wie eine 'Neuorganisation der Zeit' zwischen individueller Zeitsouveränität und gesellschaftlicher Zeitverantwortung verwirklicht werden könnte. Ein umfangreicher Tabellenanhang, der vorliegende empirische Informationen zur Zeitverwendung aufbereitet, beschließt den Band.

Die vorgelegten Beiträge wurden für diese Veröffentlichung überarbeitet. Der thesenartige, in Teilen gewiß strittige Charakter vieler Ausführungen blieb allerdings erhalten. Unsere Herausgeberfunktion beschränkte sich auf einige Hinweise zur thematischen Verbindung der Beiträge.

Dem Institut für Landes- und Stadtentwicklungsforschung des Landes Nordrhein-Westfalen in Dortmund (ILS) danken wir für organisatorisch-technische Hilfestellungen.

Im Dezember 1987 *Joachim Jens Hesse und Christoph Zöpel*

I. Einführung

Christoph Zöpel

Die Zeit - ein Politikfeld der Zukunft

1. Zukunftsforschung und Zeit

Das Verhältnis der Menschen zur Zeit ist nicht erst vor dem Hintergrund der jüngeren ökonomischen Entwicklung, also des historischen Phänomens von Arbeitslosigkeit und Unterbeschäftigung in der Wohlstandsgesellschaft, zum Gegenstand der Zukunftsforschung geworden. Bereits in den 60er Jahren hat die Zukunftsforschung Hypothesen über die Veränderung von Zeitstrukturen in der künftigen Gesellschaft entwickelt. Das bekannteste und herausragende Beispiel dafür ist Jean Fourastiés 1965 veröffentlichtes Werk 'Die 40 000 Stunden - Aufgaben und Chancen der sozialen Evolution'. Der entscheidende Satz in dieser Arbeit lautet: 'Gegenwärtig erleben wir also, wie der Mensch aus einer Situation zeitlicher Gebundenheit in eine solche des Zeithabens wechselt'. Diese Grundannahme wird von Fourastié mit der Prognose verbunden, daß wir es schon in naher Zukunft erleben würden, wie der Durchschnittsmensch in den wirtschaftlich hochentwickelten Ländern seine Bedürfnisse mit einer Erwerbstätigkeit von 30 Stunden in der Woche befriedigen kann. Gleichzeitig geht Fourastié davon aus, daß die Zahl der Urlaubswochen erheblich ansteigen werde. Diese beiden Annahmen quantifiziert er zu der Formel, daß die Beschäftigten jährlich 30 x 40 = 1 200 Arbeitsstunden verbringen würden, was wiederum in Verbindung mit der Annahme eines knapp 35jährigen Berufslebens zu dem Ergebnis der im Titel angesprochenen 40 000 Arbeitsstunden führt.

Auf der ersten Veranstaltung des 'Forum Zukunft' haben sich nahezu alle Beiträge explizit oder implizit mit dem Thema Zeit beschäftigt. Dabei wurde deutlich, in welch hohem Maße politikberatende Zukunftsforschung und wissenschaftliche Prognosen heute eine neue Organisation von Zeit in der Gesellschaft, insbesondere eine andere Verteilung von Erwerbsarbeitszeiten, zur Bewältigung von Zukunftsproblemen für erforderlich halten.

Jürgen Kromphardt stellte in seinen Aussagen zur Veränderung der gesamtwirtschaftlichen Rahmenbedingungen fest, daß auch eine Politik der Wachstumsförderung - falls sie erfolgreich sein sollte - allein noch keine durchschlagende Wirkung auf die Beschäftigungslage haben könnte, weil die höhere

Produktion zum Teil durch höhere Leistungen je Arbeitsstunde erbracht wird. Diese Politik (über deren Methoden sich die Keynesianer mit den Angebotsökonomen und Monetaristen streiten) müsse daher durch eine Politik der Arbeitszeitverkürzung ergänzt werden, wenn sich die Arbeitslosigkeit beträchtlich reduzieren soll. Kromphardts Resumee lautete, daß 'ein Vorziehen der im Zeitverlauf trendmäßig zu erwartenden Arbeitszeitverkürzung die Politik der Wachstumsförderung unterstützen muß' (Kromphardt, in: Hesse/Zöpel 1987, S. 98 ff.).

Unter den Aspekten der längerfristigen Arbeitsmarktentwicklung stellte Olaf Sund fest: 'Nachdem der Pulverdampf der ersten Diskussionen verzogen ist, dürfte sich unter den Beteiligten die Beurteilung der beschäftigungsmäßigen Folgen der Arbeitszeitverkürzung angenähert haben. Positive Effekte sind inzwischen auch nur noch schwer zu bestreiten und die angeblich unmäßige, wettbewerbsschädliche Belastung der Wirtschaft durch die gewerkschaftliche Politik ist - einmal mehr - ausgeblieben.

Das IAB schätzt, daß 1985 allein durch die Abschlüsse in der Metall- und Druckindustrie bereits 60 000 Menschen einen Arbeitsplatz gefunden oder erhalten haben und daß sich dadurch die registrierte Arbeitslosigkeit um rund 42 000 verringert hat. 1986 dürfte sich mit dem Nachziehen einer Vielzahl von Branchen die Beschäftigungswirksamkeit spürbar vergrößert haben, selbst wenn z. B. ein großes Segment, der öffentliche Dienst, noch kaum etwas dazu beiträgt.

So unbestreitbar die positiven Beschäftigungseffekte der bisherigen Abschlüsse sein mögen, so klar ist doch, daß sie angesichts der Problemdimension zu klein ausfallen. Weitere Verkürzungsschritte müssen auf der Tagesordnung bleiben, dabei kann auch die Frage der Einkommensverteilung kein Tabu sein. Im Interesse einer größeren Wirksamkeit sollten aber auch Vorschläge ernsthafter erörtert werden, wie sie vom Berliner Wissenschaftszentrum (Scharpf und Schettkat) kommen, die auf eine finanzielle Beteiligung des Staates an Arbeitszeitverkürzungen hinauslaufen. Denn in der Tat profitieren ja der Staat und seine Parafisci von Beschäftigungserfolgen der Tarifpolitik. Warum sollte sich der Staat aus diesen Erwägungen heraus nur bei der Verkürzung der Lebensarbeitszeit (Vorruhestand) und nicht auch bei der Verkürzung der Wochen- oder Jahresarbeitszeit engagieren?

Eine solche Beteiligung könnte dann besonders naheliegen, wenn Arbeitszeit nicht nur in individuell beliebig verwendbare Freizeit, sondern in 'Bildungszeit' umgewandelt würde. Wenn die Forderung nach lebenslangem Lernen keine Phrase sein soll, müssen die Bedingungen dafür geschaffen werden. Bildungsphasen gelten noch zu oft als Luxus und eigentlich überflüssig. Deren Akzeptanz muß sich erhöhen, Bildung und Arbeit müssen sich in der Wertschätzung durch die Gesellschaft angleichen.

Weiterbildungserfordernisse steigen nicht nur für Arbeitslose, sondern auch für die Beschäftigten. Diese stehen aber viel weniger im Blickpunkt der staatlichen Qualifizierungspolitik. Die in diesem Jahr ausgerufene 'Qualifizierungsoffensive' kommt aus einer Reihe von Gründen vorwiegend den Arbeitslosen zugute, eine gezielte Qualifizierungsstrategie für die weitaus größere Zahl der Beschäftigten könnte sich mit einer beschäftigungsorientierten Arbeitszeitpolitik verbinden.

Arbeitszeitpolitik muß auch trotz mancher berechtigter Bedenken einen bedarfsgerechten Ausbau der Teilzeitarbeit enthalten. Ihre individuelle wie gesellschaftliche Akzeptanz kann erhöht werden, wenn Teilzeit nicht automatisch mit 'Halbtags-' oder 'Halbzeitarbeit' übersetzt wird, sondern alle Arbeitszeiten unterhalb der Vollzeitgrenze einschließt und offene Organisationsformen zuläßt.

Es wird vielfältige Formen flexibler oder individueller Arbeitszeiten geben müssen . . . . Beschäftigungswirksame Arbeitszeitverkürzungen stellen sich in dieser Sicht als notwendige Voraussetzungen für Arbeitszeitflexibilisierung dar' (Sund, in: Hesse/Zöpel 1987, S. 112 ff.).

Ein weiterer Aspekt wurde von Walter Siebel im Zusammenhang von Arbeit, Freizeit und Stadtentwicklung angesprochen (Siebel, in: Hesse/Zöpel 1987, S. 177 ff.). Er konzentrierte sich dabei auf einen bestimmten Ausschnitt der Freizeit, nämlich auf die produktive, informelle Arbeit in der von Erwerbsarbeit freien Zeit. Er wählte diesen Sektor der produktiven Arbeit im außerbetrieblichen Lebensbereich einmal, weil sich an diesem Beispiel andere, bisher vernachlässigte Aktivitätsformen der Freizeitbeschäftigung deutlich machen lassen, zweitens, weil daraus neue Anforderungen an die personelle und materielle Infrastruktur abzuleiten sind, schließlich drittens, weil diese Form produktiver Arbeit in der Gestalt von 'Schattenwirtschaft' außerhalb der formellen Arbeit wichtige Anknüpfungspunkte für die Stadtpolitik bietet. Analysiert man das vielfältige Spektrum von Eigenarbeit und Nachbarschaftshilfe, wird deutlich, daß die 'Schattenwirtschaft' weit mehr Dimensionen umfaßt als die immer wieder in der Öffentlichkeit diskutierten Probleme der Schwarzarbeit, die den Zugang zu den freizeitpolitischen Ansätzen und damit zu den gesellschaftspolitischen Implikationen der informellen Ökonomie verstellen. Denn während Schätzungen der illegalen Schwarzarbeit von einer Größenordnung von 3 - 12 Prozent des Bruttosozialproduktes ausgehen, werden für die unentgeltliche Arbeit in freiwilligen Organisationen etwa 6 Prozent und für die Selbstversorgungsaktivitäten privater Haushalte bis zu 40 Prozent des Wertes des Bruttosozialproduktes angenommen.

Eine Betrachtung der informellen, nicht der illegalen Ökonomie wendet sich dabei gegen simplifizierende Gegenüberstellungen von Konsumtion und Produktion, Freizeit und Arbeit, Reproduktions- und Produktionsbereich, weil 'auf diese Weise die vielfältigen Formen von Arbeit nach der Arbeit konzeptionell ausgeblendet' werden. Diese Dichotomien korrelieren nach Siebel mit den Konzepten der Stadtplanung und Wohnungspolitik, die die 'zeitliche und räumliche Trennung von Wohnen und Arbeiten' zu ihren Prinzipien erhoben haben. Danach hat sich der private Haushalt auf eine 'Einheit von Konsum und Erholung' reduziert. Durch die Realität der informellen Arbeit in der Schattenwirtschaft werden diese Prinzipien fragwürdig. Daraus leitet er die Forderung ab, Stadtplanung und Wohnungspolitik müßten darauf gerichtet sein, 'rechtliche und räumliche Möglichkeiten zur informellen Arbeit zu eröffnen . . . , um die Dispositionsmöglichkeiten der Haushalte über Raum, Zeit und Geld zu erweitern' (Siebel, S. 189). Eine hier ansetzende Zeitpolitik, die die Rahmenbedingungen für die Erweiterung der individuellen Dispositionsmöglichkeiten vergrößern würde, könnte die Wohlfahrtseffekte der informellen Arbeit wohl eher verstärken als eine generelle Arbeitszeitverkürzung.

Nikolai Lutzky arbeitete in seinem Querschnittsreferat über die Zukunft von Stadtentwicklung, Wohnen und Verkehr die Konsequenzen einer veränderten Zeitverwendung insbesondere für den Verkehrsbereich heraus (Lutzky, in: Hesse/Zöpel 1987, S. 192 ff.). Er stellte fest: 'Die steigende Freizeit, die . . . . mit einer Jahresrate von etwa 1 Prozent pro Jahr bis Ende des Jahrhunderts zunehmen wird, wird im Verkehrsgeschehen Konsequenzen haben in Form einer wachsenden Bedeutung von Fahrten mit Wunschcharakter gegenüber Fahrten mit Zwangscharakter, etwa zum Arbeitsplatz oder zur Ausbildung. Damit werden allerdings auch, und das muß man als Verkehrsplaner in Rechnung stellen, natürlich die Fahrten selber hinsichtlich ihrer Ziele und ihrer zeitlichen Verteilung weniger kalkulierbar. Hier entsteht eine ganz neue Art von Steuerungsbedürftigkeit im Verkehr.'

Diese vielfältigen Bezüge zum Thema 'Zeit', die im ersten 'Forum Zukunft' angesprochen wurden, sind Anlaß für den Versuch, das Thema 'Zeit und Zukunft' systematisch aufzuarbeiten. Diese Zielsetzung ist unter das Oberthema 'Neuorganisation der Zeit' gestellt. Wieder soll die Beschäftigung mit einem solchen zukunftsgerichteten Thema in den beiden logisch aufeinander folgenden Schritten 'Bestandsaufnahme und erkennbare Entwicklung' sowie 'Handlungsmöglichkeiten' erfolgen. Dies entspricht dem im ersten Forum herausgearbeiteten Charakter von Zukunftsforschung.

Rainer Mackensen stellt hierzu fest: 'Zukunftsforschung ist . . . . im strengen und im umfassenden Sinne Handlungsforschung. Strenge Handlungsforschung, weil sie nicht nur das tatsächliche bisherige Handeln zum Gegenstand hat, sondern auch dessen Intention, bisher und künftig. Umfassende Handlungsforschung, weil sie das Handeln nicht nachbildet, sondern nach eigenen Möglichkeiten des Handlungswillens fragt. Sie muß dazu das Handeln und den Willen aller Akteure einbeziehen' (Mackensen, in: Hesse/Zöpel 1987, S. 45 ff). Diese Definition folgt aus Mackensens Handlungsbegriff, wonach jedes Handeln auf Zukunft gerichtet ist und sich auf das Handeln anderer bezieht. Für das politische Handeln muß dies um so mehr gelten.

Diese Auffassung Mackensens führt zu meiner Definition von Zukunft aus der Sicht staatlicher Handlungserfordernisse: Zukunft ist Folge von Entscheidungen der Gegenwart, ist Wahlmöglichkeit in einer historischen Situation. Interpersonelle Klarheit über Wahlmöglichkeiten und damit zukunftsrelevantes Handeln erfordert eine zureichende Verständigung über die Geschichte und die Gegenwart unserer Zukunft. Ein kritisch-bewußter historischer Zugang zur Zukunft macht es notwendig, die konstanten, die dauerhaften Elemente der menschlichen Geschichte herauszuarbeiten und sie dann mit historischen Situationen zu konfrontieren, die rückblickend veränderlich, vorausschauend veränderbar sind.

2. Was ist 'Zeit'?

Dieses Verständnis bzw. diese Verständigung über Zukunftsforschung soll nun auf das Zukunftsproblem 'Zeit' angewandt werden. Eine solche Annäherung, die sich kritisch-historisch begreift, mag für die 'Zeit' zunächst eigenartig wirken. Denn Zeit gilt entweder als erfahrungsunabhängige und damit unhistorische Gegebenheit, wie es insbesondere Immanuel Kant erkenntnistheoretisch dargelegt hat, oder als Objekt der Physik, das lediglich zunehmend verfeinerte Meßmethoden erfordert, um zu einer allgemein gültigen Bestimmung der Maßeinheiten von 'Zeit' zu kommen.

Die zentralen Aussagen in Kants 'Kritik der reinen Vernunft' lauten: '1. Die Zeit ist kein empirischer Begriff, der irgend von einer Erfahrung abgezogen worden . . . . 2. Zeit ist eine notwendige Vorstellung, die allen Anschauungen zugrunde liegt. Die Zeit ist also a priori gegeben. In ihr allein ist alle Wirklichkeit der Erscheinungen möglich'.

Sowohl die auf Kant zurückzuführende philosophisch-methodologische als auch die physikalische Bestimmung des Zeitbegriffs vernachlässigt jedoch die mit ihm verbundenen sozialen Phänomene.

Norbert Elias schreibt im zweiten Band seiner Arbeiten zur Wissenssoziologie 'Über die Zeit' (1984) und arbeitet dabei die soziale und historische Dimension von Zeitstrukturen heraus. Seine zentrale These lautet: 'Den Charakter als Zeitbestimmer gewinnt ein physikalischer Ablauf erst dadurch, daß er im Zusammenhang mit den physikalischen Aspekten auch den Charakter des beweglichen sozialen Symbols besetzt und als solches, sei es informierend, sei es regulierend, in den Kommunikationskreislauf menschlicher Gesellschaften eingeschaltet ist' (S. XXII). Diese beiden Momente, Information und Regulation durch Zeit, sind wohl die wesentlichen gesellschaftlichen Implikationen. Im Zusammenhang mit der bereits erwähnten Prognose Fourastiés, daß der Mensch in eine Situation des Zeithabens überwechselt, also nach schlichtem Verständnis soziale und individuelle Zwangskomponenten des menschlichen Lebens wegfallen, wird die Frage aktuell, wie sich dazu die Befunde von Elias über die gesellschaftliche Organisation der Zeit als Ausdruck von Zwang und Selbstzwang verhalten.

Elias hat gezeigt, wie durch die Verbreitung der Uhr in der frühen Neuzeit die technische Basis für die Entwicklung neuer gesellschaftlicher Zeitstrukturen gesetzt wurde. Durch sie wurde die traditionelle Zeitorganisation, die sich an den natürlichen Rhythmen von Tag und Nacht, Jahreszeiten und Vegetationsfolgen orientierte, unter den mechanischen Zeittakt des Uhrwerks subsumiert. Der Heranwachsende lernt die 'Zeit' als Symbol für eine soziale Institution kennen, die er als Fremdzwang spürt. Dieser Fremdzwang verwandelt sich in ein das Leben umgreifendes Selbstzwangmuster des einzelnen Individuums (vgl. S. XVIII f.). Der von Elias in seiner Arbeit 'Prozeß der Zivilisation' (1976) für die entstehende bürgerliche Gesellschaft untersuchte 'Zwang zum Selbstzwang' konnte so durch ein einheitliches und allgemein gültiges Maß für die Zeitdisziplin reglementiert werden.

Es ist offensichtlich, daß erst die sozialen Implikationen Zeit zum Gegenstand von Zukunftsforschung als Handlungsforschung machen, Zeit also gesellschaftlich und damit politisch gestaltbar wird.

Die gesellschaftliche Verfügbarkeit über Zeit stellt Oskar Negt in den Mittelpunkt seiner Analysen zur Arbeitszeitpolitik. Er konzentriert in 'Lebendige Arbeit, enteignete Zeit. Politische und kulturelle Dimensionen des Kampfes um die Arbeitszeit' (1985) diese Problematik auf den Begriff der Herrschaft. Herrschaft, das heißt die institutionelle Zwangsausübung, begreift er in der 'Detailorganisation von Raum- und Zeitteilen, die den einzelnen Menschen in seiner Lebenswelt wie in ein Korsett einspannen' (S. 21). Negt ergänzt die These von Claus Offe 'Macht hat, wer warten kann' durch den Zusatz 'Nur der kann warten, der über die Zeit anderer verfügt' (S. 20). Wenn Herrschaft aber 'in der Mikroorganisation von Raum und Zeit' besteht, wird das Infragestellen hergebrachter Zeitstrukturen 'immer auch als ein Angriff auf das bestehende Herrschaftssystem verstanden' (S. 21) werden müssen. In dieser Betrachtungsweise wird Zeitpolitik eminent konfliktträchtig, und das Thema 'Freizeit' verliert seine angenehme Beliebigkeit. Der Ansatz von Negt ist in seiner Zuspitzung gut geeignet, um den Kontrast der hier handlungsorientiert erörterten Zeitproblematik zu den eingangs erwähnten naturwissenschaftlichen und methodologisch-apriorischen Betrachtungsweisen zu verdeutlichen.

Das gleiche leistet allerdings auch ein alltägliches Sprichwort: Zeit ist Geld. Entsprechend prägen Kalküle zur Ökonomisierung der Zeit unseren Zeitbegriff. Unter dem Rationalitätskalkül der Zeitersparnis wird Zeit zu einer knappen Ressource, die es durch immer effektivere Verwendungsformen zu nutzen gilt. Den daraus ableitbaren 'unendlichen Regreß der Zeitersparnis' hat Jürgen Rinderspacher in 'Gesellschaft ohne Zeit' (1985) 'die infinitesimale Verwendungslogik der Zeit' genannt (S. 57 ff.). Sie führt dazu, daß trotz der von Fourastié beschriebenen Entwicklung zu einer gesamtgesellschaftlich möglichen 'Situation des Zeithabens' gleichzeitig der objektive Zeitdruck und das subjektive Gefühl, keine Zeit zu haben, gerade in den zentralen Bereichen der Gesellschaft zunehmen. Freizeit bleibt davon nicht ausgenommen und wird teilweise bereits nach Rationalitätskalkülen der Zeitersparnis organisiert.

Diese paradoxe soziale Situation beruht auf asymmetrischen Zeitverwendungs- und -verteilungsstrukturen. Während bestimmte Gruppen der Gesellschaft wie Arbeitslose oder Rentner ihrer verfügbaren Zeit keinen Sinn geben können, stehen hochbelastete Facharbeiter, Manager und Selbständige unter permanentem Zeitdruck. Wie bei der Verteilung des gesellschaftlichen Wohlstandes gibt es auch bei der Nutzung von Zeit trotz des immensen Wachstums der gesamtgesellschaftlich verfügbaren Potentiale außerordentliche Disparitäten.

3. Annäherung an das Politikfeld Zeit

Aus den hier skizzierten Überlegungen und aus den Ergebnissen des ersten 'Forum Zukunft' zum Thema Zeit folgen einige Ansätze zur Entwicklung und Konturierung des Politikfeldes 'Zeit'. Sie sind mehr als Fragen denn als Thesen zu verstehen, ausgehend von meiner Position, daß die Notwendigkeit für den Staat, sich mit Zukunftsforschung zu beschäftigen, daraus resultiert, daß die Leistungsfähigkeit politisch-administrativen Handelns zur Zeit besonders heftig in Frage gestellt wird, und daß es für eine Institution, die in Frage gestellt wird, am besten ist, dadurch zu reagieren, daß sie zunächst selbst einmal intensiv fragt.

3.1 Veränderte Disponibilität von Zeit

Die erste Fragestellung richtet sich auf die veränderte Disponibilität von Zeit. Es lassen sich eine Reihe von Indikatoren für die Entwicklung der Arbeitszeit benennen, die Fourastiés Prognose von deren langfristiger Verkürzung historisch bestätigen - hier dargestellt für die Bundesrepublik Deutschland. Im Vergleich der Jahre 1950 und 1985 ist die tarifliche Wochenarbeitszeit von 48 auf 39,7 Stunden gesunken, die tatsächliche Wochenarbeitszeit verringerte sich von 49 auf 41,3 Stunden. Die Mehrarbeitszeit als Differenz von tatsächlicher und tariflicher Arbeitszeit ist seit 1980, als dieser Prozeß überhaupt erst einsetzte, um 2 Stunden in der Woche zurückgegangen. Schließlich sind - und das ist für die Verkürzung der Arbeitszeit die bisher wichtigste Größe - die jährlichen Arbeitstage von 277 in 1950 auf heute 198 zurückgegangen.

Damit scheint nicht die generelle Verkürzung der Arbeitszeit das zentrale Problem bei der Frage nach der Disponibilität der Zeit zu sein, sondern die konkrete Ausgestaltung der Arbeitsorganisation in den Betrieben. Die konkreten Folgen für die Zeitstrukturen der Gesellschaft dürften entsprechend unterschiedlich sein.

Extrapolieren wir den bisherigen Verlauf von Arbeitszeitverkürzungen in die Zukunft, wären die Phasen, in denen sich Arbeitszeitverkürzungen voraussichtlich primär auswirken werden, nicht der normale Wochenarbeitstag, sondern das Wochenende, die Länge des Urlaubs und die Einrichtung von Freischichten. Dagegen gibt es im Bereich der Organisation des Arbeitstages eher die Tendenz zu verlängerten Blockzeiten und zur Anpassung an die optimale Auslastung der Kapazitäten hochtechnisierter Produktionssysteme. Ein Forschungsprojekt des Ministeriums für Stadtentwicklung, Wohnen und Verkehr zu 'Entwicklungen der erwerbsgebundenen und erwerbsfreien Zeit in der Bundesrepublik Deutschland seit 1950' aus dem Jahre 1987, durchgeführt von Friedhart Hegner, zeigt, daß seit 1960 der Umfang der Schicht-, Sonn- und Feiertagsarbeit ständig zugenommen hat (S. 44). Dies gilt insbesondere auch für die Bereiche Handel, Banken und Dienstleistungen, in denen die Arbeitszeit mehr und mehr nach den Kriterien einer angebotsorientierten Flexibilisierung organisiert wird.

In ähnlicher Weise wie Arbeitszeit offensichtlich zu immer konzentrierteren Blöcken von Arbeitseinheiten verdichtet wird, die nur mit vollem Arbeitseinsatz zu bewältigen sind, wird die Arbeit auf Kerngruppen von Beschäftigten konzentriert. Dieses Phänomen ist in mehreren Erscheinungsformen zu beobachten: Vorruhestandsregelungen und weiter zunehmende Bildungszeiten begrenzen das Erwerbsleben auf einen spezifischen Lebensabschnitt, der nicht mehr dem traditionellen Begriff von Jugend und Alter entgegengesetzt werden kann. Die Millionenzahl der Dauerarbeitslosen bei einem gleichzeitig hohen Anteil an Überstunden in den Betrieben zeigt, daß die Arbeitsgesellschaft an ihren Rändern erodiert. Die Konzentration von Großbetrieben auf ihre Stammbelegschaft, die Delegation von Aufträgen an Subunternehmer und die Anmietung von Leiharbeitern vervollständigen dieses Bild. Unternehmensorientierte Zeitstrukturen tendieren damit sowohl zu einer selektiven Konzentration auf bestimmte Gruppen der lohnabhängig Beschäftigten als auch zu einer selektiven Flexibilisierung des Zeitbudgets dieser Gruppen. Dies unterstreicht die Notwendigkeit, die bestehenden Ansätze der Verteilungspolitik unter dem Gesichtspunkt der Zeit zu bedenken.

3.2 Ursachen für die historische Verkürzung der Arbeitszeit

Im Anschluß an diese empirischen Befunde stellt sich die weiterführende Frage, welche Ursachen zur Verkürzung der Arbeitszeit geführt haben. Wohl unstreitig sind Ursachen dieser Entwicklung die technischen Innovationen mit dem daraus resultierenden Produktivitätsfortschritt und der zeitoptimalen Organisation der Arbeitsprozesse. Der Zusammenhang von Innovationen, Umsetzung von Innovationen in Produktivitätsfortschritte und Steigerung des gesamtgesellschaftlichen Wohlstands ist damit zentral für die weitere Entwicklung der Disponibilität von Zeit. Wie geht es weiter mit den Produktivitätssteigerungen angesichts eines relativ schrumpfenden produzierenden Sektors, welche Produktivitätsentwicklung ist im Dienstleistungssektor möglich, wie werden die monetären und zeitlichen Wohlstandseffekte des Produktivitätsfortschritts zwischen unterschiedlich produktiven Sektoren verteilt? Dies sind die wesentlichen Zukunftsfragen.

3.3 Verteilung des Wohlstandes - Verteilung der Zeit

Die dritte Fragestellung untersucht, in welcher Weise Zeitdisponibilität und gesellschaftliche Verteilung von Wohlstand zusammenhängen. Dabei sollen nur zwei besonders interessante Bezüge dieses Komplexes angesprochen werden, nämlich unterschiedliche Erwerbsquoten und die demographische Entwicklung.

Zeitlich und räumlich unterschiedliche Erwerbsquoten zeigen, daß die Verteilung von Arbeit und damit von gesellschaftlich aufgewandter Arbeitszeit historischen Veränderungen unterliegt. In der Bundesrepublik ist die Erwerbsquote von Mitte der 50er Jahre bis Mitte der 70er Jahre stark zurückgegangen, seitdem hat sie sich wieder erhöht. Diese Veränderungen unterliegen offensichtlich nicht primär Nachfrageveränderungen auf dem Arbeitsmarkt, sondern sie sind durch soziale und politische Rahmenbedingungen beeinflußt. Dies zeigt besonders ein Vergleich zwischen einzelnen Industriestaaten.

Fritz W. Scharpf hat 1985 in einem Diskussionspapier des Wissenschaftszentrums Berlin 'Strukturen der post-industriellen Gesellschaft, oder: Verschwindet die Massenarbeitslosigkeit in einer Dienstleistungs- und Informations-Ökonomie?' Beschäftigungsquoten hochentwickelter Industriegesellschaften verglichen - einer der politisch interessantesten internationalen Vergleiche: Der Anteil der Erwerbsbevölkerung an der arbeitsfähigen Bevölkerung zwischen 15 und 64 Jahren schwankt in Ländern mit vergleichbarem Lebensstandard erheblich. Er beträgt, um nur vier Länder auszuwählen, in den Niederlanden 51,9 Prozent, in der Bundesrepublik 61,8 Prozent, in der Schweiz 71,7 Prozent und in Schweden 79 Prozent. Die beiden Länder mit der niedrigsten und der höchsten Erwerbsquote, die Niederlande und Schweden, sind Gesellschaften, die man gemeinhin als gleich wohlhabend bezeichnet, denen jeder Tourist, jeder oberflächliche Beobachter, eine weitgehend ähnliche Sozialstruktur unterstellen würde. Die jeweilige Erwerbsquote aber zeigt, welche geradezu einschneidenden Unterschiede in den Arbeitsmarktstrukturen, in der gesellschaftlichen Zeitstruktur bestehen.

Den zweiten Komplex des Zusammenhangs von gesellschaftlichen Zeitstrukturen und Wohlstandsverteilung stellen die Folgeprobleme der demographischen Entwicklung dar. Der maßgebliche Indikator zur Analyse dieser Problematik ist dabei der Rentenquotient. Bezogen auf 100 Erwerbstätige liegt er augenblicklich bei 48, er wird sich im Jahre 2010 auf 68, in 2020 auf 80 und in 2030 auf 103 verschieben. Spätestens dann wird die Verkürzung der Lebensarbeitzeit rückgängig gemacht werden müssen.

3.4 Zeitverteilung und Einkommensverteilung

Ein Rentenquotient von 103 wird auch die Zeitverteilung zu einer gesamtgesellschaftlichen Streitfrage machen, schon vorher aber ist die Rentenfinanzierung und damit ein wichtiger Teilbereich der Einkommensverteilung zum politischen Problem geworden. Die Fragen zum Zusammenhang von Einkommensverteilung und Zeitverteilung gehen aber natürlich weiter - auch über den Streitpunkt des Lohnausgleichs bei tariflichen Arbeitszeitverkürzungen hinaus.

Dieser Zusammenhang von Zeitverteilung und Einkommensverteilung ist insbesondere wesentlich bei der zunehmenden Erwerbstätigkeit der Frauen. Der Prozeß der Integration der Frauen in das Berufsleben relativiert die generelle Tendenz der gesellschaftlichen Zeitorganisation zu mehr erwerbsungebundener Zeit. Die Frauen sind wohl die einzige gesellschaftliche Gruppe, deren durchschnittliche Belastung mit erwerbsbezogener Arbeit steigt. Für Frauen stellt sich daher die Frage nach neuen Zeitstrukturen in einem anderen Kontext. Für sie geht es immer noch um gleiche Qualifikations- und Zugangschancen zum und im Erwerbsleben.

Zeitstrukturen, die an die 'Doppelarbeit' der Frau in Beruf und Haushalt angepaßt sind, gehören hier zu einem traditionellen Forderungskatalog für die Emanzipation der Frau. Variable arbeitnehmerorientierte Arbeitszeitregelungen sind eine wichtige Voraussetzung für die Erhöhung des Frauenanteils an den Beschäftigten. Seit 1960 hat die Teilzeitarbeit von 3,9 Prozent auf 13,6 Prozent in 1985 zugenommen. Sie wird zu 90 Prozent von Frauen genutzt (vgl. Hegner 1987, S. 30). Für die Zeit nach 1970 gilt entsprechendes für die Einführung der Gleitzeit. Mutterschutz, Teilzeitarbeit und Gleitzeitregelungen sind die wohl bekanntesten Instrumente einer frauenspezifischen Zeitpolitik, die allerdings auch für diejenigen Männer attraktiv sein könnte, die sich aus dem klassischen Rollenmuster emanzipiert haben. Arbeitnehmerorientierte Flexibilisierungen von Arbeitszeitregelungen sollten nach diesen Erfahrungen als durchaus überlegenswerte Modelle zur Bekämpfung der Arbeitslosigkeit in Betracht gezogen werden.

Bei zunehmender Erwerbstätigkeit von Frauen stellt sich die Frage, in welcher Weise davon das durchschnittliche Einkommensniveau berührt wird. In einer Wirtschaftsgesellschaft, in der nur die Männer berufstätig sind, dürfte, ja muß es ein anderes Niveau der pro-Kopf-berechneten Durchschnittseinkommen geben als in einer Gesellschaft, in der auch die erwerbsfähigen Frauen überwiegend erwerbstätig sind. Das Verhältnis zwischen Einkommensbeziehern und Zahl der Haushaltsangehörigen ändert sich. Die entsprechenden Veränderungen in der gesellschaftlichen Organisation der Zeit durch die Erhöhung der Frauenerwerbsquote haben offensichtlich tiefgreifende Veränderungen der primären Einkommensverteilung wie der sozialen Transfersysteme zur Folge.

Angesichts der Verteilungsprobleme einer veränderten Altersstruktur wie einer höheren Frauenerwerbsquote läßt sich eine Hypothese über die Beziehungen zwischen Beschäftigtenzahl und Höhe der Transferleistungen bzw. Sozialabgaben formulieren: Die Verteilung des gesellschaftlichen Arbeitsvolumens auf eine maximale Zahl Steuer- und Sozialabgabepflichtiger wäre der geeignetste Weg, sowohl die Probleme der Arbeitslosigkeit als auch zu hoher Sozialabgaben und Steuern zur Sicherung des Transfersystems zu lösen. Gesellschaftliche Disparitäten und damit die Notwendigkeit zu redistributiver Verteilungspolitik könnten gleichzeitig verringert werden. Diese Hypothese hat ihre Konsequenzen hinsichtlich der Organisation der historischen Arbeitszeitverkürzung, nämlich keine Reduzierung, sondern eine Verlängerung der Lebensarbeitszeit und einschneidende Verkürzung der Arbeitszeit innerhalb eines jeden Arbeitslebensjahres.

3.5 Arbeitszeit - arbeitslose Zeit - freie Zeit

Die fünfte Fragestellung berührt zunächst das Verhältnis von Arbeitszeit und arbeitsloser Zeit. Diese Beziehung ist selbst dann virulent, wenn keine Änderung der Arbeitszeitverteilung gegenüber dem jetzigen Zustand erfolgt. Die hohe Zahl Arbeitsloser, der wachsende Anteil frühzeitig aus dem Beschäftigungssystem ausscheidender Menschen und die große Zahl von Menschen, die heute viel später als in der Vergangenheit in das Beschäftigungssystem eintreten, hat den Umfang von arbeitsloser Zeit stark vermehrt. Aber mehr arbeitslose Zeit - das bedeutet nicht unbedingt eine entsprechende Zunahme an Freizeit im umgangssprachlichen Sinne, in dem nicht erwerbsgebundene Zeit als freie Zeit interpretiert, als Restgröße begriffen wird, die nach Abzug der arbeitsgebundenen Zeit zur 'frei'-zeitlichen Verfügung steht.

Freizeit wird überwiegend als Gegensatz zur Arbeitszeit definiert, zumeist als ein positiver Gegensatz. Dies entspricht dem liberal-bürgerlichen Verständnis dieses Begriffspaares. Die marxistische Definition von Freizeit als Reproduktionszeit führt gleichfalls zu einem, jetzt allerdings unangenehm kontrastierenden Abhängigkeitsverhältnis zwischen Freizeit und Arbeitszeit.

Beide Definitionen, indem sie gemeinsam Freizeit als Restzeit zur Arbeitszeit auffassen, werden den veränderten Zeitstrukturen nicht gerecht. 'Ein neues Verständnis von Freizeit hat sich daher in einer Situation entwickeln müssen, die freie Zeit nicht mehr als Restzeit zur Arbeitszeit auffaßt, sondern Freizeit ohne Begrenzung und damit nicht mehr als positiv, sondern als unfreiwillig erlebt. Dieses Freizeitverständnis hat zu einer sozialen Innovation geführt, welche die Trennung von Arbeitszeit und Freizeit im Prinzip aufhebt' (Zöpel 1987). Diese Innovation findet ihre erste praktische Konkretisierung in der Arbeit als alternativ empfundener sozialer Gruppen. Diese haben ein Konzept sich integrierender Tätigkeiten entwickelt, das sich wohl so verstehen läßt: 'Kulturelle Arbeit ist der Inbegriff von freiwilliger Tätigkeit, von menschlichem Handeln und Reflektieren in freier Zeit; menschliches Handeln ist immer auch soziales Handeln, weshalb in freier Zeit Sozialarbeit eigentlich ständig stattfindet als reflexives Kümmern um den Nächsten, sei es, weil der Mensch auf soziale Kommunikation angelegt ist, sei es, weil es Bedürftige selbst dann gibt, wenn ökonomischer Wohlstand herrscht. Kulturarbeit und Sozialarbeit verbinden sich mit gewerblicher Arbeit, die als materielle Grundlage menschlicher Bedürfnisbefriedigung notwendig ist. Indem freiwilliges Handeln, soziales Miteinander und ökonomische Bedarfsbefriedigung ineinander übergehen, wird die Trennung von Arbeitszeit und Freizeit tendenziell aufgehoben. Darin besteht die außerordentlich bedeutsame innovatorische Leistung der alternativen Gruppen für die zukünftige gesellschaftliche Entwicklung' (Zöpel 1987).

Einem solchen Verständnis von Arbeitszeit und Freizeit entsprechen natürlich nicht gesellschaftliche Bedingungen und gesellschaftliche Infrastrukturen, die sich an einer Trennung des Arbeitslebens vom Freizeitleben orientieren. Und dennoch, auch Forderungen, hier engere Verknüpfungen zu schaffen, sind so neu nicht. Freizeit und Kultur als Wirtschaftsfaktor, dies ist keine neue, sondern eine alte Idee der Wirtschaftsförderungspraxis vieler Regionen. Sie gewinnt von neuem an Aktualität. Denn gerade gut verdienende Manager sehen die mangelnde Attraktivität alter Industrieregionen darin, daß hier die Freizeitbedingungen unzulänglich sind. Dahinter steht die Auffassung, daß eine harmonische Verbindung von Arbeit sowie sozialer und kultureller

Kommunikation die Attraktivität einer Region, die Urbanität einer Stadt ausmachen. Und das war eigentlich immer die Lebensvorstellung von Schichten, für die eine Situation des Zeithabens anders als für die Masse nicht Utopie, sondern Realität war.

3.6 Disponibilität der Zeit und Infrastrukturpolitik

Der wachsende Anteil nicht erwerbsgebundener Zeit, mehr freier Zeit, führt zu neuen Fragestellungen für staatliche und kommunale Infrastrukturpolitik, die sich in ihren Vernetzungen in der Stadtentwicklungspolitik berühren.

Städte sind als Orte vielfältigster Möglichkeiten sozialen Zusammenwirkens und sozialer Kommunikation entstanden. Menschen kommen in der Stadt zusammen, um neben ihren privaten Bedürfnissen auch soziale, ökonomische und kulturelle Ansprüche zu befriedigen. Stadtpolitik und Infrastrukturpolitik sollen die Rahmenvoraussetzungen für die Befriedigung dieser Bedürfnisse schaffen. Die veränderten Zeitstrukturen einer Gesellschaft müssen dabei Folgen haben. Stadtpolitik und Infrastrukturpolitik haben wesentlich die Aufgabe, einen Bestand an Häusern, Gebäuden und sonstiger Infrastruktur so umzugestalten und zu erneuern, daß sie einer Gesellschaft mit anders organisierter Zeit, einer Gesellschaft, in der sich die Trennung von Arbeitszeit und Freizeit langsam auflöst, neue Chancen zur Realisierung dieser dadurch gewonnenen Möglichkeiten und Ansprüche bieten.

Dabei ist es interessant, daß lange bevor veränderte Zeitverteilungsverhältnisse sozialwissenschaftlich erörtert wurden und daraus Vorschläge für eine andere Stadtpolitik folgten, die Kritik an der Charta von Athen - von einzelnen Architekten und Künstlern artikuliert - die gleichen stadtpolitischen Vorstellungen antizipierte. Die Kritik an der funktionsgetrennten Stadt hat das Problem von geänderten Zeitstrukturen für die Stadt implizit aufgegriffen. Diese Kritik entsprang dem künstlerischen Unbehagen an den funktionalistischen Konzepten der 'gegliederten und aufgelockerten Stadt', das gesellschaftliche Veränderungen teilweise um Jahrzehnte früher bemerkte als die wissenschaftliche und politische Diskussion.

4. Zeitpolitik

Arbeitszeit ist seit den Anfängen der Industriegesellschaft Gegenstand wissenschaftlicher Analyse und politischen Handelns, Freizeit wird es in ihrer späten

Phase. Über veränderte soziale Realitäten und entsprechend veränderte Wertungen wandelt sich Zeit als Symbol sozialer Institutionen, ändert sich ihr Zwangscharakter. Indem Arbeitszeit im Überfluß vorhanden ist, verliert der abstrakte Begriff der Freizeit als Muße, der das Zeithaben in einer Wirtschaftsgesellschaft 'ohne Zeit', so Rinderspacher, per se als ein hohes Gut wertet, seine reale Substanz. Rentner, Arbeitslose und Frauen können ihrer Zeit, die sie im Übermaß besitzen, oft keinen Sinn geben, weil sie sozial marginalisiert sind. Gesellschaftlich traditionell attraktive Freizeitbetätigungen setzen gesellschaftliche Integration und überdurchschnittliches Einkommen voraus.

4.1 Freie Zeit und freier Markt

Freizeit selbst wird zunehmend zu einem wichtigen Markt für Güter und Dienstleistungen. Damit wird Freizeit als Konsumbereich unter die 'Ökonomie der Zeit' subsumiert. Die meisten neuen Freizeitbetätigungen sind entweder auf Technik oder neue professionalisierte Dienstleistungen wie Animateure, Sportlehrer etc. orientiert. Teure Güter und Dienstleistungen legen jedoch einen ökonomischen Umgang mit ihnen nahe.

Dies bedeutet:
- In das Freizeitverhalten dringen Elemente der Effizienz und Zweckrationalität ein.
- Einzelbetätigungen werden zum Selbstzweck, sie verlieren ihren dispositiven Charakter.
- Freizeitverhalten wird standardisierbar und gerinnt zu festen Routinen.
- Freizeit wird unter ökonomischen Gesichtspunkten in einzelne Segmente für marktgängige Produkte aufgespalten.
- Freizeitaktivitäten werden abhängig von fremden Dienstleistungen.

Dies hat zur Folge, daß neue Märkte und Arbeitsplätze entstehen, die an die neuen Inhalte und Zeitstrukturen des Freizeitsektors angepaßt sind. Daß diese freizeitorientierten Dienstleistungen nicht parallel zur normalen Arbeitszeit, sondern in erheblichem Umfang komplementär dazu angeboten werden, eröffnet einen weiteren Strukturwandel bei der gesellschaftlichen Organisation der Zeit.

Zum anderen ist die öffentliche Infrastruktur in doppelter Weise durch die wachsenden Aktivitäten im Freizeitbereich gefordert. Die bestehende öffentliche Freizeitinfrastruktur wird mit neuen Ansprüchen und konkurrierenden privaten Angeboten konfrontiert. Freizeitparks, Saunen, Bäder, Fitnesscenter etc. haben sich aus den Nischen privater Dienstleistungen zu dynamischen Entwicklungsfaktoren der Freizeitkultur aufgebaut. Dieser neue Markt privater Freizeitdienstleistungen ist für die Freizeitpolitik in doppelter Weise relevant. Zum einen stellt er die Frage nach dem Leistungsangebot der öffentlichen Freizeitinfrastruktur. Zum anderen wirft die zunehmende Kommerzialisierung das Problem auf, wie Bevölkerungsgruppen, die über keine entsprechenden finanziellen Ressourcen verfügen, eine hinreichende Lebensqualität im Freizeitbereich zu gewährleisten ist. Auf der anderen Seite zeigt sich hierin jedoch auch, wie wichtig die von Siebel entwickelten Ansätze zu einer Neubewertung der 'Schattenwirtschaft' und informellen Arbeit unter dem Aspekt der Integration von Zeitpolitik und Stadtentwicklungspolitik sind.

4.2 Ein zweiter sozialer Generalindikator: Zeit neben Geld

Als Ergebnis für politisches Handeln ist festzustellen, daß Fourastié im Prinzip Recht hatte. Die Gesellschaft ist übergegangen in eine Situation des Zeithabens. Das ist ein historisches Charakteristikum der Wohlstandsgesellschaft. Allerdings gilt Fourastiés Befund nicht für alle sozialen Gruppen der Gesellschaft gleichermaßen. Wie Geld ist auch Zeit asymmetrisch verteilt. Damit stellt sich für eine soziale Steuerung die ganz prinzipielle Frage, ob nicht in dieser Situation in vielen Problembereichen dazu übergegangen werden könnte, mit einem zweiten Generalindikator neben dem Steuerungsmedium Geld zu arbeiten. Geld hat die Funktion, komplexe Zusammenhänge auf einen einfachen Begriff zu bringen, gesellschaftliche Austauschbeziehungen zu regeln und Ressourcen zu verteilen. Die Frage ist nun, ob nicht auch vermehrt mit dem Indikator Zeit gearbeitet werden kann, um Ressourcen zu verteilen, ob nicht auch Zeit als Indikator für Wohlstand, aber auch als Indikator für politische Instrumente verwendet werden könnte. Dies korrespondiert mit der Feststellung von Elias, daß Zeit immer eine Informations- und Regulationsfunktion hat.

4.3 Ziel- und Wertorientierungen für Zeitpolitik

Soziale Regulierungen aber benötigen die wert- und zielgerichtete Orientierung. Auch hier zeigt Elias Ansätze, abgeleitet aus seinen Begriffen des Fremdzwanges, des Selbstzwanges und Zwanges zum Selbstzwang. Gegen diese Begriffe, die so eng mit industrieller Disziplin und bei Negt mit kapitalistischer Herrschaft korrelieren, steht der Begriff der Zeitsouveränität. Er füllt Zeit mit Freiheit auf. Mit dem Begriff Zeitsouveränität soll den Menschen die Chance gegeben werden, sich von einem Übermaß an Selbstzwang und mehr noch an Fremdzwängen befreien zu können. Er umschreibt damit den liberalen Entwurf von Freiheit im Kontext der Zeitverwendung.

Zeitsouveränität könnte auch für staatliches und gesellschaftliches Handeln zu einem leitenden Begriff werden. Dies setzt voraus, daß es gelingt, der liberalen Position der Zeitsouveränität einen komplementären gesellschaftlich eingebundenen Begriff von Zeitverwendung gegenüberzustellen. Dies könnte der Begriff der Zeitsolidarität sein. Er setzt an der Frage an, wie mehr Menschen Zeitsouveränität eingeräumt werden könnte und erweitert damit den Sozialstaatsgedanken um die Dimension der Zeit. Wie der politische Freiheitsbegriff des Liberalismus in seiner Fixierung auf die Sicherung individueller Freiräume vor staatlicher Intervention das Problem der ungleich verteilten Zugangs- und Nutzungschancen staatsfreier Sphären in der Gesellschaft ausblendet, erfordert die Einsicht in die sozialen Disparitäten bei der Realisierung von individueller Zeitsouveränität ausgleichendes gesellschaftspolitisches Handeln, das über die Durchsetzung von Zeitsolidarität Zeitsouveränität für alle Mitglieder der Gesellschaft erst ermöglicht. Als sozialstaatliche Aufgabenstellung beinhaltet der Begriff Zeitsolidarität eine allgemeine Zielvorgabe für politisches Handeln. Die rechtlichen, ökonomischen und politischen Instrumente zur Umsetzung dieser Zieldefinitionen von Zeitpolitik theoretisch und praktisch zu erarbeiten und zu erproben, das ist allerdings eine tiefgehende Erweiterung der Dimension sozialstaatlichen Handelns.

5. Zeitpolitik - Politik in der Zeit

Zeit als zweiter Generalindikator sozialer Steuerung, Freizeit als politisches Problem zusätzlich zur Arbeitszeit - die Zeit scheint die Komplexität von staatlicher Politik zu erhöhen. Zeit sollte daher auch die Entlastung von Problemdruck, eine Reduktion von Komplexität leisten. Viele in der Gegenwart wegen der Knappheit von Ressourcen nicht lösbare Probleme könnten Stück für Stück abgearbeitet werden, wenn staatliche Politik entschiedener und verantwortlicher als heute in zeitlichen Dimensionen denken und handeln würde. Dies ist eine Binsenweisheit - sie nicht zu akzeptieren, grenzt an Irrationalität. Und gerade weil diese plausible Möglichkeit der Verbesserung der Methoden staatlichen Handelns zu oft ausgeschlagen wird, mehren sich die Forderungen nach langfristigem staatlichen Handeln aus Gründen materieller Notwendigkeit. Walter L. Bühl sieht in 'Eine Zukunft für Deutschland' (1985) die Hauptschwierigkeit der bundesdeutschen Entwicklungsperspektive in der Schaffung einer tragfähigen Sozialorganisation. Dazu gehöre 'die öffentliche Verpflichtung auf langfristige Perspektive'.

Zeit als Medium der Politik, das Komplexität reduziert, das bedeutet natürlich nicht eine bequeme Strategie der Problemvertagung und -verdrängung. Noch weniger darf es bedeuten, neue Probleme zu schaffen, die in späterer Zeit gelöst werden müssen - ohne heute zureichend bedacht zu werden. In diesem Sinne ist der Zeithorizont ein Kriterium für staatliche Politik, das zu einer Selektion des Handelns nötigt. Hans Jonas hat dafür den Begriff der 'Zukunftsverantwortung' geprägt. Er kritisiert in seinem 'Entwurf einer Ethik für die technische Zivilisation' (1984) zunächst die heute vorherrschenden mechanischen und technokratischen Konzepte der Zukunftsbewältigung, die entweder potentiell irreversible Folgen moderner Technik gar nicht zur Kenntnis nehmen oder durch Lösungen zu beheben versuchen, die ihrerseits wiederum endgültigen Charakter haben. Gemeinsam ist diesen von der Vorstellung der unbegrenzten Machbarkeit ausgehenden Konzepten, vollendete Tatsachen zu schaffen, die zukünftigen Generationen die Wahlmöglichkeiten beschneiden, wie sie leben wollen - die atomare Entsorgung durch Endlagerung radioaktiver Abfälle ist das prekärste Beispiel dafür.

Zukunftsverantwortung als Gebot, die Entscheidungsräume der Nachkommen nicht durch Risikoabwälzungen zu beschneiden, steht somit in einem Spannungsverhältnis zu den Erfordernissen der Zukunftsgestaltung durch vorausschauende Planung. Einerseits ist ein handlungsfähiger, planender und damit zukünftige Entwicklungen steuernder Staat gerade auch aus Gründen der Zukunftsverantwortung erforderlich, auf der anderen Seite müssen diese Maßnahmen der Risikovorsorge jedoch auf die Selbstbestimmungschancen zukünftiger Generationen Rücksicht nehmen. Zukunftsverantwortung als Postulat, zukunftsbelastende irreversible Entscheidungen nach Möglichkeit zu vermeiden, ist danach der Versuch, das Prinzip demokratischer Entscheidungen in der Perspektive der Zeitdimension und unter dem Aspekt der kontrollierbaren Folgenbewältigung zu formulieren. Die Gesellschaft im allgemeinen und die staatliche Politik im engeren Sinne sind einerseits zu stark gegenwartsverhaftet. Zum anderen resultiert aus der Betonung einer zukunftsorientierten Politik aber auch leicht eine Überforderung ihrer Möglichkeiten, wenn sie als globale Zukunftsplanung im Sinne einer allumfassenden antizipatorischen Konfliktlösung mißverstanden würde.

Daher: Chancen und Grenzen, die Zeit bietet und setzt, mehr zu bedenken - das ist Zukunftsforschung und Zukunftsbewältigung.

Literatur:

Bühl, Walter L.: Eine Zukunft für Deutschland. Grundlinien der technologisch gesellschaftlichen und politischen Entwicklung. München 1985

Elias, Norbert: Der Prozeß der Zivilisation, 2 Bde., Frankfurt 1976

Elias, Norbert: Über die Zeit, Frankfurt 1984

Fourastié, Jean: Die 40 000 Stunden - Aufgaben und Chancen der sozialen Evolution, Düsseldorf-Wien 1966

Hegner, Friedhart/Kramer, Ulrich/Lakemann, Ulrich: Entwicklungen der erwerbsgebundenen und erwerbsfreien Zeit in der Bundesrepublik Deutschland nach 1980, verv. Man., Bielefeld 1987

Hesse, Joachim Jens/Zöpel, Christoph (Hrsg.): Zukunft und staatliche Verantwortung, Baden-Baden 1987

Jonas, Hans: Das Prinzip der Verantwortung. Entwurf einer Ethik für die technische Zivilisation. Frankfurt 1984

Kromphardt, Jürgen: Die Veränderung der gesamtwirtschaftlichen Rahmenbedingungen, in: Hesse/Zöpel, 1987, S. 98 ff

Lutzky, Nikolai: Stadtentwicklung, Wohnen und Verkehr, in: Hesse/Zöpel, 1987, S. 192 ff

Mackensen, Rainer: Zum Stand der Zukunftsforschung, in: Hesse/Zöpel, 1987, S. 45 ff

Negt, Oskar: Lebendige Arbeit, enteignete Zeit. Politische und kulturelle Dimensionen des Kampfes um die Arbeitszeit. Frankfurt - New York 1985

Rinderspacher, Jürgen: Gesellschaft ohne Zeit. Individuelle Zeitverwendung und soziale Organisation der Arbeit. Frankfurt - New York 1985

Scharpf, Fritz W.: Strukturen der postindustriellen Gesellschaft, oder: Verschwindet die Massenarbeitslosigkeit in einer Dienstleistungs- und Informationsökonomie?, verv. Man., Berlin 1985

Siebel, Walter: Arbeit, Freizeit und Stadtentwicklung, in: Hesse/Zöpel, 1987, S. 177 ff

Sund, Olaf: Die mittel- und längerfristige Arbeitsmarktentwicklung, in: Hesse/Zöpel, 1987, S. 112 ff

Zöpel, Christoph: Freizeitpolitik als soziokulturelle Innovationsstrategie im Umbruch der Arbeitsgesellschaft, Diskussionspapier des Ministers für Stadtentwicklung, Wohnen und Verkehr, Heft 1/87

II. Bestandsaufnahme und erkennbare Entwicklungen

Friedhart Hegner

Zur Entwicklung von erwerbsgebundener und erwerbsfreier Zeit*

1. Erwerbsgebundene und erwerbsfreie Zeitverwendung

Die herkömmliche Arbeitsmarkt- und Beschäftigungspolitik konzentriert sich auf die Möglichkeiten und Grenzen einer Gestaltung des Verhältnisses von Arbeitsplatzangebot und Arbeitsplatznachfrage oder von Arbeitskraftnachfrage und Arbeitskraftangebot. Dieses Verhältnis ist in den Jahren nach 1974 dauerhaft prekär geworden. In der Bundesrepublik können 1987 mehr als zwei Millionen Männer und Frauen, die Erwerbsarbeit leisten wollen, keinen Arbeitsplatz finden. Vor diesem Hintergrund bemüht sich die Arbeitsmarkt- und Beschäftigungspolitik

- zum einen - im Rahmen der Wirtschaftspolitik - das Volumen der Erwerbsarbeitsplätze auszudehen sowie
- zum zweiten das vorhandene Volumen - beispielsweise im Wege der Arbeitszeitpolitik - sozial gerechter zu verteilen.

Beide Bemühungen stoßen auf Grenzen - beispielsweise in Form schädlicher Umweltbelastungen, der Sättigung von Teilmärkten oder der etablierten Interessen der Tarifparteien. Auch wenn sich diese Grenzen in den kommenden Jahren hinausschieben lassen, werden die inzwischen verbreiteten Erfahrungen mit massenhafter Erwerbslosigkeit zusammen mit den sich abzeichnenden veränderten Einstellungen gegenüber der Erwerbsarbeit die Suche nach Antworten auf folgende Fragen erzwingen:

- Kann und soll das Engagement in monetär vergüteten - erwerbsgebundenen - Tätigkeiten seine bisherige dominierende Stellung behaupten oder muß es stärker als bisher durch ein Engagement in anderen Aktivitäten (z. B. Bedarfsdeckung durch Gebrauchs- oder Eigenarbeit) substituiert und flankiert werden?
- Auf welche Weise läßt sich erreichen, daß die gegenwärtig Vollzeitbeschäftigten auf einen Teil ihres Erwerbseinkommens und ihrer Arbeitszeit verzichten, damit die vergeblich einen Arbeitsplatz Suchenden bessere Chancen

* Die Daten zu diesem Beitrag wurden im Rahmen eines vom Minister für Stadtentwicklung, Wohnen und Verkehr des Landes Nordrhein-Westfalen in Auftrag gegebenen Projekts unter Mitwirkung von Ulrich Kramer und Ulrich Lakemann zusammengestellt.

bekommen, und daß alle, die dazu bereit und in der Lage sind, sowohl einer Erwerbstätigkeit nachgehen (beispielsweise im Rahmen von Teilzeitarbeit) als auch Gebrauchs- und Eigenarbeit leisten können?

- Welche institutionellen Rahmenbedingungen (z. B. auf seiten familiärer Haushalte) sind vorhanden oder müssen geschaffen werden, um Erwerbsarbeit und Gebrauchs- oder Eigenarbeit miteinander kombinieren zu können?
- Welches Gewicht haben bisher und werden zukünftig die Muße- und Regenerationsaktivitäten und die Gebrauchs- oder Eigenarbeit innerhalb der erwerbsfreien Zeit haben?

Natürlich kann dieser Beitrag keine erschöpfenden Antworten auf diese Frage geben. Es kann lediglich versucht werden, einige zurückliegende und zukünftige Konstellationen der Entwicklung von erwerbsgebundener und erwerbsfreier Zeit zu skizzieren. Zusätzlich werden mit Blick auf die Arbeitsmarkt-, Beschäftigungs- und Freizeitpolitik einige Argumente für eine abgestufte Neuverteilung erwerbsgebundener und erwerbsfreier Zeitvolumina zur Diskussion gestellt.

1.1 Zeitverwendung und Aktivitätsspektrum

Wortkombinationen und Sprachfiguren sind bekanntlich ein Ausdruck, aber auch eine verfestigte Resultante des vorausgehenden Denkens. Das gilt auch für das oft gebrauchte Begriffspaar 'Arbeitszeit und Freizeit'. Es lenkt unsere Aufmerksamkeit und unser Denken auf mehrfache Weise in bestimmte - einseitige - Richtungen:

- In der Wortkombination 'Arbeits-Zeit' wird explizit eine bestimmte Verwendung von Zeit angesprochen, nämlich die Zeitverwendung für arbeitsförmige Aktivitäten, wobei Arbeit implizit mit Erwerbsarbeit gleichgesetzt wird.
- In der Wortkombination 'Frei-Zeit' wird demgegenüber nicht explizit eine bestimmte Art der Zeitverwendung angesprochen, sondern es wird implizit, da es sich um einen Gegenbegriff zur 'Arbeitszeit' handelt, das Freisein von arbeitsförmigen Aktivitäten suggeriert.

Mit diesem Begriffspaar ist, so lautet unsere Ausgangsthese, eine begrifflich-theoretische Unschärfe verbunden, die es verhindert, Lösungen für gegenwärtige Arbeitsmarkt- und Wirtschaftsprobleme außerhalb des Markt- und Staatsbereichs zu suchen[1]. Der Kernpunkt dieser Unschärfe liegt in der unhistorischen Gleichsetzung von Erwerbsarbeit mit ökonomischer Bedarfsdeckung. Diese Unschärfe geht einher mit einer bemerkenswerten Ambivalenz bei der Verwendung des Wortes Arbeit:

- einerseits Einengung der Bedeutung von 'Arbeit' auf 'Erwerbsarbeit', also Arbeit gegen monetäres Entgelt, weshalb Erwerbsarbeitslosigkeit unterschwellig oder gar explizit mit Untätigkeit oder Unproduktivität gleichgesetzt wird;
- andererseits undifferenzierte Ausweitung des Arbeitsbegriffs auf ein breites Spektrum von Aktivitäten der Unterhalts- und Erwerbssicherung (z. B. Hausarbeit, Fabrikarbeit), ohne das Spezifische arbeitsförmiger Tätigkeiten im Unterschied zu anderen Aktivitätsformen - vor allem zum Herstellen und Handeln - herauszukristallisieren.

Derartige Unschärfen bleiben nicht ohne Auswirkungen auf die Konzeption möglicher Strategien zur Bewältigung aktueller Arbeitsmarkt- und Wirtschaftsprobleme: Zum einen fristen unentgeltliche Aktivitäten der Bedarfsdeckung - Gebrauchs- oder Eigenarbeit wie beispielsweise ehrenamtliche Tätigkeiten oder Hausarbeit - nur ein 'Schattendasein' (Ivan Illich) im Rahmen der etablierten Wirtschaftswissenschaft. Sie weist ihnen bestenfalls eine Lückenbüßerfunktion zu - etwa im Falle fehlender Geldmittel für die Finanzierung öffentlicher Dienstleistungen oder fehlender Arbeitsplätze für stellensuchende Hausfrauen, die an den 'heimischen Herd' zurückverwiesen werden[2].

Desweiteren birgt die undifferenzierte Anwendung des Wortes 'Arbeit' auf unterschiedliche Aktivitäten der monetarisierten und nichtmonetarisierten Bedarfsdeckung - also des planvollen Tätigseins zum Zwecke der Erbringung und Nutzung von Hilfsmitteln für die Bedürfnisbefriedigung - zum einen die Gefahr, die Besonderheit einzelner Aktivitätsformen mit Bezug auf Tätigkeitsablauf, -ergebnis und -material zu vernachlässigen. Das erschwert es beispielsweise, Gewichtsverlagerungen zwischen personalen und produktionsbezogenen Dienstleistungen, also etwa zwischen der Pflege von Personen und der Wartung der dafür benötigten Geräte, sowie zwischen herstellenden und dienstleistenden Aktivitäten im verarbeitenden Gewerbe präzise zu diagnostizieren[3]. Zum zweiten besteht die Gefahr, daß die vielfältigen Relationen zwischen den einzelnen Aktivitätsfeldern - beispielsweise Kumulation versus ein- oder wechselseitige Substitution - vernachlässigt werden. Das wiederum behindert die Suche nach adäquaten Erklärungen für die oft behauptete Verlagerung von Prozessen der Funktionswahrnehmung zwischen Privathaushalt, Markt und Staat oder zwischen primärem, sekundärem und tertiärem Sektor.

Es fehlt hier der Raum, um diese Hinweise zu vertiefen. Stattdessen muß folgende Zwischenbilanz genügen: Das vage Begriffspaar 'Arbeitszeit und Freizeit' abstrahiert in beiden Wortkombinationen so stark von den Tätigkeitsformen und -inhalten, für die jeweils die Zeit verwendet wird, daß es sich weder für die historische Rekonstruktion noch für die zukunftsbezogene Analyse individueller und gesellschaftlicher Muster der Zeitverwendung eignet. Außerdem beinhaltet es eine einseitige Fixierung auf Erwerbsaktivitäten bei gleichzeitiger Vernachlässigung der nichtmonetarisierten ökonomischen Tätigkeiten außerhalb der Erwerbssphäre.

1.2 Erwerbsgebundene und erwerbsfreie Aktivitäten innerhalb des individuellen Zeitbudgets

Um die bisherige und die zukünftige Entwicklung der Zeitbudgets von Individuen und Privathaushalten sowohl präziser als auch alltagsnäher darstellen zu können, wird eine Aufteilung des Aktivitätsspektrums in folgende Komponenten vorgeschlagen:

a) Hauptkomponente I: erwerbsgebundene und erwerbsbezogene Aktivitäten

- Arbeiten, Herstellen und Handeln gegen monetäres Entgelt (Erwerbsarbeit) im Haupt- oder Nebenberuf und in Form der Schwarzarbeit;
- Rüstaktivitäten für die Erwerbsarbeit wie beispielsweise Anschaffung und Pflege von Berufskleidung oder berufliche Aus-, Fort- und Weiterbildung;
- Aktivitäten im Zusammenhang mit der Bewältigung der räumlichen Distanz zwischen Wohn- und Erwerbsarbeitsstätte (z. B. eigenhändige Abrechnung von Kilometergeld für die Nutzung des eigenen PKW; Fahrten oder Fußwege).

Diese Aktivitäten werden zwar teilweise außerhalb der Erwerbsarbeitsstätten und der vereinbarten Erwerbsarbeitszeiten wahrgenommen, sie sind jedoch erwerbsgebunden oder -bezogen und somit keine Komponente der erwerbsfreien Zeit. Zum Teil werden sie von Arbeitgeber oder von der Arbeitsverwaltung monetär vergütet.

b) Hauptkomponente II: erwerbsungebundene oder erwerbsfreie Aktivitäten

- Nicht-monetär vergütetes Arbeiten, Herstellen und Handeln (Gebrauchs- oder Eigenarbeit) im Kontext des Privathaushalts, der Nachbarschaft, des Freundeskreises oder einer Kirche, Partei, Gewerkschaft und Wohlfahrtsorganisation usw.;
- Regeneration und Erhaltung der biophysischen Ressourcen (z. B. Nahrungsaufnahme, Hygiene, Schlafen, Ruhen);
- Mußeaktivitäten wie beispielsweise Kontemplation, Spiel, Sport, Medienkonsum, Geselligkeit usw.

Zwar kann ein Teil dieser Aktivitäten - vor allem der unbezahlten ökonomischen Tätigkeiten - prinzipiell auch gegen Entgelt ausgeübt oder an bezahlte Angehörige unterschiedlicher Berufsgruppen delegiert werden, jedoch gehören sie dann nicht mehr in die erwerbsfreie Zeit dieser Individuen. Ebenso ist es denkbar, daß ein Teil der Regenerations- und Mußetätigkeiten in der Erwerbsarbeitszeit, also gegen Bezahlung ausgeübt wird (z. B. 5-Minuten-Gymnastik am Arbeitsplatz unter Anleitung eines Firmentrainers oder partielle Freistellung für eine Leistungssportgruppe des Unternehmens), jedoch gehören sie dann zu den erwerbsgebundenen Aktivitäten.

Die beiden Hauptkomponenten und die einzelnen Teilkomponenten des Aktivitätsspektrums werden in Abbildung 1 dem individuellen Zeitbudget zugeordnet. Auf diese Weise soll verdeutlicht werden, daß das individuell verfügbare Zeitvolumen - also beispielsweise 24 Tagesstunden, 168 Wochenstunden oder 8 760 Jahresstunden - durch spezifische Aktivitätstypen ausgefüllt wird, auf die jeweils bestimmte Zeitanteile entfallen. Die empirisch zu diagnostizierenden Volumina dieser Zeitanteile bleiben in Abbildung 1 zunächst unberücksichtigt.

Zum Abschluß der begrifflichen Abgrenzungen sollen noch einige Stichworte zu den Aktivitäten in der Gebrauchs- und Eigenarbeitszeit angefügt werden, um deren ökonomische und psychosoziale Implikationen wenigstens in Umrissen zu verdeutlichen[4].

a) Unter ökonomischem Blickwinkel wird, wie gesagt, unterschieden zwischen Erwerbsarbeit, die als selbständige oder unselbständige ökonomische Aktivität im Haupt- oder Nebenberuf oder in Form der Schwarzarbeit gegen monetäres Entgelt ausgeübt wird, und Gebrauchs- oder Bedarfsarbeit, die ohne geldförmige Bezahlung geleistet wird (z. B. ehrenamtlich). In beiden Fällen handelt es sich - anders als beim Spiel - um zweckgerichtete und mühevolle Aktivitäten, die darauf gerichtet sind, Mittel für die Bedürfnisbefriedigung zu beschaffen[5].

b) Unter psychosozialem und arbeitsorganisatorischem Blickwinkel ist Eigenarbeit eine Form der Gebrauchs- oder Bedarfsarbeit, die dadurch gekennzeichnet ist, daß der Arbeitende die Gestaltung des Arbeitsablaufs und der Kooperation mit anderen selbst bestimmt sowie über die Art und die Verwendung der Arbeitsergebnisse selbst befindet (eventuell aufgrund von freiwilligen Absprachen mit anderen).

Abb. 1:
Schematische Darstellung der Zuordnung von individuellem Zeitvolumen und Aktivitätstypen (unter Abstraktion von den empirisch diagnostizierbaren Zeitanteilen)

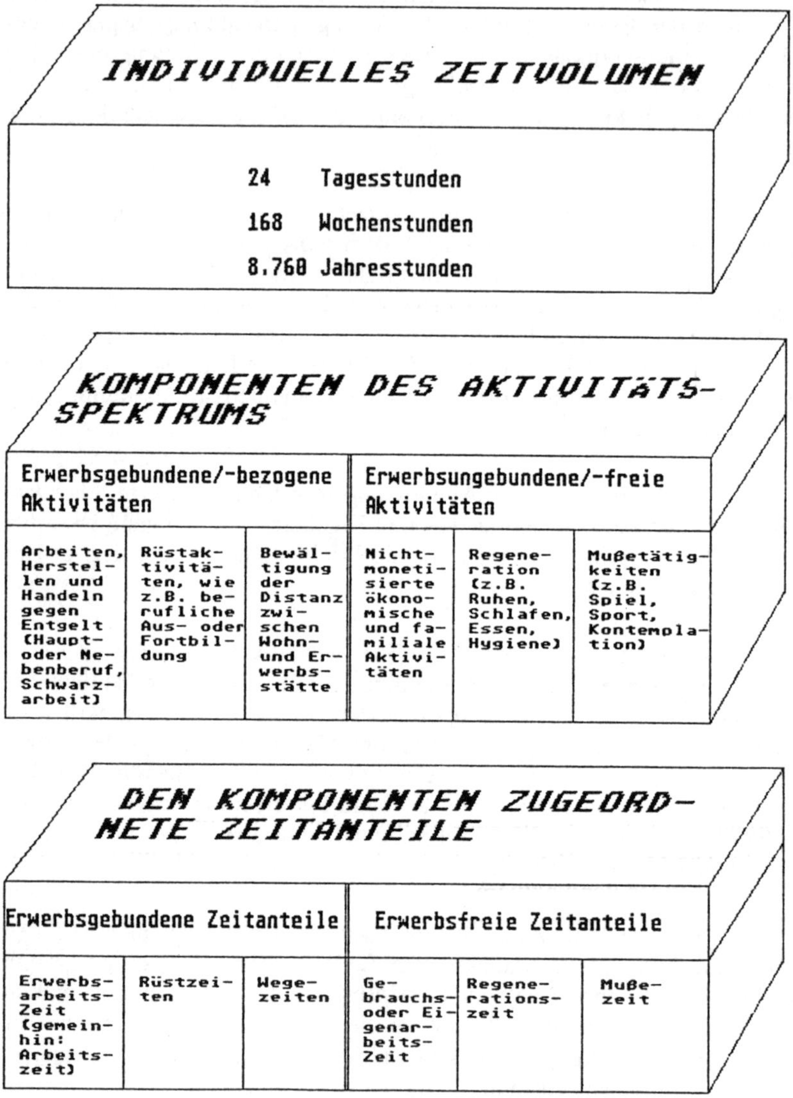

c) Psychosoziale und arbeitsorganisatorische Elemente der Eigenarbeit können auch in der bezahlten Erwerbsarbeit enthalten sein (vor allem im Kontext selbständiger oder genossenschaftlicher Erwerbstätigkeiten). Umgekehrt wird ein Teil der unbezahlten Bedarfsarbeit - ähnlich wie der Großteil abhängiger Erwerbstätigkeiten - unfreiwillig und fremdbestimmt ausgeübt (z. B. häufige Reinigung der Wohnungseinrichtung und Kleidung infolge starker Luftverschmutzung).

Diese Aspekte sind zu berücksichtigen, wenn in den späteren Abschnitten die Voraussetzungen und Schritte einer abgestuften Neuverteilung von bezahlter und unbezahlter Arbeit skizziert werden.

2. Rückblick auf die Entwicklung der Zeitverwendung nach 1960

Die Art der individuellen Zeitverwendung wird bei den Personen im erwerbsfähigen Alter stark davon bestimmt, ob und in welchem Umfang sie eine Erwerbstätigkeit ausüben. Art und Ausmaß der Teilnahme am Erwerbsleben hängen nicht nur von individuellen Präferenzen ab, sondern auch von der Arbeitsmarktlage sowie vom Volumen der gesellschaftlich erforderlichen Erwerbsarbeit, also von der Gesamtzahl der pro Jahr benötigten effektiven Erwerbsarbeitsstunden.

2.1 Parallelität von steigender Sogwirkung der Erwerbsarbeit und schrumpfendem Volumen der gesellschaftlichen Erwerbsarbeitszeit

Eines der seit Mitte der 70er Jahre unübersehbaren Anzeichen einer Funktionsüberlastung der bezahlten Arbeit in ökonomischer und sozialpolitischer Hinsicht ist die dauerhafte Massenarbeitslosigkeit, das heißt, die Ausgrenzung von zwischenzeitlich mehr als zwei Millionen Erwerbswilligen aus dem Arbeitsmarkt. Die Massenarbeitslosigkeit ist keineswegs ausschließlich eine Folge vorübergehender konjunktureller Turbulenzen (z. B. Ölpreisschocks von 1973 und 1979) oder ordnungspolitischer Ungleichgewichte (z. B. im Rahmen der Segmentierung des Arbeitsmarktes). Vielmehr liegen die Ursachen der Massenarbeitslosigkeit zeitlich weiter zurück und gesellschaftsstrukturell tiefer[6]. Zu nennen sind vor allem

a) die Erhöhung der Arbeitsproduktivität, die mit einer deutlichen Verringerung des gesellschaftlichen Arbeitsvolumens einhergeht, sowie

b) die psychosoziale und sozioökonomische Sogwirkung der abhängigen Erwerbsarbeit, die mit einer wachsenden Erwerbsneigung der Frauen und mit einer Zunahme des Arbeitskraftangebots verbunden ist.

Zu a):

Im Juli 1985 lag das reale Bruttoinlandsprodukt (BIP) - gerechnet in Preisen von 1980 - um etwas mehr als 115 % über dem Wert von 1960. Zugleich wurden jedoch 1985 zur Erstellung des BIP nur noch rund 43 Milliarden effektive Arbeitsstunden eingesetzt, während es im Jahr 1960 noch rund 56 Milliarden Stunden waren. Im gleichen Zeitraum stieg die Arbeitsproduktivität je Erwerbstätigenstunden real um fast das Dreifache, und zwar - in Preisen von 1980 - von DM 13,- auf DM 36,-. Auch die Konjunkturbelebung nach 1983 hat keine Umkehr dieses Trends bewirkt. Zwar stieg die Zahl der Erwerbstätigen von rund 25,27 Millionen im Jahresdurchschnitt 1983 auf rund 25,48 Millionen im Jahresdurchschnitt 1985, also um 125 000 Personen, jedoch schrumpfte das Volumen der Erwerbsarbeit nochmals um rund 376 500 Stunden und die Arbeitsproduktivität stieg weiter an[7]. Pointiert zusammengefaßt bedeutet das: Die fortschreitende technisch-organisatorisch bedingte Erhöhung der Arbeitsproduktivität hat zwischen 1960 und 1985 in der Bundesrepublik Deutschland trotz einer Verdoppelung des realen Bruttoinlandsprodukts zu einer Schrumpfung des jährlich effektiv geleisteten Volumens an bezahlten Arbeitsstunden (Erwerbsarbeitsvolumen) um mehr als 20 % geführt.

Zu b):

Die psychosoziale und sozioökonomische Sogwirkung der weisungsgebundenen, abhängigen Erwerbsarbeit hat seit dem letzten Drittel des 19. Jahrhunderts zu einer nahezu ununterbrochenen Ausweitung des Anteils derjenigen männlichen und weiblichen Personen im Alter zwischen 30 und 60 Jahren geführt, die als Unselbständige eine Arbeitsstelle innehaben oder suchen. Mit dem Terminus Sogwirkung der Erwerbsarbeit wird hier der Sachverhalt gekennzeichnet, daß sowohl ein Großteil der bis dahin überwiegend nicht (unselbständig) berufs- oder erwerbstätigen Angehörigen der Oberschicht als auch ein erheblicher Teil der bis dahin primär oder ausschließlich mit unbezahlter Arbeit befaßten Ehefrauen auf den Markt für bezahlte Arbeit drängten. Diese Entwicklung verstärkte sich im Deutschen Reich sehr deutlich im Laufe des 19. Jahrhunderts. Sie führte dazu, daß beispielsweise zwischen 1882 und 1925 die allgemeine Erwerbsquote (Anteil der Erwerbstätigen und Arbeitssuchenden an der Wohnbevölkerung) stärker anstieg als die Arbeitspotentialquote (Anteil der Personen im Alter zwischen 15 und 65 Jahren an der

Wohnbevölkerung). Insbesondere die Verlängerung der Ausbildungszeiten und die Zunahme der Absolventen weiterführender Schulen führten nach 1925 und vor allem nach 1950 zu einem phasenweise mehr oder weniger deutlichen Sinken der allgemeinen Erwerbsquote, während in der Altersgruppe der 30-60jährigen der Anteil der Erwerbstätigen und Arbeitsuchenden (altersspezifische Erwerbsquote) - abgesehen von Kriegseinflüssen - seit dem letzten Viertel des 19. Jahrhunderts permanent sehr hoch lag. Besonders stark war die Sogwirkung der weisungsgebundenen, abhängigen Erwerbsarbeit, was mit einem seit dem Ende des 19. Jahrhunderts feststellbaren - nur phasenweise unterbrochenen - Rückgang des Anteils der Selbständigen und mithelfenden Familienangehörigen verbunden war[8].

Die historische Parallelität dieser beiden Entwicklungen dokumentiert einen langfristigen Prozeß des Auseinanderklaffens des Volumens der ökonomisch effektiv erforderlichen Arbeitsstunden und des Volumens der Nachfrage nach Arbeitsplätzen im Bereich der abhängigen Beschäftigung. Dieses Auseinanderklaffen hat in Verbindung mit den konjunkturellen Turbulenzen und ordnungspolitischen Arbeitsmarktungleichgewichten seit Mitte der 70er Jahre zur Folge, daß die bis dahin erprobten Mittel der Wirtschafts- und Sozialpolitik (einschließlich der Beschäftigungs- und Arbeitsmarktpolitik) nicht mehr ausreichen, um die Massenarbeitslosigkeit zu beseitigen oder deutlich zu verringern. Auch die seit 1983/84 feststellbare konjunkturelle Belebung hat zwar zur Schaffung neuer (Teilzeit-)Arbeitsplätze beigetragen, jedoch, wie gezeigt, ohne das Volumen der effektiv geleisteten jährlichen Erwerbsarbeitsstunden zu erhöhen oder die Zahl der Arbeitslosen deutlich zu senken.

Was bedeutet dieses Auseinanderklaffen von Arbeitsangebot und Erwerbsarbeitsvolumen für eine Wirtschafts- und Sozialordnung, in der sowohl die materielle Existenzsicherung (via Erwerbseinkünfte, beitragsabhängige Sozialleistungen und primär über die Einkommensteuer finanzierte staatliche Transfer- und Infrastrukturausgaben) als auch die außerfamilialen Sozialkontakte, das Sozialprestige und der soziale Status in erster Linie über die Erwerbsarbeit vermittelt werden?[9]. Es bedeutet, daß die etablierte Wirtschafts- und Gesellschaftsordnung mit der Tatsache einer langfristig angelegten Verknappung jenes Mittels konfrontiert ist, auf dem Bedarfsdeckung und Bedürfnisbefriedigung primär basieren, nämlich der Erwerbsarbeit.

Während der Phase der nur kurzfristig (1967-1968) unterbrochenen Vollbeschäftigung, die fast 25 Jahre währte (von 1960 bis 1974), wurde die

Schrumpfung des Volumens der bezahlten Arbeit in erster Linie als Verkürzung der täglichen, wöchentlichen, jährlichen und lebensbezogenen Dauer der individuellen Erwerbsarbeitszeit erlebt und gefeiert. Dieser Prozeß wird im folgenden grob nachgezeichnet.

2.2 Rückläufiger Umfang der individuellen Erwerbsarbeit und Ausweitung der erwerbsfreien Zeit[10]

Mit dem Übergang von der 48- zur 40-Stunden-Woche ab Mitte der 50er Jahre begann ein kontinuierlicher Prozeß der Reduzierung der tariflichen Wochenarbeitszeit in der Gesamtwirtschaft sowie in den einzelnen Wirtschaftsbereichen. Betrachtet man demgegenüber aber die Entwicklung der tatsächlichen Wochenarbeitszeit (tarifliche Wochenarbeitszeit plus Mehrarbeitsstunden), so wird deutlich, daß die tarifvertragliche Verkürzung der Wochenarbeitszeit keinesfalls zu einer dementsprechenden Ausweitung der erwerbsfreien Zeit der beschäftigten Arbeitnehmer geführt hat. Vor allem die Ausweitung des Mehrarbeitsvolumens hat die Reduzierung der tariflichen Wochenarbeitszeit bis zum Beginn der 70er Jahre in erheblichem Maße kompensiert.

Abbildung 2 verdeutlicht die Entwicklung sowohl der tariflichen als auch der tatsächlichen Wochenarbeitszeit von 1950-1985. Es fällt auf, daß von 1955 bis zum Beginn der 70er Jahre eine kontinuierliche Reduzierung der tariflichen Wochenarbeitszeit erfolgte. Die anschließenden Jahre sind demgegenüber geprägt durch kaum nennenswerte Veränderungen hinsichtlich der tariflichen Wochenarbeitszeit. Im Unterschied dazu verdeutlicht die Entwicklung der tatsächlichen Arbeitszeit, daß die kontinuierliche Reduzierung der tariflichen Dauer der Arbeitszeit vor allem in den Jahren von 1965 bis 1973 durch ein hohes Mehrarbeitsvolumen nahezu ausgeglichen wurde. Hatte ein Arbeitnehmer beispielsweise 1960 eine tatsächliche Wochenarbeitszeit von 46,7 Stunden, waren es zehn Jahre später immerhin noch über 45 Wochenstunden. Einer Reduzierung der tariflichen Wochenarbeitszeit in dieser Phase von über 3 Stunden stand eine Verringerung der tatsächlichen Arbeitszeit von lediglich ca. 1,5 Stunden gegenüber.

Seit dem Beginn der siebziger Jahre erfolgte keine kontinuierliche Abnahme der tariflichen Wochenarbeitszeit mehr, wie sie für die 50er und 60er Jahre charakteristisch war[11]. Von 1974 bis 1985, also in einer Periode, in der die Erwerbsarbeitslosigkeit fast durchgängig mehr als eine Million und seit den 80er Jahren sogar mehr als zwei Millionen Bürger erfaßte, betrug der jährliche

Abb. 2:

Entwicklung der tariflichen und tatsächlichen[1]) Wochenarbeitszeit der Arbeitnehmer in der Gesamtwirtschaft von 1950 bis 1985 (Männer und Frauen)

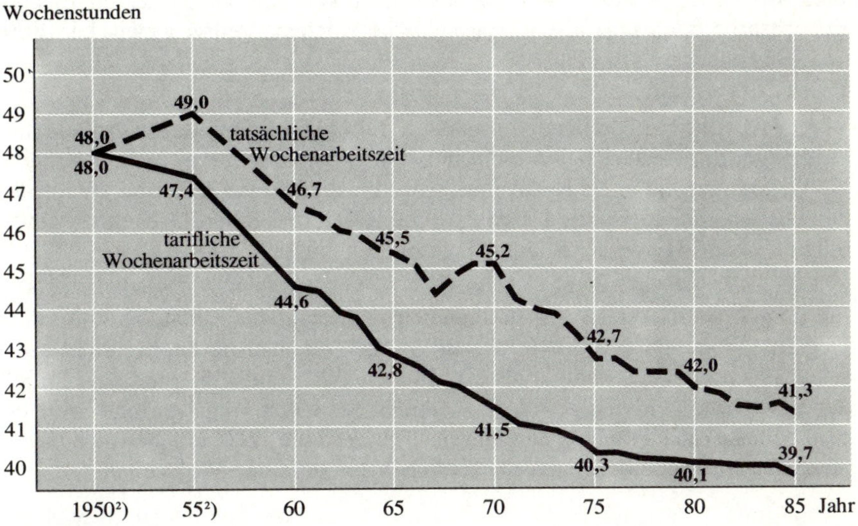

Anmerkungen:

[1]) Bei der tatsächlichen Wochenarbeitszeit handelt es sich um die tarifliche Wochenarbeitszeit zuzüglich durchschnittlich geleisteter Mehrarbeitsstunden pro Woche.

[2]) Für 1950 und 1955 beziehen sich die Daten auf den Industriebereich (Arbeiter und Arbeiterinnen) ohne Bergbau.

- Teilweise eigene Berechnungen durch die Bildung von Durchschnittswerten

Quelle: Hegner/Kramer/Lakemann, a.a.O., S. 10

Rückgang nur noch durchschnittliche 0,2 %. Zwischen 1960 und 1973, also in der Vollbeschäftigungsphase, betrug die durchschnittliche jährliche Abnahme immerhin 0,6 %.

In absoluten Zahlen ausgedrückt ergibt sich folgendes Bild: Zwischen 1960 und 1973 nahm die tarifliche Wochenarbeitszeit um insgesamt 3,65 Stunden ab, demgegenüber zwischen 1974 und 1985 lediglich um 1,01 Stunden. Erst die Einführung der 38,5-Stunden-Woche im Druck- und vor allen Dingen im Metallbereich führte nach dem März 1985 zu einer erneuten nennenswerten Reduzierung der wöchentlichen Arbeitszeitdauer. Für 25 % aller Arbeitnehmer ist seitdem eine Arbeitszeit unterhalb der 40-Stunden-Grenze tariflich vereinbart.

Während die tarifliche Wochenarbeitszeit seit der Mitte der 70er Jahre fast konstant blieb, nahm das wöchentliche Mehrarbeitsvolumen der Beschäftigten deutlich ab. Leistete ein Arbeitnehmer im Jahr 1970 noch durchschnittlich 3,7 Stunden Mehrarbeit pro Woche, so waren es 1980 nur noch 1,9 Stunden und 1985 sogar nur 1,6 Stunden. Trotz der nahezu konstant bleibenden tariflichen Erwerbsarbeitszeit sank also die tatsächliche Wochenarbeitszeit zwischen 1970 und 1984 weiter.

Wie in Abschnitt 1.2 erläutert, umfassen die erwerbsgebundenen Anteile am Zeitbudget der Beschäftigten nicht nur die Erwerbsarbeitszeit, sondern auch die Wegezeiten sowie die Rüstzeiten, wozu beispielsweise Aus- und Weiterbildungszeiten zählen. Da die Daten über die Rüstzeiten äußerst lückenhaft sind, müssen einige Hinweise zu den Wegezeiten genügen[12].

Für den Großteil aller Erwerbstätigen betrug der tägliche Zeitaufwand für den Weg zur Arbeitsstätte (ohne Rückweg) in allen rekonstruierbaren Jahren zwischen 1960 und 1982 weniger als 30 Minuten. Während 1951 rund ein Fünftel der Erwerbstätigen weniger als 15 Minuten für einen Weg benötigte, war es 1970 beinahe ein Drittel. In den Jahren 1978, 1980 und 1982 ergaben sich kaum nennenswerte Veränderungen im zeitlichen Umfang der Wegezeiten.

Bemerkenswert ist der Rückgang der Erwerbstätigen, bei denen Wohnung und Arbeitsstätte auf dem gleichen Grundstück liegen. Diese Gruppe hatte 1961 noch einen Anteil von rund 27 % an allen Erwerbstätigen. Später ging dieser Anteil über 20 % im Jahre 1970, auf 15 % in den Jahren 1978 bis 1982 zurück. Geht man davon aus, daß es sich hier vornehmlich um Selbständige und mithelfende Familienangehörige handelt und subtrahiert man diese Gruppe von der Gesamtzahl aller Erwerbstätigen, so lassen sich in etwa die Wegezeiten der abhängig Beschäftigten berechnen. Dabei kommt man für die abhängig beschäftigten Arbeitnehmer auf durchweg höhere Werte. Sie betragen für den Weg zur Arbeitsstätte (ohne Rückweg) zwischen 30 Minuten für 1960 und 22 Minuten für 1982.

Somit muß beispielsweise zur tatsächlichen Tagesarbeitszeit der Arbeitnehmer für den Beginn der 60er Jahre etwa eine Stunde tägliche Wegezeit hinzu addiert werden. Das Volumen der wöchentlichen Erwerbsarbeitszeit, das im Jahr 1960 beispielsweise 46 Stunden 42 Minuten betrug (tarifliche Arbeitszeit plus Mehrarbeitsstunden), ist um 5 Stunden Wegezeit auf 51 Stunden und 42 Minute pro Woche zu erhöhen. Das Beispiel verdeutlicht das Gewicht dieser Komponente der erwerbsgebundenen Zeitverwendung.

Abb. 3:

Die Entwicklung der durchschnittlichen tariflichen[1]) (zuzüglich Mehrarbeitsstunden) und der effektiven[2]) Jahresarbeitszeit der beschäftigten Arbeitnehmer von 1960 bis 1985 (Männer und Frauen)

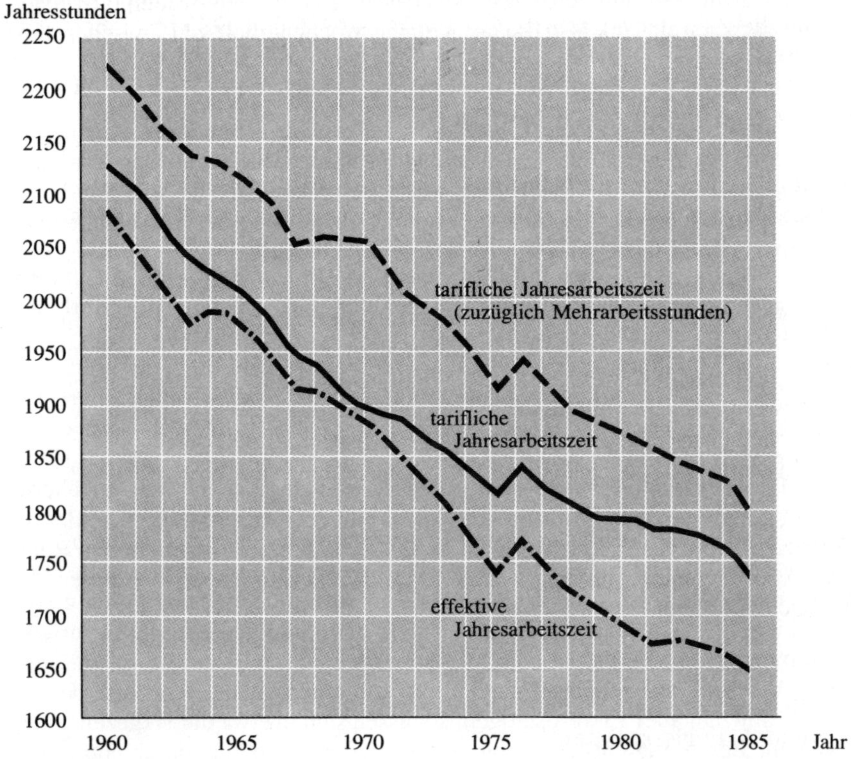

Anmerkungen: **Quelle:** IAB 1986

[1]) urlaubsbereinigt

[2]) tarifliche Arbeitszeit ± konjunkturelle Komponenten wie Mehrarbeit und Kurzarbeit, saisonale und sonstige Ausfallzeiten sowie Arbeitstageeffekt und Teilzeiteffekt

Die Hinweise auf den rückläufigen Umfang der individuellen Erwerbsarbeitszeit sollen anschließend noch durch einige jahresbezogene Daten ergänzt werden. Im Rahmen der tariflichen Arbeitszeitverkürzung von 48 auf 40 Wochenstunden und des gleichzeitigen Übergangs von der 6-Tage- zur 5-Tage-Woche in den späten 50er und frühen 60er Jahren hat sich die Zahl der arbeitsfreien Tage eines Arbeitnehmers zwischen 1955 und 1970 von 74 auf 136 Tage erhöht. Dabei sind neben den Urlaubstagen auch die Sonnabende sowie die

Sonn- und Feiertage, nicht jedoch die Krankheitstage berücksichtigt. Bis zum Jahr 1985 ist die Zahl der arbeitsfreien Tage sogar auf 147 pro Jahr angestiegen, wobei noch nicht die zusätzlichen neun freien Tage mitgerechnet sind, die durch Bündelung der tariflichen Wochenarbeitszeitverkürzung von 40 auf 38,5 Stunden zwischen April 1985 und April 1986 vergeben werden konnten. Allein die Zahl der Urlaubstage ist zwischen 1955 und 1985 pro Jahr von 12 auf 30 Tage gestiegen. Von 1955 bis 1985 haben die Einführung des freien Samstags und die Urlaubsverlängerung zusammen eine Verdoppelung der arbeitsfreien Tage pro Jahr bewirkt.

In Abbildung 3 wird die Abnahme des Volumens der jährlichen Erwerbsarbeitszeit zusammenfassend dargestellt. Zwischen 1960 und 1970 sank für den Durchschnitt der Arbeitnehmer die tarifliche Jahresarbeitszeit um 1,1 %, zwischen 1970 und 1980 dagegen lediglich um 0,6 %. Von 1970 bis 1984 trat fast eine Stagnation ein. Erst für 1985 ist wieder ein Rückgang der jährlichen Arbeitszeit aufgrund der Tarifvereinbarungen zur 38,5-Stunden-Woche im Druck- und Metallbereich festzustellen. Darüber hinaus wird deutlich, daß sowohl die Mehrarbeit als auch andere konjunkturelle Komponenten zu erheblichen Abweichungen von der tariflichen Jahresarbeitszeit führten. Bezogen auf den Gesamtzeitraum ergibt sich ein Rückgang der effektiv geleisteten jährlichen Erwerbsarbeitszeit pro Arbeitnehmer von durchschnittlich annähernd 2 100 Stunden im Jahr 1960 auf rund 1 650 Stunden im Jahr 1985. Da hier die Wegezeiten und die Rüstzeiten nicht berücksichtigt sind, wird man den Rückgang von 450 Jahresstunden nicht völlig als Zugewinn an erwerbsfreier Zeit verbuchen können.

2.3 Illustrationen zur Veränderung der individuellen Zeitbudgets und Aktivitätsspektren[13]

Die skizzierte Abnahme des Volumens der erwerbsgebundenen Zeit, die insbesondere durch die Verkürzung der tariflichen Wochen- und Jahresarbeitszeit bewirkt wurde, ging in den Jahren nach 1960 mit moderaten Veränderungen im anteiligen Gewicht der Zeitanteile einher, die auf bestimmte Aktivitäten entfallen.

Wie Abbildung 4 zeigt, ist das Volumen der erwerbsfreien Zeit im Durchschnitt aller vollzeiterwerbstätigen Männer und Frauen von wöchentlich 111 Stunden 18 Minuten im Jahr 1960 auf 116 Stunden 21 Minuten im Jahr 1973 gestiegen.

Abb. 4:
Veränderungen des wöchentlichen Zeitbudgets vollzeitbeschäftigter Arbeitnehmer zwischen 1955 und 1973 (Männer und Frauen)

1955		
tarifliche Erwerbsarbeitszeit[1] und Mehrarbeit pro Woche		49 Std.
Wegezeiten[2] und unbezahlte Arbeitspausen[3]		10 Std. 30 Min.
	=	59 Std. 30 Min.
erwerbsfreie Zeit einschl. Schlafen, Essen etc. 108 Std. 30 Min.		
1960		
tarifliche Erwerbsarbeitszeit und Mehrarbeit pro Woche		46 Std. 42 Min.
Wegezeiten und unbezahlte Arbeitspausen[3]		10 Std.
	=	56 Std. 30 Min.
erwerbsfreie Zeit einschl. Schlafen, Essen etc. 111 Std. 18 Min.		
1973		
tarifliche Erwerbsarbeitszeit und Mehrarbeit pro Woche		43 Std. 54 Min.
Wegezeiten[4] und unbezahlte Arbeitspausen[3]		7 Std. 45 Min.
	=	51 Std. 39 Min.
erwerbsfreie Zeit einschl. Schlafen, Essen etc. 116 Std. 21 Min. davon effektive Freizeit 37 Std. 12 Min.		
— 1 Woche = 7 x 24 Std. = 168 Std. —		

Anmerkungen:
1 Die Daten zur Erwerbsarbeitszeit beziehen sich 1955 lediglich auf den Industriebereich (Arbeiter/innen).
2 Daten für Wegezeiten sind aus 1960.
3 Die Dauer der unbezahlten Arbeitspausen ist an die Arbeitszeitordnung angelehnt.
4 Daten für Wegezeiten sind aus 1970.
- Teilweise eigene Berechnungen durch Bildung von Durchschnittswerten.

Quelle: Hegner/Kramer/Lakemann, a. a. O.

Dieser Zugewinn an erwerbsfreier Zeit von durchschnittlich rund fünf Stunden pro Woche fällt wegen der stärkeren Mehrarbeitsleistung der Männer allerdings für die Geschlechter unterschiedlich aus, wobei Frauen einen stärkeren Zugewinn verzeichnen. Das ist jedoch keineswegs gleichbedeutend mit einer Besserstellung aller Frauen bezüglich der Mußezeiten. Bekanntlich übernehmen nämlich die verheirateten Frauen - und hier wiederum diejenigen mit noch im Haushalt der Eltern lebenden Kindern - in ihrer erwerbsfreien Zeit einen Großteil der unbezahlten Haushalts-, Betreuungs- und Erziehungstätigkeiten. Zwar haben die diesbezüglichen Zeitanteile am täglichen und wöchentlichen Zeitbudget der erwerbstätigen verheirateten Frauen - vor allem in Folge der rückläufigen Kinderzahlen sowie des vermehrten Einsatzes technischer und chemischer Hilfsmittel im Haushalt - in den 70er und 80er Jahren abgenommen, aber sie liegen auch 1984 noch immer über denjenigen der Männer und des Durchschnitts aller Arbeitnehmer. Mehr als die Hälfte der wöchentlichen erwerbsfreien Zeit von rund 60 Stunden (ohne Schlafen, Essen und Hygiene) verwenden die erwerbstätigen Frauen im Durchschnitt für unbezahlte ökonomische (und familiale) Aktivitäten: mehr als 36 Wochenstunden. Demgegenüber wenden sämtliche - männliche und weibliche - Arbeitnehmer im Durchschnitt lediglich rund 16 1/2 Wochenstunden für unbezahlte Arbeit auf; das ist weniger als die Hälfte der verfügbaren erwerbsfreien Zeit von 39 Wochenstunden (ohne Schlafen, Essen und Hygiene).

Die Abbildungen 5 und 6 veranschaulichen die wöchentlichen Zeitbudgets und Aktivitätsspektren zum einen sämtlicher Arbeitnehmer und zum zweiten der erwerbstätigen Frauen. Die beiden Abbildungen illustrieren zugleich nochmals die begrifflich-theoretischen Hilfsmittel für eine Rekonstruktion der Entwicklung der Zeitverwendungsmuster. Sie runden damit den Rückblick auf die Jahre nach 1960 ab.

3. Ausblick auf zukünftige Entwicklungen der Zeitverwendung

Die folgenden Überlegungen basieren auf den Vorarbeiten für Szenarios zur zukünftigen ökonomischen und psychosozialen Bedeutung erwerbsgebundener und erwerbsfreier Aktivitäten[14]. Ähnlich wie im Abschnitt 2 werden auch hier zunächst voraussehbare Entwicklungen auf dem Arbeitsmarkt skizziert, wobei ergänzend demographische Veränderungen angesprochen werden. Daran anschließend geht es um eine Strategie der abgestuften Neuverteilung von bezahlter und unbezahlter Arbeit.

Abb. 5:
Wöchentliches Zeitbudget vollzeitbeschäftigter Arbeitnehmer (Männer und Frauen) 1981

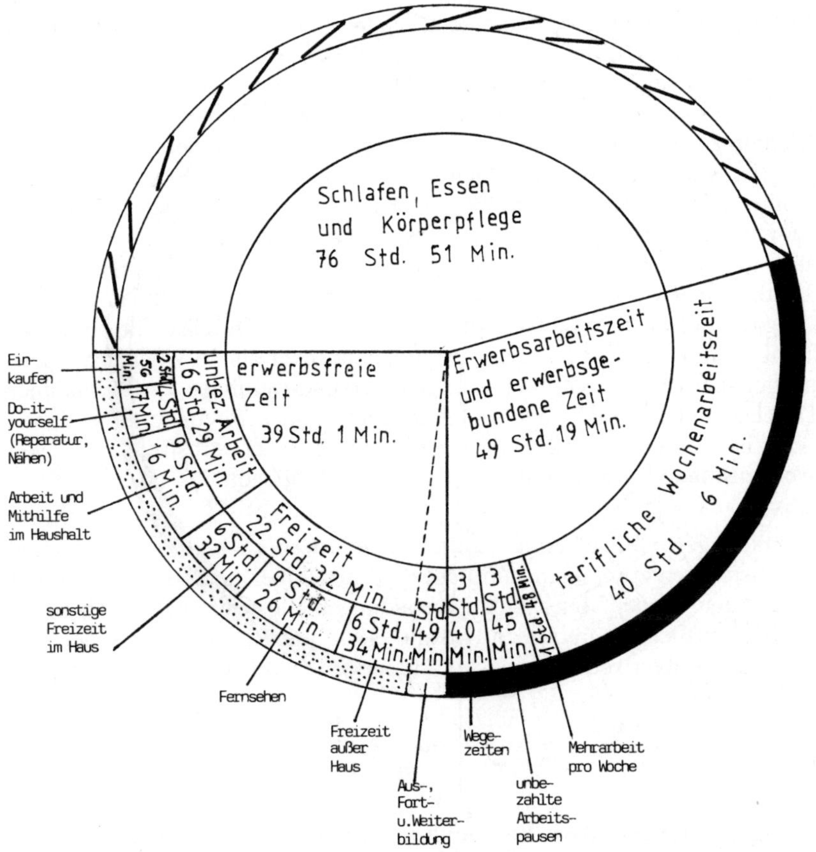

3.1 Die unzureichenden Möglichkeiten einer Ausweitung des Volumens der Erwerbsarbeit

Um den bisherigen Prozeß der Schrumpfung des Volumens der bezahlten Arbeit und der damit verbundenen Expansion der Erwerbslosigkeit aufzuhalten, versuchen Politik und Wirtschaft, das Volumen der benötigten Erwerbsarbeit

Abb. 6:
Wöchentliches Zeitbudget erwerbstätiger Frauen 1984 (Voll- und Teilzeitkräfte)

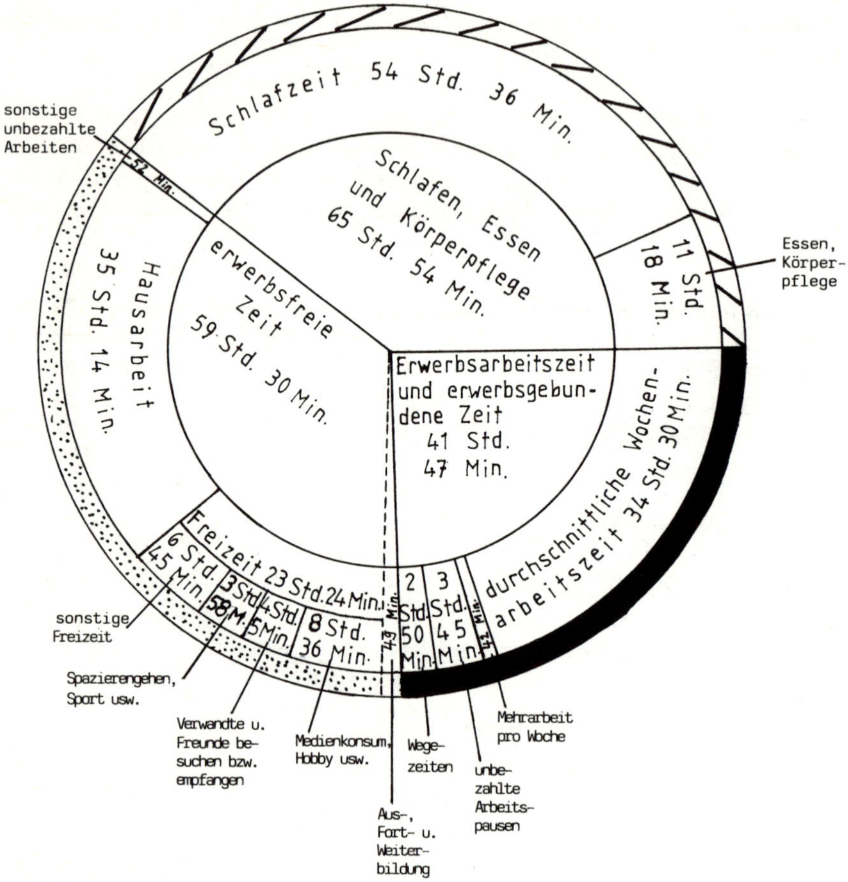

auszuweiten. Das geschieht zum einen, indem bis dahin unbezahlte Arbeit, also Bedarfs- oder Gebrauchsarbeit, zu bezahlter Arbeit gemacht wird. Ein zweiter Weg der Schaffung zusätzlicher Arbeitsplätze basiert auf einer deutlichen Senkung der Arbeitskosten (z. B. Verminderung des Lohnniveaus für bestimmte Tätigkeiten), wodurch die Unternehmen Anreize erhalten, Arbeitskräfte für bis dahin ungetane Arbeit einzustellen (z. B. auch in Form befristeter Beschäftigungsverhältnisse). Ein dritter Weg der Ausweitung des Volumens der bezahlten Arbeit besteht darin, das vorhandene Arsenal an Mitteln der Bedarfsdeckung (Produkte, Produktionsmittel) grundlegend zu erneuern und auch in Zukunft zu erweitern, was allerdings eine Veränderung und Ausweitung des Spektrums menschlicher Bedürfnisse erfordert (beispielsweise in Richtung auf umweltschonende Produkte und Produktionsinstrumente)[15].

Gibt es aufgrund der bisherigen Erfahrungen gute Gründe für die Hoffnung, daß dieses zusätzliche Erwerbsarbeitsvolumen in einem Ausmaß geschaffen werden kann, das ausreicht, um die Erwerbslosigkeit drastisch zu verringern? Diese Frage soll mit Blick auf die einzelnen Wirtschaftssektoren kurz geprüft werden.

Dem Schrumpfen des Arbeitsvolumens im primären und sekundären Sektor stand in der Bundesrepublik seit den 60er Jahren eine Expansion der Beschäftigten, nicht jedoch immer zugleich auch der jährlichen Arbeitsstunden in einigen Teilen des Dienstleistungssektors gegenüber. Neben dem Banken- und Versicherungsgewerbe sowie den Dienstleistungen von Unternehmen und freien Berufen weisen vor allem der Staat und die Organisationen ohne Erwerbscharakter (z. B. Kirchen, Wohlfahrtsverbände, Parteien) eine langfristig positive Beschäftigungsentwicklung auf[16].

Im Bereich der Erziehungs-, Sozial- und Gesundheitsdienste, aber auch bei einem Teil der freien Berufe und der Dienstleistungen von Unternehmen basiert die Erhöhung der Zahl der Erwerbstätigen darauf, daß Arbeiten, die bis dahin ohne monetäre Vergütung geleistet worden sind,
- teils zunehmend von bezahlten Arbeitskräften übernommen, also substituiert, und
- teils durch den ergänzenden Einsatz professioneller Kräfte komplettiert oder qualitativ verbessert werden.

Beispiele für diese langfristige Entwicklung sind: die Schulaufgabenbetreuung, die früher - abgesehen von den höheren Sozialschichten - eine Domäne der Eltern (vor allem der Mütter) war und die zunehmend entweder durch Ganztagsschulen oder bezahlte Nachhilfekräfte ersetzt und ergänzt wird; die häusliche Pflege alter, kranker oder behinderter Menschen, an der neben den Angehörigen zunehmend auch bezahlte Pflegekräfte mitwirken; oder die Abgabe der jährlichen Steuererklärung (einschließlich Lohnsteuerjahresausgleich), wo das Sammeln und Ordnen der Belege ohne Bezahlung in den

Privathaushalten, das Ausfüllen und die Abgabe der Formulare jedoch immer häufiger von bezahlten Beratern übernommen wird[17].

Noch wesentlich stärker als in der Bundesrepublik ist die Zahl der im Dienstleistungssektor Beschäftigten seit den späten 60er Jahren in Schweden und den USA gewachsen[18]. Das hängt vor allem mit andersartigen institutionellen Rahmenbedingungen zusammen. So läßt sich beispielsweise jener Teil des Beschäftigungszuwachses in Schweden, der auf der Expansion steuerfinanzierter öffentlicher Erziehungs-, Sozial- und Gesundheitsdienste basiert, in der Bundesrepublik angesichts der herrschenden Fiskal- und Wirtschaftspolitik sowie der verbreiteten Skepsis gegenüber einer Ausweitung der 'Bürokratie' und des Staatsanteils am Bruttosozialprodukt auf absehbare Zeit keinesfalls im gleichen Umfang realisieren. Zugleich ist jener Teil des Beschäftigungswachstums in den USA, der auf der Expansion des privatwirtschaftlichen Dienstleistungsangebots in Verbindung mit Niedriglöhnen oder geringfügigen Selbständigeneinkommen beruht, in der Bundesrepublik angesichts der tradierten Tarifpolitik der Gewerkschaften, des über Jahrzehnte anhaltenden Rückgangs der Selbständigenquote sowie der verbreiteten Sensibilität gegenüber starken Einkommens- und Schichtunterschieden auf absehbare Zeit ebenfalls nicht in gleichem Umfang realisierbar.

Eine Beseitigung der Massenarbeitslosigkeit mit herkömmlichen Instrumenten ist um so weniger wahrscheinlich, je stärker sich der Schrumpfungsprozeß in weiten Teilen des sekundären Sektors beschleunigt. Das wiederum liegt nahe, weil die mit der Einführung neuer Technologien verbundenen positiven Kapazitätseffekte, also die Ausweitung des Absatzes neuer Produkte und Produktionstechniken, bezüglich der Veränderung des Erwerbsarbeitsvolumens weniger stark ins Gewicht fallen als die - Arbeitskräfte freisetzenden - positiven Produktivitätseffekte[19]. Die mit den positiven Produktivitätseffekten verbundene Steigerung des Güterausstoßes je Erwerbstätigenstunde führt voraussichtlich dazu, daß in Zukunft noch weniger Arbeitsstunden und Vollzeitbeschäftigte benötigt werden, um ein bestimmtes Quantum an Gütern zu erzeugen. Zugleich wird eine starke Kapazitätsausweitung auf Grenzen der Umweltbelastung und der Nachfragesättigung stoßen. Das gilt zumindest so lange, wie es nicht gelingt, sowohl die Produktion als auch den Konsum breitenwirksam und tiefgreifend auf umwelt- und ressourcenschonende Arbeitsinstrumente, Verfahrensweisen und Produkte umzustellen[20].

Vor diesem Hintergrund kann festgestellt werden: Weder die Substitution und Komplettierung bis dahin unbezahlter Arbeit durch bezahlte Arbeit im Bereich der Dienstleistungen noch die nach 1982 erneut feststellbaren positiven Kapazitätseffekte im verarbeitenden Gewerbe reichen aus, um gegenwärtig und zukünftig ein wirksames Gegengewicht gegen die langfristig angelegte Schrumpfung des Volumens der bezahlten Arbeit zu bilden.

3.2 Die demographische Entwicklung und die kontraproduktiven Wirkungen der Ausgrenzung von Gruppierungen aus dem Arbeitsmarkt

Angesichts der beschriebenen Erfahrung liegt es - aus Gründen der politischen Opportunität - auf den ersten Blick nahe, weiterhin bestimmte Gruppen von Personen im erwerbsfähigen Alter aus dem enger gewordenen Arbeitsmarkt auszugrenzen. Diese Reaktionsweise wird in der Bundesrepublik bereits seit der Mitte der 70er Jahre praktiziert. Davon betroffen sind, wie bekannt, vor allem verheiratete Frauen, Ausländer, Ältere, Leistungsgeminderte sowie wenig oder fachlich inadäquat Qualifizierte.

Die Ausgrenzung als Mittel zur Reduktion des Volumens der angebotenen Arbeitskraft und der Nachfrage nach Arbeitsplätzen scheint aufgrund der demographischen Entwicklung in den 70er und 80er Jahren zunächst durchaus plausibel zu sein. Damit wird nämlich die Hoffnung verbunden, daß es leichter gelingen könne, die geburtenstarken Jahrgänge der zwischen 1956 und 1968 Geborenen, die seit der zweiten Hälfte der 70er Jahre verstärkt auf den Arbeitsmarkt drängen, dauerhaft ins Erwerbsleben zu integrieren.

An dieser Stelle muß wenigstens in Umrissen die demographische Entwicklung skizziert werden, und zwar zum einen, weil sie in den letzten zehn Jahren vielfach als eine Art Entschuldigung für das Versagen der Wirtschafts- und Beschäftigungspolitik bei der Beseitigung der Arbeitslosigkeit angeführt worden ist, und zum zweiten, weil ein Blick auf den zukünftigen Altersaufbau der Bevölkerung zeigt, welche nachteiligen Langfristwirkungen sich aus einer taktisch motivierten Ausgrenzungspolitik ergeben können.

Zwischen 1955 und 1960 stieg die Zahl der Lebendgeborenen in der Bundesrepublik von 820 000 auf 969 000 pro Jahr und lag sodann in den Jahren 1964 - 1967 über einer Million. Im Jahr 1968 sank sie fast wieder auf den Wert von 1960 (970 000), lag im Jahr 1970 unter dem Wert von 1955 und schrumpfte mit gelegentlichen Schwankungen nach 1974 auf Jahreswerte zwischen 626 000 und 585 000. Infolge dieses Verlaufs der Geburtenzahlen stiegen ab 1970 zunächst langsam und nach 1975 sodann deutlich die Zahlen

- der jährlichen Schulabgänger auf permanent über 1,5 Millionen nach 1975 und
- der Auszubildenden auf permanent über 1,5 Millionen nach 1978.

Trotz einer kontinuierlichen Erhöhung sowohl der Zahl der Ausbildungsplätze als auch der neuabgeschlossenen Ausbildungsverträge seit den frühen 70er Jahren lag mit Ausnahme der Jahre 1979 und 1980 die Zahl der noch nicht vermittelten Bewerber zunächst jährlich über 22 000 und seit 1983 sogar ständig über 40 000 pro Jahr[21].

Vor dem Hintergrund dieser Auswirkungen der demographischen Entwicklung auf das Ausbildungssystem und die Arbeitsmarktsituation junger Menschen ist es nachvollziehbar, daß eine kurzatmig betriebene Arbeitsmarktpolitik bestrebt war und ist, durch Ausgrenzung von Älteren, Ausländern und verheirateten Frauen Arbeitsplätze für Jüngere freizumachen. Das hat zusammen mit den wirtschaftlichen Aufschwungphasen von 1978-1979 und ab 1984 auch tatsächlich zur Verringerung der Jugendarbeitslosigkeit geführt.

Die bisherigen Maßnahmen der Ausgrenzung sind jedoch, wie die vorliegenden Erfahrungen zeigen, nicht geeignet, die Massenarbeitslosigkeit wirksam zu verringern. Sie können erst recht nicht als adäquate Mittel zur Bewältigung der Folgeprobleme der in den 90er Jahren erwartbaren Konstellationen von Arbeitsmarkt- und Bevölkerungsentwicklung angesehen werden. Das hat - jenseits der Widerstände gegen eine Verstärkung der sozialen Ungleichheit - mehrere Gründe:

a) Bereits heute ist absehbar, daß die geburtenstarken Jahrgänge, die seit der zweiten Hälfte der 70er Jahre auf den Arbeitsmarkt drängen und die erst Ende der 80er Jahre von geburtenschwächeren Jahrgängen abgelöst werden, bis weit ins nächste Jahrhundert hinein auf dem Arbeitsmarkt verharren werden. Das bedeutet: Bezüglich der deutschen Männer der mittleren und höheren Jahrgänge wird es auf absehbare Zeit keinen generellen quantitativen Mangel an Arbeitskräften geben. Dieser Sachverhalt gibt Anlaß zu der Vermutung, daß im Falle eines - ökonomisch oder/und konjunkturell bedingten - weiteren Schrumpfens des gesellschaftlichen Arbeitsvolumens und einer zunehmenden Betroffenheit der Männer über 40 Jahre von Arbeitslosigkeit die (tarif-)politischen Bemühungen um eine Ausgrenzung von Frauen und Ausländern verstärkt werden. Das jedoch könnte kontraproduktiv sein, weil, wie die anschließenden Überlegungen zeigen, weibliche und ausländische Arbeitskräfte höchstwahrscheinlich dringend gebraucht werden, um negative Auswirkungen der Veränderungen im Altersaufbau der Bevölkerung auszugleichen.

b) Der deutliche Rückgang der Zahl der Lebendgeborenen von immerhin noch 970 000 im Jahr 1968 auf den bisherigen Tiefststand von 576 000 im Jahr 1978 wird ab 1988/89 zu einer spürbaren und in den 90er Jahren weiter ansteigenden Lücke bei den deutschen Schulabgängern und Ausbildungsplatzbewerbern führen. Es kommt - zumindest in urbanisierten Regionen - Mitte der 90er Jahre zu einer Halbierung der Nachwuchsjahrgänge. Zugleich sind die niedrigen Geburtenziffern der 70er und 80er Jahre zusammen mit der zunehmenden Lebenserwartung die Ursache für eine drastische Umschichtung im Altersaufbau der Bevölkerung. Voraussichtlich nimmt der Anteil der unter 20jährigen an der Wohnbevölkerung der Bundesrepublik zwischen der Mitte der 80er Jahre und dem Ende unseres Jahrhunderts um rund 5 % ab. Aufgrund dieser Daten ist spätestens zu Beginn der 90er Jahre ein Mangel an Auszubildenden und jüngeren Qualifizierten bezüglich der männlichen Deutschen zu erwarten[22].

c) Die voraussehbare Lücke beim Nachwuchs männlicher deutscher Arbeitskräfte wird nur dann zu gravierenden Engpässen bei den Auszubildenden und jüngeren Qualifizierten führen, wenn Frauen und zwar vor allem jüngere Frauen mit Kindern, weiterhin in dem bisherigen Ausmaß aus dem Arbeitsmarkt ausgegrenzt und auf den Bereich der Bedarfs- und Hauswirtschaft verwiesen werden. Zwar ist der Anteil der Frauen an allen Erwerbstätigen auch während der Jahre mit hoher Arbeitslosigkeit weiter gestiegen, und zwar von 37,1 % im Jahr 1984 auf 38,2 % im Jahr 1985, jedoch lag im gleichen Zeitraum der Frauenanteil an den registrierten Arbeitslosen permanent bei Werten zwischen 42 % und 52 %, und der Anteil der Frauen an der stillen Reserve betrug sogar zwischen 52 % und 72 % mit allerdings rückläufiger Tendenz. In besonders starkem Maße aus dem Arbeitsmarkt ausgegrenzt sind in der Bundesrepublik - verglichen mit Großbritannien, den USA oder Schweden - (verheiratete) Frauen der Altersgruppe von 24 bis 45 Jahre[23].

d) Bezüglich des voraussehbaren Mangels an (qualifizierten) Nachwuchskräften in den 90er Jahren ist zusätzlich zu beachten, daß diese Lücke um so stärker spürbar sein wird, je weniger die bisherige Zuweisung der Frauen zu weniger qualifizierten Jobs und zu einfachen Dienstleistungstätigkeiten durchbrochen wird. So zählten beispielsweise 1985 im gewerblichen Bereich nur 6 % der Frauen zu den Facharbeitern, aber 50 % zu den Ungelernten, und im Angestelltenbereich übten nur 7 % der Frauen eine hervorgehobene verantwortliche Position aus[24]. Diese Einseitigkeiten werden, falls sie unverändert fortbestehen, die Nachwuchslücke bei qualifizierten Arbeitskräften insbesondere mit Bezug auf Facharbeiter und technikbezogene Dienstleistungsberufe vergrößern.

e) Als weitere bisher vielfach ausgegrenzte Bevölkerungsgruppe kommen auch ausländische Arbeitskräfte in Frage, um die erwartbare Arbeitskraftlücke bei den jungen deutschen Männern zu schließen. Wegen der von 1960 bis 1974 drastisch gestiegenen jährlichen Zahlen der Geburten von Ausländern wird es in der Bundesrepublik bis zur Mitte der 90er Jahre eine weiter zunehmende Zahl junger Ausländer geben, die nach dem Schulabschluß eine Lehrstelle und einen Arbeitsplatz suchen. Dabei sind eventuelle Zuwanderer aus den EG-Staaten noch gar nicht berücksichtigt[25].

f) Demographisch gesehen könnten demzufolge zumindest in den nächsten 20 - 30 Jahren die in der Bundesrepublik geborenen Ausländer durchaus einen Beitrag dazu leisten, die Nachwuchslücke bei deutschen Arbeitskräften zu vermindern. Fraglich ist allerdings, ob die zweite und dritte Ausländergeneration dazu in der Lage sein wird, ohne daß verstärkte Anstrengungen zu ihrer beruflichen Qualifizierung unternommen werden. Nach einer 1985 durchgeführten Repräsentativuntersuchung der Friedrich-Ebert-Stiftung sind zwar auch nach 1980 die Anteile der 15-24jährigen Ausländer weiter gestiegen, die in der Bundesrepublik eine Schule besuchen, einen deutschen Schulabschluß erreichen und an berufsvorbereitenden Maßnahmen teilgenommen haben; aber auch im Jahr 1985 waren noch immer rund 65 % der ausländischen Arbeitnehmer ungelernte oder angelernte Arbeiter und lediglich 35 % Facharbeiter, Vorarbeiter/Meister, Angestellte oder Auszubildende. Zugleich haben bisher nur 9 % der ausländischen Arbeitnehmer an beruflichen Fortbildungsmaßnahmen teilgenommen[26]. Diese Zahlen verdeutlichen, daß bisher nur unzureichende Anstrengungen unternommen wurden, um die Ausgrenzungs- und Abdrängungsfolgen der zurückliegenden Jahre zu beseitigen. Eine Verstärkung derartiger Anstrengungen jedoch ist erforderlich, damit die ausländischen Arbeitnehmer in den 90er Jahren eine Chance haben, zur Schließung der Nachwuchslücke auf seiten der deutschen Männer beizutragen. Momentan hat es den Anschein, als seien sie für diese Aufgabe im Bereich der qualifizierten Berufspositionen - vor allem im verarbeitenden Gewerbe und in den 'business services' - noch weniger vorbereitet als die deutschen Frauen.

3.3 Zur Notwendigkeit und zu den Möglichkeiten einer sozialen Umschichtung auf dem Arbeitsmarkt

Vor dem Hintergrund der skizzierten demographischen Entwicklungen sowie der negativen Folgen einer weiteren Ausgrenzungspolitik spricht vieles dafür, daß die Arbeitsmarktsituation ab den 90er Jahren durch eine Reihe von

Merkmalen gekennzeichnet ist, die voraussichtlich zu einer sozialen Umschichtung einzelner Bevölkerungsgruppen - vor allem der Männer und Frauen im erwerbsfähigen Alter - führen werden. Gemeint sind erforderliche soziale Prozesse der schrittweisen Umschichtung

- zwischen den verschiedenen Arbeitsmarktsegmenten,
- zwischen Erwerbstätigen- und Erwerbslosenstatus sowie
- zwischen den Bereichen bezahlter und unbezahlter Arbeit, also zwischen Erwerbs- und Bedarfswirtschaft.

Die wichtigsten Merkmale dieser Entwicklung sind in dem anschließenden Szenario zusammengefaßt. Dabei wird zusätzlich vor allem auf die qualifikationsspezifischen Veränderungen auf dem Arbeitsmarkt verwiesen (Modifikationen des auf dem Arbeitsmarkt benötigten Humankapitals).

a) Das Volumen der effektiv geleisteten jährlichen Erwerbsarbeitsstunden schrumpft auf absehbare Zeit weiter. Demzufolge werden insgesamt weniger Erwerbstätige mit den bisher üblichen wöchentlichen oder jährlichen Stundenvolumina für Vollzeitbeschäftigte benötigt. Bleibt es bei den etablierten Mustern der Wochen-, Jahres- und Lebensarbeitszeit, dann werden um die Jahrhundertwende trotz eines jährlichen Wirtschaftswachstums von 2 - 3 % noch immer 1 - 2 Millionen Erwerbswillige arbeitslos sein[27]).

b) Trotz eines insgesamt und langfristig schrumpfenden Erwerbsarbeitsvolumens und trotz eines sinkenden generellen Bedarfs an Vollzeitbeschäftigten (mit bisherigem Stundenumfang) kann es in bestimmten Wirtschaftssektoren, Branchen und Berufspositionen zu einem Mangel an qualifizierten Arbeitskräften und Auszubildenden kommen. Besonders wahrscheinlich ist das in einigen Bereichen des verarbeitenden Gewerbes. Dort werden auf der einen Seite infolge der Einführung mikroelektronisch fundierter Konstruktions-, Produktions- und Kommunikationstechnologien in zunehmendem Maße wenig oder traditionell qualifizierte Arbeitskräfte freigesetzt, während auf der anderen Seite der Bedarf an Fachkräften, die für die neuen Technologien qualifiziert sind, groß bleibt oder sogar noch ansteigt. Diese zwiespältige Entwicklung auf den inner- und überbetrieblichen Arbeitsmärkten wird durch eine Reihe von Daten belegt[28].

c) Als ein Hauptgrund für den Fachkräftemangel wird von Experten die Schnelligkeit der Innovationsschübe (z. B. in der Steuerungstechnik) genannt. In diese Richtung weist auch die amtliche Statistik über die Arbeitslosen. Demzufolge waren während der sehr guten Konjunkturlage im September 1985 rund 387 000 Facharbeiter, rund 496 000 Angehörige gehobener Angestelltenberufe und rund 118 000 Fachhochschul- oder Hochschulabsolventen arbeitslos gemeldet, was erkennen läßt, daß nicht das zu niedrige formale Qualifikationsniveau, sondern die fachlich inadäquate Qualifikation (z. B. unpassend für die modernen Technologien) im Zentrum des Fachkräftemangels steht[29]. Die Schnelligkeit der Innovationsschübe wird in Zukunft voraussichtlich auch in Verbindung mit anderen technisch-organisatorischen Veränderungen wirksam bleiben. Sie gilt zunächst primär für den Bereich der Konstruktion und Produktion von Sachgütern (z. B. beim Einsatz von CAD, CAE, Lasertechnik, Optoelektronik oder neuen Werkstoffen). Sie tangiert in Kürze aber verstärkt auch den Bereich der Informationsverarbeitung und Administration (z. B. beim Einsatz der Mikroelektronik und der neuen Kommunikationsmittel im Vertrieb, Einkauf und Personalbüro). Des weiteren werden neue Qualifikationsanforderungen in naher Zukunft beschleunigt auch auf diejenigen Positionen übergreifen, deren Inhaber für die Strukturierung und Führung der Betriebe als Ganzes - einschließlich einer mikroelektronisch fundierten Vernetzung der Betriebsteile - verantwortlich sind (z. B. beim Übergang zu MAP, CIM und CAM). Parallel dazu bilden sich als Teil der expandierenden 'business services' neue Dienstleistungsberufe - auch im freiberuflichen Sektor - heraus, deren Inhaber ebenfalls hochqualifiziert sein müssen (z. B. Softwareentwickler und -berater, Organisations- und Personalberater mit Zusatzqualifikationen für moderne Technologien und für veränderte Muster der Arbeits- und Betriebszeitgestaltung[30]. Gerade die Schnelligkeit der in den 90er Jahren andauernden Innovationsschübe läßt erwarten, daß neben einer verstärkten Fortbildung der mittleren Jahrgänge die Ausbildung eines breiten Nachwuchssockels an jüngeren und lernfähigeren Mitarbeitern von zentraler Bedeutung sein wird.

d) Da die fachlich fundierten Berufspositionen im verarbeitenden Gewerbe und in den 'business services' bisher fast ausschließlich mit männlichen Deutschen besetzt waren, während Ausländer und Frauen für diese Tätigkeiten in der Vergangenheit kaum qualifiziert wurden, kann es bei zukünftig wieder schwächer besetzten Altersjahrgängen der Auszubildenden in den 90er Jahren tatsächlich zu einem Personalmangel im Nachwuchsbereich kommen. Das gilt insbesondere dann, wenn die jüngeren Männer in Folge veränderter Berufsorientierungen weiterhin verstärkt in Positionen außerhalb des verarbeitenden Gewerbes und der 'business services' streben. Hier sind zum einen die Berufsfelder zu nennen, die gemeinhin - zumindest in den letzten Jahrzehnten - als Domänen weiblicher Erwerbstätigkeit angesehen wurden, wie beispielsweise zahlreiche Erziehungs-,

Sozial- und Gesundheitsberufe; zum anderen sind aber auch expandierende Dienstleistungsberufe im Verkehrswesen (z. B. Kraftfahrer, flugtechnische Berufe), im Sicherheitsbereich (z. B. Polizei, private Detekteien und Wachberufe), im Banken- und Versicherungswesen, im Handel (z. B. Verkaufsberater mit EDV-Kenntnissen) oder im Freizeitgewerbe zu nennen (z. B. Journalisten, Reisebegleiter und -berater, Entertainer, Trainer in Fitness-Studios[31]. Aufgrund der veränderten soziokulturellen Rollenbilder der Geschlechter ist nicht absehbar, daß junge Männer sich in den 90er Jahren verstärkt von diesen Berufsfeldern abwenden werden. Das verschärft die personellen Engpässe im Nachwuchsbereich des verarbeitenden Gewerbes und der qualifizierten produktionsbezogenen Dienstleistungen. Ein Personalmangel in diesem Bereich tritt nur dann nicht ein, wenn entweder die technischen Innovationen der Zukunft auch qualifizierte Arbeitskräfte in erheblichem Umfang überflüssig machen oder wenn ab sofort Frauen und Ausländer stärker als bisher für derartige Berufspositionen qualifiziert werden.

e) Dem Mangel an Auszubildenden und an Arbeitskräften, die für die Anforderungen der fortschreitenden technischen Innovationen qualifizierbar sind, wird voraussichtlich eine große Zahl vergeblich nach einem Arbeits- oder Ausbildungsplatz Suchender gegenüberstehen. Gemäß den bisherigen Erfahrungen mit der Zusammensetzung des Kreises jener mehr als 700 000 Arbeitsuchenden, die ein Jahr oder länger arbeitslos gemeldet sind, wird es sich dabei auch in Zukunft vor allem um Lernschwache, Behinderte, dauerhaft Leistungsgeminderte oder inadäquat ausgebildete Jüngere handeln[32]. Bisher bilden Ausländer und Frauen einen erheblichen Anteil an den Langzeitarbeitslosen.

f) Die Angehörigen dieser sogenannten Randgruppen des Arbeitsmarkts werden in den 90er Jahren mit jenen männlichen Deutschen der jüngeren und - vor allem der stark besetzten - mittleren Jahrgänge, die nicht für die neuen beruflichen Anforderungen qualifiziert oder qualifizierbar sind, um diejenigen Arbeitsplätze konkurrieren, für deren Besetzung herkömmliche oder vergleichsweise geringe Qualifikationen ausreichen. Der Konkurrenzkampf um diese Arbeitsplätze im verarbeitenden Gewerbe und Baugewerbe wird angesichts des insgesamt schrumpfenden Volumens der Erwerbsarbeit sowie angesichts des voraussehbaren überproportionalen Schrumpfens der Arbeitsplätze für weniger Qualifizierte hart werden. Das wird zu einer Verschlechterung der Arbeitsbedingungen und zu einem sinkenden Lohnniveau führen.

g) Das Gesagte gilt vermutlich nicht nur für das produzierende Gewerbe (einschließlich der güter- oder produktionsbezogenen Dienstleistungen), sondern auch für den Bereich der personenbezogenen Dienstleistungen. Dazu gehören neben den Erziehungs-, Sozial- und Gesundheitsdiensten beispielsweise auch die Dienstleistungen des Bewirtungs- und Beherbergungsgewerbes, die Unterhaltungs-, Sport- und Körperpflegedienste sowie die gegen Entgelt in privaten Haushalten Beschäftigten. In den letzten Jahrzehnten sind diese personenbezogenen Dienstleistungen zunächst eine Domäne der (deutschen) Frauen und sodann teilweise auch der Ausländer geworden[33]. Falls die Erwerbsneigung der Frauen weiter zunimmt und falls ein Teil der deutschen Männer in Zukunft wegen unzureichender Qualifikation oder fehlender Neigung keinen Arbeisplatz im produzierenden Gewerbe und in den 'business services' findet oder sucht, wächst - angesichts des insgesamt schrumpfenden Volumens der Erwerbsarbeit - der Konkurrenzdruck im Bereich der personalen Dienstleistungen. Soweit nicht, wie das im öffentlichen Dienst als einem der größten Arbeitgeber dieses Bereichs der Fall ist, die Regeln des freien Marktes ausgeschaltet werden, wird es zumindest bei einem Teil der personalen Dienstleistungen zu sinkenden Erwerbseinkünften und schlechteren Arbeisbedingungen kommen[34].

Soweit der Ausblick auf einige absehbare Entwicklungen im sekundären und tertiären Wirtschaftssektor sowie auf erwartbare Effekte der beiden bisher dominierenden Reaktionsweisen auf die Massenarbeitslosigkeit, nämlich Versuch der Schaffung zusätzlicher Arbeitsplätze und Versuch der Ausgrenzung bestimmter Gruppen aus dem Arbeitsmarkt. Im folgenden geht es nun um die Frage, ob und unter welchen Bedingungen die skizzierten Arbeitsmarktprobleme auf andere und bessere Weise gelöst werden können.

4. Ansatzpunkte für eine notwendige Neuverteilung des Volumens der bezahlten Arbeit

4.1 Die notwendige Vermeidung einer Spaltung der Gesellschaft

Nicht nur unter dem Blickwinkel der herrschenden Vorstellungen von sozialer Gerechtigkeit und Gleichheit, sondern auch aus der Perspektive einer möglichst optimalen Nutzung des insgesamt verfügbaren gesellschaftlichen Humankapitals verdienen zwei strukturelle Arbeitsmarktprobleme verstärkte Beachtung[35]:

- Die Segmentierung des Markts der bezahlen Arbeit, also die durch ökonomische Regelhaftigkeiten, institutionelle Barrieren und individuelle Gewohnheiten verfestigte Abschottung von inner- und überbetrieblichen Teilarbeitsmärkten. Sie führt beispielsweise dazu, daß individuelle Übergänge zwischen 'bad jobs' und 'good jobs' selbst dann sehr erschwert sind, wenn sie mit Blick auf die Qualifizierungsfähigkeit und -bereitschaft der Erwerbspersonen naheliegen, oder daß Übergänge zwischen Wirtschaftssektoren und Branchen selbst dann nur unzureichend stattfinden, wenn ein deutliches Gefälle bezüglich des Arbeiskräftebedarfs oder der Arbeitsbedingungen besteht.

- Die Spaltung der Erwerbswilligen und -fähigen in eine Bevölkerungsmehrheit von dauerhaft oder zumindest fast kontinuierlich bezahlt-beschäftigten Personen und eine Bevölkerungsminderheit von dauerhaft oder zumindest über lange Phasen und freiwillig Erwerbslosen. Von den letzteren ist wiederum nur ein Teil gemäß seinen Neigungen und Fähigkeiten in der Bedarfs- und Haushaltswirtschaft beschäftigt, jedoch ohne Bezahlung und mit einem vergleichsweise geringen Sozialstatus. Dauert diese Spaltung über mehrere Jahre hinweg an und sind bestimmte Personengruppen fortwährend oder immer wieder von Erwerbslosigkeit betroffen, so wird der Übergang oder die Rückkehr ins Erwerbsleben selbst dann - und zwar aus psychosozialen Gründen - eher unwahrscheinlich, wenn die individuellen fachlichen Qualifikationen vorhanden sind[36].

Die in Abschnitt 3 skizzierte Arbeitsmarktentwicklung birgt aus folgendem Grund in besonderem Maße die Gefahr sowohl einer verstärkten Segmentierung des Arbeitsmarktes als auch einer dauerhaften Spaltung der Gesellschaft: Es handelt sich in den 80er und 90er Jahren um eine Phase einschneidender Innovationen im Bereich der Technik, der Arbeitsorganisation und der Berufsqualifikation[37]. Wer in einer solchen Phase des 'Innovationsschubs' den Übergang in die zukunftsträchtigen inner- und überbetrieblichen Arbeitsmarktsegmente oder sogar den Übergang von Erwerbslosigkeit ins Erwerbsleben nicht schafft, läuft Gefahr, über längere Zeit oder gar für immer aus dem Arbeitsmarkt ausgegrenzt oder in die 'bad jobs' abgedrängt zu werden. Auf diese Weise geht ein Teil des in der Bevölkerung vorhandenen Humankapitals entweder vollständig für die Erwerbswirtschaft verloren oder wird lediglich 'unter Wert' genutzt. Das ist angesichts der zu erwartenden personellen Engpässe bei bestimmten beruflichen Qualifikationen bedenklich.

Außerdem entstehen gravierende psychosoziale Belastungen auf seiten der unfreiwillig Erwerbslosen und der fortwährend vom Arbeitsplatzverlust Bedrohten sowie verschärfte soziale Konflikte zwischen abgesicherten Vollzeiterwerbstätigen und den dauerhaft oder wiederholt Erwerbslosen. Diese Konflikte sind deshalb besonders gravierend, weil sie in Verbindung mit der ungleichen Verteilung eines der traditionell wichtigsten Mittel der Bedarfsdeckung und Bedürfnisbefriedigung auftreten, nämlich der bezahlten Arbeit. Schließlich zeichnen sich langfristige psychosoziale und soziokulturelle Erosionseffekte ab. Sie entstehen dadurch, daß ein Teil der nachwachsenden Generation in Familienhaushalten aufwächst, in denen ein oder beide Elternteile unfreiwillig entweder dauernd oder wiederholt von Erwerbslosigkeit betroffen sind. Das ist nicht nur mit ökonomischen Einschränkungen und psychosozialer Deprivation verbunden, sondern verhindert oder erschwert auch eine Sozialisation des Nachwuchses, die jene Basisqualifikationen beinhaltet, die für die (spätere) Integration in das Ausbildungs-und Erwerbssystem wichtig sind[38].

4.2 Zu erwartende und erforderliche Reaktionsweisen der Erwerbspersonen: Szenario eines partiellen Erwerbsverzichts

Welche Verhaltensweisen der Männer und Frauen sind im Vor- und Umfeld dieser Belastungen und Konflikte zu erwarten, wenn die verschiedenartige Attraktivität sowohl der qualitativ unterschiedlichen Arbeitsplätze als auch der bezahlten im Vergleich zur unbezahlten Arbeit berücksichtigt wird? In Beantwortung dieser Frage werden zunächst die Verhaltensoptionen jener Erwerbspersonen, die bisher auf die vergleichsweise schlechten Arbeitsmarktsegmente verwiesen sind, und sodann diejenigen der Inhaber von 'good jobs' skizziert. Nur eine parallele Analyse der potentiellen Verhaltensweisen beider Gruppen erlaubt fundierte Rückschlüsse auf die Realisierungschancen einer Neuverteilung des Arbeitsvolumens.

Die Arbeitskräfte, die aufgrund ihrer Qualifikation oder sozialen Situation (z. B. Wohnlage, familiäre Bindungen) primär für die wenig attraktiven Arbeitsplätze - 'bad jobs' mit niedrigen Löhnen, schlechten Arbeitsbedingungen oder/und ungesicherter Beschäftigungslage - in Frage kommen, haben im Prinzip drei Optionen:

- Zusatz- oder Weiterqualifikation in der Hoffnung, auf diese Weise entweder überhaupt einen Arbeitsplatz oder sogar einen der attraktiveren Arbeitsplätze zu erlangen;
- Verharren auf einem der weniger attraktiven Arbeitsplätze in der Hoffnung, daß dieser nicht im Zuge weiterer technischer Neuerungen ganz wegfällt. Soweit möglich, kann die niedrige Bezahlung teilweise durch Mehrarbeit (Überstunden) oder durch Übernahme eines Zweitjobs (evtl. als Schwarzarbeit) aufgebessert werden;

- Verzicht auf die Übernahme eines Arbeitsplatzes oder Rückzug aus dem Erwerbsleben aufgrund der Einschätzung, daß sich die zeit- und energieaufwendige Weiterqualifikation oder/und die Ausübung der wenig attraktiven Erwerbsarbeit weder finanziell noch psychosozial lohnen oder gar aufgrund der Arbeitsmarktkonkurrenz keine Zukunft haben.

Im Falle der Realisierung der beiden erstgenannten Verhaltensoptionen verringert sich die verfügbare Zeit für Muße und unbezahlte Arbeit, das heißt, das Arbeitskraftpotential der Bedarfswirtschaft schrumpft (zumindest in zeitlicher Hinsicht). Zugleich erhöht sich die für die Vorbereitung auf eine Erwerbstätigkeit oder die für die Ausübung der Erwerbsarbeit aufgewandte Zeit, das heißt, das Arbeitskraftangebot für die Erwerbswirtschaft expandiert. Wird demgegenüber die dritte Verhaltensoption realisiert, so bleibt das Arbeitskraftpotential der Bedarfswirtschaft konstant oder nimmt sogar zu, während gleichzeitig das Arbeitskraftangebot für die Erwerbswirtschaft stagniert oder sogar schrumpft. In allen drei Fällen gilt, daß die Angehörigen der einzelnen Randgruppen des Arbeitsmarkts (z. B. Frauen mit Kindern nach längerer Unterbrechung der Erwerbstätigkeit) keineswegs nur aufgrund persönlicher Präferenzen, sondern auch aufgrund sozioökonomischer Zwänge entscheiden.

Sowohl die Aspirationen als auch das tatsächliche Entscheidungsverhalten der nur gering oder fachlich inadäquat Qualifizierten können nicht losgelöst von den Präferenzen und Verhaltensweisen derjenigen Erwerbspersonen gesehen werden, die für die attraktiveren und lukrativeren Arbeitsplätze in Frage kommen. Von besonderer Bedeutung ist in diesem Zusammenhang die Bereitschaft und Fähigkeit derjenigen, die aufgrund ihrer Qualifikation die sicheren und lukrativen Arbeitsplätze bereits besitzen, auf einen Teil der damit verbundenen Tätigkeiten, Arbeitszeit und Geldeinkünfte zu verzichten. Angesichts des generell schrumpfenden Volumens der Erwerbsarbeit sowie der voraussichtlich weiter zunehmenden Zahl weiblicher Erwerbswilliger aus den geburtenstarken Jahrgängen (1956-1968) ist dieser partielle Verzicht die notwendige Voraussetzung dafür, daß

- die bis dahin wenig oder fachinadäquat Qualifizierten zur Weiterqualifizierung motiviert sind, indem sie eine reelle Chance zum 'Einstieg' in den Arbeitsmarkt, zur Erhaltung ihres Arbeitsplatzes oder zum beruflichen Aufstieg sehen, und daß
- tatsächlich dauerhafte Arbeitsplätze für eine größere Zahl von Menschen geschaffen werden, und zwar im Wege der Neuverteilung des Arbeitsvolumens zwischen den Personen im erwerbsfähigen Alter.

Von welchen Bevölkerungsgruppen wird die Bereitschaft zum partiellen Erwerbsverzicht in erster Linie erwartet? Da Frauen bereits seit Jahren zum Kreis der überproportional von Erwerbslosigkeit Betroffenen gehören, zugleich jedoch ein Teil der Frauen in Zukunft auf dem Arbeitsmarkt benötigt wird, um die absehbaren Nachwuchsengpässe bei qualifizierbaren oder qualifizierten deutschen Männern zu kompensieren, wird diese Bereitschaft in erster Linie von jenen Männern erwartet, die gegenwärtig bereits einen gesicherten Arbeitsplatz haben oder als Angehörige der geburtenstarken Jahrgänge einen solchen anstreben. Erst in zweiter Linie ist die noch relativ kleine Zahl jener Frauen angesprochen, die gegenwärtig bereits eine qualifizierte und gutdotierte Berufstätigkeit auf gesicherter Position ausüben oder sich auf eine solche vorbereiten. Für Angehörige beider Geschlechter gilt, daß ihnen ein partieller Erwerbsverzicht insbesondere dann zugemutet werden kann, wenn sie in einem Haushalt mit zwei oder mehreren Einkommensbeziehern (basierend auf bisheriger Vollzeitbeschäftigung) leben.

Hinsichtlich der bisher überwiegend männlichen Vollzeiterwerbstätigen geht es mit Blick auf die Zukunft darum, sie zu einer Veränderung sowohl ihrer Einstellungen und Werthaltungen als auch ihrer Verhaltensweisen und sozialökonomischen Alltagsarrangements zu bewegen. Ihnen wird das größte Ausmaß an 'innerer' und 'äußerer' Umorientierung abverlangt; das heißt, sie müssen zum einen ihre Präferenzen, Aspirationen und Einstellungen in bezug auf die Erwerbssphäre und den erwerbsfreien Lebensbereich verändern sowie zum zweiten ihre alltäglichen Verhaltensweisen und sozialökonomischen Arrangements modifizieren. Das bereitet je nach den psychosozialen und ökonomischen Rahmenbedingungen verschiedenartige und unterschiedlich intensive Schwierigkeiten[39].

Gerade bei Vollzeitkräften, die aufgrund ihrer Berufsposition ein hohes Maß an Arbeitszufriedenheit und sozialer Anerkennung genießen, entfällt die Frustration als Beweggrund für einen partiellen Erwerbsverzicht. Allerdings ist bei einem Teil dieser Gruppe das Interesse an verkürzten Arbeitszeiten hoch, weil sie sich aufgrund ihres Einkommens partielle Einkommenseinbußen leisten können und weil sie aufgrund ihres Bildungsniveaus und Aktivitätsspektrums in der Regel keine Langeweile in der erwerbsfreien Zeit haben. Demgegenüber sind an- und ungelernte Arbeiter sowie einfache Angestellte und Beamte, die aufgrund ihrer Berufsposition wenig Entfaltungsmöglichkeiten am Arbeitsplatz haben und wenig soziale Anerkennung genießen, zwar infolge dieser Frustrationen stark an mehr erwerbsfreier Zeit interessiert, jedoch können sie sich finanziell einen partiellen Erwerbsverzicht seltener leisten.

Im Unterschied zu den Vollzeitbeschäftigten haben die bisher Erwerbslosen und Teilzeiterwerbstätigen die Möglichkeit, wenigstens teilweise an den bis dahin praktizierten Grundmustern der Zeitverwendung und Alltagsbewältigung festhalten zu können. Die bisher Erwerbslosen gehören, wie oben erläutert, primär zu den Bevölkerungsgruppen der An- und Ungelernten, der über 45jährigen, der Leistungsgeminderten, der Ausländer und der Frauen mit mehrjähriger Unterbrechung der Berufstätigkeit. Bei ihnen kommt es, soweit sie mit einem Erwerbstätigen in gesicherter Stellung in Haushaltsgemeinschaft leben oder - z.B. aufgrund ihrer früheren Berufstätigkeit - über Vermögen und Ansprüche auf öffentliche Sozialleistungen verfügen, vor allem auf eine Veränderung der Einstellungen und Werthaltungen an, die dem Streben nach einem Vollzeitarbeitsplatz zugrunde liegen. Daneben spielt die Stabilisierung jener sozial-ökonomischen Arrangements eine Rolle, die sie sich geschaffen haben, um besser mit der Erwerbslosigkeit fertig zu werden (beispielsweise durch sorgfältigen Preisvergleich beim Einkaufen, durch Umwandlung des Ziergartens in einen Nutzgarten, durch effektive Organisation der Haushaltswirtschaft, durch Transaktionen im Bereich der Nachbarschafts- und Bekanntenhilfe, durch geschickte Nutzung des vorhandenen Geld- und Sachvermögens). Allerdings wird ihnen auch zugemutet, daß sie sich aktiv um eine Kombination ihrer aktuellen Lebensverhältnisse mit einer partiellen Erwerbsarbeit (Teilzeitbeschäftigung) bemühen[40].

Hinsichtlich der bisher Teilzeiterwerbstätigen geht es primär darum, sie zu einer Beibehaltung des bereits praktizierten Grundmusters der individuellen Zeit- und Aktivitätsaufteilung zu bewegen. Dabei gehören in den Rahmen dieses Grundmusters sowohl Formen der Teilzeitbeschäftigung für Angehörige jüngerer und mittlerer Altersgruppen, die beispielsweise sechs Stunden am Tage, 30 Stunden pro Woche oder 12 ganze Tage im Monat erwerbstätig sind, als auch Formen der Teilzeitarbeit für Ältere, deren individuelles Arbeitszeitvolumen in den letzten Jahren der Erwerbsbiographie sukzessive verringert wird. Soweit es sich um Beschäftigte mit sehr niedrigen Lohnsätzen handelt, die nicht in Haushaltsgemeinschaft mit einem gutdotierten Erwerbstätigen leben und auch nicht auf Vermögen oder erworbene Sozialleistungsansprüche zurückgreifen können, sind allerdings entweder erhebliche Qualifikationsanstrengungen und eine daraus resultierende Aufbesserung der Lohnsätze oder eine Ausweitung des Beschäftigungsumfangs (z. B. durch Kombination mehrerer Jobs) erforderlich[41].

Bevor die sozioökonomischen und psychosozialen Rahmenbedingungen für einen partiellen Erwerbsverzicht präzisiert werden, sollen noch zwei mögliche Mißverständnisse ausgeräumt werden:

- Weder der Terminus 'partieller Erwerbsverzicht' noch der Begriff 'Teilzeitbeschäftigung' darf, was das Volumen der Arbeitszeit und des Erwerbseinkommens betrifft, mit Halbzeit oder halbierten Einkünften gleichgesetzt werden. Vielmehr ist damit ein Spektrum angesprochen, das beispielsweise von einem Beschäftigungsumfang knapp über der Sozialversicherungspflichtgrenze bis zu einem Volumen von weniger als 20 % des jährlichen Arbeitszeitumfangs eines Vollzeiterwerbstätigen reicht.

- Nicht nur das Volumen der Arbeitszeit und des Erwerbseinkommens, sondern auch seine Verteilung über die Erwerbsbiographie eines Bürgers kann frei von schematischen Regelungskorsetten gewählt werden. Niemand soll aufgrund schematischer arbeits- oder sozialversicherungsrechtlicher und tariflicher Regelungen gezwungen sein, während seiner gesamten Erwerbsbiographie stets ein bestimmtes tägliches, wöchentliches oder jährliches Stundenvolumen zu erbringen. Vielmehr besteht die Möglichkeit, im Rahmen von Vereinbarungen, die sowohl die betrieblichen Erfordernisse des Arbeitgebers als auch die im Lebenszyklus wechselnden Bedürfnisse des Arbeitnehmers berücksichtigen, das jeweilige Volumen der Arbeitszeiten und Einkünfte phasenweise zu variieren.

4.3 Sozialökonomische und psychosoziale Voraussetzungen für die Bereitschaft zum partiellen Erwerbsverzicht

Welche sozialökonomischen Voraussetzungen müßten gegeben sein, damit eine partielle Erwerbstätigkeit (z. B. eine Teilzeitbeschäftigung im Umfang von 1 200 statt 1 650 Jahresstunden) die annähernde Erhaltung des bis dahin erreichten Lebensstandards der Haushalte gewährleistet? Grob vereinfachend kann auf folgende Formen des sozialökonomischen Flankenschutzes verwiesen werden, die je nach den materiellen Lebensverhältnissen teils alternativ und teils kumulativ zu erwägen sind:

- Die bei Teilzeitbeschäftigten erwartbare höhere Stundenproduktivität rechtfertigt in Verbindung mit den zukünftigen Produktivitätssteigerungen in Folge technischer und organisatorischer Rationalisierung eine Anhebung der Lohnsätze, so daß die mit der reduzierten Arbeitszeit verbundene Einkommensminderung unterproportional ausfallen kann[42].
- Die erheblichen Vermögensbestände (z. B. Lebensversicherungen, Spar- und Bausparguthaben, Haus- und Wohnungsbesitz, Wertgegenstände und kapitalintensive Gebrauchsgüter), die in einem Großteil der Privathaushalte vor allem während der letzten zwei Jahrzehnte angesammelt wurden, könnten zumindest partiell genutzt werden, um bei der Erhaltung des Lebens-

standards weniger als bisher von der Höhe des aktuellen Erwerbseinkommens abhängig zu sein[43].

- Da in den mittleren Altersgruppen (30 - 60 Jahre) auch gegenwärtig noch immer rund drei Viertel der Bürger in Haushaltsgemeinschaft - teils ehelich, teils unverheiratet - mit anderen Erwachsenen zusammenleben, und da schon heute in mehr als zwei Fünfteln der Familienhaushalte beide Partner erwerbstätig sind, kann zur Bestreitung der Lebenshaltungskosten überwiegend auf mehrere Einkommen zurückgegriffen werden[44].
- Die hohe Erwerbslosigkeit belastet den Fiskus und die Sozialversicherungsträger durch Einnahmeausfälle und Sozialausgaben stark (z. B. Arbeitslosenunterstützung, Sozialhilfe, Frührenten). Deshalb ist es zweckmäßig, den Abbau der Sozialkosten der Arbeitslosigkeit mit Hilfe einer Ausweitung der Teilzeitbeschäftigung auch dadurch zu fördern, daß das etablierte Sozialleistungssystem durch ein allgemeines steuerfinanziertes Grundeinkommen ('Bürgergehalt') - beispielsweise in Höhe der geltenden Sozialhilfesätze - ergänzt wird[45]. Auf diese Weise würde die Sicherung des Lebensstandards durch eine Kombination von 'Bürgergehalt' und Erwerbseinkünften (oder einkommensabhängigen Sozialleistungsansprüchen) gewährleistet.

Derartige materielle Rahmenbedingungen bilden den notwendigen sozialökonomischen Flankenschutz dafür, daß die Bereitschaft zum partiellen Verzicht auf Erwerbseinkünfte verstärkt wird. Allerdings ist diese Verzichtbereitschaft in ebenso starkem Maße von psychosozialen Beweggründen abhängig.

Welche Gründe könnten dafür sprechen, daß in einer Gesellschaft, in der die Erwerbsarbeit einen extrem hohen Stellenwert hat, bis dahin Vollzeiterwerbstätige bereit sind, auf einen Teil ihrer bezahlten Arbeit zu verzichten? Grob vereinfachend kann man vor allem zwei Arten von möglichen Gründen identifizieren:

a) Die wachsenden psychomentalen Anforderungen an die technisch und organisatorisch neuartigen Arbeitsplätze der Gegenwart und Zukunft, die das Streben nach verkürzten Arbeitszeiten fördern;

b) eine in den letzten zehn Jahren allmählich wieder gewachsene soziale Anerkennung für die gesellschaftliche Bedeutung und die attraktive Andersartigkeit der ökonomischen Aktivitäten außerhalb der Erwerbswirtschaft.

Einige Hinweise zu diesen beiden Bündeln von Beweggründen müssen genügen.

Zu a):

Wenn hier von wachsenden psychomentalen Anforderungen an die Inhaber der zukunftsträchtigen Arbeitsplätze gesprochen wird, dann sind damit vor allem die hohen selektiv-tätigkeitsspezifischen Anforderungen an Konzentrationsfähigkeit, Präzision, Kreativität oder Flexibilität im täglichen Arbeitsprozeß gemeint, die zu rascher psychischer Erschöpfung führen können[46]. Hier setzt sich - eventuell beschleunigt - eine Entwicklung fort, deren zentrale Charakteristika nicht neu sind. Hinweise auf eine Abnahme physischer Anforderungen und Belastungen bei gleichzeitiger Zunahme der einseitigen physischen Unterforderung (z. B. Bewegungsarmut) in Verbindung mit verstärkten einseitigen Anforderungen an sensorische und psychomentale Fähigkeiten gehören seit Jahrzehnten zu den Begleiterscheinungen zunehmender Rationalisierung und Technisierung der Arbeitswelt. Die damit einhergehenden Belastungen sind aber nur einer der Faktoren, die das Streben nach einer verkürzten Anwesenheitszeit am Arbeitsplatz voraussichtlich verstärken werden. Ein ebenso bedeutsamer Faktor ist die fortwährende Notwendigkeit der fachspezifischen Weiterqualifikation, die ebenfalls Zeit, Konzentrationsfähigkeit, Beharrlichkeit und Flexibilität erfordert.

Zu b):

Nicht innerhalb, sondern außerhalb der Erwerbssphäre angesiedelt ist ein weiteres Faktorenbündel, das genutzt werden kann, um die Bereitschaft zum partiellen Erwerbsverzicht zu fördern. Gemeint ist die zunehmende Aufmerksamkeit einzelner Bevölkerungsgruppen (z. B. Jüngere, Hochschulabsolventen mit geistes- oder sozialwissenschaftlicher Ausbildung, berufstätige Frauen mit Kinderwunsch) für die Attraktivität der Bedarfs- und Haushaltswirtschaft. Sie resultiert vor allem aus der in den letzten Jahren allmählich wieder wachsenden sozialen Anerkennung für die Andersartigkeit der dort realisierbaren Kooperationsformen sowie der erforderlichen Kenntnisse, manuell-sensorischen Fertigkeiten und psychosozialen Fähigkeiten.

Am Beispiel der Haus- und Erziehungsarbeit kann gezeigt werden, daß diese Andersartigkeit sich im Alltag vor allem in der Vielfalt teils ökonomischer und teils familialer Aktivitäten des Arbeitens, Herstellens und Handelns ausdrückt[47]. Diese unbezahlte Arbeit wurde von den Mitte der 70er Jahre befragten Haus- und Berufsfrauen bezüglich Abwechslungsreichtum, Dispositionsspielraum und Eigenverantwortung mehrheitlich positiv bewertet, und zwar - auch von den berufstätigen Frauen - positiver als die Erwerbsarbeit.

Beklagt wurden nicht primär die Inhalte der unbezahlten Arbeit, sondern die fehlende soziale Anerkennung. Eine Anfang der 80er Jahre durchgeführte Wiederholungsbefragung bei berufstätigen Frauen und Hausfrauen weist in die gleiche Richtung. Dabei betonen die Frauen ausdrücklich, daß Hausarbeit als 'Hauptberuf' nicht attraktiv sei[48]. Die tätigkeitsbezogen-inhaltliche Attraktivität der Gebrauchsarbeit reicht demzufolge keinesfalls aus, um bisher vollzeiterwerbstätige Ehefrauen und Mütter zu einem partiellen Rückzug aus dem Erwerbsleben und zu einem verstärkten Engagement in der Bedarfs- und Hauswirtschaft zu bewegen. Vielmehr wird eine derartige Verhaltensänderung erst dann psychosozial hinreichend attraktiv, wenn die unbezahlte Arbeit in stärkerem Maße als in den letzten Jahrzehnten wieder gesellschaftliche Anerkennung genießt sowie Sozialprestige und anerkannten Sozialstatus vermittelt - und wenn sie nicht als alleinige Tätigkeit ausgeübt werden muß. Außerdem ist für bisher berufstätige oder stark an der Aufnahme einer Berufstätigkeit interessierte Ehefrauen und Mütter das Prinzip eines partiellen Erwerbsverzichts nur dann dauerhaft akzeptabel, wenn Teilzeitstellen nicht mehr fast ausschließlich mit wenig qualifizierten Tätigkeiten ohne Karrierechancen einhergehen und wenn sich auch die Männer verstärkt in unbezahlten Tätigkeiten engagieren und somit zu deren Aufwertung beitragen.

Für sich allein genommen werden wohl weder die psycho-mentalen Belastungen an zukunftsträchtigen Arbeits- und Aus- oder Fortbildungsplätzen noch eine stärkere soziale Anerkennung der nicht erwerbsgebundenen Tätigkeiten die Fixierung der Mehrheit der Erwerbspersonen auf eine bezahlte Vollzeitbeschäftigung beenden. Voraussichtlich müssen beide Arten von Gründen zusammenwirken, damit in Zukunft eine ausreichend große Zahl bis dahin Vollzeiterwerbstätiger (mit heute üblichem Stundenumfang) bereit ist, partiellen Erwerbsverzicht zu leisten.

Das wiederum ist die Voraussetzung dafür, daß zukünftige Vereinbarungen der Tarifparteien und staatliche Maßnahmen, die auf eine Ausweitung der Teilzeiterwerbstätigkeit - einschließlich der Teilzeit für Ältere - sowie auf eine Verkürzung der tariflichen Wochen- und Jahresarbeitszeit zielen, auf breite Zustimmung stoßen. In Verbindung mit einem partiellen Arbeitszeitverzicht lassen sich eventuelle individuelle Geldeinbußen leichter verschmerzen, wenn der Verzicht im monetär-materiellen Bereich nicht auch noch mit einem Verlust im psychosozial-immateriellen Bereich verbunden ist. Das bedeutet: Ein partieller Erwerbsverzicht wird nur dann breitenwirksam akzeptiert und praktiziert werden, wenn das Engagement im Bereich der Gebrauchs- und Eigenarbeit ein Gegengewicht darstellt zu den - eventuellen - individuellen Einbußen

- hinsichtlich des real verfügbaren Geldeinkommens (im Falle einer Arbeitszeitverkürzung ohne vollen Lohnausgleich oder eines Übergangs auf Teilzeitarbeit),
- bezüglich des täglichen Aktivitätsspektrums (durch Wegfall eines inhaltlichen oder bloß zeitlichen Anteils der Berufstätigkeiten),
- hinsichtlich des geordneten Tages- und Wochenablaufs (durch die schwächer werdende Prägekraft vorgeschriebener konventioneller Betriebs- und Arbeitszeiten),
- bezüglich der sozialen Kontakte (im Falle einer Reduktion der Kontakte zu Arbeitskollegen) sowie
- hinsichtlich des Sozialprestiges und des Sozialstatus (im Falle einer durch Arbeitsplatzteilung möglichen Positionsverschlechterung).

Genau diese Kompensations- und Komplementierungsfunktion können die aktiven und passiven Mußeaktivitäten wie beispielsweise Sport, Spiel, Geselligkeit, Lesen, Fernsehen usw. nicht oder höchstens partiell erfüllen (detaillierter dazu Abschnitt 5). Vielmehr müssen die partiellen Funktionseinbußen, die die Erwerbsarbeit bezüglich der individuellen Lebenssituation aufweisen wird, überwiegend durch die Gebrauchs- und Eigenarbeit kompensiert werden. Sie muß verstärkt für die Befriedigung der materiellen Bedarfe und immateriellen Bedürfnisse sorgen, wenn die notwendige Neuverteilung des Volumens der Erwerbsarbeit auf sozial verträgliche Weise zustande kommen soll. In diesem Sinne bedarf die 'Arbeitsumverteilung', von der im Zusammenhang mit der Arbeitszeitpolitik seit Jahren gesprochen wird, der Ergänzung durch eine Neuverteilung von bezahlter und unbezahlter Arbeit. Wie sehen die Voraussetzungen für eine in diesem Kontext erforderliche gesellschaftliche Aufwertung der Bedarfswirtschaft aus?

5. Die Aufwertung des sozial-ökonomischen Gewichts der unbezahlten ökonomischen Aktivitäten

5.1 Beendigung der Unterbewertung und Vereinnahmung der unbezahlten Arbeit

Wenn hier von Aufwertung der unbezahlten ökonomischen Aktivitäten gesprochen wird, so ist damit ausschließlich eine gezielte Beendigung der seit Jahrzehnten dominierenden Unterbewertung dieses Bereichs gemeint. Diese Unterbewertung hat vier besonders gravierende Dimensionen:

1. eine begrifflich-theoretische Dimension, die in der einseitigen Gleichsetzung von 'Wirtschaft' und 'Ökonomie' mit Markt- oder Planwirtschaft und 'formeller' Ökonomie zum Ausdruck kommt, wodurch die Bedarfs- und Hauswirtschaft über Jahrzehnte an den Rand der Wirtschaftswissenschaft gedrängt worden ist;

2. eine meß- und bewertungstechnische Dimension, die dazu geführt hat, daß beispielsweise der Wert der in privaten Haushalten durch unbezahlte Arbeit erbrachten Dienstleistungen und Sachgüter bei der Berechnung des Sozialprodukts nahezu völlig vernachlässigt wird, obwohl dieser Wert in der Bundesrepublik im Jahr 1982 schätzungsweise der Hälfte des Werts im Bruttosozialprodukt erfaßten 'Güter' entspricht[49];

3. eine soziokulturelle und psychosoziale Dimension, die beinhaltet, daß - auch aufgrund der ökonomischen Unterbewertung - die Aktivitäten in der Bedarfs- und Hauswirtschaft weder kulturelle Wertschätzung (z. B. in der Literatur, in Kinder- und Schulbüchern) genießen noch Sozialprestige und anerkannten sozialen Status vermitteln; sowie

4. eine wirtschafts-, sozial- und arbeitsmarktpolitische Dimension, die darin zum Ausdruck kommt, daß beispielsweise bei der öffentlichen Gestaltung oder Förderung von Infrastruktureinrichtungen, aber auch im Steuerrecht sowie bei fiskalisch bedingten Sparmaßnahmen im Sozialsektor und bei Arbeitsbeschaffungsmaßnahmen sehr häufig die Ressourcen der Bedarfs- und Hauswirtschaft (z. B. 'Selbsthilfe', 'Alternativrollen') als selbstverständlich vorausgesetzt oder sogar explizit als einzubringende Eigenleistung gefordert werden, wodurch dieser Bereich mit dem Odium eines 'Lückenbüßers' behaftet ist.

Auf sämtlichen vier Dimensionen ist die unbezahlte Arbeit über Jahrzehnte hinweg diskriminiert und diskreditiert worden, obwohl bei ihrem Fehlen oder 'Ausbluten' die Erwerbswirtschaft bekanntlich rasch gezwungen ist, die Grenzen ihrer Leistungsfähigkeit zu offenbaren[50].

Nur durch eine partielle Abschottung gegen die Eigendynamik der Erwerbswirtschaft sowie durch eine damit verbundene eigenständige Profilierung und Konturierung der Gebrauchsarbeitsrollen können sich die Kooperationsformen, Qualifikationen, Arbeitsweisen und -instrumente sowie Arbeitsergebnisse (Produkte i. w. S.) der Bedarfswirtschaft als dauerhaft attraktives und gleichgewichtiges Komplement zur Fremdversorgung über Markt und Staat behaupten. Nur wenn die Bedarfswirtschaft und die unbezahlte Arbeit nicht länger bloß als Anhängsel und Lückenbüßer von der Fremdversorgung und Erwerbsarbeit vereinnahmt sind, sondern wenn sie, um ein Bild von Ivan Illich zu gebrauchen, aus dem 'Schatten' der Markt- und Staatsversorgung heraustreten, werden sie jene ökonomischen und psychosozialen Merkmale der Zweitklassigkeit verlieren, die die Basis der bisherigen gesellschaftlichen Sogwirkung der Erwerbsarbeit bilden.

5.2 Ansätze für eine Neugewichtung der Aktivitäten in der erwerbsfreien Zeit

Ein besonderer Grund für die partielle Abschottung der Bedarfswirtschaft gegen die bisher dominierende Erwerbswirtschaft liegt darin, daß das Engagement in Formen der unbezahlten Arbeit als ein ökonomisches und psychosoziales Komplement im Sinne eines Ausgleichs für Einseitigkeiten der bezahlten Arbeit benötigt wird[51]. Das gilt vor allem hinsichtlich der erforderlichen Qualifikationen sowie der eingesetzten Kenntnisse, manuell-sensorischen Fertigkeiten und psychosozialen Fähigkeiten. Diese Komplement- und Ausgleichsfunktion der unbezahlten Arbeit wird um so wichtiger, je stärker im Bereich der Erwerbsarbeit in Verbindung mit neuen Technologien die einseitige Ausrichtung der Männer und Frauen auf selektive fach- und tätigkeitsspezifische Bündel von Qualifikationen und Aktivitäten zunimmt.

Bis in die jüngste Zeit ist die Funktion des Ausgleichs oder Gegengewichts zur Erwerbsarbeit primär der 'Freizeit' im Sinne von aktiven und passiven Mußeaktivitäten wie beispielsweise Sport, Spiel, Fernsehen, Theaterbesuch etc. zugewiesen worden[52]. Nur wenn man annimmt, daß die Mußeaktivitäten sowohl einen ausreichenden Ausgleich zum Erwerbsengagement als auch einen genügend starken Anreiz für den partiellen Erwerbsverzicht (im Rahmen der Neuverteilung der bezahlten Arbeit) bilden, kann man darauf verzichten, die Komplementfunktion der Bedarfswirtschaft deutlich zu konturieren, aufzuwerten und institutionell abzusichern. Neben den Mußeaktivitäten wurden - mit Blick auf eine Minderheit der Bürger - die Formen der aktiven Mitwirkung in Parteien, Gewerkschaften, Kirchen oder Vereinen etc. als Ergänzung und Ausgleich zur Erwerbstätigkeit bezeichnet. Dabei handelt es sich ohne Zweifel um eine wichtige und in Zukunft durchaus auch ausweitbare Variante der unbezahlten Arbeit. Dennoch ist es fraglich, ob diese Form des unbezahlten Tätigseins für 'Dritte' im Sinne etablierter Organisationen ausreicht, um das notwendige Maß an Bereitschaft zum partiellen Erwerbsverzicht zu schaffen.

Um Mißverständnisse zu vermeiden, sei ausdrücklich festgestellt: Bezüglich der zukünftigen Verwendung der erwerbsfreien Zeit kann die Alternative auf keinen Fall lauten: unbezahlte Arbeit oder Muße. Vielmehr werden im Zuge einer Ausweitung der erwerbsfreien Zeit voraussichtlich beide Aktivitätsfelder verstärkten Zuspruch finden. Ungewiß ist allerdings, wie groß die eventuellen Geldeinbußen im Falle einer generellen Arbeitszeitverkürzung oder des Übergangs auf eine Teilzeitstelle sind. Deshalb lassen sich die materiellen Spielräume für solche Mußeaktivitäten, die mit Kosten verbunden sind, sowie die materiellen Anreize für eine Aufbesserung des Lebensstandards durch Gebrauchs- und Eigenarbeit nicht genau absehen. Aus diesen Gründen beinhaltet die ausschließliche Hoffnung darauf, die Mußeaktivitäten und die unbezahlte Arbeit für 'Dritte' (im Sinne etablierter Organisationen) seien eine ausreichend attraktive Alternative zur Erwerbsarbeit, große Erfolgsrisiken bezüglich der Bewirkung von partiellem Erwerbsverzicht.

5.3 Einige Hinweise auf konkrete Ansätze zur Aufwertung des sozial-ökonomischen Gewichts der unbezahlten Arbeit

Welche Maßnahmen sind für die stärkere Konturierung, Aufwertung und Funktionsanreicherung der Gebrauchs- und Eigenarbeit geeignet und erforderlich? Zwei Arten von Maßnahmebündeln verdienen besondere Beachtung, wobei es um die langfristig angelegte Veränderung sowohl von Verhaltensdispositionen als auch von Verhaltensweisen geht:

- zum einen Aufklärung, Information und Überzeugung der breiteren Öffentlichkeit hinsichtlich der bisherigen Unterbewertung der Bedarfs- und Haushaltswirtschaft sowie der negativen Folgen einer Funktionsüberlastung der Erwerbsarbeit. Erforderlich sind 'persuasive Programme'[53], um die Einstellungen und Werthaltungen der Menschen, also ihre Verhaltensdispositionen, zu verändern; sowie
- zum zweiten eine Umgestaltung der sozialen (einschließlich der rechtlichen) und der baulich-technischen Infrastruktur, die beide bisher allzu einseitig auf die Anforderungen der Fremdversorgung über Markt und Staat ausgerichtet sind[54]. Erforderlich sind Infrastrukturprogramme und -maßnahmen sowohl im sozialen Sektor (z. B. Lerninhalte im Schul-, Volkshochschul- und Hochschulwesen; 'Freizeiteinrichtungen' mit bedarfswirtschaftlichen Inhalten) als auch im baulich-technischen Bereich (z. B. Wohnungs- und Verkehrswesen, Flächennutzungsplanung). Nur so lassen sich die gewünschten Veränderungen der Verhaltensweisen der Menschen bewirken und erleichtern.

Ausschließlich die Kombination und zeitliche Parallelität von persuasiven und infrastrukturellen Maßnahmen, die gut aufeinander abgestimmt sein müssen, kann die notwendige stärkere Konturierung, Aufwertung und Funktionsanreicherung der Bedarfs- und Haushaltswirtschaft argumentativ illustrieren und faktisch glaubwürdig flankieren. Das wiederum ist, um es nochmals zu wiederholen, kein Selbstzweck, sondern ein Hilfsmittel, um die Akzeptanz arbeitszeitpolitischer Maßnahmen zu erhöhen. Arbeitszeitpolitik als Instrument zur abgestuften Neuverteilung des insgesamt schrumpfenden Volumens der Erwerbsarbeit bei gleichzeitigem Mangel an qualifizierten Kräften kann nur erfolgreich sein, wenn es gelingt, die Gebrauchs- und Eigenarbeit sowohl im Bewußtsein der Menschen - durch Öffentlichkeitsarbeit - als auch im Alltagsleben - durch Infrastrukturmaßnahmen - derart aufzuwerten, daß vor allem die Männer bereit sind, partiellen Erwerbsverzicht zu leisten.

Anmerkungen

1 *Zum folgenden siehe die Überlegungen und Literaturhinweise bei: Friedhart Hegner, Fremdarbeit und Eigenarbeit in der ambulanten Sozial- und Gesundheitspflege: Sozialstationen als Versuch einer Kombination professioneller und nicht-professioneller Hilfen für Kranke, Altersschwache und Behinderte, IIM-paper 80-6, Berlin 1980; ders., Zur Systematisierung nicht-professioneller Sozialsysteme, in: B. Badura/Chr. v. Ferber (Hg.), Selbsthilfe und Selbstorganisation im Gesundheitswesen, München/Wien 1981, S. 219-253; ders., Abkehr von der Einbahnstraßen-Gesellschaft - Aufbruch in die Zweibahnstraßen-Gesellschaft, in: Sociologica Internationalis 19 (1981), Heft 1/2, S. 83-137; ders., Haushaltsfamilie und Familienhaushalt: Vorüberlegungen zu einer Typologie der Verknüpfung familialer und ökonomischer Aktivitäten, in: F. X. Kaufmann (Hg.), Staatliche Sozialpolitik und Familie, München/Wien 1982, S. 23-47.*

2 *Vgl. Scott Burns, Home, Inc., The hidden wealth and power of the American household, Garden City/New York 1975, S. 71-101, 170-213; Ivan Illich, The right to useful unemployment, London/Boston 1978, S. 17-80; ders., Shadow work, Boston/London 1981, S. 97-115.*

3 *Zum folgenden siehe die Überlegungen und Literaturhinweise bei: Friedhart Hegner, Öffentliche Dienstleistungen, in: K. König u.a. (Hg.), Öffentliche Verwaltung in der Bundesrepublik Deutschland, Baden-Baden 1981, S. 203-220; ders., Zukunftswege der Industriegesellschaft: Ausbau der 'Einbahnstraße' oder Umbau zur 'Zweibahnstraße'?, in: R.G. Heinze (Hg.), Neue Subsidiarität: Leitidee für eine zukünftige Sozialpolitik? Opladen 1986, S. 303-338.*

4 *Vgl. zum folgenden: André Gorz, Wege ins Paradies, Berlin 1983, S. 76-89; Joseph Huber, Die zwei Gesichter der Arbeit, Frankfurt 1984, S. 33-39, 69-98; Friedhart Hegner, Zukunftswege der Industriegesellschaft, a.a.O., S. 325 ff.*

5 *Siehe auch Hans-Paul Bahrdt, Arbeit als Inhalt des Lebens ('denn es fähret schnell dahin'), in: J. Matthes (Hg.), Krise der Arbeitsgesellschaft?, Frankfurt/New York 1983, S. 120-137 (besonders S. 124 f.).*

6 *Siehe dazu: Burkhard Strümpel, Die Krise des Wohlstands, Stuttgart 1977, besonders S. 18-43 und 133 f.; Hans-Christoph Binswanger u.a. (Hg.), Wege aus der Wohlstandsfalle, Frankfurt/M. 1979, besonders S. 27-116, Jean Fourastié, Les trente glorieuses, 2. über-*

arbeitete Auflage, Paris 1979, besonders S. 39-50, 73-104 und 195-228; Lester L. Thurow, The zero-sum society, Harmondsworth 1981, besonders S. 56-75.

7 *Sämtliche Zahlen aus: Lutz Reyher/Hans Kohler, Arbeitszeit und Arbeitsvolumen, in: Beiträge zur Arbeitsmarkt- und Berufsforschung, AB 75, Nürnberg 1986, S. 29-55 (besonders S. 30/31 und 47).*

8 *Zu den statistischen Daten dieser Langfristentwicklung siehe zusammenfassend: Friedhart Hegner, Vollbeschäftigung: Zur Notwendigkeit eines veränderten Verständnisses des Rechts auf Arbeit, in: S. Leibfried/R. Müller (Hg.), Sozialpolitische Bilanz, Arbeitspapier Nr. 50 des Forschungsschwerpunkts 'Reproduktionsrisiken, soziale Bewegungen und Sozialpolitik', Bremen 1985, S. 28-66; mit Blick auf die verheirateten Frauen siehe vor allem Angelika Willms-Herget, Frauenarbeit, Frankfurt/New York 1985, besonders S. 87-111; zur Sogwirkung der abhängigen Erwerbsarbeit im sekundären und tertiären Wirtschaftssektor siehe Burkhard Lutz, Der kurze Traum immerwährender Prosperität, Frankfurt/New York 1984, S. 115-158.*

9 *Zu den vielfältigen Funktionen der Erwerbsarbeit für die Bedarfsdeckung und Bedürfnisbefriedigung der Individuen sowie für die Aufrechterhaltung der etablierten Sozialordnung siehe: Hannah Arendt, Vita aktiva oder Vom tätigen Leben, 2. Auflage der Taschenbuchausgabe, München 1981, besonders S. 27-75 und 287-317; Marie Jahoda, Wieviel Arbeit braucht der Mensch? Weinheim/Basel 1983, besonders S. 26-29 und 70-71; Friedhart Hegner, Die Funktionsüberlastung der Erwerbsarbeit und ihre Folgen, in: transfer-information 1 (1984), Heft 2, S. 36-39.*

10 *Die folgenden Überlegungen und Daten stammen aus: Friedhart Hegner/Margret Landenberger, Arbeitszeit, Arbeitsmarkt und soziale Sicherung von 1950 bis heute, Opladen 1988 (im Erscheinen); Friedhart Hegner/Ulrich Kramer/Ulrich Lakemann, Entwicklung der erwerbsgebundenen und erwerbsfreien Zeit in der Bundesrepublik Deutschland nach 1950, Manuskript (Forschungsbericht für das MSWV des Landes NRW), Bielefeld 1987 (erscheint 1988 als Buch).*

11 *Sämtliche Zahlen zur Entwicklung der tariflichen und tatsächlichen Wochenarbeitszeit nach 1974 stammen aus: L. Reyher/H. Kohler, a.a.O., besonders S. 33 f., 50 f.*

12 *Quellenangaben bei Friedhart Hegner/Ulrich Kramer/Ulrich Lakemann, a. a. O., Abschnitt 1.2.1.3*

13 *Sämtliche Zahlen in diesem Abschnitt stammen aus: Ulrich Lakemann, Das Aktivitätsspektrum privater Haushalte in der Bundesrepublik Deutschland 1950-1980, discussion paper IIM/LMP 84-19, Berlin 1984; Friedhart Hegner/Ulrich Kramer/Ulrich Lakemann, a.a.O.*

14 *Vgl. Friedhart Hegner, Abkehr von der Einbahnstraßen-Gesellschaft, a.a.O.; ders., Zukunftswege der Industriegesellschaft, a.a.O.; ders./Ulrich Kramer/Ulrich Lakemann, a.a.O.*

15 *Zum vorangehenden siehe: Fritz W. Scharpf, Strukturen der post-industriellen Gesellschaft, IIM/LMP 84-23, Berlin 1985.*

16 *Zur Entwicklung der Beschäftigtenzahlen in den einzelnen Wirtschaftsbereichen für die Jahre von 1960 bis 1984 siehe: Sachverständigenrat zur Begutachtung der gesamtwirtschaftlichen Entwicklung, Auf dem Weg zu mehr Beschäftigung, Jahresgutachten 1985/86, Stuttgart/Mainz 1985, S. 231. Revidierte Zahlen für die Jahre 1979 bis 1985 enthält*

Wirtschaft und Statistik 9/1985, S. 741. Zur Entwicklung der Zahl der tatsächlichen jährlichen Arbeitsstunden in den einzelnen Wirtschaftsabteilungen im Zeitraum 1960-1980 siehe: Lutz Reyher u.a., Arbeitszeit und Arbeitsmarkt, in: Th. Kutsch/F. Vilmar (Hg.), Arbeitszeitverkürzung, Opladen 1983, S. 87-127, hier S. 96-97.

17 *Empirische Belege für die schrittweise Verschiebung der Relationen zwischen bezahlten und unbezahlten Dienstleistungen in der Bundesrepublik enthalten: a) für den Bereich der ambulanten Pflege: Hansjürgen Dahme u. a., Die Neuorganisation der ambulanten Sozial- und Gesundheitspflege, Bielefeld 1980, S. 317-329; Ute Kerber, Informelle Netzwerkhilfe und sozialstaatliche Unterstützung bei hilfebedürftigen Haushalten, in: W. Glatzer/R. Berger-Schmitt (Hg.), Haushaltsproduktion und Netzwerkhilfe, Frankfurt/New York 1986, S. 85-103; b) für den Bereich der Abgabe von Steuererklärungen: Dieter Grunow-Friedhart Hegner/Franz Xaver Kaufmann, Steuerzahler und Finanzamt, Frankfurt/New York 1978, S. 57-68. Empirische Belege für das Überwiegen von Kumulations- und Komplementaritätseffekten gegenüber Substitutionseffekten im Bereich der bezahlten und unbezahlten alltäglichen Gesundheitsdienstleistungen bei Dieter Grunow u. a., Gesundheitsselbsthilfe im Alltag, Stuttgart 1983, S. 220-239. Die genannten Entwicklungen gehen einher mit einer deutlichen Zunahme der Angehörigen von Dienstleistungsberufen, insbesondere im Bereich der Erziehungs-, Sozial- und Gesundheitsdienste sowie der kommerziellen Beratungsberufe (Eberhard von Einem, Dienstleistungen und Beschäftigungsentwicklung, IIM/LMP 86-6, Berlin 1986, S. 17-35).*

18 *Fritz W. Scharpf, Strukturen, a.a.O., S. 4 a, 8 a, 13 a und passim. Zur Entwicklung in den USA siehe auch das Heft 'The Service Economy' der Zeitschrift Economic Impact 4/1985, S. 8-32. Zur generellen Arbeitsmarktentwicklung in Schweden und in den USA siehe: Günther Schmid, Arbeitsmarktentwicklung in Schweden und in der Bundesrepublik, in: F. W. Scharpf u.a. (Hg.), Aktive Arbeitsmarktpolitik, Frankfurt/New York 1982, S. 29-62 (hier S. 32-42); Jürgen Warnken, Zur unterschiedlichen Dynamik der Arbeitsmärkte in den USA und der Bundesrepublik, in: Mitteilungen des Rheinisch-Westfälischen Instituts für Wirtschaftsforschung 35 (1984), S. 213-237.*

19 *Zur Relation von Wirtschaftswachstum, Produktivitätsentwicklung und Beschäftigungseffekten siehe: L. Reyher u.a., Arbeitszeit und Arbeitsmarkt, a.a.O., hier S. 119-122; Wolfgang Klauder/Peter Schnur/Manfred Thon, Arbeitsmarktperspektiven der 80er und 90er Jahre, in: Mitteilungen aus der Arbeitsmarkt- und Berufsforschung 1/1985, S.41-62 (besonders S. 54 ff.).*

20 *Als unterschiedlich akzentuierte Beispiele für Argumente in Richtung einer Expansion des Arbeitsplatzangebots durch Innovationen (außerhalb der personalen Dienstleistungen) siehe: Gerhard Mensch, Das technologische Patt, Frankfurt/M. 1977, S. 129-164 und 265-277; Volker Hauff/Fritz W. Scharpf, Modernisierung der Volkswirtschaft, Frankfurt/M./Köln 1975, S. 30-52; Hans-Christoph Binswanger u. a., Arbeit ohne Umweltzerstörung, Frankfurt/M. 1983, S. 114-155 und 209-278; Michael J. Piore/Charles F. Sabel, Das Ende der Massenproduktion, Berlin 1985, S. 279-333; Joseph Huber, Die Regenbogengesellschaft, Frankfurt/M. 1985, S. 109-124 und 174-213.*

21 *Zu den genannten Zahlen siehe: Institut der deutschen Wirtschaft, Zahlen zur wirtschaftlichen Entwicklung der Bundesrepublik Deutschland, Köln 1986, Tabellen 2 a, 92 c und 93 b; Bundesminister für Arbeit und Sozialordnung (Hg.), Sozialpolitische Informationen 18/1986, S. 3.*

22 *Zum vorangehenden siehe die Zahlen in: Bericht über die Bevölkerungsentwicklung in der Bundesrepublik Deutschland, 2 Teile, Bundestagsdrucksachen 8/4437 und 10/863, besonders Teil 2, Bonn 1984, S. 135-139; Karl Schwarz, Bevölkerungsentwicklung und*

Familienstruktur, in: Archiv für Wissenschaft und Praxis der sozialen Arbeit, Jg. 1986, Heft 2-4 (Sonderband), S. 7-17 (besonders S. 8).

23 *Die genannten Zahlen stammen aus: H.U. Bach/Chr. Brinkmann, Erwerbsbeteiligung von Frauen im internationalen Vergleich, in MittAB, Jg. 1986, Heft 3, S. 356-361, hier: S. 357 (Übersicht 2), 360 f.*

24 *BMA (Hg.), Sozialpolitische Informationen 19/1986, S. 3. Dazu im einzelnen: A. Willms-Herget, a.a.O., S. 139-213; Gerhard Engelbrech, Entwicklungstendenzen der Beschäftigung von Frauen 1960-1990, in: J. Matthes (Hg.), Krise der Arbeitsgesellschaft? Frankfurt/New York 1983, S. 161-174. Zu den frauen- oder geschlechterspezifischen Implikationen der vorangehenden und folgenden Überlegungen siehe statt anderer: Elisabeth Beck-Gernsheim/Ilona Ostner, Frauen verändern - Berufe nicht? in: Soziale Welt 19(1978), S. 257-287; Günther Schmid, The political economy of labour market discrimination and equal opportunity. Aldershot: Gower 1984, S. 264-300; sowie mehrere Beiträge aus: Sektion Frauenforschung (Hg.), Frauenforschung, Frankfurt/New York 1985.*

25 *Die Zahl der lebendgeborenen Kinder von Ausländern hat sich in der Bundesrepublik von rund 11 Tsd. im Jahr 1960 auf rund 38 Tsd. im Jahr 1965 mehr als verdreifacht und sodann bis 1971 nochmals mehr als verdoppelt auf rund 81 Tsd. In den Jahren 1972 bis 1975 erreichte sie Höchstwerte von jeweils mehr als 90 Tsd. Lebendgeborenen pro Jahr. Erst nach 1981 ergaben sich bis 1985 erneut die vergleichsweise niedrigen Zahlen der Zeit vor 1971 (zwischen 80 Tsd. und 54 Tsd. pro Jahr). Vgl. Institut der Deutschen Wirtschaft, a.a.O., Tabelle 2 a. Während bei der Deutschen Bevölkerung die Geburtenziffer (Anzahl der Lebendgeborenen zur Anzahl der deutschen Einwohner) bereits ab 1967 fortwährend sinkt, bleibt die Geburtenziffer der Ausländer bis 1974 auf relativ hohem Niveau, nimmt dann jedoch ständig ab, was auf eine allmähliche Angleichung der generativen Verhaltensmuster von Deutschen und Ausländern hindeutet. Vgl. Bericht über die Bevölkerungsentwicklung in der Bundesrepublik Deutschland, a. a. O., S. 133.*

26 *Einen Kurzbericht über die genannte Untersuchung enthält: BMA (Hg.), Sozialpolitische Informationen 23/1986, S. 2.*

27 *Zu diesen Zahlen gelangt das IAB aufgrund von Modellrechnungen auf der Basis verschiedenartiger Annahmen über demographische, psychosoziale, technische und ökonomische Entwicklungen (W. Klauder/P. Schnur/M. Thon, a.a.O., S. 60, mittlere Variante).*

28 *Vgl. Leo Pusse/Wolfgang Ruppert, Mittelfristige Entwicklung von Beschäftigung und Arbeitsproduktivität im verarbeitenden Gewerbe, in: Mitteilungen aus der Arbeitsmarkt- und Berufsforschung 3/1985, S. 328-339 (S. 330); Informationsdienst des Instituts der deutschen Wirtschaft 42/1986, S. 8.*

29 *BMA (Hg.) Sozialpolitische Informationen 4/1986, S. 3. In diese Richtung weisen auch viele empirische Befunde in der umfassenden Übersichtsstudie von Sabine Gensior, Mikroelektronik-Anwendung und ihre Bedeutung für die Qualifikationen, IIM/LMP 86-7, Berlin 1986. Zu den erwartbaren technisch-organisatorischen Entwicklungen im verarbeitenden Gewerbe siehe auch: Horst Kern/Michael Schumann, Das Ende der Arbeitsteilung?, München 1984; Arndt Sorge, Informationstechnik und Arbeit im sozialen Prozeß, Frankfurt/New York 1985, S. 91-154; Peter Brödner, Fabrik 2000, Berlin 1985, S. 61-167. Zu den Auswirkungen neuer Technologien im kaufmännisch-administrativen Bereich siehe Bernt Meier, Büroarbeit im Wandel, Köln 1985, S. 31-88; Josef Hochgerner, Arbeit und Technik, Stuttgart 1986, S. 88-100.*

30 *Zur Entwicklung der distributiven und produktionsbezogenen Dienstleistungen in den Jahren 1979-1984 sowie zum Strukturwandel in Richtung auf hochwertige Spezialisierung*

siehe: E. von Einem, a. a. O., S. 17-20 und 41-57. Zur Entwicklung von 'good jobs' und 'bad jobs' im US-amerikanischen Dienstleistungssektor siehe: Richard I. Kirkland, Jr., Are service jobs good jobs?, in: Economic Impact 4/1985, S. 14-21. Zur Notwendigkeit einer Neuabgrenzung der Wirtschaftssektoren vor dem Hintergrund der Expansion produktionsbezogener Dienstleistungen vgl. Richard A. Walker, Is there a service economy?, in: Science and Society 49(1985), S. 42-83.

31 *Zur Parallelität von Prozessen der geschlechtsspezifischen Segregation und Interpenetration auf dem Arbeitsmarkt siehe: A. Willms-Herget, a. a. O., S. 150-168 und 207-231.*

32 *Zur bisherigen Entwicklung und Zusammensetzung dieses Personenkreises siehe: Werner Balsen u. a., Die neue Armut, Köln 1984, S. 69-109; Christoph F. Büchtemann/Infratest Sozialforschung, Die Bewältigung von Arbeitslosigkeit im zeitlichen Verlauf: Längsschnittuntersuchung bei Arbeitslosen und Beschäftigten 1978-1982, Schriftenreihe des Bundesministers für Arbeit und Sozialordnung Nr. 85, Bonn 1983, besonders S. 111-140.*

33 *Vgl. A. Willms-Herget, a. a. O., S. 211 - 218.*

34 *Diesbezügliche Daten aus den USA bei: J. Warnken, a. a. O., S. 229ff; R.A. Kirkland, a. a. O.*

35 *Zum folgenden vgl. Werner Sengenberger (Hg.), Der gespaltene Arbeitsmarkt, Frankfurt/New York 1978; Helmut Knepel/Reinhard Hujeer (Hg.), Mobilitätsprozesse auf dem Arbeitsmarkt. Frankfurt/New York 1985; Friedhart Hegner, Abkehr von der Eisenbahnstraßen-Gesellschaft, a. a. O., besonders Fußnote 65 und S. 134; ders., Vollbeschäftigung, a. a. O., S. 61ff; ders., Zukunftswege der Industriegesellschaft, a. a. O., (besonders S. 322 ff).*

36 *Das belegen die Untersuchungen über wiederholt und/oder längerfristig Arbeitslose. Als Überblick siehe: Marie Jahoda, a. a. O., S. 45-53 und 65-98; Werner Balsen u. a., a. a. O., S. 125-138; Christoph Büchtemann/Infratest Sozialforschung, a. a. O., S. 201-212 und 248-288; Bernhard Block, Psychosoziale Folgen von Arbeitslosigkeit, in: Frankfurter Hefte 39(1984), S. 24-32.*

37 *Siehe dazu in Anmerkung 29 zitierten Studien sowie Alvin Toffler, The third wave, 2. Auflage, London 1981, S. 23-32 und passim.*

38 *Zu den psychosozialen und soziokulturellen Erosionseffekten siehe: Ursula Feist/Dieter Fröhlich/Hubert Krieger, Die politischen Einstellungen von Arbeitslosen, in: Aus Politik und Zeitgeschichte, Bd. 45, 1984, S. 3-17; Catherine Hakim, The social consequences of high unemployment, in: Journal of Social Policy 11(1982), S. 433-467 (besonders S. 450 ff). Zum Zusammenhang zwischen Erwerbsstatus der Eltern und Schul- oder Erwerbsverhalten der Kinder siehe: Karen Schober-Gottwald, Arbeitslose Jugendliche, in: MittAB 11(1978), S. 198-215 (besonders S. 202f, 207 ff); dies., Der Weg in die Arbeitslosigkeit, in: MittAB 11 (1978), S. 143-165 (besonders S. 159ff); Phyllis Moen, Unemployment, public policy and families, in: Journal of Marriage and the Family 45(1983), S. 751-760 (besonders S. 756ff); Günther Steinkamp/Brigitte Meier, Elterliche Erwerbslosigkeit, familiale Sozialisation und kindliche Entwicklung, in: Neue Praxis 15(1986), S. 376-388. Zu den negativen Auswirkungen der elterlichen Erwerbslosigkeit auf das generative Verhalten vgl. Francis van Loon/Koenraad Pauwels, Arbeitslosigkeit und Kinderwunsch, in: Zeitschrift für Bevölkerungswissenschaft 9(1983), S. 377-386.*

39 *Zum folgenden siehe: Johan Behrens, 'Selbstverwirklichung' - oder: Vom Verblassen der Alternativen zur Berufsarbeit, in: Hans-Joachim Hoffmann-Nowotny/Friedhelm Gehrmann (Hg.), Ansprüche an die Arbeit, Frankfurt/New York 1984, S. 117-135; Peter*

Pawlowsky, Berufsgruppenspezifische Ansprüche an die Arbeit, in: H. J. Hoffmann-Nowotny/F. Gehrmann (Hg.), a. a. O., S. 89-116; Margret Landenberger, Arbeitszeitwünsche, IIM/LMP 83-17, Berlin 1983, S. 11ff und S. 55-68; dies., Arbeitszeiten, in: Th. Schmid (Hg.), Vorschläge zur flexiblen Arbeitszeit, Berlin, S. 51-71, besonders S. 53ff.

40 *Zu den Arbeitszeitpräferenzen der Erwerbslosen und arbeitslos gemeldeten Erwerbswilligen siehe am Beispiel von Frauen: Christian Brinkmann, Der Wunsch nach Teilzeitarbeit bei berufstätigen und nicht berufstätigen Frauen, in: Mitteilungen aus der Arbeitsmarkt- und Berufsforschung 3/1979, S. 403-412.*

41 *Knapp ein Drittel aller 3,3 Millionen abhängig Beschäftigter, die im Jahr 1984 eine Teilzeitbeschäftigung ausübten, waren 'geringfügig oder unregelmäßig' erwerbstätig; das sind etwas mehr als 1 Million Erwerbstätige, wobei es sich zu mehr als 90 % um Frauen handelt. Immerhin zwei Drittel aller teilzeitbeschäftigten Frauen übte eine Beschäftigung oberhalb der Sozialversicherungspflichtgrenzen aus und mehr als vier Fünftel waren verheiratet (weit überwiegend mit einem vollzeiterwerbstätigen Partner). Trotz des Überwiegens der Mehrverdienerhaushalte liegt das durchschnittliche Pro-Kopf-Nettoeinkommen der Haushalte mit einem Teilzeitbeschäftigten um etwa 10 % unter demjenigen aller Arbeitnehmerhaushalte. Alle Daten aus: Christoph Büchtemann/Jürgen Schupp, Zur Sozio-Ökonomie der Teilzeitbeschäftigung in der Bundesrepublik Deutschland. IIM/LMP 86-15, Berlin 1986, S. 10f, 16-21. Die ökonomische Situation der Haushalte mit einem Teilzeitbeschäftigten kann aufgrund des Fehlens von Daten über das Geld- und Sachvermögen in der zitierten Umfrage bisher nur partiell rekonstruiert werden.*

42 *Als konkretes betriebliches Beispiel siehe: Leonore Held-Gemeinhardt/Sabine Kroker, Teilzeitarbeit an technikintensiven Arbeitsplätzen, in: H. Bielenski/F. Hegner (Hg.), Flexible Arbeitszeiten, Frankfurt/New York 1985, S. 71-178 (besonders 130ff). Generell dazu: Andreas Hoff, Arbeitsmarktentlastung durch Ermöglichung freiwilliger Teilzeitarbeit, in: Th. Kutsch/F. Vilmar (Hg.), a. a. O., S. 221-242 (besonders S. 228f).*

43 *Ähnlich argumentiert Meinhard Miegel, Die verkannte Revolution (1), Stuttgart 1983, S. 42ff., 186ff. Aktuelle Daten zur Vermögenssituation in: Wirtschaft und Statistik, Jg. 1985, Heft 2, S. 110-118, Heft 11, S. 899-907 und Heft 12, S. 967-974.*

44 *Friedhart Hegner, Strukturen und Verhaltensorientierungen privater Haushalte als Rahmenbedingungen der Arbeitszeitpolitik, in: F. W. Scharpf/M. Brockmann (Hg.), Institutionelle Bedingungen der Arbeitsmarkt- und Beschäftigungspolitik, Frankfurt/New York 1983, S. 24-52 (hier: S.40f); Alois Herlth, Familien in der Arbeitsgesellschaft, in: Archiv für Wissenschaft und Praxis der sozialen Arbeit, Jg. 1986, Sonderband (Heft 2-4), S. 102-127 (hier: S. 103f, 109).*

45 *Zur aktuellen Diskussion unterschiedlicher Aspekte eines 'garantierten Mindesteinkommens' siehe: Thomas Schmid (Hg.), Befreiung von falscher Arbeit, Berlin 1984; sowie die Beiträge von Georg Vobruba, Michaele Schreyer und Eckhard Wegner, in: Michael Opilka/Ilona Ostner (Hg.), Umbau des Sozialstaats, Essen 1987. Als Beispiel für eine neoklassische Version dieser Diskussion siehe Milton Friedmann/Rose Friedmann, Free to choose, London 1980, S. 120-126.*

46 *Zu den Tätigkeitsanforderungen und psycho-mentalen Belastungen an Arbeitsplätzen, an denen moderne Technologien eingesetzt werden, siehe: H. Allan Hunt/Timothy L. Hunt, Human resource implications of robotics, sowie Doris B. McLaughlin, The impact of microelectronics on office jobs, in: Economic Impact 1/1985, S. 22-30 und 31-36; Dieter Bullinger, Die Neuen Technologien, in: Aus Politik und Zeitgeschichte, Jg. 1985, Band 4, S. 47-61 (besonders S. 52ff); P. Brödner, a. a. O., S. 65 - 116.*

47 *Die Andersartigkeit der Bedarfs- und Hauswirtschaft im Unterschied zur Markt- und Plan- oder Staatswirtschaft sowie der Selbstversorgung oder Eigenbedarfsdeckung im Unterschied zur Fremdversorgung über Markt und Staat beinhaltet eine Vielzahl von Aspekten, die hier nicht dargestellt werden können. Vgl. als Überblick: Joseph Huber, Die zwei Gesichter der Arbeit, a. a. O., S. 31-58; Friedhart Hegner, Zukunftswege der Industriegesellschaft, a. a. O., S. 325-329; ders., Haushaltsfamilie und Familienhaushalt, a. a. O.*

48 *Vgl. den Literaturüberblick bei Johan Behrens, Die Ausdifferenzierung der Arbeit, in: K. O. Hondrich (Hg.), Soziale Differenzierung, Frankfurt/New York 1982, S. 129-209, besonders S. 196ff; Margret Fine-Davis, Frauen, Arbeit und Wohlbefinden, in: Soziales Europa 2/1985, S. 47-51.*

49 *Manfred Hilzenbecher, Die (schattenwirtschaftliche) Wertschöpfung der Hausarbeit, in: Jahrbücher für Nationalökonomie und Statistik 201/2(1986), S. 107-130.*

50 *Immanuel Wallerstein, Historical capitalism, 2. Auflage, London 1984, S. 13-42 und 97-110; B. Lutz, a. a. O., S. 245ff.*

51 *In der Freizeitforschung stehen dem Denkansatz und den empirischen Daten, die darauf hindeuten, daß die Aktivitäten in der erwerbsfreien Zeit bezüglich Inhalt und Form weitgehend den Erwerbsaktivitäten entsprechen (Extensionsthese), seit langem die Auffassung und die empirischen Befunde gegenüber, die auf Kontraste zwischen Erwerbs- und Freizeitaktivitäten hindeuten (Kompensationsthese). Vgl. Joffre Dumazedier, Vers une civilsation du loisir? Taschenbuchausgabe der Erstauflage von 1962, Paris 1972, S. 79-97; Eberhard Ulich/Henriette Ulich, Über einige Zusammenhänge zwischen Arbeitsgestaltung und Freizeitverhalten, in: Th. Leuenberger u. a. (Hg.), Bürokratie, Bern 1977, S. 209-226; Graham L. Staines, Spillover versus compensation, in: Human Relations 33(1980), S. 111-129; Barbara S. Romzek, Work and nonwork psychological involvements, in: Administration & Society 17(1985), S. 257-281). Vermutlich werden in der erwerbsfreien Zeit insbesondere dann kontrastierende Aktivitäten zur Erwerbsarbeit gesucht und teilweise praktiziert, wenn die beruflichen Anforderungen sehr einseitig sind, was keineswegs gleichbedeutend mit eintönig sein muß, und/oder wenn die im Erwerbsleben ausgeübten Tätigkeiten als sehr unbefriedigend erlebt oder gar verabscheut werden, wobei nicht übersehen werden kann, daß der Wunsch nach einer Kompensation in der Freizeit vielfach an den objektiven Lebensumständen scheitert. Siehe dazu die Befragungsergebnisse bei Manfred Schlösser, Freizeit und Familienleben von Industriearbeitern, Frankfurt/New York 1981, besonders S. 102ff, 157ff. Die 'Andersartigkeit' (verglichen mit der Erwerbsarbeit) der unbezahlten Arbeitsleistungen von Werftarbeitern belegen die Fallstudien von Johann Jessen u. a., Versorgungsstrategien von Arbeiterhaushalten in städtischen und ländlichen Lebenssituationen, vervielfältigtes Manuskript, Universität Oldenburg 1986, Kap. 5 und S. 661f.*

52 *Einen umfassenden Überblick über empirische Studien zur Verteilung der erwerbsfreien Zeit auf Mußeaktivitäten und unbezahlte Arbeiten geben: Ulrich Lakemann, Das Aktivitätsspektrum privater Haushalte in der Bundesrepublik Deutschland 1950-1980, a. a. O.; Friedhard Hegner/Ulrich Kramer/Ulrich Lakemann, a. a. O.; neuere Umfrageergebnisse bei: W. Glatzer/R. Berger-Schmitt (Hg.), a. a. O.*

53 *Zur Erläuterung dieses Konzepts mit Bezug auf Veränderungen des Gesundheits- und Verbraucherverhaltens siehe Heinz-Jürgen Dahme/Dieter Grunow, Persuasive Programme als Steuerungsinstrument des Wohlfahrtsstaates, Bielefeld 1983, S. 14-25 und 393-416. Dabei handelt es sich um ein Instrument der 'pädagogischen Interventionsform' der Politik (Franz-Xaver Kaufmann, Elemente einer soziologischen Theorie sozialpolitischer*

Intervention, in: ders. (Hg.), Staatliche Sozialpolitik und Familie, München/Wien 1982, S. 49-86, besonders S. 80ff). Diesbezügliche Maßnahmen sind Teil einer Sozialpolitik, die auf die 'soziokulturellen Lebensformen' gerichtet ist (vgl. Bernhard Badura/Peter Gross, Sozialpolitische Perspektiven, München 1976, S. 175ff).

54 *Für konkrete Vorschläge zur stärkeren Ausrichtung der sozialen und baulich-technischen Infrastruktur auf die Erfordernisse der Bedarfs- und Hauswirtschaft siehe: J. Huber (Hg.), Anders arbeiten - anders wirtschaften, Frankfurt a. M. 1979 (vor allem Theodor Ebert, S. 131-158); H. Chr. Binswanger u. a. (Hg.), Wege, a. a. O., S. 222-260; R. G. Heinze, Massenarbeitslosigkeit und neue Wege in der Arbeitspolitik, in: R. G. Heinze u. a. (Hg.), Beschäftigungskrise und Neuverteilung der Arbeit, Bonn 1984, S. 169-181 (hier: S. 175ff); Friedhart Hegner, Öffentliche Förderung von Selbsthilfe und Selbstorganisation, in: K. D. Kein/L. A. Vascovics (Hg.), Wege zur Sozialplanung, Opladen 1985, S. 156-181; ders., Kommunale Initiativen zur Verwirklichung einer neuen Form der Vollbeschäftigung, in: J. Krüger/E. Pakoke (Hg.), Kommunale Sozialpolitik, München/Wien 1985, S. 241- 266.*

Werner Glastetter

Technischer Fortschritt, Produktivitätsentwicklung und Zeitverwendung

1. Die Ausgangslage

Das gestellte Thema ist nicht von ungefähr eingebettet in das allgemeine Tagungsthema. Denn der technische Fortschritt hat inzwischen neben anderen Dimensionen - Beherrschbarkeit durch den Menschen (Entfremdung, Dequalifizierung) - auch eine arbeitsmarktpolitische Dimension erfahren. Immer drängender stellt sich die Frage, ob der technische Fortschritt zum 'Job-Killer' wird, und ob es deshalb einer 'Neuorganisation der Zeit' i. S. einer Umverteilung der noch erforderlichen Arbeitszeit auf das Gesamtpotential der Arbeitssuchenden bedarf. Insoweit gewinnt unversehens auch die Arbeitszeitproblematik eine neue - nämlich ebenfalls arbeitsmarktpolitische - Dimension, nachdem sie über Jahre hinweg primär unter physischen Aspekten (Notwendigkeit der Erholung) und sozialen Aspekten (Freizeit als Wert sui generis) gesehen wurde. Damit erhalten beide Phänomene - Technologieproblematik und Arbeitszeitproblematik - einen gemeinsamen Bezugspunkt, der letztendlich in der Arbeitsmarktentwicklung wurzelt.

Die damit verbundene Problematik konnte so lange verdrängt werden, so lange ein hoher Beschäftigungsstand gegeben war. Denn dieser rechtfertigte es, sowohl die Technologie als auch die Arbeitszeitproblematik jeweils allein mit Blick auf die anderen Dimensionen zu sehen. Genau diese Voraussetzung ist inzwischen nicht mehr erfüllt: Unterstellt, daß auch in diesem Jahr eine Wachstumsrate des realen Bruttoinlandsprodukts erreicht wird - in welcher Größenordnung auch immer[1] -, kann man dann zwar konstatieren, daß der vielbeschworene 'Aufschwung' sein fünftes Jahr erreicht hat; ebenso muß aber konstatiert werden, daß die Zahl der Arbeitslosen - auch im fünften Jahr in Folge - die 2-Millionen-Grenze deutlich übersteigt. Nun gibt es gute Gründe für die Annahme, daß eine aktuelle Sicht keine hinreichend abgesicherten Tendenzaussagen zuläßt. Rücken wir deswegen die aktuelle Perspektive in eine langfristige Verlaufsanalyse[2], so lassen sich freilich zwei Grundaussagen herausstellen:

a) Zum einen sind am Arbeitsmarkt deutliche Umbruchphasen erkennbar. Nach einem erfolgreichen Schließen der Arbeitsmarktlücke in den 50er und

60er Jahren ist zwischenzeitlich wieder ein Auseinanderdriften von Arbeitsplatznachfrage (Erwerbspersonen) und Arbeitsplatzangebot (Erwerbstätige) zu registrieren (Abbildung 1). Unter Berücksichtigung der Stillen Reserve liegt das Arbeitsplatzdefizit vermutlich gegenwärtig noch um ca. 1 Million höher als die Differenz zwischen registrierten Erwerbspersonen und Erwerbstätigen, die nun seit fünf Jahren die 2-Millionen-Grenze übersteigt. Diese Entwicklung hat zwischenzeitlich zu einem drastischen Anstieg der Arbeitslosenquote geführt (Abbildung 2).

b) Für diese Scherenbewegung am Arbeitsmarkt sind zwei - zwar unterschiedlich determinierte, aber hier nun verhängnisvoll zusammenwirkende - Einflußfaktoren auszumachen. Einmal ist - nach einem über zwei Jahrzehnte reichenden Rückgang - ein deutlicher Wiederanstieg der Erwerbsquote zu registrieren (Abbildung 3). Dies hat zu dem skizzierten Anstieg der Zahl der Erwerbspersonen (seit Anfang der 70er Jahre um reichlich 1 Mio.) geführt. Zum zweiten ist - über den gesamten Beobachtungszeitraum hinweg - im Trend ein systematischer Rückgang der realen Wachstumsrate zu verzeichnen (Abbildung 4). Dies hat offenbar der Neuschaffung von Arbeitsplätzen entgegengewirkt. Damit hat sich die Absorptionsfähigkeit der Volkswirtschaft vermindert und dies hat zu einem Rückgang der Zahl der Erwerbstätigen seit Anfang der 70er Jahre um ca. 1 Million geführt.

2. Alternativen

Man könnte nun die beiden skizzierten Rahmenbedingungen - Erwerbsquotenanstieg und Wachstumsabschwächung - als gegeben nehmen und das registrierte Arbeitsplatzdefizit als ein 'Lohnkosten'- und ein 'Mobilitäts'-Problem begreifen. Die Tarifpartner wären dann selbst gehalten, durch eine gesamtwirtschaftlich zurückhaltende Lohnpolitik die Arbeitsplatzlücke zu schließen, zumindest abzubauen:

a) Was das gesamtwirtschaftliche Lohnkostenargument angeht, so mündet dies in die gängige These ein, daß 'weniger' Lohn 'mehr' Beschäftigung bringe[3]. Diese These - und die ihr zugrundeliegende Theorie - hat allenfalls vordergründige Plausibilität, wenn man die Arbeit als Ware ansieht, die ihren Preis hat, und die bei zu hohem Preis (Lohnkosten) eben nicht absetzbar ist. Beachtet man aber, daß der Lohn nicht nur einen 'Kosten'-, sondern auch einen 'Kaufkraft'-Charakter hat, wird die Frage schon

Abb. 1
Arbeitsmarkt (in Mio.)

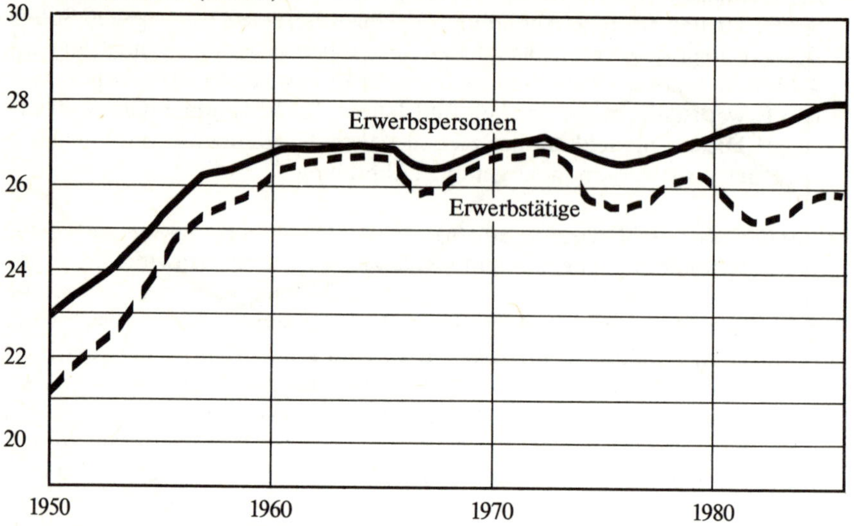

Abb. 2
Arbeitslosenquote (Arbeitslose in vH der abhängigen Erwerbspersonen)

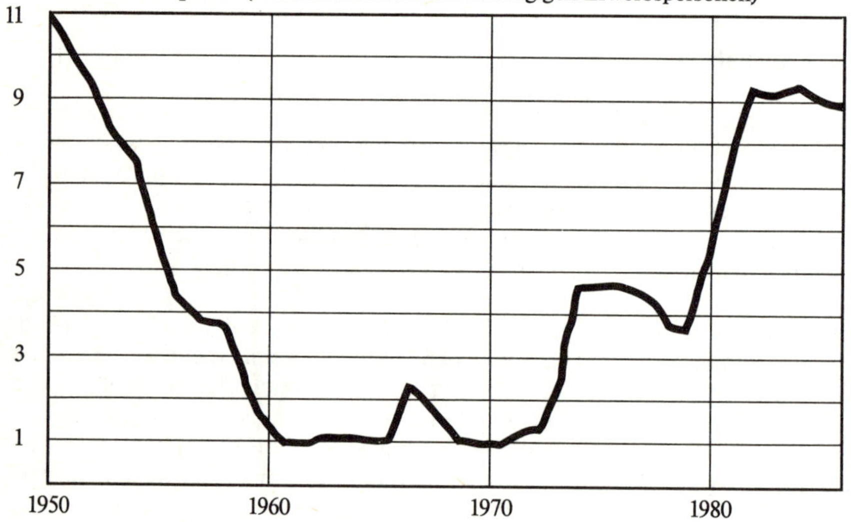

Abb. 3

Erwerbsquote (Erwerbspersonen in vH der Wohnbevölkerung)

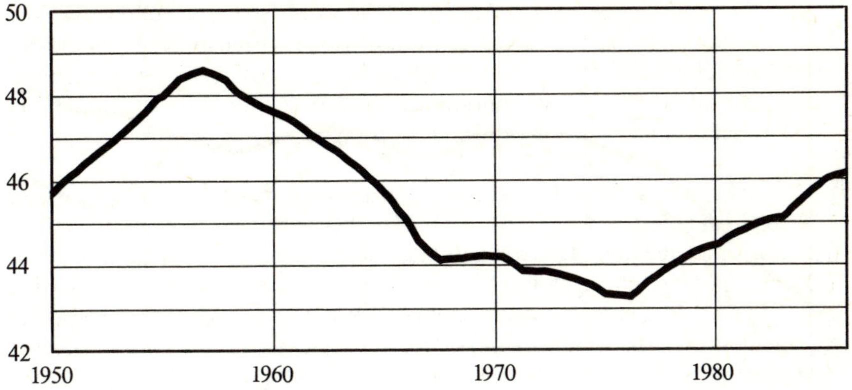

Abb. 4

Bruttoinlandsprodukt (in Preisen von 1980 – Veränderung gegen Vorjahr in vH)

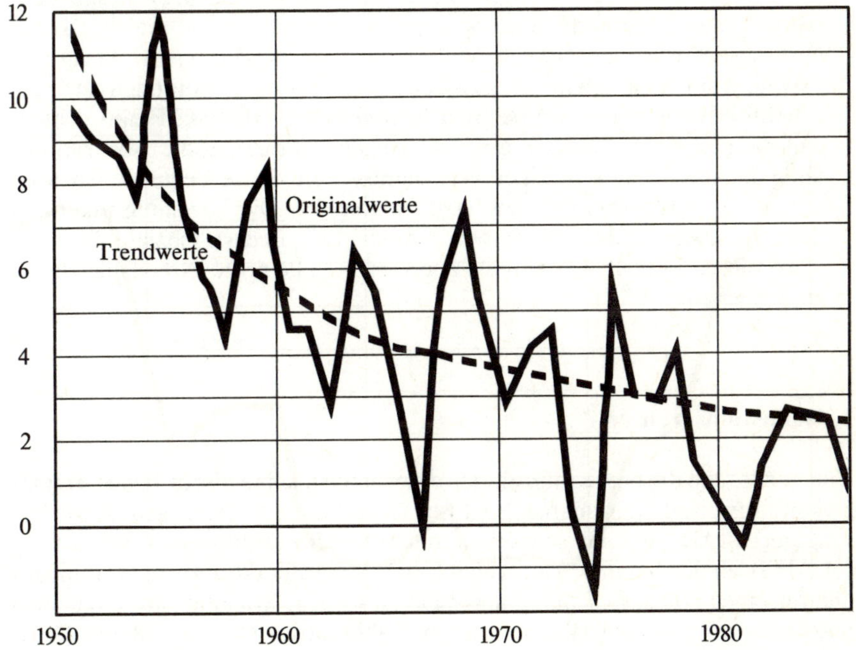

weniger eindeutig beantwortbar. Dies erklärt, warum die an sich plausibel erscheinende These wissenschaftlich sehr umstritten ist. Diese Kontroverse kann hier nicht ausgelotet werden[4]. Gleichwohl ist festzustellen, daß die Arbeitsplatzlücke sich in einem Zeitraum wieder herausbildete, als gleichzeitig ein deutlicher Rückgang der beschäftigungsstrukturbereinigten Lohnquote zu verzeichnen war (Abbildung 5). Ein Zusammenhang von Lohn und Beschäftigung ist nur schwer festzustellen[5].

b) Was das intersektorale Lohndifferenzierungsargument angeht, so wurzelt dieses in der Feststellung, daß in der Nachkriegszeit ein deutlicher Wandel in der Struktur der Erwerbstätigkeit stattgefunden hat (Abbildung 6). Daraus könnte nun gefolgert werden, daß es in Zukunft erforderlich ist, durch eine entsprechende Lohndifferenzierung den Strukturwandel - genauer: die Absorptionsfähigkeit im Tertiärsektor zu erleichtern. Dieses Argument überzeugt sachlich schon eher, ist aber gleichwohl nur begrenzt tragfähig. Bedenkt man zum ersten, daß von 1970 bis 1986 im Primär- und Sekundärsektor zusammen etwa 3,5 Millionen Erwerbstätige freigesetzt wurden, davon aber vom Tertiärsektor nur 2,5 Millionen absorbiert werden konnten, bedenkt man zum zweiten, daß mit etwa 4,7 Millionen Erwerbstätigen die Beschäftigung im Bereich Handel und Verkehr über diesen Zeitraum hinweg stagnierte, die Absorption also nur vom Bereich Dienstleistungsunternehmen (um 1 Million auf ca. 4 Millionen), Staat und Private Haushalte ohne Erwerbscharakter (um 1,5 Millionen auf ca. 5 Millionen) getragen wurde, und bedenkt man schließlich zum dritten, daß die angelegte Strategie der Haushaltskonsolidierung die Absorptionsfähigkeit des Staates in einer verhängnisvollen Weise begrenzt, so folgt daraus: Die Absorption wäre letztlich von den Dienstleistungsunternehmen zu übernehmen. Auch bei unterstelltem Bedarf (soziale Dienste) wäre dieser Bereich vermutlich überfordert, allein die Arbeitsplatzlücke zu schließen.

3. Wachstumsgrenzen

Unterstellt, daß die beiden skizzierten Alternativen keine hinreichende Tragfähigkeit aufweisen, folgt daraus, daß im Grundsatz der Staat, gemäß Verfassungsgebot (Art. 20 GG) sowie konkretem Gesetzesauftrag (§ 1 StWG bzw. § 1 AFG), in der Verantwortung bleibt, die Arbeitsmarktlücke zu vermindern und für einen hohen Beschäftigungsstand zu sorgen. Mit Blick auf die beiden relevanten Verursachungsfaktoren ist dies alternativ - einerseits durch Dros-

Abb. 5

Lohnquote (beschäftigungsstrukturbereinigt in vH)

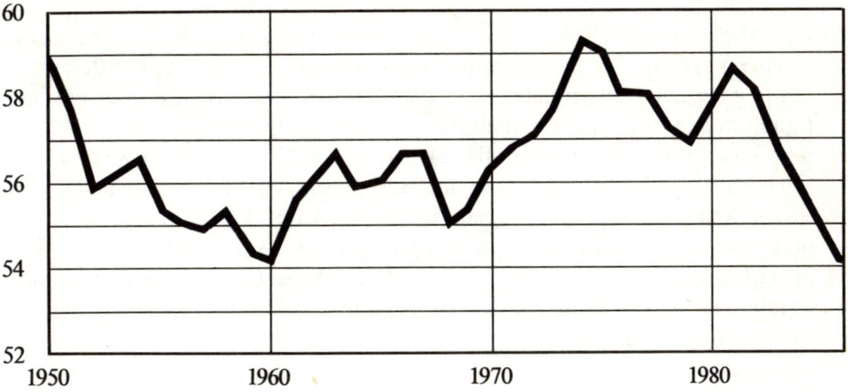

Abb. 6

Erwerbstätige (in Mio.)

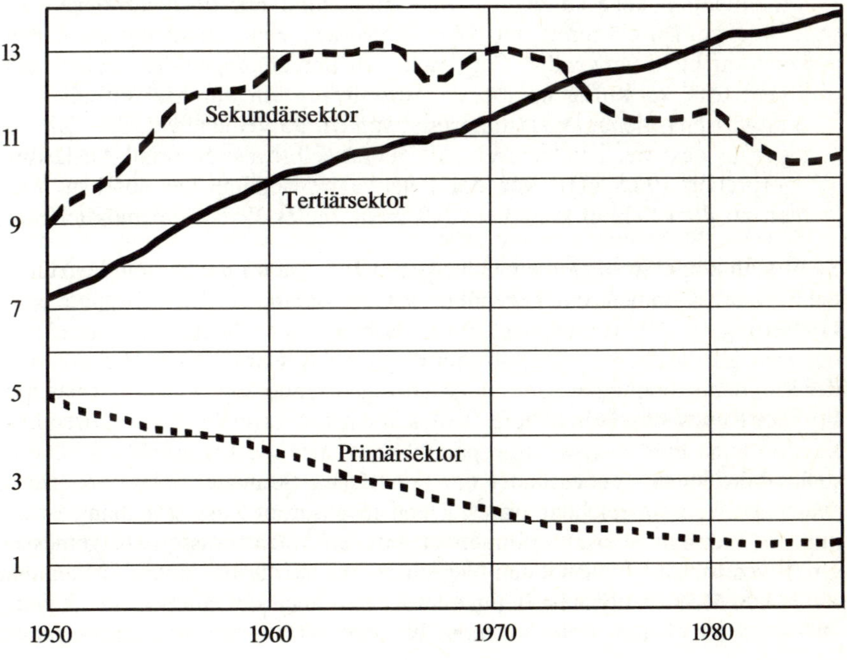

selung der Erwerbsquote, andererseits durch Steigerung der Wachstumsrate - denkbar:

a) Der Versuch, die Erwerbsquote zu senken, wird freilich an relativ enge Grenzen stoßen: Die Rückführung von Gastarbeitern dürfte über den ohnehin angelegten Trend hinaus - von 1973 bis 1985 sank die Zahl der beschäftigten ausländischen Arbeitnehmer von 2,5 Millionen auf gut 1.5 Millionen - verfassungs- und gesellschaftspolitische Probleme aufwerfen. Die Verlängerung der Verweildauer im Bildungssystem dürfte haushaltspolitischen Restriktionen unterliegen, im übrigen das Problem nur verlagern und spätestens dann sich als fragwürdig erweisen, wenn nach Schulabschluß die offenen Stellen fehlen. Die Forcierung von Vorruhestandsregelungen ist ebenfalls sozialversicherungs- und damit haushaltspolitisch problematisch und überdies - wie die jüngsten Erfahrungen zeigen - wenig effizient.

b) Größeres Gewicht kommt somit der Forcierung des Wachstumsprozesses zu. Hier sind nun tatsächlich Defizite auszumachen. Wie schon aus dem Verlauf der realen Wachstumsraten erkennbar wurde, hat, im Gegensatz zu früheren Konjunkturzyklen, der jüngste 'Aufschwung' den langfristig ohnehin erheblich abgeschwächten Wachstumstrend nur noch kurzfristig erreicht, im Durchschnitt der Wachstumsraten eher leicht unterschritten. Dies war nicht notwendig. Folgt man den Berechnungen des Sachverständigenrates[6], so wurde im letzten Aufschwung ein durchschnittlicher gesamtwirtschaftlicher Auslastungsgrad von ca. 95 vH erreicht, deutlich weniger als das, was der Sachverständigenrat selbst als 'Normal'-Auslastung interpretiert (96,5 vH). Von der Potentialentwicklung her gesehen, muß man zu dem Schluß kommen, daß mehr reales Wachstum möglich war.

Stellt man beide Strategien einander gegenüber, kann man zu dem begründeten Ergebnis kommen, daß gegenüber der Drosselung der Erwerbsquote einer Forcierung des Wachstumsprozesses ein höheres Gewicht zukommt. Man mag nun trefflich darüber streiten, ob eher eine (angebotsorientierte) Verbesserung der Rahmenbedingungen oder ein (nachfrageorientierter) geld- und finanzpolitischer Kurswechsel ein höheres reales Wachstum erreicht hätten. Diese Diskussion kann hier ebenso ausgespart bleiben[7] wie die Frage, ob ein höheres reales Wachstum - unbeschadet der ergriffenen Strategie - ohne neuerliche 'Verspannungen' erreichbar wäre[8]. Denn in unserem Zusammenhang ist ein anderes Problem relevant. Betrachten wir den Wachstumsprozeß, gemessen am Niveauverlauf in absoluten Werten, so weist dieser deutlich erkennbar ein hohes Maß an linearer Stetigkeit auf; und auch der jüngste Aufschwung ist - wenngleich auf 'verschobenem Niveau' - in dieses alte Steigungsmaß nahezu wieder eingeschwenkt (Abbildung 7)[9]. Ein linearer Anstieg des Wachstums-'Niveaus' impliziert freilich einen systematischen Rückgang der Wachstums-'Raten'. Die Frage stellt sich, ob - unbeschadet der ergriffenen Maßnahmen - eine Wachstumsforcierung erreichbar ist, die über eine nachhaltige Trendveränderung das Steigungsmaß des Niveauverlaufes so erhöht, daß ein Rückgang der Raten vermieden oder gar ein neuerlicher Anstieg möglich wird. Letzteres einfach zu unterstellen, ist fragwürdig, zumal eher Faktoren auszumachen sind - Grenzen der Exportüberschüsse, Strukturwandel zum Tertiärsektor, ökologische Restriktionen -, die den Wachstumsprozeß begrenzen. Damit ist durchaus die Erwartung begründbar, daß allenfalls das bisherige Steigungsmaß des Trends erreichbar bleibt. Dieses impliziert aber - zumindest im mittelfristigen Durchschnitt und in der absehbaren Zukunft - reale Wachstumsraten, die allenfalls noch um 2 vH p. a. schwanken[10].

4. Produktivitätsschere

Schon von daher gesehen ist der Beschäftigungseffekt, der an den Wachstumseffekt gebunden ist, nicht sehr hoch zu veranschlagen. Doch damit ist das Problem noch nicht hinreichend ausgelotet. Die These, 'mehr' Wachstum führe zu 'mehr' Beschäftigung[11], ist auch grundsätzlich eine Leerformel:

a) Zum einen kommt es entscheidend auf die Entwicklung der Stundenproduktivität an: Nur wenn das Wachstum stärker (schwächer) steigt (sinkt) als die Stundenproduktivität, wird zunächst überhaupt einmal ein Anstieg des benötigten Arbeitsvolumens (in Stunden) ausgelöst. Wird das Wachstum durch die Produktivität aufgefangen (überkompensiert), impliziert dies Konstanz (Rückgang) des Arbeitsvolumens.

b) Zum zweiten kommt es entscheidend auf die Entwicklung der Arbeitszeit, gemessen in Stunden in einem gegebenen Zeitraum (Woche, Monat, Jahr), an: Nur wenn das Arbeitsvolumen stärker (schwächer) steigt (sinkt) als die Arbeitszeit, ist eine höhere Beschäftigung möglich. Wird die Entwicklung des Arbeitsvolumens durch eine korrespondierende Arbeitszeitentwicklung aufgefangen, bleibt die Beschäftigung konstant. Denkbar sind also durchaus Konstellationen, bei denen trotz Wachstum ein Beschäftigungsrückgang einsetzt.

Abb. 7

Bruttoinlandsprodukt (in Preisen von 1980 – in Mrd. DM)

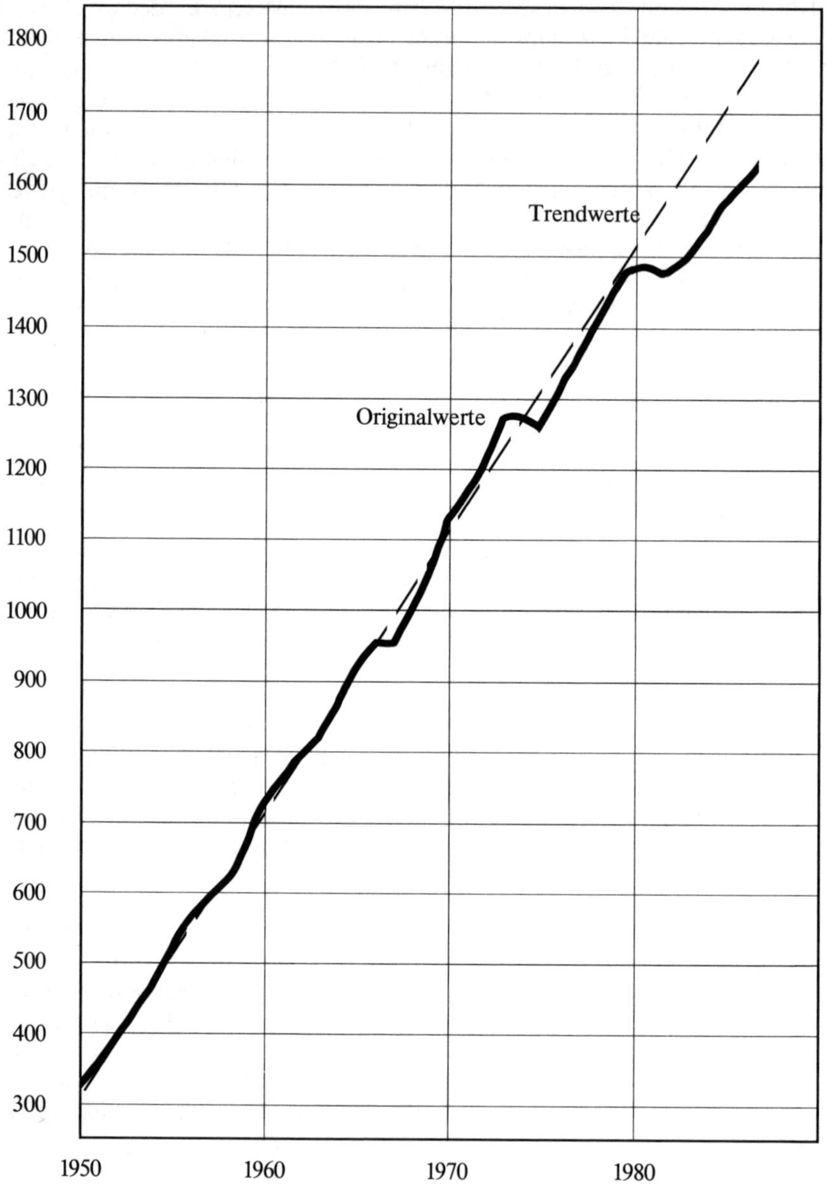

Vor dem Hintergrund dieser Vorüberlegungen sind nun eindeutige Befunde festzumachen (Abbildungen 8 und 9). Nur in den 50er Jahren hat das reale Wachstum den Anstieg der Stundenproduktivität überkompensiert und einen Anstieg des Arbeitsvolumens bewirkt. Danach wird erkennbar, daß der Anstieg der Stundenproduktivität zunehmend steiler verläuft als jener des realen Wachstums: Das Arbeitsvolumen wird rückläufig; die Produktivitätsschere setzt ein. Mitte der 70er Jahre war beim Arbeitsvolumen das Ausgangsniveau (1950) bei vierfachem Sozialprodukt erreicht; inzwischen wird mit 90 vH des Ausgangsniveaus ein Fünffaches des (Ausgangs-)Sozialprodukts erwirtschaftet. Über den gesamten Zeitraum hinweg ist nun gleichzeitig eine systematische Arbeitszeitverkürzung zu registrieren. Da nun in den 50er Jahren gleichzeitig das Arbeitsvolumen anstieg, wird der überproportionale Anstieg der Zahl der Erwerbstätigen - bis Anfang der 60er Jahre um nahezu 30 vH - erklärbar. Dann freilich verschieben sich auch hier die Trendmuster: Der Arbeitszeitrückgang hat den Arbeitsvolumenrückgang bis Anfang der 70er Jahre allenfalls noch kompensiert (mit der Folge der Stagnation der Erwerbstätigkeit), seither eher unterkompensiert (mit der Folge eines Rückgangs der Erwerbstätigkeit). Diese empirischen Befunde rechtfertigen - für sich genommen - gewiß keine eindeutige Kausalitätshypothesen. Weder ist die Annahme begründbar, daß ein schwächeres Produktivitätswachstum mehr Beschäftigung ermöglicht hätte; denn es wäre nicht auszuschließen, daß dann (über eine geringere internationale Wettbewerbsfähigkeit) auch das reale Wachstum geringer ausgefallen wäre. Ebenso wenig ist die These begründbar, daß ohne Arbeitszeitverkürzung das Beschäftigungsvolumen dem Verlauf des Arbeitsvolumens gefolgt wäre, und daß dies zu einem enormen Beschäftigungsabbau geführt hätte; denn es wäre nicht auszuschließen, daß ohne Arbeitszeitverkürzung auch der Produktivitätsanstieg geringer ausgefallen wäre. Doch auch ohne derartige Hypothesen ist in jedem Falle - ex post - die Existenz einer Produktivitätsschere auszumachen, die letztendlich in die Kernfrage einmündet, ob der technische Fortschritt - neben Erwerbsquote und Wachstumsabschwächung - zu einem dritten eigenständigen Bestimmungsfaktor des Arbeitsmarktes bzw. der Arbeitslosigkeit wird.

5. Konsequenzen

Nehmen wir nun einmal den Verlauf der Erwerbsquote als gegeben, dann läßt sich die Fragestellung zunächst konkretisieren: Wirken in der vorgegebenen Weise Wachstumsgrenzen und Produktivitätsschere zusammen, stellt sich die

Abb. 8

Wachstum und Produktivität (1950 = 100)

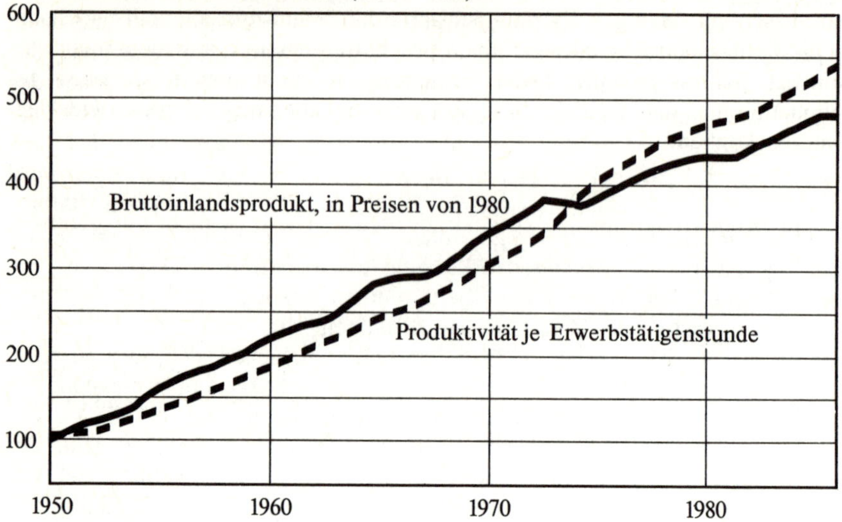

Abb. 9

Arbeitsbedarf (1950 = 100)

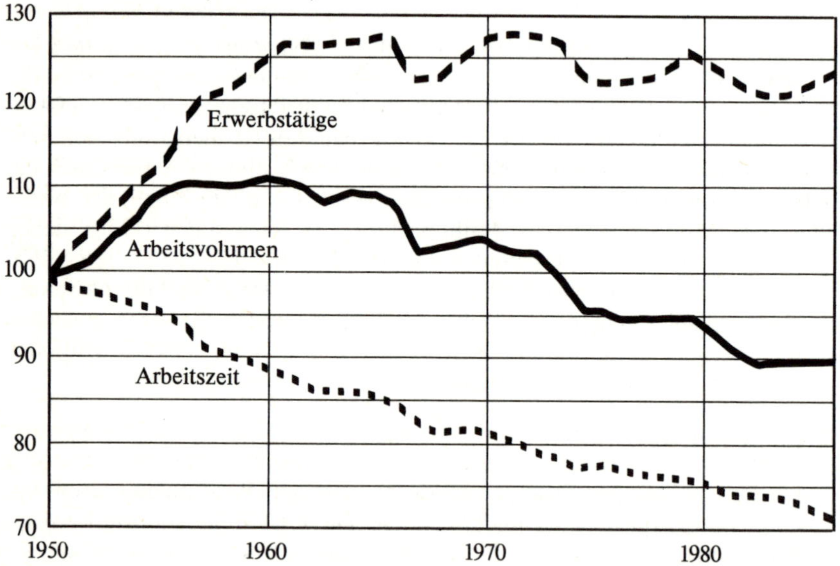

Frage, ob der technische Fortschritt inzwischen dazu führt, daß er über entsprechende Produktivitätssteigerungen den begrenzten Wachstumsspielraum so ausschöpft oder gar überkompensiert, daß Wachstum allenfalls noch beschäftigungsneutral ist oder gar einen Beschäftigungsrückgang nicht mehr verhindert (jobless-growth). Diese Erwartung ist nicht unwidersprochen geblieben, ohne daß freilich diese Befürchtung überzeugend hätte widerlegt werden können:

a) Vielfach wird die These vertreten, daß sich mit sinkendem Wachstum auch der Produktivitätsanstieg zurückbilde. Diese These ist nicht nur plausibel (Wachstumsschwäche drosselt Anreiz und Realisierungschancen für technische Neuerungen), sondern auch belegbar: So sanken die jahresdurchschnittlichen Steigerungsraten der Stundenproduktivität von 7 vH (50er Jahre) über 5 vH (60er Jahre) und 3,5 vH (70er Jahre) auf 2,5 vH (80er Jahre). Diese These übersieht indessen, daß dieser Rückgang teilweise bedingt war durch den Strukturwandel hin zum (relativ) produktivitätsschwächeren Tertiärsektor und rasch gestoppt werden könnte, wenn Rationalisierungsprozesse auch in diesem Bereich verstärkt Gewicht gewinnen. Vor allem ignoriert die These, daß es nicht auf die Produktivitätsentwicklung - für sich genommen - ankommt, sondern auf die Relation zum Produktwachstum; geht dieses noch stärker zurück, bleibt auch bei Rückbildung der Produktivitäts-'Rate' die Produktivitäts-'Schere' voll erhalten.

b) Vielfach wird die These vertreten, daß die technische Entwicklung zwar Arbeitsplätze vernichte, aber auch an anderer Stelle Arbeitsplätze schaffe. Diese These ist allenfalls formal plausibel, in der Sache aber nur tragfähig, wenn der Saldo nicht negativ ist. Doch genau dies ist eher wahrscheinlich. Global gesehen, standen in der 67er Krise 0,46 Millionen Arbeitslosen ca. 0,3 Millionen offene Stellen gegenüber (1,5 : 1); in der 75er Krise waren es 1,04 Millionen zu 0,24 Millionen (4 : 1), inzwischen (1986) stehen 2,23 Millionen Arbeitslosen noch etwa 0,15 Millionen offene Stellen gegenüber (15 : 1). Sektorspezifisch gesehen ist unterstellbar, daß die notwendigen arbeitsplatzsparenden Effekte im Verarbeitenden Gewerbe entstehen müßten; aber gerade dieser Bereich hat von 1970 bis 1985 2 Millionen Erwerbstätige freigesetzt, nahezu 60 vH aller Freisetzungen[12].

c) Schließlich wird vielfach die These vertreten, daß es die Tarifpartner selbst in der Hand hätten, durch eine intrasektorale Lohndifferenzierung den Rationalisierungsdruck zu mildern, bzw. ein 'Wegrationalisieren' unterer Lohngruppen zu verhindern. Diese These ist völlig fragwürdig. Einmal unterstellt sie, daß die Unternehmen (dann) darauf verzichteten, ihr

Rationalisierungs- und Produktivitätspotential auszuschöpfen. Dies zu unterstellen, ist abwegig und wird durch die historische Erfahrung nicht gedeckt. Nationaler wie internationaler Konkurrenzdruck zwingt die Unternehmen förmlich dazu, ihre Produktivitätsreserven zu mobilisieren. Eine solche Lohndifferenzierung wäre also funktionslos. Im Umkehrschluß folgt daraus zum zweiten: Unterbliebe aufgrund der Lohndifferenzierung wirklich die Nutzung des technischen Fortschritts, würde dies den notwendigen Strukturwandel behindern und die internationale Wettbewerbsfähigkeit der Unternehmen und damit die Arbeitsplätze eher gefährden. Eine 'erfolgreiche' Lohndifferenzierung wäre am Ende kontra-produktiv.

6. Schlußfolgerungen

Mit Blick auf die Fehlentwicklungen am Arbeitsmarkt kann man - zunächst - zu dem Ergebnis kommen, daß es dringend eines geld- und finanzpolitischen Kurswechsels bedarf, um sicherzustellen, daß der Wachstumsspielraum auch ausgeschöpft wird. Mit Blick auf Wachstumsgrenzen und Produktivitätsschere wird man dann aber - darüber hinaus - zu dem Ergebnis kommen müssen, daß dies die Arbeitsmarktprobleme nicht allein lösen dürfte. Es bedarf in der Tat einer Neuorganisation der Zeit, konkret: einer systematischen Fortsetzung des Prozesses der Arbeitszeitverkürzung[13]. Natürlich wird damit eine Fülle von Problemen aufgeworfen (technische Varianten, Notwendigkeit der Reservibilität, Grenzen des Lohnausgleichs); und niemand wird erwarten, allein damit die Arbeitsplatzdefizite abbauen zu können, denn gerade eine mögliche - und wahrscheinliche - Produktivitätsbeschleunigung dürfte einen positiven Arbeitsplatzeffekt begrenzen. Gleichwohl ist die These gut begründbar, daß die Arbeitszeitverkürzung einen wichtigen Stellenwert in einem arbeitsmarktpolitischen Gesamtkonzept behalten muß. Wenig hilfreich (und sinnvoll) ist der Hinweis, daß dies eine 'defensive' Maßnahme ist. Natürlich ist sie defensiv. Aber als Alternative hierzu 'offensiv' den Wachstumskurs zu beschwören, erwiese sich allzu rasch als billige Leerformel, da sie unzulässigerweise die Existenz von Wachstumsgrenzen und Produktivitätsschere wegdefinierte. Die stillschweigende Hinnahme eines hohen Sockels an Arbeitslosigkeit wäre damit vorprogrammiert; und dies wäre ebenso wenig mit dem Sozialstaatsgebot vereinbar wie die - an sich begründete - Erwartung, daß sich aufgrund der demographischen Entwicklung in den 90er Jahren am Arbeitsmarkt wieder Entlastungsprozesse ergeben dürften.

Anmerkungen:

1 *Die Wachstumserwartungen für 1987 schwanken zwischen einer Rate von 1 vH und 2 vH (Vgl. das Frühjahrsgutachten der Forschungsinstitute: Die Lage der Weltwirtschaft und der westdeutschen Wirtschaft im Frühjahr 1987, in: DIW Wochenbericht 16/87.) - Der Referent geht einerseits davon aus, daß gegenwärtig jene Indizien überwiegen, die eher eine skeptischere Erwartung rechtfertigen; die im folgenden verwendeten Daten für 1987 stützen sich auf einen realen Wachstumsprozeß im laufenden Jahr von 1 vH. Andererseits ist aber festzuhalten, daß auch eine höhere Wachstumsrate (etwa 2 vH) an den folgenden Aussagen nichts änderte.*

2 *Zu den im folgenden verwendeten Daten vgl. (soweit keine anderen Quellen genannt sind): Statistisches Bundesamt, Volkswirtschaftliche Gesamtrechnungen, Fachserie 18 (lfd.) und Wirtschaft und Statistik (lfd.). Die Daten für den Zeitraum 1950 bis 1959 wurden auf der Basis des Jahres 1960 verkettet, da für diesen Zeitraum nur Zahlen ohne Saarland und West-Berlin verfügbar sind.*

3 *Schon vor Jahren hat der Sachverständigenrat zur Begutachtung der gesamtwirtschaftlichen Entwicklung festgestellt, daß die Bedeutung der Löhne für die Beschäftigung zur 'Kardinalfrage der Wirtschaftspolitik' geworden sei und für sich diese Frage in dem skizzierten Sinne - weniger Lohn hätte mehr Beschäftigung gebracht - beantwortet (Mehr Wachstum - mehr Beschäftigung, Jahresgutachten 1977/78, Tz. 289).*

4 *Der Referent hat sich an anderer Stelle ausführlicher mit dieser Frage auseinandergesetzt: Werner Glastetter, Der Beitrag der Lohnpolitik zur Verminderung der Arbeitslosigkeit, in: Hans-Jürgen Krupp u.a. (Hrsg.), Wege zur Vollbeschäftigung, Freiburg 1986.*

5 *In den 50er Jahren sank die Lohnquote um etwa 8 vH, die Zahl der unselbständig Beschäftigten stieg um nahezu 6 Mio. auf gut 20 Mio. (1960). Bis 1974 stieg die Lohnquote um 10 vH, ohne einen weiteren Beschäftigungsanstieg von etwa 2,5 Mio. zu verhindern. Gewiß ist in den Jahren 1984 bis 1987 die Zahl der unselbständig Beschäftigten um 0,5 Mio. angestiegen; sie liegt aber immer noch unter dem Niveau von 1980, obwohl sich die Lohnquote drastisch zurückbildete.*

6 *Sachverständigenrat zur Begutachtung der gesamtwirtschaftlichen Entwicklung. Weiter auf Wachstumskurs, Jahresgutachten 1986/87, Tz.78 ff. und Anhang IV, A.*

7 *Der Referent hat sich an anderer Stelle ausführlich mit dieser Frage auseinandergesetzt: Werner Glastetter, Ursachen der gegenwärtigen Investitionsschwäche - die nachfragetheoretische Sicht, in: Werner Ehrlicher u.a. (Hrsg.), Der volkswirtschaftliche Sparprozeß, Beihefte zu Kredit und Kapital, 9, Berlin 1985.*

8 *Die Frage stellt sich insoweit, als auch bei einer gesamtwirtschaftlichen Unterauslastung der Kapazitäten nicht aususchließen ist, daß eine 'gespaltene' Konjunktur gegeben ist, in der einige Branchen eine relativ hohe Kapazitätsauslastung haben, so daß eine Wachstumsbeschleunigung zumindest in diesen Bereichen rasch Preissteigerungen auslösen könnte. Dies rechtfertigt indessen nicht die These, daß eine Forcierung des Wachstumsprozesses ausschließlich inflationär verpufft.*

9 *Der ausgewiesene Trend ($y = 285 + 39\,x$) ergibt sich als gewogenes Mittel aus einer Reihe von Trendgleichungen, denen jeweils unterschiedliche Stützbereiche (1950/60 - 1950 - 1950/70 - 1950/75 - 1950/80 - 1950 - 1950/82) zugrundegelegt wurden.*

10 *Die schon vor einigen Jahren geäußerten Erwartungen - Werner Glastetter, Einige Überlegungen zum Wachstumspfad der Bundesrepublik Deutschland, in: Kredit und Kapital, 3/1983 - bedürfen insoweit keiner Relativierung. - Und diese Überlegungen werden auch erhärtet durch eine kürzlich vom DIW vorgelegte Mittelfristprognose: Jürgen Blazejczak u. a., Perspektiven der wirtschaftlichen Entwicklung in der Bundesrepublik Deutschland bis zum Jahre 2000, in: DIW-Wochenbericht 25/87. Unbeschadet der Tatsache, daß das DIW im Referenzzeitraum im Wachstumstempo gewisse Umbrüche unterstellt - Abschwächung in der zweiten Hälfte der 80er Jahre, Beschleunigung in der ersten Hälfte der 90er Jahre, neuerliche Abschwächung in der zweiten Hälfte der 90er Jahre -, erwartet es über den Gesamtzeitraum (1986 - 2000) im Selbstlauf noch eine reale gesamtwirtschaftliche Wachstumsrate im Jahresdurchschnitt von + 1,8 vH, bzw. - gestützt auf eine umfassende Modernisierungsstrategie - eine Rate von + 2,1 vH; die Schwankungsmargen um das Steigungsmaß des skizzierten Niveautrends (+ 2 vH) sind somit minimal.*

11 *Die These hat der Sachverständigenrat schon vor Jahren einem seiner Jahresgutachten (JG 1977/78) programmatisch zugrundegelegt.*

12 *Diese Entwicklung deutet darauf hin, daß - mittelfristig und auf Dauer - ein positiver Arbeitsplatzeffekt nicht unterstellbar ist, eine Erwartung, die auch durch Einzeluntersuchungen bestätigt wird. Nach Berechnungen des ifo-Instituts (Ludwig Uhlmann, Zum Arbeitsplatzeffekt von Rationalisierungsinvestitionen im Verarbeitenden Gewerbe, in: ifo-Schnelldienst 19/86) ist ein positiver Arbeitsplatzeffekt allenfalls kurzfristig erreichbar, wenn sowohl bei der Herstellung der Ausrüstung als auch bei den Vorleistungen ein neuer Arbeitsplatz entsteht. Dieser positive Effekt könne aber nur aufrechterhalten, bzw. fortgeschrieben werden, wenn die Rationalisierungstätigkeit exponentiell stiege. Ist dies nicht unterstellbar - und dafür sprechen gute Gründe -, gehen mittelfristig die positiven in negative Effekte über: Nach Berechnungen des Instituts ist ein Verhältnis der positiven zu den negativen Effekten von 1 : 12, bzw. (unter Berücksichtigung der Vorleistungen) von 1 : 6 zu erwarten.*

13 *Diese Erwartung wird auch gestützt durch die bereits genannte DIW-Mittelfrist-Prognose (vgl. Anm. 10): Hier wird zunächst deutlich, daß in jedem Fall - sowohl im Selbstlauf als auch bei einer zugrundegelegten Modernisierungsstrategie im Beobachtungszeitraum die Produktivitätsschere erhalten bleibt. Nun bringt zwar die demographische Komponente Entlastung; bis zum Jahre 2000 könnte die Zahl der registrierten Erwerbspersonen um ca. 0,5 Mio. auf etwa 27,5 Mio. sinken. Doch unterstellt, daß der gegenwärtige Trend der Arbeitszeitverkürzung (jahresdurchschnittlich um - 0,5 vH) fortgeschrieben würde, führte dies allenfalls zu einem Anstieg der Zahl der Erwerbstätigen bis zum Jahre 2000 um 0,5 Mio. auf 26,5 Mio. - mithin allenfalls zu einer Halbierung der Zahl der Arbeitslosen (auf 1 Mio.) und der stillen Reserve (auf 0,5 Mio.). Erst eine deutliche Forcierung der Arbeitszeitverkürzung (jahresdurchschnittlich im Gesamtzeitraum auf ca. -1,0 vH) könnte ein neuerliches Arbeitsmarktgleichgewicht herbeiführen; im übrigen handelte es sich hier um eine Größenordnung, die an Dramatik erheblich einbüßt, wenn man berücksichtigt, daß sie auch schon im Zeitraum 1950/75 realisiert wurde - erst seither hat sich der Rückgang auf -0,5 vH p. a. abgeschwächt.*

Jürgen P. Rinderspacher

Auf dem Weg in die Rund-um-die-Uhr-Gesellschaft?*

1. Einleitung

Während im Verlauf der Industrialisierung und mit dem technischen Fortschritt ein Großteil unserer tradierten Lebensweise radikal verändert wurde, ist deren zeitlicher Rahmen bislang erstaunlich unberührt geblieben. Der Wechsel von Tag und Nacht sowie von Werktagen und Ruhetagen als Grundmuster der zeitlichen Strukturiertheit unseres alltäglichen Lebens ist - mit wenigen Ausnahmen, vor allem zu Beginn der Industrialisierung - nie in Frage gestellt worden. Die Gesellschaft als Ganzes lebt stets alternierend zwischen den Polen von Aktivität und Passivität. Dieser Vorgang wird einmal durch natürliche Einflüsse reguliert, wie den Wechsel der Lichtverhältnisse im Tagesverlauf, zum anderen mit Hilfe sozio-kultureller Begründungen gesteuert, wie der Einhaltung eines für die gesamte Gesellschaft verbindlichen Ruhetages.

Die Selbstverständlichkeit dieser kollektiven periodischen Wechsel im Verhältnis von Ruhe und Arbeit könnte aber auf mittlere Sicht der Vergangenheit angehören. Viele Anzeichen deuten auf eine schleichende Erosion kollektiver Ruhephasen hin. Denn es sieht so aus, als wirke die überkommene Zeitordnung zunehmend wie eine Fessel für die Entfaltung der produktiven Potenzen moderner Produktionsanlagen, wie aber auch für die Menschen, um den Reichtum an Gütern, Informationen und Dienstleistungen genießen zu können.

Im folgenden soll nun untersucht werden, ob und in welchen gesellschaftlichen Bereichen eine Ausdehnung und strukturelle Veränderung der Zeitnutzung zu erwarten ist. Dabei handelt es sich selbstredend um eine Hochrechnung gegenwärtig erkennbarer Tendenzen, die nolens volens weithin spekulativen Charakter haben muß. Wie wahrscheinlich ist die Entwicklung

* Die folgenden Überlegungen basieren auf dem am 1. Juli 1987 gehaltenen Referat. Sie sind um Literaturhinweise ergänzt, behalten aber im übrigen die Argumentationsführung des Wortbeitrages im wesentlichen bei.

unserer gegenwärtigen Zeitordnung hin zu einem Zustand ununterbrochener Aktivität, zu einer Gesellschaft, die sozusagen rund um die Uhr geöffnet hat?

2. Wirtschafts-Zeit

Ein kurzer Blick in die Vergangenheit zeigt, daß Gesellschaften offenbar die ihnen verfügbare Zeit in zwei große Areale aufgliedern, nämlich in eines, in dem die Beschäftigung mit wirtschaftlichen Aktivitäten zugelassen ist, und ein anderes, innerhalb dessen solche Aktivitäten negativ sanktioniert sind. Solche Areale finden sich wiederkehrend im täglichen und wöchentlichen Rhythmus. Lage, Ausdehnung und inhaltliche Spezifizierung dieser Areale sind häufig in Form religiöser Gebote geregelt und gerechtfertigt, am deutlichsten etwa im Sabbat-Gebot. Darüber hinaus entstehen aus den täglichen Gepflogenheiten Verhaltensregeln, etwa bezüglich des Eintritts der Mittags- oder Nachtruhe, deren Übertretung die Mitglieder der Gesellschaft zwar nicht unter Strafe stellt, an deren Einhaltung das Individuum aber aus Gründen einer verträglichen Lebensführung interessiert ist. Denn erstens erleichtern sie das Alltagsleben ganz praktisch (z. B. Siesta in der Mittagshitze) und zweitens bildet die Einhaltung zeitlicher Regeln neben anderen eine Voraussetzung für die soziale Integration des Individuums in die Gesellschaft.

Durch die relative zeitliche Einheitlichkeit der Lebensführung werden die Aktiv-Passiv-Anteile im Alltag der Menschen unabhängig von deren eigenen Entscheidungen vorgeprägt, hierdurch wird eine Entlastung ermöglicht. Dabei ist allerdings nicht entschieden, ob die Arbeit oder die Ruhe mit solchen Regeln stimuliert werden muß: Zwar erscheint uns aus der Sicht der vom protestantischen Arbeitsethos geprägten Arbeitsgesellschaft die Herstellung von Ruhephasen erforderlich, weil wir dem Individuum von sich aus ein Interesse an rastloser Arbeitstätigkeit unterstellen (vgl. hierzu Rinderspacher/Ermert 1986), das der gesellschaftlichen Korrektur durch eine Norm bedürfe. Aus der Sicht weniger entwickelter Gesellschaften allerdings, in der das Nichtstun eher den Normalfall darstellt, könnte aber auch die Arbeitstätigkeit dasjenige Element sein, das durch kollektive Normen zu stimulieren wäre.

Im christlich-jüdischen und in den meisten anderen Kulturkreisen (vgl. Wendorff 1984) dient das kollektive Reglement des Aktivität-Ruhe-Rhythmus neben dieser Entlastung der Integration der Individuen in die Gemeinschaft und darüber hinaus (vgl. Ermert 1988), modern gesprochen, der Herstellung gleicher Wettbewerbsbedingungen unter den Mitgliedern der Gesellschaft. In der mitteleuropäischen Geschichte sind die Aktivitäts-Ruhe-Potentiale bekanntlich durch die christliche Tradition geprägt. Die Beschränkung der Wirtschaftszeiten wurde lange vor allem durch die Arbeits- und Handelsverbote an Sonntagen und kirchlichen Feiertagen durch die Kirchen geregelt. Darüber hinaus haben Glockengeläute und Gebetsvorschriften, zumindest dem Anspruch nach, von jeher die Gestaltung des Tagesablaufes besonders der Landbevölkerung strukturiert. Aber nicht nur die Kirchen, auch die mittelalterlichen und späteren Obrigkeiten erließen Arbeitsbeschränkungen für den Sonntag und für die Nachtstunden.

Erst mit der Industrialisierung wurde die seit Augustin in ihrem Wesen nach als göttlich apostrophierte Zeitgliederung der Gesellschaft, insbesondere die Verbindlichkeit kollektiver Aktivitäts- und Ruheregeln, grundsätzlich in Frage gestellt. Die Logik der aufkommenden Kapitalverwertung ließ den Stillstand von Maschinen als Verlust potentiellen Wohlstands erscheinen. Schon die Unternehmer der achtziger Jahre des vorigen Jahrhunderts beklagten sich fast gleichlautend wie die heutigen über die wirtschaftliche Unvernunft stillstehender Anlagen (vgl. Heckmann 1986). Angesichts des materiellen Elends jener Zeit erschien es daher auch aus christlicher Sicht gelegentlich problematisch, den Sonntag weiterhin als Feiertag von Arbeit völlig frei zu halten, statt die produktiven Potenzen des Fortschritts zur Linderung des Elends einzusetzen.

Mit der Sonntagsgesetzgebung des Deutschen Reichstages Ende vorigen Jahrhunderts, an deren Zustandekommen christliche Fundamentalisten ebenso wie die Arbeiterbewegung ihren Anteil hatten, wurde der arbeitsfreie Sonntag als Tag der Erhebung und inneren Einkehr dann aber allgemein anerkannt. Damit hatte sich eine kollektive Wochenzäsur als ein von jeder wirtschaftsbezogenen Tätigkeit freies zeitliches Areal auch in einer säkularisierten Welt durchsetzen können. Ähnlich wurde in der neueren Geschichte die Einbeziehung der Nachtstunden als zeitliches Areal für die wirtschaftliche Verwendung problematisiert. Bisher blieb die Nacht in allen Industriegesellschaften als prinzipiell der Ruhe vorbehaltene Zeit anerkannt: Arbeit am Tage gilt als normal, Nachtarbeit dagegen als begründungs- und daher zumeist - geldlich gesehen - als zuschlagspflichtig.

Die Struktur eines solchen Reglements von Wirtschaftszeiten bezogen auf eine Tages- sowie eine Wochenzäsur, die wir hier nur kurz skizzieren konnten, hat sich, wenn auch mit Modifikationen, in ihren Grundzügen eigentümlicherweise, d. h. trotz wirtschaftlicher und sozialer Krisen, während eines Jahrhunderts industrieller Praxis der Gesellschaft, behaupten können, obgleich sie der rein wirtschaftlichen Vernunft weithin widerspricht.

Infolge des gegenwärtigen technologischen Wandels und der damit einhergehenden Neuorganisation von Produktions- und Dienstleistungsbereichen, in einer Situation also, 'in der die Karten neu gemischt werden', wird sowohl von gesellschaftlichen Akteuren wie Unternehmungen und Politikern bewußt, wie im stummen Zusammenspiel gesellschaftlicher Kräfte aber auch unbewußt, die bisherige Kollektivität des Lebensrhythmus durch die Thematisierung der bestehenden Regeln für die Eingrenzung von Wirtschaftszeiten zur Disposition gestellt.

Dabei lassen sich analytisch vier Bereiche unterscheiden, von denen her relativ autonom eine Ausdehnung der Wirtschaftszeiten auf alle 24 Stunden des Tages und alle sieben Tage der Woche zumindest der Tendenz nach zu beobachten ist:
- Produktionssektor
- Konsumtionssektor
- Informationssektor
- Verkehrssektor

3. Tendenzen der Ausweitung der Wirtschaftszeit

1. Produktionssektor

1.1 Allgemeine Voraussetzungen

Der entscheidende Anstoß zur Ausweitung der Wirtschaftszeiten geht vom Bereich der materiellen Produktion aus und bezieht sich sowohl auf das arbeitsfreie Wochenende, wobei hier noch einmal zwischen Samstag und Sonntag zu unterscheiden ist, als auch auf die Einbeziehung der Nachtstunden.

Zur Begründung wird die mit der Anwendung der neuen Technologien gestiegene Kapitalintensität der Anlagen sowie die verkürzten Innovationszyklen aufgrund des raschen technischen Fortschritts in Verbindung mit dem verschärften Wettbewerb im In- und Ausland angeführt. Die kontinuierliche Auslastung der Anlagen wird als Kostenvorteil gewertet.

Öffentlich geförderte Institute und private Hersteller konzipieren die unbemannte oder doch wenigstens dem jeweiligen technischen Stand entsprechend automatisierte Fabrik. In dieser sollen Arbeitsunterbrechungen soweit möglich vermieden und auf Stillstandszeiten für Wartungs- und Reparaturarbeiten,

Werkzeugwechsel, Bestückungsarbeiten u. ä. beschränkt bleiben, deren zeitlicher Umfang selbst wieder möglichst minimiert werden soll (Springer 1987; Briefs 1985; SOFI/Einrichtung 'Arbeit und Betrieb Bremen' 1981).

Um die Lagerhaltung möglichst gering anzusetzen, wird die Vernetzung von Zulieferern und Montagearbeiten im On-line-Betrieb angestrebt. Danach müssen Mengen und Qualitäten verschiedener Verarbeitungsstufen im inner- und zwischenbetrieblichen Bereich optimal aufeinander abgestimmt werden.

Diese Konstruktionslogik sowie die ihr zugrunde liegende betriebswirtschaftliche Rationalität legt den Rund-um-die-Uhr-Betrieb für den Zentralbetrieb (z. B. Autowerk) nahe. Des weiteren werden die Zuliefererbetriebe zur Aufrechterhaltung der logistischen Voraussetzungen (vgl. Jünemann/Verschure 1983) nolens volens in die zeitlichen Vorgaben des Zentralbetriebes mit einbezogen. Durch weitere Zentrum-Peripherie-Abhängigkeiten breitet sich die zeitliche Vernetzung weiter aus.

Auf mittlere Sicht, d. h. vor der automatischen Fabrik, ist zunächst mit der vermehrten Einführung sog. Geisterschichten zu rechnen, d. h. mit über mehrere Stunden vollautomatisch ablaufenden Produktionen, die nur von Bestückungs- und Wartungsvorgängen unterbrochen werden. Diese Geisterschichten können generell, d. h. je nach technischem Entwicklungsstand und der hieraus resultierenden Dauer, auf die Nachtstunden bzw. Wochenendtage gelegt werden. Jedoch sind die Systeme in der Praxis bislang oft nur für eine begrenzte Dauer arbeitsfähig, so daß Bestückungsfunktionen häufig auch während der Nachtstunden bzw. am Wochenende erforderlich werden, falls ein kontinuierlicher Betrieb angestrebt wird. Zudem werden zwar Produktionsarbeiter überflüssig, zur Aufrechterhaltung des Betriebssystems und zur Überwachung der Anlagen und Gebäude wird die Anwesenheit von Menschen, wenn nicht zwingend aus technischen, so doch aus sozialen und Sicherheitsgründen (z. B. Bewachung vor Diebstahl, Sabotage, Feuerwehr etc.) wahrscheinlich sein.

Schließlich wird allgemein der Wettbewerb mit Japan, den USA und anderen Industrieländern als Begründung für die Unvermeidbarkeit einer erhöhten Auslastung der Anlagen und für eine neue Arbeitsökonomie angeführt. Vor allem die dramatisch verkürzten Innovationszyklen (so z. B. die rasche Abfolge von Computer-Generationen mit völlig neuen Preis-Leistungs-Relationen) scheinen für die Notwendigkeit einer raschen Amortisation vorhandener Anlagen zu sprechen. So übt der internationale Wettbewerb einen erheblichen Druck aus auf die Erschließung zusätzlicher Zeiträume, die wirtschaftlich genutzt werden können.

1.2 Wochenendarbeit

Insbesondere seit der Metall-Tarifrunde von 1985 ist das Interesse der Arbeitgeberseite an der verstärkten Wiedereinbeziehung des Wochenendes in die Produktion deutlich geworden. Dabei ist allerdings zwischen den Wochentagen Samstag und Sonntag zu unterscheiden.

1.2.1 Samstag

Der Samstag wird von der Arbeitgeberseite, ungeachtet der mehr als zweijährigen Praxis des arbeitsfreien Wochenendes für die weit überwiegende Mehrheit der Arbeitnehmer, als gewöhnlicher Werktag aufgefaßt. Veränderte Ausgangslagen der Wirtschaft bezüglich neuer Techniken, verschärfte Wettbewerbssituation sowie der Ausgleich für Zugeständnisse bei Arbeitszeitverkürzungen machten seine Wiedereinbeziehung nötig. Dabei wird offiziellen Verlautbarungen zufolge bislang aber nur gelegentliche Samstagsarbeit etwa an zwei Samstagen im Monat für erforderlich gehalten. Bei den Arbeitnehmern stoßen diese Pläne auf erheblichen Widerstand. Auch wenn sich die Mehrheit der Beschäftigten nicht gegen gelegentliche Wochenendarbeit sträubt, so gilt das freie Wochenende doch als ein Kernstück des nach dem Kriege erreichten Wohlstandes. Auch die gelebte Praxis des Samstags macht die Schwierigkeiten deutlich, diesen im Zuge der Ausdehnung der Wirtschaftszeit wieder regulär mit einzubeziehen (vgl. hierzu Rinderspacher 1987).

Obwohl in den Tarifauseinandersetzungen des Jahres 1987 die Ansprüche der Arbeitgeber sich nicht durchsetzen konnten, wird der arbeitsfreie Samstag in den kommenden Tarifverhandlungen erneut zum Thema werden, zumal die dahinterstehenden Gründe aus der Sicht der Arbeitgeber langfristig noch an Bedeutung gewinnen dürften.

1.2.2 Sonntag

Ungeachtet der Tatsache, daß die gleichen Argumente für die Ausweitung der Produktion, die für den Samstag gelten, ihrer ökonomischen Logik nach auch für den Sonntag zutreffen müßten, beanspruchen die Unternehmerverbände diesen bislang nicht, jedenfalls wird die gegenwärtige Sonntagsgesetzgebung in ihren Grundzügen nicht angefochten.

Von seiten der politischen Parteien sind demgegenüber Bemühungen erkennbar, die Sonntagsgesetzgebung durch Lockerung einiger Vorschriften zu liberalisieren.

Die Arbeitgeber konzentrieren sich im wesentlichen darauf, die gültige Gesetzgebung, die Sonntagsarbeit in der materiellen Produktion nur zuläßt, wenn sie technisch nicht vermeidbar ist oder unvertretbare wirtschaftliche Einbußen nach sich ziehen würde, neu zu interpretieren: Während im Zeitalter der Schwerindustrie die Regelung auf Hochöfen u. ä. zu beziehen gewesen sei, sei im Zeitalter der High-tech-Produktion die Gesetzgebung sinngemäß auf deren neuartige Erfordernisse, wie beispielsweise der Mikro-Chip-Produktion anzuwenden. Dies hat zu Auseinandersetzungen darüber geführt, zu welchen wirtschaftlichen Verlusten und technischen Problemen die Unterbrechung der Chip-Produktion führen würde (vgl. Bayerischer Landtag 1987; auch Rinderspacher 1987b).

Nicht mehr auszuschließen ist daher künftig die Konstruktion solcher Anlagen, die durch ihre Bauart bedingt Unterbrechungen nicht mehr zulassen. So wäre dem Gesetz und damit dem Prinzip der Aufrechterhaltung der Sonntagsruhe formal entsprochen, gleichzeitig aber ein Weg freigemacht, um die Sonntagsproduktion in bisher nie gekanntem Umfang faktisch durchzusetzen.

Damit ist sowohl von der ökonomischen Logik der absehbaren Entwicklung als auch von den Intentionen vieler interessierter Unternehmen her eine Tendenz zur Beseitigung der bisherigen faktischen Schranken gesetzlicher oder tarifvertraglicher Art oder der geübten Praxis erkennbar. Nicht zuletzt könnte eine schrittweise gewandelte Praxis der Einbeziehung auch im nachhinein rechtlich sanktioniert werden.

1.2.3 Durchgehende automatische Produktion am Wochenende?

Wenn, wie im Fall der automatischen Fabrik, Menschen in keinem nennenswerten Umfang mehr an der Produktion beteiligt sind, scheint sich das Problem der Sonntagsruhe von selbst gelöst zu haben, da sich die Gesetzgebung wie auch die gesellschaftliche Norm, deren Ausdruck sie ist, ja nur auf die Aktivität menschlicher Wesen, nicht jedoch auf die von Maschinen bezieht.

Unter diesen Umständen scheint zunächst kein Grund mehr zu bestehen, die Ausdehnung der Wirtschaftszeit auf die Sonn- und Feiertage und die Nachtstunden zu behindern. Der Schutz der kulturellen und sozialen Werte, deren

Sinn ja die Beschränkung der wirtschaftlichen Aktivität auf hierfür ausgewiesene Areale ist, wäre dann trotz oder gerade wegen der kontinuierlichen automatischen Produktion gewährleistet.

Es stellen sich nichtsdestoweniger Probleme neuer Art: Erstens ist zu fragen, in welchem Umfang sog. Geisterschichten tatsächlich völlig ohne Personaleinsatz möglich sind. Als eingesetzte Arbeitskräfte dürfen nicht länger nur die unmittelbaren Produktionsarbeiter angesehen werden. Vielmehr wären dann ausnahmslos alle den Betrieb aufrechterhaltende Arbeitskräfte, Ingenieure, Überwachungspersonal, Pförtner, Reinigungskräfte etc., die einen Beitrag zur Ermöglichung der Produktion leisten, in den Kreis der Mitarbeiter an der Produktion mit einzubeziehen. Zweitens stellen sich selbst unter der Annahme eines absolut und nicht nur relativ, d. h. auf die jeweilige Anlage bezogenen, geringen Personalbedarfs für den Betrieb automatischer Anlagen grundsätzliche Fragen nach dem kulturellen und sozialen Sinn kollektiver Ruhephasen.

Hier betritt man allerdings schnell den Boden technik-philosophischer oder gar weltanschaulicher Grundsatzfragen, die nichtsdestoweniger mittelfristig gelöst werden müssen: Angesichts des Umfangs und der Qualität, die automatische Anlagen im künftigen Produktionsprozeß haben werden, könnte es Sinn machen, das Ruhegebot für den Sonntag auch auf Maschinen anzuwenden. Wenn die kollektive Wochenzäsur als ein im Alltagsleben spürbarer Einschnitt, als gesellschaftliche Passiv-Phase im Rahmen des kollektiven Aktivitätszyklus bestehen soll, muß zumindest geprüft werden, welche bislang unbeachteten, unerwünschten Spin-off-Effekte die (zudem nie völlig) unbemannte Wochenendproduktion haben könnte. Diese könnte geeignet sein, die im Gesetz vorgesehene Chance zur 'Besinnung und inneren Einkehr' und zum sozialen Kontakt der Menschen untereinander de facto zu unterminieren.

1.3 Nachtarbeit

Der gleichen Logik wie die Ausdehnung der Produktion auf das Wochenende unterliegt die der Nachtarbeit, denn auch hier bleiben potentielle Ressourcen ungenutzt. Rein qualitativ stellt die Einbeziehung der Nachtstunden etwa im Zuge eines vollkontinuierlichen Schichtbetriebes eine ebenso große Rationalisierungsreserve dar wie das Wochenende (z. B. 5 x 8 Stunden pro Woche zwischen 22 und 6 Uhr).

Ebenso wie das Wochenende nicht zuletzt aufgrund der gewerkschaftlichen Forderungsstrukturen der vergangenen Jahrzehnte gegen die rein ökonomische

Logik gehalten und weiter ausgebaut werden konnte, konnte die Nachtarbeit durch die Begrenzung der Verfügbarkeit des Faktors Arbeit mit Hilfe tarifvertraglicher Vereinbarungen auf stabilem Niveau gehalten werden (vgl. Institut zur Erforschung sozialer Chancen 1986).

Gewerkschaftliche Forderungen sind allerdings gleichermaßen geeignet, den Anreiz zur Einführung der Nachtarbeit zu erhöhen. Im Zuge der Verkürzung der täglichen Arbeitszeit und der damit sinnfällig werdenden Notwendigkeit der weiteren Entkoppelung von Arbeitszeit und Betriebszeit werden solche Schichtsysteme um sich greifen, die sowohl an die Wochenenden als auch an die Nachtstunden weiter heranreichen oder - wie im Falle eines 6-Stunden-Tages - sich in exakt vier Schichten zu 6 Stunden gliedern lassen. Obwohl dies nicht zwangsläufig so sein muß, wächst hierfür doch die Wahrscheinlichkeit wegen der erhöhten wirtschaftlichen Plausibilität solcher Maßnahmen (s. z. B. Hoff 1986). Die für den Arbeitnehmer auf der einen Seite erfreuliche Tatsache verkürzter Arbeitszeiten könnte so auf der anderen Seite zu einer Zunahme sozial unverträglicher Lagen von Arbeitszeiten führen, die die sozialen Kontakte mit Familie und Freundeskreis erschweren. Dies betrifft Wochenend- und Nachtarbeit gleichermaßen.

Daneben wirken für eine Reihe von gesellschaftlichen Gruppen, wie Frauen und Jugendliche, die gesetzlichen Bestimmungen beschränkend auf die Ausbreitung der Nachtarbeit. Im Zuge von Entgelttarifverträgen, wie kürzlich in der Chemieindustrie abgeschlossen, können diese Hindernisse - da Nachtarbeitsverbote nur für Arbeiterinnen, nicht jedoch für weibliche Angestellte gelten - unterlaufen werden, wenn nicht tarifvertragliche Vereinbarungen diese kompensieren.

Durch die auf lange Sicht durch die Lage auf dem Arbeitsmarkt geschwächte Position der Gewerkschaften verringern sich allerdings die Chancen, durch tarifvertragliche Vereinbarungen die Anwendung der Arbeitskraft in den Nachtstunden weiterhin vielerorts unwirtschaftlich zu halten. Nichtsdestoweniger hat die bislang erfolgreiche Verteidigung des freien Wochenendes die trotz allem bestehenden Potentiale der Gegenmachtbildung demonstriert.

Würden gesetzliche Schutzbestimmungen gelockert, wie etwa für Jugendliche oder Frauen im Rahmen der Novellierung der Arbeitszeitordnung zu erwarten ist, würde ein stärkerer Sog hin zur Nachtarbeit entstehen. Ebenso würde die Liberalisierung der zulässigen Arbeitsdauer, insbesondere die Durchlöcherung fester und kontrollierbarer Obergrenzen durch Ausnahmebestimmungen und Neudefinitionen von Arbeitszeit (z. B. mit Hilfe von Begriffen wie

Rufzeiten, Wartezeiten, Vorbereitungszeiten etc.) Spielräume schaffen, Arbeitszeiten in die späten Tageszeiten auszudehnen. Vorreiter hierfür sind z. B. bestimmte Berufsgruppen in bestimmten Phasen ihrer Berufsbiographie, wie Ärzte in der zweiten Ausbildungsphase. (Vgl. z. B. Time-Magazin 1987).

Die Akzeptanz und damit auch Durchsetzbarkeit von Wochenendarbeit und Nachtarbeit ist nun nicht nur aus dem Arbeitsbereich selbst heraus zu erklären, vielmehr auch aus der zeitlichen Beschaffenheit der Lebenswelt, in die die Arbeit eingebettet ist. In diesem Zusammenhang sind nun Veränderungen im Konsumtionssektor ebenso wie im Informationsektor und im Verkehrssektor zu betrachten.

2. Konsumtionssektor

Die gegenwärtig beobachtbaren Anstöße zur Veränderung oder gar gänzlichen Aufhebung fester Ladenschlußzeiten gehen, anders als im Produktionssektor, nicht von der Mehrzahl der Unternehmen aus und erhalten ihren Anstoß auch nicht durch den Einsatz neuer Technologien. Ebenfalls drängen nicht die im Einzelhandel beschäftigten Arbeitnehmer auf eine Revision der gängigen Öffnungszeiten (vgl. Glaubitz 1987).

Die zeitlichen Rahmenbedingungen werden im Einzelhandel durch das Ladenschlußgesetz geregelt, das den Verkauf von Waren sowie der meisten Dienstleistungen auf die Zeit von Montag bis Freitag zwischen 7 und 18.30 Uhr und Samstag bis 14.00 Uhr beschränkt. Für bestimmte Zweige des Handels und des Dienstleistungsbereichs sowie für besondere Orte, Tage etc. bestehen zahlreiche Sonderregelungen. Daneben werden die Öffnungszeiten mittelbar durch Tarifverträge eingegrenzt.

Protagonisten einer Liberalisierung sind vornehmlich bei politischen Parteien, Verbraucherverbänden und unter Wirtschaftswissenschaftlern zu finden (vgl. Friedrich-Naumann-Stiftung 1985). Aber auch die SB-Märkte ‘auf der grünen Wiese’ treten für Veränderungen in Form von Spätkaufzeiten an einigen Tagen in der Woche ein.

Die betroffenen Kunden selbst sind geteilter Ansicht: Während die eine Hälfte sich flexiblere Ladenschlußzeiten wünscht, ist die andere (42 %) mit der herrschenden Regelung zufrieden (vgl. Frankfurter Rundschau 1987; Rinderspacher 1985). Die Verbraucherverbände hingegen setzen sich für die schrittweise gänzliche Aufhebung der Ladenschlußzeiten ein, zumindest hätten sich die

Öffnungszeiten primär nach den Interessen der Kunden auszurichten, hierfür sei das freie Spiel der Kräfte auch in zeitlicher Hinsicht zu ermöglichen. Gegenwärtig angestrebte kleinere Korrekturen wie Spätkaufzeiten an einzelnen Wochentagen und die Lockerung für den Verkauf auf Bahnhöfen seien eher als Durchgangsstadium zu betrachten (vgl. AgV 1986). Für einen Dienstleistungsabend sprechen sich aber je nach Wochentag nur zwischen 6 und 19 % aus (Frankfurter Rundschau 1987).

Ebenso wird von liberalen Wirtschaftswissenschaftlern die Auffassung vertreten, die staatliche Regulierung der Zeiten behindere den Wettbewerb im Handel. Der Verbraucher müsse die entscheidende Steuerungsinstanz für den Handel sein, für Preise und Qualitäten ebenso wie für die Öffnungszeiten (vgl. Gutowski 1985). Weiterhin wird der Vergleich mit anderen Branchen wie Gaststätten oder den Verkehrsbetrieben herangezogen, deren Schlußzeiten ja ebenfalls an den Bedürfnissen der Konsumenten orientiert seien, ein Einwand, mit dem übrigens schon Ludwig Erhard die Verabschiedung des Ladenschlußgesetzes in den fünfziger Jahren kommentierte.

Die Gewerkschaften erwarten von einer Liberalisierung eine Zunahme sozial unverträglicher Arbeitseinsatzzeiten für die Beschäftigten sowie eine Zunahme von Konzentrationsprozessen infolge des verschärften Wettbewerbs (vgl. HBV 1986).

Tatsächlich ist da, wo Serviceleistungen angeboten werden wie im Gaststättenbereich bei Aufhebung von festen Schlußzeiten eine andere zeitliche Inanspruchnahme zu beobachten. Der Fortfall der Sperrstunde in West-Berlin beispielsweise hat durch die mögliche Ausdehnung bzw. zeitliche Versetzung des Besuchs von Lokalitäten zur Verschiebung des allgemeinen Lokalschlusses um schätzungsweise mehrere Stunden geführt. Immer häufiger wird der Rund-um-die-Uhr-Betrieb auch außerhalb des herkömmlichen Nachtclubmilieus.

Andererseits haben Modellversuche für den Einzelhandel, ebenfalls in West-Berlin, deutlich gemacht, daß das Bedürfnis nach Spätkauf- und Wochenendzeiten nur verhalten ist, wobei die Frequentierung zwar relativ hoch, die Umsätze dagegen nur gering waren. Anders dagegen wird eine andere Ausnahmeregelung in der Stuttgarter Klett-Passage, einem Verkehrsknotenpunkt, von den beteiligten Geschäftsleuten als Erfolg gewertet. Erfahrungen in New York deuten auf ein großes Interesse an Wochenendkaufzeiten hin; für einen Vergleich sind allerdings die unterschiedlichen sozialen Vorausssetzungen zu berücksichtigen (vgl. Tagesspiegel 16. 11. 1986). Die Berliner Erfahrung entspricht der generellen Einschätzung der Verbände des Einzelhandels, die weder von längeren noch von anders gelagerten Öffnungszeiten bei gleichbleibender Dauer Umsatzsteigerungen erwarten. Stattdessen werden steigende Fixkosten durch Personal, Energie etc. befürchtet. Ohnehin klagt die Mehrzahl der Einzelhändler über zu ungleich über die Tageszeiten und die Woche verteilte Kundenfrequenzen, die oft zu erheblichen Problemen des Personaleinsatzes führten. Aus diesen Gründen tendiert der Handel seiner ökonomischen Logik nach eher zu weiteren Verkürzungen der Öffnungszeiten, allerdings unter der Voraussetzung einer einheitlichen Regelung. Mehr Markt bezüglich der Öffnungszeiten könnte jedoch den gegenteiligen Effekt haben: Als Folge des Kampfes um Kunden dürften sich die Öffnungszeiten verlängern, ohne daß sich die Umsätze der Branche damit erhöhten.

Die vom Bundesverband der Selbstbedienungswarenhäuser (BdSW) geforderten Spätkaufzeiten zielen denn auch mehr auf einen besonderen Wettbewerbsvorteil dieses Zweiges als auf eine für den gesamten Einzelhandel wirksame Stärkung des wirtschaftlichen Erfolges.

Trotz aller Bedenken ist eine verdeckte Ausweitung des Rund-um-die-Uhr-Service zu beobachten: Vorreiter sind erstens die seit kurzem durch die Novellierung des Ladenschlußgesetzes legalisierten erweiterten Einkaufsmöglichkeiten an sog. Verkehrsknotenpunkten in den Großstädten (vgl. hierzu kritisch Stober 1986); darüber hinaus scheint der Verkauf einer Reihe von Lebensmitteln, Getränken und Gebrauchsgütern an Tankstellen fast unbemerkt den Rund-um-die-Uhr-Service einzuleiten. Auch die Autobahnraststätten, die nach dem Willen der Bundesregierung mittelfristig attraktiver gestaltet werden sollen, tragen in Verbindung mit Entwicklungen im Verkehrssektor (s. u.) zur Umorientierung bei.

Die Entwicklungsdynamik der Angebotszeiten von Handel, Dienstleistungen wie auch Gaststätten scheint weithin offen: Während die Gewerkschaften die gegenwärtige Regelung mit Vehemenz verteidigen und die überwiegende Zahl der Arbeitgeber aus den genannten Gründen ebenfalls am Status quo festhalten will, arbeiten Politiker und Verbraucherverbände darauf hin, die Argumente derjenigen Verbraucher, die sich für flexiblere Regelungen aussprechen, deutlicher hörbar zu machen sowie durch praktische Beispiele - kleinere Gesetzesänderungen, großzügigere Handhabung des bestehenden Rechts und regionale Modellversuche - gleichsam den Appetit zu wecken für ein zeitunabhängigeres Konsumentenverhalten.

Wieweit sich dies durchsetzt, wird wiederum nicht allein im Konsumsektor entschieden. Neben der künftigen Entwicklung der Arbeitszeiten wird hier als weiterer Faktor die Entwicklung des Informationsektors bedeutsam.

3. Informationssektor

Obgleich der Informationssektor sehr viel mehr umfaßt als die im folgenden abgehandelten Medien, soll die Betrachtung hier auf den Bereich der Unterhaltungselektronik beschränkt bleiben, weil hier die Ausdehnungstendenzen m. E. besonders augenfällig sind. Dabei beschränken wir uns auf alte und neue Distributionsformen der Medien (vgl. hierzu Hackforth 1986; vgl. zu neuen Medien auch Korte 1985).

Die Geschichte des Hörfunks bzw. Fernsehens in der Bundesrepublik zeigt eine kontinuierliche Ausdehnung der Sendezeiten in die Nachtstunden hinein. Bedingt durch soziokulturelle Einflüsse, wie dem Schlafverhalten der Gesellschaft, werden im Rundfunk in den Abendstunden die größten Reichweiten erzielt (vgl. Media-Analyse 1985). Die Limitierung der Sendezeiten vollzieht sich hier weithin als marktanaloger Prozeß, d. h. die Angebote folgen den Sehgewohnheiten der Zuschauer. Umgekehrt werden jedoch auch die Lebensgewohnheiten der Zuhörer/Zuschauer damit verändert (vgl. Rogge/Jensen 1986). Indem z. B. für Minoritäten gedachte Programme von einem erweiterten Rezipientenkreis konsumiert werden, könnte sich schrittweise deren Zeithaushalt verändern, da Angebote auch Nachfrage schaffen. Beim Fernsehen führt dieser Angebot-Nachfrage-Prozeß zu einer medialen Ruhezone in den Nachtstunden, dagegen hat sich im Radio ein Nachtprogramm (Unterhaltung und Klassik) durchgesetzt, das etwa von Autofahrern und Nachtarbeitern gehört wird.

Die Limitierung der Sendezeiten und damit der wirtschaftlichen Aktivität in diesem Bereich des Informationssektors hängt aber auch mit der bis vor kurzem ausschließlich öffentlich-rechtlichen Struktur des Rundfunks zusammen. Dort, wo andere Anbieter auftraten, wurden etwa von Soldatensendern und seit ihrer Zulassung auch von privaten Anstalten die Programme auf die Nachtstunden ausgedehnt. Die Nachtprogramme haben schrittweise ihren Charakter als Spätunterhaltung für wenige aufgebliebene Schichtarbeiter oder Autofahrer verloren und sind zu vollwertigen Unterhaltungssendungen avanciert. Ursache hierfür ist offensichtlich nicht nur die erhöhte Anzahl von Verkehrsteilnehmern in den Nachtstunden, sondern womöglich auch ein insgesamt verändertes Schlaf-Wach-Verhalten (s. unten).

Die TV-Sendezeiten werden nicht zuletzt im Zuge der Übertragung von Sport- und Kulturveranstaltungen aus anderen Erdteilen und anderen Zeitzonen häufiger in die Nachtstunden hinein ausgedehnt (Tennis, Olympische Spiele, Boxen, Rock-Konzerte). Der interkontinentale Telefonverkehr hat ähnliche Wirkungen. Der Ausbau eines umfassenden Netzes von Tele-Satelliten wird die Empfangsmöglichkeiten für die Rundfunkteilnehmer noch weiter flexibilisieren und die bisherigen Limitierungen von Programmangeboten in den Nachtstunden für immer mehr Menschen auch unabhängig vom Angebot im eigenen Land beseitigen.

Möglichkeiten zur zeitunabhängigen AV-Mediennutzung bestehen ohnehin seit der Erfindung von Schallplatte und Tonband. Dennoch ist mit der Verbreitung von Kassettenrecordern und Videoaufzeichnungsgeräten eine neue Qualität der Medienpräsenz aufgrund ihrer inhaltlichen und zeitlichen Unabhängigkeit vom Angebot der Sendestationen erreicht worden. Das gilt besonders für Videorecorder.

Gleichzeitig gehört das In-time-Medium Hörfunk bei Jugendlichen zur beliebtesten Medienbeschäftigung neben dem (zeitunabhängigen) Abhören von Musik-Kassetten (Walkman) (vgl. Bonfadelli et al. 1986). Ebenso ist trotz der Videorecorder die Faszination der zeitgleichen Teilnahme an der Übermittlung einer Nachricht, an einem Sportereignis u. ä. ungebrochen (vgl. Darschin/Frank 1985).

Beides, die verbesserten Möglichkeiten zeitunabhängiger Mediennutzung wie die Faszination des unmittelbaren Erlebens in Verbindung mit einem zeitlich breiter gestreuten Programmangebot, wird die Nachtstunden als zeitliches Areal der Mediennutzung deutlicher hervortreten lassen als bisher. Wenn bei relativ konstantem Umfang der Freizeit die Zeit für die Mediennutzung erhöht werden soll, dann bietet sich die stärkere Einbeziehung der Nacht an. Bislang ist die Dauer der Mediennutzung trotz neuer Medien allerdings erstaunlich konstant geblieben.

Nicht nur von der Seite der Nutzer her, auch unter wirtschaftlichen Gesichtspunkten erhalten die bislang weithin medienfreien Nachtstunden eine neue Bedeutung. Wenn nämlich die Ware Information, zu der unabhängig jeder Bewertung auch die Ausstrahlung von Werbung zu zählen ist, von privaten Anstalten übermittelt wird, müssen potentiell vorhandene Zeiträume für die Ausstrahlung von Werbeinformation möglichst extensiv genutzt werden.

Die in den späten Nachmittags- und frühen Abendstunden erreichbare Zahl von Zuhörern/Zuschauern ist zwar groß, jedoch durch die Reichweite des Senders und andere Eingrenzungen der Zahl potentieller Rezipienten beschränkt. Dies wirkt sich wie ein wirtschaftliches Nadelöhr aus. Die Übermittler von Informationen müssen daher langfristig daran interessiert sein, die

Rezeptionszeiten ihrer Hörer bzw. Zuschauer breiter über den Tag zu verteilen. Das setzt allerdings eine Veränderung der Struktur des gegenwärtig vorherrschenden Lebensrhythmus voraus.

Obwohl die Medien diese Veränderung nicht aus sich allein heraus bewirken können, dürften sie einen wesentlichen Beitrag hierzu leisten.

In anderen Ländern, wie den USA, hat sich gezeigt, daß, sofern sich die Zeitverwendungsmuster der Gesellschaft ändern, der Rund-um-die-Uhr-Betrieb des AV-Mediums durchaus profitabel zu organisieren ist. Eine andere Frage ist, ob dies kultur- und gesellschaftspolitisch erwünscht ist.

4. Verkehrssektor

Als vierter, wenngleich eher abgeleiteter Sektor kann die zeitliche Organisation des öffentlichen Verkehrswesens wie die zeitliche Strukturiertheit des Individualverkehrs betrachtet werden.

Was den Gütertransport angeht, bestehen Limitierungen der Wirtschaftszeit hier sowohl für die Nachtstunden als für Sonn- und Feiertage, so das Sonntagsfahrverbot für LKW. Für die Nachtstunden bestehen partielle Beschränkungen für Ortsdurchfahrten, beschränkt geöffnete Grenzübergänge oder Anschlußzeiten von Fähren. Insbesondere für die Bahn sind aus Gründen der gleichmäßigen Auslastung vorhandener Anlagen im Wechsel mit dem Personenverkehr gerade die Nachtstunden die Stunden des Gütertransports.

Im Gütertransport auf der Straße ist ceteris paribus mit dem Anwachsen des nächtlichen Verkehrs zu rechnen. Die moderne Fabrik, in der die Lagerhaltung zugunsten des On-Line-Betriebes verringert werden soll, erfordert eine Logistik, die den Transport bzw. die Anlieferung von Rohstoffen und Halbfertigteilen zur abhängigen Variablen bezogen auf die vom Betrieb vorgegebene Zeitstruktur macht. Das bedeutet, daß Anlieferungen möglichst erst zu Arbeitsbeginn am Morgen zu erfolgen haben, was die Transporte auf die Nacht konzentriert.

Die rasch wachsenden Ansprüche an die Logistik des Warenflusses (wie übrigens auch des Informationsflusses) könnten mittelfristig möglicherweise die einschränkenden Bedingungen des LKW-Verkehrs an Sonn- und Feiertagen in Frage stellen.

Im Personentransport bestehen keine strukturellen Limitierungen, die Konzentration auf die Tagesstunden resultiert marktanalog eher aus dem gewohnten Lebensrhythmus der Gesellschaft. Jedoch könnte eine Verbesserung der Angebotsstruktur des öffentlichen Personenverkehrs eine erhöhte Nachfrage bewirken, die sich auf den zeitlichen Umfang der Nutzung der Verkehrsmittel auswirken könnte. Bislang ist besonders im öffentlichen Personennahverkehr im Zuge von Einsparungsmaßnahmen ein Rückgang des Angebots am Abend und in der Nacht auszumachen.

Beschränkungen für den Personenverkehr bestehen aufgrund von Lärmschutzbestimmungen für den Luftverkehr.

Insgesamt scheint sich im Verkehrswesen ebenfalls eine Ausdehnung der geläufigen zeitlichen Areale abzuzeichnen. Rein phänomenologisch scheint sich das Verkehrsaufkommen in den Nachtstunden sowohl im individuellen Güterverkehr als im Personenverkehr im Vergleich der letzten zwei Jahrzehnte sichtbar erhöht zu haben. Dies kann nicht allein aus der Zunahme der LKW-Transporte sowie der verfügbaren PKW erklärt werden.

Was den PKW-Verkehr angeht, so haben sich möglicherweise durch die Verbesserung der technischen und sonstigen Ausstattung der PKW sowie der Fernstraßen zwar die Reisegeschwindigkeiten erhöht, jedoch haben sich gleichzeitig die Distanzen und damit die Reisezeiten verlängert. Längere Distanzen, für die früher eine Tagesfahrt eingeplant worden wäre, können durch die verbesserte Ausstattung 'noch mal ebenso' in den späten Abendstunden gefahren werden, etwa um Übernachtungskosten einzusparen.

Die relative Verkürzung der Reisezeiten koinzidiert mit dem durch die Arbeitsmarktlage oft erhöhten Erfordernis nach regionaler Mobilität, die dazu führt, daß längere Arbeitswege anfallen und Familie und Freundeskreis über größere Räume verteilt sind. Der hohe Standard der PKW - von der Geschwindigkeit und dem Fahrkomfort der Fahrzeuge bis hin zur Qualität der Unterhaltungselektronik - läßt es dann realistisch erscheinen, selbst bei größeren Distanzen diese Kontakte aufrechtzuerhalten und zudem immer größere Distanzen zwischen Arbeitsplatz und Lebensmittelpunkt oder Wohnort zu akzeptieren. Die Abend- und Nachtstunden, die sog. Freizeit, werden als zeitliche Ressourcen entdeckt, berufliche und private Erfordernisse gleichermaßen zu realisieren. Der Service der (bislang noch wenig attraktiven, vgl. dagegen Frankreich) Autobahnraststätten erleichtert die Nachtfahrten zusätzlich.

Eine ähnliche Logik gilt für die Benutzung öffentlicher Fernverkehrsmittel. Die Verschnellerung des Personentransports bei der Bahn sowie die Vertaktung durch den IC-Service in Verbindung mit hohem Komfort und einer differenzierten, teilweise entfernungsunabhängigen Preisgestaltung regen zu größeren Distanzen an. Dabei werden öfter spätere Tageszeiten in Anspruch genommen, um die entfernteren Reiseziele zu erreichen.

Das geschilderte Verhalten folgt einer generellen Regel. Derzufolge werden relative Zeitersparnisse durch höhere Reisegeschwindigkeiten weniger zur Verwendung der eingesparten Zeit für andere Tätigkeiten eingesetzt, sondern zumeist für die Steigerung der Menge, hier der Distanz bei gleichem oder gar gestiegenem absoluten Zeitaufwand ('Infinitesimale Verwendungslogik der Zeit', vgl. dazu Rinderspacher 1985).

Zur verstärkten Inanspruchnahme der Nachtstunden tragen ferner Anschlüsse von Fernverbindungen etwa in südliche Ferienländer oder nach Übersee bei, die infolge der Distanzen sowie der Zeitverschiebungen und anderer Gegebenheiten die Lebensrhythmen ferner Zivilisationen in die Zeitordnung unserer Gesellschaft hineintragen.

Ein weiteres Beispiel für die extensive Tendenz der Zeitnutzung ist der durch den Ausbau des internationalen Autobahnnetzes in Verbindung mit mehr Komfort möglich gewordene Langstreckenverkehr mit Reisebussen. Immer häufiger können in Konkurrenz zu den Flugreisen kostengünstige Busfahrten in südliche Länder angeboten werden, die oft mit Nachtfahrten verbunden sind. Paradoxerweise führt die Erhöhung der Reisegeschwindigkeit in Verbindung mit der Attraktivität der Reiseziele und einem attraktiven Preis-Leistungs-Verhältnis zu neuen Unbequemlichkeiten in Form halb durchwachter Nächte.

Eine weitere Ursache für eine künftige Steigerung des Verkehrsaufkommens in der Nacht könnte ein Verteilungseffekt sein: Mit dem weiter wachsenden PKW-Bestand, in Verbindung mit arbeitsmarktbedingten höheren Pendlerbewegungen, darüber hinaus durch die zu befürchtende Verlagerung eines Großteils des Gütertransports auf die Straße infolge von Rationalisierungsmaßnahmen bei der Bundesbahn - um nur einige Ursachen zu nennen - werden immer mehr private PKW-Nutzer auf die noch relativ ruhigen Zeiten auf den Fernstraßen ausweichen. Dieser marktanaloge, sozusagen 'zeitliche Verdrängungswettbewerb' auf den Straßen mag die Nachtstunden künftig zur gängigen Reisezeit werden lassen.

4. Ruhezeiten und Aktionszeiten

Der eben dargestellten strukturell bedingten Bewegung, die künftig von den Bereichen Produktion, Konsum, Information und Verkehr auf die Zeitordnung ausgehen könnte, entsprechen Veränderungen im Bewußtsein der Bevölkerung. Der vielzitierte Wertewandel (vgl. Klages 1985; Emnid-Institut 1985a) wirkt sich selbstredend auch auf den Umgang mit der Zeit und hier wieder auf die Gewohnheiten im Verhältnis von Ruhe und Aktivität, von Tag und Nacht aus.

Der englische Ökonom Mandeville sprach bereits im 18. Jahrhundert offen darüber, daß von Natur aus wohl jeder Mensch gern etwas häufiger ruhte und länger schliefe, daß aber ein ausreichend geruhsamer Schlaf das Privileg der oberen Klassen sei. Entsprechend müsse der arbeitende Mensch zum frühen Aufstehen gezwungen werden. Die Produktivitätsfortschritte bzw. die Arbeitszeitverkürzung und andere zeitpolitische Errungenschaften haben im Vergleich hierzu zu einigen Fortschritten geführt, weil sie für die Mehrheit der Arbeitnehmer zumindest an zwei Tagen der Woche und, wo Gleitzeit eingeführt ist, auch im Verlauf der Woche die Spielräume der Zeitgestaltung erheblich vergrößert haben (Bosch et al. 1987). Man kann darum von einer Popularisierung ehemals elitärer Zeitverwendungsmuster sprechen. Die (innerhalb bestimmter Bandbreiten mögliche) Bestimmung von Arbeitsbeginn und Arbeitsende, die Ausgiebigkeit und zeitliche Offenheit gegenüber Ereignissen und Handlungen und vor allem die Verfügung über die Nachtstunden waren von jeher ein signifikantes Privileg der Privilegierten.

Die uns heute geläufige zweiphasige Polarisierung von Wachphase und Schlafphase im Tagesverlauf ist keineswegs Ausdruck eines natürlichen Aktivitätszyklus, sondern weitgehend Ergebnis eines mit der Industrialisierung vollzogenen Erziehungsprozesses ganzer Gesellschaften zur Industrie-Disziplin (vgl. Gleichmann 1980). Die in der Biorhythmus-Forschung belegten natürlichen Auf- und Abschwünge der Leistungsfähigkeit des Menschen, die mehrmals am Tag Schlafbedürfnisse hervorrufen, (s. z. B. Knauth/Kiesswetter/Rutenfranz 1983) konnten durch die geforderte Willensanstrengung der Menschen unterstützt, durch materielle Anreize sowie moralische Sanktionen weitgehend zugunsten einer Leistungsbereitschaft überformt werden. Ein Blick auf die Entwicklungsländer zeigt, daß ohne den sozio-kulturellen Hintergrund des Industriesystems der Lebensrhythmus sehr viel mehr spontanen Schlaf-Wach-Bedürfnissen folgt. Vorausssetzung hierfür ist u. a. eine soziale Umgebung, die den Schlaf und das Ruheverhalten in der Öffentlichkeit nicht negativ sanktioniert (vgl. Wenndorff 1984). Wie wenig naturbedingt das zweiphasige Ruhe-Aktivitäts-Muster ist, zeigt auch ein Blick in Länder, in denen der Tag durch die Siesta unterbrochen ist, somit mehrere Höhe- und Tiefpunkte aufweist.

Die Schlaf-Wach-Gewohnheiten folgen also im wesentlichen den Arbeitszeiten. Allerdings sind diese nur Rahmensetzungen, um die herum Umfang und Lage der Wachzeiten erheblich schwanken können. Daraus ergibt sich die Frage erstens, in welchem Umfang Arbeitnehmer ihre Freizeit im schlafenden, resp. wachen Zustand verbringen und zweitens, hiermit in der Praxis wegen relativ fester Aufstehzeiten verkoppelt, zu welcher Uhrzeit sie schlafen gehen. Ein besonderes Problem wegen zumindest formal erhöhter Spielräume der Gestaltung ihrer Ruhezeiten tritt bei Schichtarbeitern auf.

Der gesellschaftliche Lebensrhythmus wird zwar durch Arbeitszeitregime und Arbeitnehmer wesentlich vorstrukturiert, darüber hinaus ist der Lebensrhythmus der sehr viel heterogeneren, aber zahlenmäßig sogar größeren Gruppe der nicht erwerbstätigen Bevölkerung mit zu bedenken. Hier sind u. a. Hausfrauen, Schüler und Studenten, Rentner, Arbeitslose und Kleinkinder zu nennen.

Einige Anzeichen deuten nun auf Veränderungen unseres gewohnten Schlaf- bzw. Wachverhaltens hin. Zunächst haben sich die Aufstehzeiten im Vergleich mehrerer Jahrzehnte nach hinten, d. h. in Richtung auf die späteren Tageszeiten verschoben (vgl. IFES 1980; Allensbach 1977; zusammenfassend Rinderspacher 1987a).

Die Möglichkeit des späteren Aufstehens wird von den meisten Menschen als eine Form von Lebensqualität, als Zeitwohlstand, verstanden. Das zeigt der Vergleich mit den Aufstehzeiten zwischen Werktagen und Sonntagen, an denen das Aufstehen um rund eine Stunde verschoben ist (vgl. Allensbach 1977).

Es fällt auf, daß die Aufstehzeiten der Gesamtbevölkerung sich zwar insgesamt verschieben, aber augenscheinlich bislang noch verhältnismäßig eng beieinanderliegen. Diese werden z. B. auch von Rentnern zumeist so gewählt, daß sich deren Lebensrhythmus vom kollektiven Aktivitätszyklus der Gesellschaft nicht allzuweit entfernt (vgl. hierzu auch Rinderspacher 1987a). Dies erklärt sich aus dem Bedürfnis nach sozialer Integration, zu der als wesentliches Element sozusagen das Mitschwingen im allgemeinen Lebensrhythmus gehört (vgl. hierzu Ermert 1988). Demgegenüber weisen gesellschaftlich benachteiligte oder marginalisierte Gruppen wie z. B. von Arbeitslosigkeit betroffene Personen, offenbar häufig als Folge der Deprivation langfristig stark abweichende Aktivitätszyklen auf (vgl. Jahoda et al. 1978; Heinemann 1982).

Lange Zeit hatte der restriktive Umgang mit der Zeit, so auch das frühe Aufstehen, den Charakter einer erstrebenswerten Lebenshaltung, war Ausdruck der Akzeptanz von Pflichtwerten und ging über die praktischen Erfordernisse des Alltags weit hinaus. Auch wenn Pünktlichkeit - wohl mit Rücksicht auf wartende Personen - weiterhin eine hohe Wertschätzung erfährt (vgl. Allensbach 1987), so scheint doch im Umgang mit der eigenen Zeit im Zuge des Voranschreitens der Akzeptanz von Selbstentfaltungswerten eine Lockerung eingetreten zu sein. Weder frühes Zubettgehen noch das frühe Aufstehen gelten für sich noch länger als prestigeträchtiges Verhaltensmuster. Die Befürwortung von Gleitzeitregelungen durch die Arbeitgeber in Verbindung mit der allgemeinen Popularisierung ehemals elitärer Zeitverwendungsmuster mögen hierzu beigetragen haben (vgl. Bosch et al. 1987).

Dieser Trend wird durch die Vermehrung außerhäuslicher Freizeitaktivitäten im letzten Jahrzehnt, insbesondere durch häufigere Lokalbesuche unterstützt. Ganz generell scheint man im Freizeitbereich dem Diktat der Uhr mehr als früher entkommen zu wollen und statt dessen stärker die Zeit nach Maßgabe der inneren sozialen Dynamik von Ereignissen, z. B. bei einem Treffen mit Freunden, ablaufen zu lassen, statt sich an von Pflichtwerten geprägten Zeitvorgaben zu orientieren (vgl. hierzu Opaschowski/Raddatz 1982).

Infolge dieses bedürfnisorientierten Umgangs mit der Zeit könnten künftig die Abende länger, die Schlafzeiten kürzer werden, wenn nicht durchgehend, so doch von Gelegenheit zu Gelegenheit. Die Ausweitung der Hörfunk- und Fernsehprogramme sowie die starke Frequentierung von Gaststätten bis nach Mitternacht mögen Indizien hierfür sein. Selbstredend wäre bei weiterführender Betrachtung hier nach sozio-demographischen Merkmalen zu differenzieren, insbesondere nach Alter bzw. Kohorte, Familienstand, Bildung, Region etc. (siehe z. B. 'Singles').

Auch wenn sich die zeitliche Lage des Schlafs in gewissen Grenzen verschoben hat, so blieb die zweiphasige Gliederung im Tagesverlauf bislang erhalten, wenn man bestimmte Personengruppen wie Schichtarbeiter einmal ausnimmt, deren Schlafverhalten sich schon immer unterschied. Sollte die Zahl der Nacht- und Schichtarbeiter aber zunehmen, dann könnte sich deren Schlaf-Wach-Verhalten mehr als eine von mehreren gebräuchlichen Mustern ausbreiten und akzeptiert werden, 'durchgehender Schlaf' könnte durch die veränderte Lebenspraxis von immer mehr Menschen an Selbstverständlichkeit verlieren.

Zu gleichen Strukturveränderungen des Schlaf-Wach-Rhythmus könnte daneben die Ausbreitung von sog. Geisterschichten führen. Hierbei werden, wie erläutert, Produktionsvorgänge über mehrere Stunden von der Anlage selbsttätig ausgeführt; für den Beschäftigten oder kleinen Selbständigen ergibt sich dann phasenweise, z. B. nach einigen Stunden, die Aufgabe der Neubestückung, Wartung oder des Werkzeugwechsels. Große Arbeitszeitblöcke könnten hierdurch abgelöst werden durch jeweils wenige Stunden dauernde Arbeiten, die regelmäßig von längeren Phasen unterbrochen werden, in denen keine Arbeiten anliegen (z. B. 2 Std. Arbeit, 4 Std. automatische Fertigung usw.).

Solche intermittierenden Zeiträume im Wechsel von Arbeit und Nichtarbeit könnten gleichfalls in anderen Anwendungsbereichen neuer Technologien auftreten. Die elektronische Heimarbeit - wenngleich deren künftige Bedeutung nicht überschätzt werden darf (vgl. Huber 1987; Brandes/Buttler 1987) - dürfte, soweit dies vergleichbare Arbeitssituationen erkennen lassen, ebenfalls durch häufigere Ruhepausen oder wegen der Erledigung anderer familiärer Aufgaben unterbrochen werden. Zum anderen würden sich die in der Regel von Frauen verrichteten Tätigkeiten wegen der zu bewältigenden Arbeit im Haushalt überwiegend in die Nachtstunden hinein verlagern.

Arbeitsbereiche, bei denen sich typischerweise intermittierende (Ruhe-)Zeiträume bilden, sind im Prinzip nicht neu. Traditionell bestehen solche häufig alternierenden Aktivitätszyklen von jeher etwa im Gesundheitswesen, bei Rufdiensten, Polizei, Feuerwehr u. ä.

Auch jenseits des Arbeitsbereichs könnte sich die Tendenz zu intermittierenden Zeitintervallen verstärken. Durch längere Wege und teilweise komplexere Verkehrsverbindungen wächst die Wahrscheinlichkeit von Wartezeiten. Die Reisezeiten selbst, die z. B. im Schnellzug zum Schlaf genutzt werden, können ebenfalls intermittierend in bezug auf den individuellen Aktivitätszyklus gedeutet werden.

Man könnte die These wagen, daß womöglich nach einem mit der Industrialisierung allgemein verbreiteten zweiphasigen Aktivitätszyklus nun, auf der Basis postindustrieller Arbeits- und Lebensbedingungen, das (ursprüngliche) mehrphasige Aktivitätsprofil wieder an Bedeutung gewinnen wird.

Zusammengefaßt geht die Veränderungsdynamik der Ruhezeiten daher einmal von dem als relativ autonomen Verursachungskomplex zu betrachtenden Wertewandel, also einem Wandel sowohl des individuellen Verhaltens wie kollektiver Verhaltensnormen aus. Darüber hinaus treten strukturelle Veränderungen der zeitlichen Rahmenbedingungen des Alltagslebens auf, die den Wandel der zeitlichen Aktivitäts-Passivitäts-Profile beschleunigen könnten.

5. Auf dem Weg in die kontinuierlich aktive Gesellschaft?

Bislang orientiert sich das Alltagsleben auch der hochindustrialisierten Gesellschaften noch weitgehend an einem für alle Mitglieder der Gesellschaft verbindlichen Lebensrhythmus. Ausnahmen hiervon sind als solche gekennzeichnet und werden entsprechend honoriert: Der exzeptionelle Charakter von Nachtarbeit und Sonn- und Feiertagsarbeit ist gesellschaftlich in Form der Gesetzgebung, durch Tarifverträge oder die geübte Praxis anerkannt und wird in der Regel durch Sondervergütung honoriert. Die aus der Nacht-, Schicht- und Sonntagsarbeit resultierenden Risiken für die Gesundheit und die soziale Integrität der Arbeitnehmer sind auch wissenschaftlich im Grundsatz anerkannt (vgl. z. B. IG-Chemie 1985; Infas 1978).

Ohne die Anerkennung des gesellschaftlichen Lebensrhythmus als allgemein verbindliches zeitliches Referenz-System wäre die Lage anders: Die Arbeitnehmer hätten zu begründen, warum sie gerade nachts schlafen müssen oder gerade am Sonntag oder Samstag ihre Freizeit verbringen wollen.

Wenn nun, wie eingangs erwähnt, sich die Zeitordnung immer deutlicher als Fessel der Produktivkräfte herausstellt, werden Lebensgewohnheiten und kulturelle Institutionen wie der Sonntag oder auch der Samstag einem Rechtfertigungsdruck ausgesetzt.

Es spricht einiges dafür, daß wir am Beginn einer langfristigen Neuordnung unseres gewohnten zeitlichen Bezugssystems stehen, freilich im Sinne eines offenen, gestaltungsfähigen Prozesses, der aber politische Zielsetzungen verlangt. Ähnlich wie in der betrieblichen Praxis die Verkoppelung von Arbeitszeiten und Betriebszeiten mehr und mehr schwindet, scheinen sich auf der gesellschaftlichen Ebene die für wirtschaftliche Aktivitäten verfügbaren bzw. erlaubten Zeiten, die wir Wirtschaftszeiten genannt hatten, von den Aktionszeiten der Individuen abzulösen. Der Aufforderungscharakter für aktive bzw. passive Verhaltensweisen, den die Kontingentierung der Wirtschaftszeiten mit sich bringt - wenn andere aufstehen und arbeiten, auch selbst aktiv zu werden - geht dann verloren zugunsten einer gewachsenen Optionsbreite für die zeitliche Anordnung von Handlungen und Tätigkeiten, die nun tendenziell alle 24 Stunden des Tages und alle 7 Tage der Woche umfaßt.

Diese Ablösung von gesellschaftlich sanktionierter Wirtschaftszeit und individueller Aktionszeit, die eine selbst zu verantwortende Lokalisation der Handlungen der Individuen in einem erweiterten Aktivitätsradius verlangt, birgt neben neuen Freiheiten neue Risiken in sich.

Bereits die Urväter der Sozialwissenschaften, wie z. B. Durkheim, haben auf die zentrale Bedeutung des Lebensrhythmus einer Gesellschaft für die Integration der Individuen hingewiesen (vgl. Ermert 1988). Allerdings wird - berechtigt oder nicht - auch von der Möglichkeit funktionaler Äquivalente für einen sinnlich erfahrbaren, kollektiven Lebensrhythmus gesprochen, die die Gefahr der Anomie, d. h. des Auseinanderbrechens der Gesellschaft in segmenthaft nebeneinanderbestehende Subgruppen, verringern könnten. Deutlich wird aber, daß mit der Erosion einer gemeinsamen Zeitordnung soziale Friktionen zu erwarten sind.

Vollzieht sich die Auflösung eines gemeinsamen zeitlichen Bezugssystems in einer Situation, in der zugleich eine Reihe sozialer Problemlagen wie Arbeitslosigkeit, Vereinzelung, neue Armut oder Integrationsprobleme von Ausländern bestehen, wird die Neigung der Gesellschaft zur Herausbildung von Subkulturen und zur Segregation weiter angetrieben. Eine durch diese Problemlagen wie durch den Verlust eines integrativ wirkenden gemeinsamen Lebensrhythmus belastete Gesellschaft hätte künftig erheblich größere Schwierigkeiten, ein gemeinsam verbindliches Normensystem (und damit auch Rechtsbewußtsein) aufrecht zu erhalten: Die weiter auseinanderdriftenden Lebenswelten der Mitglieder, das Auseinanderfallen von räumlicher Nähe, z. B. in einem Wohnquartier, und der zeitlichen Nähe zu den Handlungen des sozialen Umfeldes könnten die Anerkennung gemeinsamer Wertbezüge schwieriger machen. Der Konfliktstoff zwischen den anders lebenden Gruppen würde dadurch anwachsen.

Die soziale Macht des kollektiven Lebensrhythmus wird deutlich, wenn man sich vorstellt, daß zur weiteren Ausbreitung von Nacht- und Schichtarbeit rein sachlogisch nichts an der Zeitordnung der Gesellschaft verändert zu werden brauchte: Dem Nachtarbeiter steht in seiner Freizeit sogar wesentlich mehr als dem zu normalen Zeiten beschäftigten Arbeitnehmer die ganze Palette des Angebots an Konsum, Information und Verkehr zur Verfügung. Offensichtlich sind es aber wesentlich nicht nur sachlich-funktionale, sondern psycho-soziale Gründe, die die Tagesarbeit trotz gewisser Einschränkungen attraktiver machen. Soziale Kontakte zu pflegen und vor allem diese in die Dramaturgie des gesellschaftlichen Lebensrhythmus sozial-logisch eingliedern zu können, ist offensichtlich von größter Bedeutung: Den Feierabend am Abend und den Sonntagnachmittag am Sonntagnachmittag genießen zu können (vgl. Rinderspacher 1987a).

Welches sind nun die Bedingungen, unter denen sich die oben beschriebene potentielle Entwicklungsdynamik durchsetzen könnte, so daß die Rund-um-die-Uhr-Gesellschaft in greifbare Nähe rückt?

Bereits für sich allein betrachtet weisen die skizzierten Entwicklungen in den vier genannten Sektoren teilweise eine Dynamik in Richtung auf die Inanspruchnahme größerer als der bisher gebräuchlichen zeitlichen Areale auf. Hier scheinen allerdings zunächst jeweils sektorspezifische Hemmnisse zu bestehen, die die Ausweitung der vorgegebenen Wirtschaftszeit verhindern. In der materiellen Produktion stößt die Nachtarbeit auf Akzeptanzprobleme bei den Beschäftigten, im Konsumbereich auf Desinteresse der Kunden und Widerstand der Beschäftigten, die nächtliche Ausstrahlung von TV-Sendungen wird limitiert durch die kollektiven Schlafgewohnheiten und ebenso im Verkehrswesen durch noch halbwegs erträgliche Verhältnisse auf den Fernstraßen.

Auf der anderen Seite sind in allen vier genannten Sektoren - teils auf Grund technischer, teils ökonomischer wie sozialer Konfigurationen - Extensionstendenzen bzw. -bestrebungen zu beobachten, die häufig als Forderung nach mehr Liberalisierung oder Flexibilität auftreten: Die jeweils durch Technik, Gesetz, Tarifvertrag, die geübte Praxis oder die Nachfrage der Konsumenten bzw. Nutzer gesetzten zeitlichen Vorgaben sollen überwunden werden.

Wenn man nun die jeweiligen potentiellen Wechselwirkungen der Sektoren zueinander betrachtet, wird ersichtlich, welche Dynamik sich hier durch den Fortfall der sektoralen Eingrenzungen entfalten könnte: Die Liberalisierung der Öffnungszeiten verlagert die Freizeit bzw. Konsumzeit weiter in die Abendstunden, die Ausweitung der Medienangebote in die Nachtstunden begünstigt das spätere Zubettgehen. Der größere Aktionspielraum bewirkt stärker individualisierte Aktivitäts-Passivitätsmuster. Auch strukturelle Gründe verstärken die Individualität bzw. Vereinzeltheit der Aktivitätszyklen: Durch die weitere Verbreitung des Schichtbetriebs verlagern sich für immer mehr Menschen wenigstens phasenweise die Aufstehzeiten in die frühen Morgenstunden. Im Falle des Arbeitsbeginns um 6 Uhr ist bei langem Arbeitsweg (vgl. Entwicklung der Arbeitswege) und ungünstiger Verkehrsverbindung damit immer häufiger das Aufstehen kurz nach 4 Uhr früh vorprogrammiert, also zu einer Zeit, in der ein anderer Teil der Gesellschaft noch lange schläft, ein anderer noch nicht lange schläft. Durch die zeitliche Anpassung der sozialen Umgebung an die Vorgaben der Schichtarbeit, vor allem in den genannten Sektoren Konsum, Information und Verkehr würde Schichtarbeit als solche schließlich kaum noch auffallen, weil es kein dominierendes zeitliches Referenzsystem mehr gäbe, an dem sich 'Normalität' messen könnte.

Der Weg in eine Gesellschaft, die rund um die Uhr lebt und arbeitet, könnte über eine umfassende Liberalisierung zeitlicher Rahmensetzungen für den Wirtschafts- und Privatbereich verlaufen. Damit scheinen jedoch erhebliche

Risiken verbunden zu sein (vgl. Oppolzer et al. 1986), weil damit wichtige Instrumente der politischen Beeinflußbarkeit aus der Hand gelegt würden.

Zeitpolitik war seit Beginn der Industrialisierung ein wichtiges Mittel zur Gestaltung der gesellschaftlichen Verhältnisse. Durch Arbeitszeitregelungen und Gesetze, Arbeitsverbote an Sonn- und Feiertagen, mit Hilfe der Gewerbeordnung, des Ladenschlußgesetzes, von Fahr- und Flugverboten oder Lärmverordnungen etc. sind Instrumente geschaffen worden, mit denen zeitliche Areale für die wirtschaftliche Nutzung und zum Wohle der Beteiligten einzugrenzen bzw. auszugestalten sind. Ein solches Regelwerk stellt eine erhebliche Kulturleistung sowie eine Möglichkeit zur sozialverträglichen Beeinflussung des gesellschaftlichen Zeitregimes dar. Dagegen leitet eine Liberalisierung gleichsam eine Re-naturalisierung (der Fortentwicklung) von Zeitstrukturen ein, verbunden mit den Risiken des Marktes.

Zwar muß die marktanaloge Steuerung von Zeitstrukturen nicht zu den sozialen Katastrophen des vorigen Jahrhunderts führen. Allerdings weisen die in Ansätzen existierenden Beispiele einer Rund-um-die-Uhr-Gesellschaft etwa in einigen Großstädten der USA eine hohe soziale Instabilität auf, wobei freilich nicht kausal von der kontinuierlich aktiven Gesellschaft auf Kriminalität und Verelendung geschlossen werden darf. Andererseits ist der Zusammenhang rein phänomenologisch nicht zu übersehen.

Daher ist reiflich zu überlegen, ob man sich ohne Not wichtiger Instrumente der Steuerung sozialer Entwicklung begeben sollte oder aber angesichts unübersehbarer anomischer Erscheinungen in vielen Bereichen der Gesellschaft nicht im Gegenteil bewußter als bisher die Fortentwicklung gesellschafts- und sozialpolitischer Ziele vermittelt über die zeitliche Dimension vorantreiben könnte.

Literatur:

Allensbach, Institut für Demoskopie, 1987, Lieber ein bißchen zu früh, in: Allensbacher Berichte Nr. 9/1987

Allensbacher Jahrbuch der Demoskopie, 1976/77, hrsg. von E. Noelle-Neumann, Bd. VII, Wien et al.

Arbeitsgemeinschaft der Verbraucher (AgV), 1987, Stellungnahme der AgV zur geplanten Änderung des Ladenschlußgesetzes, in: Deutscher Bundestag, 8. Wahlperiode, 6. Ausschuß, Protokoll Nr. 79

Bayerischer Landtag, 1987, Ausschuß für Sozial-, Gesundheits- und Familienpolitik, Anhörung zum Thema Sonntagsarbeit am 12. 3. 1987

Bonfadelli, H. et al., 1986, Jugend und Medien, Frankfurt/M.

Bosch, A., Schmidt, R., Soyez, J., Volk, B., Werner-Hager, E., 1987, Betriebliche Erfahrungen mit Systemen gleitender Arbeitszeit und tarifpolitische Konsequenzen, Institut für Soziologie, Forschungsgruppe, Erlangen

Brandes, W./Buttler, F., 1987, Alte und neue Heimarbeit, in: Soziale Welt Nr. 1/1987, S. 74 - 91

Briefs, U., 1985, Mit den Informationstechnologien zu neuen Organisationskonzepten in den Betrieben, in: Technik im Griff?, hrsg. von G. Aly et al., Hamburg

Darschin, W./Frank, B., 1985, Tendenzen im Zuschauerverhalten, in: Media-Perspektiven Nr. 6/1985, S. 659 - 663

Emnid-Institut, 1985, Wer hat die meiste Freizeit? in: Emnid-Informationen Nr. 6/7 1985

Emnid-Institut, 1985, Die Einstellung zu Leistung und Genuß als Lebensprinzip, in: Emnid-Informationen Nr. 8/1985

Ermert, A., 1988, Kollektive Zeiterfahrung und soziale Integration, in: Gemeinsame Zeit, hrsg. von H. Przybylski und J. P. Rinderspacher, Bochum

Frankfurter Rundschau, Interesse an anderem Ladenschlußverhalten, 3.2.1987

Friedrich-Naumann-Stiftung (Hg.), 1985, Dokumentation Ladenschluß, Königswinter

Gerlach, G., 1987, Feierabend statt Dienstleistungsabend, in: Dienst am Kunden. Der Handel zwischen Flexibilisierung und Ladenschluß, hrsg. von G. Gerlach et al.

Gleichmann, R. P., 1980, Einige soziale Wandlungen des Schlafes, in: Zeitschrift für Soziologie Nr. 3/1980, S. 236 - 250

Gutowski, A., 1985, Für und Wider einer Liberalisierung des Ladenschlußgesetzes, in: Dokumentation Ladenschluß, hrsg. von Friedrich-Naumann-Stiftung, Königswinter

Hackforth, J., 1986, Neue Medien und gesellschaftliche Konsequenzen, in: Aus Politik und Zeitgeschichte 1986, S. 3 - 10

HBV (Gewerkschaft Handel, Banken und Versicherung), 1986, Stellungnahme vor dem Rechtsausschuß des Deutschen Bundestages. Anhörung Ladenschluß am 19. 3. 1986, Deutscher Bundestag, 8. Wahlperiode 6. Ausschuß, Protokoll Nr. 79

Heckmann, F., 1986, Arbeitszeit und Sonntagsruhe. Stellungnahmen zur Sonntagsarbeit als Beitrag kirchlicher Sozialethik im 19. Jahrhundert, Essen

Heinemann, K., 1982, Arbeitslosigkeit und Zeitbewußtsein, in: Soziale Welt Nr. 1/1982, S. 87 - 102

Hoff, A., 1986, Die Organisation arbeitszeitunabhängiger Betriebszeiten, in: Personal Nr. 8/1986, S. 332 - 336

Huber, J., 1987, Telearbeit, Opladen

IG-Chemie-Papier-Keramik, 1985, Schichtarbeit. Umsetzung arbeitswissenschaftlicher Erkenntnisse für Schichtarbeiter und Interessenvertreter, Schriftenreihe HdA Bd. 57, Frankfurt/M.- New York

Institut zur Erforschung sozialer Chancen (ISO), 1986, Entwicklung der Nacht-, Schicht- und Wochenendarbeit (1965 - 1985), Köln

IFES (Institut für empirische Sozialforschung Wien), 1980, Die Freizeit der Wiener Arbeitnehmer. Materialband und Berichtsband, Wien

Infas, 1978, Freizeitmöglichkeiten von Nacht-, Schicht-, Sonn- und Feiertagsarbeitern, Schriftenreihe des Bundesministeriums für Jugend, Familie und Gesundheit, Bd. 111, Stuttgart et al.

Jahoda, M., Lazarsfeld, F. P., Ziesel, H. (1978), Die Arbeitslosen von Marienthal. Ein soziographischer Versuch, Frankfurt/M.

Jünemann, R., Verschuer, K., 1981, Verkehr - Logistik in der Volkswirtschaft, in: Rationalisierung Nr. 5/1981, S. 133 - 143

Kern, H., Schumann, M., 1984, Das Ende der Arbeitsteilung? Rationalisierung in der industriellen Produktion, München

Klages, H., 1985, Wertorientierungen im Wandel, Frankfurt/M. - New York

Knauth, P., Kiesswetter, E., Rutenfranz, J., 1983, Rhythmen im Leben, in: Arbeit und Beruf, Bd. 2, hrsg. von Francois Stoll, Weinheim, Basel

Korte, W. B., 1985, Neue Medien und Kommunikationsformen - Auswirkungen auf Kunst und Kultur, München et al.

Media-Analyse 1980, 1980, hrsg. von Media-Micro-Census GmbH, Textausgabe, Frankfurt/M.

Opaschowski, H.-W., 1985, Die neue Freizeitarbeitsethik. Entwicklungstendenzen im Freizeitbereich und soziale Folgen, in: Arbeit 2000, hrsg. von E. Altvater et al., Hamburg

Opaschowski, H.-W., Raddatz, G., 1982, Freizeit im Wertewandel, B.A.T.-Freizeitforschungsinstitut, Hamburg

Oppolzer, A., Wegener, H., Zachert, U., (Hg.), 1986, Flexibilisierung, Deregulierung. Arbeitspolitik in der Wende. Hamburg

Rinderspacher, J. P., 1985, Gesellschaft ohne Zeit, Frankfurt/M. - New York

Rinderspacher, J. P., Ermert, A., 1986, Zeiterfahrung in der Leistungsgesellschaft, in: Zeit, Natur und Mensch, hrsg. von H. Burger, Berlin

Rinderspacher, J. P., 1987a, Am Ende der Woche. Die soziale und kulturelle Bedeutung des Wochenendes, Bonn

Rinderspacher, J. P., 1987b, Sonntagsarbeit. Stellungnahme zur Anhörung im Bayerischen Landtag am 12. 3. 1987, in: Gemeinsame Zeit, hrsg. von H. Przybylski, J. P. Rinderspacher, Bochum (erscheint 1988)

Rogge J.-U., Jensen, K., 1986, Über den Umgang mit Medien in Familien, in: Aus Politik und Zeitgeschichte Nr. 3/1986, S. 11 - 25

Soziologisches Forschungsinstitut Göttingen (SOFI), Zentrale Wiss. Einrichtung 'Arbeit und Betrieb', Bremen, 1981, Industrieroboter. Bedingungen und soziale Folgen des Einsatzes neuer Technologien in der Automobilproduktion. Schriftenreihe HdA Bd. 13, Frankfurt/M. - New York

Springer, R., 1987, Die Entkopplung von Produktions- und Arbeitsprozeß. Zur Gestaltbarkeit von Arbeitsorganisation - dargestellt am Beispiel des Maschinenbaus, in: Zeitschrift für Soziologie Nr. 1/1987, S. 33 - 43

Stober R., 1986, Schriftliche Fassung einer Stellungnahme als Sachverständiger: Für die Anhörung des Rechtsausschusses des Deutschen Bundestages zum Gesetzentwurf über die Änderung wirtschafts- und verbraucherrechtlicher Vorschriften am 19. 3. 1986, in: Deutscher Bundestag, 8. Wahlperiode, 6. Ausschuß, Protokoll Nr. 79

Der Tagesspiegel, 16. 11. 1986

Time-Magazin Nr. 35/1987, Re-Examining the 36-Hour Day, S. 34 - 35

Wendorff, R., 1984, Dritte Welt und westliche Zivilisation, Opladen

Werkkreis Literatur der Arbeitswelt (Hg.), 1985, Leben gegen die Uhr. Die Schichtarbeitergesellschaft kommt, Frankfurt/M.

III. Handlungsmöglichkeiten

Karlheinz Blessing

Zeitverwendung aus gewerkschaftlicher Sicht

1. Arbeitszeitverkürzung und Arbeitszeitgestaltung als Elemente aktiver Tarifpolitik

Für die Gewerkschaften war die Arbeitszeit neben Fragen von Lohn und Gehalt schon immer ein Element aktiver Tarifpolitik. Gewerkschaftliche Forderungen richteten sich sowohl auf die Reduzierung als auch auf die Gestaltung der verbleibenden Arbeitszeit.

Ich erinnere an die Auseinandersetzungen um den 8-Stunden-Tag, den freien Samstag, den 6-Wochen-Jahresurlaub und aktuell um die 35-Stunden-Woche. Nach einem sehr langen und sehr intensiv geführten Arbeitskampf konnte 1984 für die Metallindustrie ein Tarifvertrag über die Einführung der 38,5-Stunden-Woche abgeschlossen werden. Dieser Vertrag ist seit dem 1. April 1985 in Kraft und er hat an die 100 000 Arbeitsplätze in der Metallindustrie geschaffen und gesichert.

Für die Eisen- und Stahlindustrie konnte im selben Jahr die 38-Stunden-Woche erreicht werden. Mittlerweile hat die IG Metall die 38,5-Stunden-Woche auch für das Metallhandwerk durchgesetzt. Sie gilt darüber hinaus in der Druckindustrie, überwiegend bei Handel, Banken und Versicherungen und in einigen anderen kleineren Branchen. Insgesamt arbeitet fast die Hälfte aller Arbeitnehmer weniger als 40 Stunden in der Woche. In der Gesamtwirtschaft der Bundesrepublik gab es zum Jahresende 1986 eine durchschnittliche tarifliche Arbeitszeit von 39,3 Stunden in der Woche.

Mit dem Bad Homburger Abkommen vom April dieses Jahres konnte für die Metallindustrie in einem Zwei-Stufenplan die 37-Stunden-Woche durchgesetzt werden. Wir gehen davon aus, daß dies weitere 100 000 Arbeitsplätze sichern und schaffen wird. Der Substanz dieses Abkommens haben sich mittlerweile auch die Tarifparteien der Druckindustrie angeschlossen.

Die Verknüpfung der Arbeitszeit ist also ein Element der Zeitstrategie der Gewerkschaften. Die IG Metall hat sich aus guten Gründen für die Verkürzung der Wochenarbeitszeit entschieden, weil sie unseres Erachtens die höchsten

Beschäftigungseffekte im allgemeinen und für die Metallwirtschaft im besonderen erbringt. Es wäre ja auch absolut unsinnig, etwa für die Stahlindustrie die 58er-Vorruhestandsregelung zu fordern, einer Branche, in der nach den anstehenden Sozialplanregelungen kein Arbeitnehmer älter als 55 Jahre sein wird.

2. 35-Stunden-Woche

Die 35-Stunden-Woche wird zunehmend zum allgemeinverbindlichen Ziel aller Gewerkschaften im DGB. Der DGB-Bundeskongreß vom Mai vergangenen Jahres hat der 35-Stunden-Woche Priorität gegenüber allen anderen Formen der Arbeitszeitverkürzung eingeräumt.

So wird die ÖTV - die zweitgrößte Einzelgewerkschaft - kommendes Jahr mit der Forderung nach der 35-Stunden-Woche in die Tarifverhandlungen gehen. Auch wenn die IG Metall beim nächsten Anlauf hoffentlich die 35-Stunden-Woche erreichen sollte, wird diese Forderung das bestimmende Element der Tarifauseinandersetzungen in den 90er Jahren sein.

Das beschäftigungspolitische Argument ist der zentrale, wenn auch nicht der einzige Grund für unsere Strategie der Wochenarbeitszeitverkürzung. Zeit und Muße zu haben, ist ein gesellschaftliches Privileg, das sich nur diejenigen leisten können, die - um mit Karl Marx zu sprechen - nicht darauf angewiesen sind, 'im Reich der Notwendigkeit' verankert zu sein.

Ich spreche nicht von denjenigen, deren Zeit verordnet, deren Arbeitszeit zwangsweise auf Null gesetzt wurde. Was Marie Jahoda in den 'Arbeitslosen von Marienthal' beschrieben hat, trifft im Grundsatz auch auf die psychischen und physischen Leiden der Arbeitslosen von heute zu. Von einem Privileg zu sprechen, wäre in diesem Falle purer Zynismus. Aber die Gewichtung vom Reich der Notwendigkeit mehr in Richtung auf das Reich der Freiheit zu verschieben, und zwar nicht für eine Minderheit, sondern für die Mehrheit der Menschen, ist nicht nur zunehmend mehr geboten, sondern auch realisierbarer geworden.

In einer Gesellschaft, in der insbesondere durch den Einsatz modernster Technologien die Arbeitsproduktivität ständig steigt, gibt es prinzipiell drei Möglichkeiten, gesellschaftliche Wertschöpfungen zu verteilen:

- durch ein umfangreicheres und vielfältigeres Angebot von Gütern und Dienstleistungen,
- durch die Erhöhung von Einkommen oder
- durch mehr Freizeit und kürzere Arbeitszeit.

Ich will nicht behaupten, daß die ersten beiden Möglichkeiten an absoluter Bedeutung verloren hätten. Wenn man an den Umweltbereich, die sozialen Dienstleistungen und an die 'neue Armut' denkt, fällt einem noch genügend Handlungsbedarf ein. Aber der Wunsch nach mehr Freizeit, nach mehr Selbstverwirklichung in der Freizeit hat zugenommen.

Obwohl die Arbeitszeit heute bedeutend geringer ist als beispielsweise zu Beginn dieses Jahrhunderts, ist das subjektive Empfinden von 'Zeitnot' stark ausgeprägt. In einer Umfrage, an der sich 1,6 Millionen Beschäftigte der Metallindustrie beteiligt haben, stellten wir fest,
- daß jedem dritten Metallarbeitnehmer die Zeit für Entspannung und Hobbies nicht ausreicht,
- daß viele Arbeitnehmer - vor allem Frauen - ständig das Gefühl haben, auch in der Freizeit unter Druck zu stehen,
- daß sich 56 Prozent der Befragten mehr Zeit für Familie und Freunde sowie 39 Prozent sich mehr Zeit für die Teilnahme am sozialen, politischen und kulturellen Leben wünschen.

Die Erklärung dieses vermeintlichen Widerspruches - einerseits objektiv geringere Arbeitszeiten, andererseits subjektiv größere Zeitnot - liegt darin, daß die Inanspruchnahme außerhalb des Erwerbslebens gestiegen ist. Die Anfahrtswege sind länger geworden, Behörden und Arzttermine haben an Umfang und Dauer zugenommen. Kurzum: die Anforderungen und Kenntnisse durch Technisierung, Bürokratisierung, Verwissenschaftlichung, Verrechtlichung und Demokratisierung sind quer durch alle Lebensbereiche gestiegen. Insbesondere diejenigen, die neben ihrer Berufstätigkeit noch Haushalt und Familie zu versorgen haben - in der Regel immer noch die Frauen - wissen, was Zeitnotstand ist. Die Verkürzung der Wochenarbeitszeit ist deshalb auch ein gesellschaftspolitischer Beitrag der Gewerkschaften zur Überwindung des Zeitnotstandes hin zu mehr 'Zeitwohlstand', wie es Jürgen P. Rinderspacher formulierte.

Der dritte Grund für die Wochenarbeitszeitverkürzung ist der humanisierungspolitische Aspekt. Trotz des technischen Wandels sind die Arbeitsbelastungen insgesamt nicht geringer geworden. Die Schwerst- und Schwerarbeit ist in vielen Bereichen aufgrund automatisierter Produktionsprozesse zurückgegangen. Dafür haben aber andere Belastungen wie Streß, Monotonie, hohe und permanente Konzentration, Kontrolle und Hektik zugenommen. Die Tatsache,

- daß mehr als die Hälfte aller Rentenneuzugänge auf Erwerbs- und Berufsunfähigkeit zurückzuführen sind und
- daß das Durchschnittsalter beim Ausscheiden aus dem Erwerbsleben 10 Jahre unter dem gesetzlichen Renteneintrittsalter liegt,

sind deutliche Hinweise hierfür.

Angesichts dieser Sachverhalte reicht es nicht aus, lediglich das Ausscheiden aus dem Arbeitsleben vorzuverlegen, zumal dies in der Regel unter Inkaufnahme schlechterer materieller und sozialer Bedingungen geschieht. Notwendig ist vielmehr die Humanisierung der Arbeit während der gesamten Dauer des Erwerbslebens.

Die Wochenarbeitszeitverkürzung kann hierzu einen wesentlichen Beitrag leisten. Sie ist nicht die einzige Forderung der IG Metall auf diesem Gebiet, aber sie ist eine notwendige Voraussetzung für die Humanisierung des Arbeitslebens.

Deshalb wird die IG Metall aus arbeitszeitpolitischen, aus freizeitpolitischen und aus humanisierungspolitischen Gründen an der 35-Stunden-Woche festhalten. Die nächsten Schritte sind bereits vorgezeichnet:

- zum Jahresende laufen die Tarifverträge zur 38,5-Stunden-Woche im Metallhandwerk aus;
- ebenfalls zum Jahresende werden wir die Tarifverträge über die 38-Stunden-Woche in der Eisen- und Stahlindustrie kündigen;
- ab 1990 sind wir dann auch wieder frei, über die Verkürzung der Wochenarbeitszeit in der Metallindustrie zu verhandeln.

Schon jetzt steht außer Zweifel, daß wir dann den letzten Anlauf zur Erreichung der 35-Stunden-Woche nehmen werden. Wie die Forderung im einzelnen aussehen wird und was danach kommt, ist offen. Detlef Hensche hat kürzlich für die IG Druck und Papier die Frage aufgeworfen, ob es nicht sinnvoll wäre, bereits 1990 die 32-Stunden-Woche zu fordern. Andere sprechen bereits vom 6-Stunden-Tag.

Ich plädiere für gründliches Nachdenken und warne vor vorschnellen Festlegungen. Prinzipiell treffen alle oben genannten Argumente nicht nur für die 35-Stunden-Woche, sondern auch für eine darüber hinausgehende Arbeitszeitverkürzung zu.

Aber daraus darf sich kein Automatismus ergeben. Auch auf anderen tarifpolitischen Gebieten gibt es einen dringenden Handlungsbedarf und begründete Forderungen. Die Gewerkschaften sollten eine bewußte autonome Entscheidung treffen, eingebettet in ein tarifpolitisches Gesamtkonzept der IG Metall und des DGB für die letzte Dekade dieses Jahrhunderts. Die Arbeitszeitverkürzung wird dabei sicherlich ein Element dieses Konzeptes sein.

3. Transformation der Erwerbsarbeit

Neben der Umverteilung auf der Ebene Arbeit - Freizeit durch die generelle Arbeitszeitverkürzung ist die Transformation der Erwerbsarbeit ein weiterer Bestandteil gewerkschaftlicher Politik. Deshalb setzt die zweite Komponente der Strategie der Zeitverwendung innerbetrieblich an. Ich habe bereits erwähnt, daß die Arbeitsbelastung in ihrer Gesamtheit nicht abgenommen hat.

Es fand lediglich eine Umschichtung von den körperlich schwerbelastenden Arbeitsabläufen zu einer Belastung der Sinne und Nerven statt. Körperlich einseitige Beanspruchungen, Monotonie, Streß und andere Faktoren sind durch die generelle Verkürzung der Arbeitszeit nur teilweise zu mildern. Der entscheidende Ansatzpunkt muß jedoch betrieblich erfolgen.

Die neuen Fertigungstechnologien sind für die Arbeitnehmer nicht per se gefährlich. Sie sind eindeutig negativ, was ihre beschäftigungspolitischen Auswirkungen anbelangen. Dem versuchen wir durch die Politik der generellen Arbeitszeitverkürzung zu begegnen. Sie bieten jedoch auch positive Ansätze, was die Gestaltung von Arbeitsorganisation und Arbeitsabläufen anbelangt.

Ob sich das hierarchische, tayloristisch-fordistische oder das kooperative, an den Bedürfnissen der Menschen ausgerichtete Technikkonzept durchsetzen wird, ist keine technische, sondern eine politische Frage. Ihre Beantwortung hängt von der gewerkschaftlichen Stärke und den betrieblichen Kräfteverhältnissen ab.

Um die Chancen der neuen Produktionstechnologien im Sinne der Arbeitnehmer nutzen und human gestalten zu können, brauchen die Betriebsräte mehr Mitbestimmungsmöglichkeiten bei der Anwendung und dem Einsatz neuer Technologien. Bislang wird uns dies von der gegenwärtig regierenden Koalition verweigert und es deutet alles darauf hin, daß noch zusätzliche Einschränkungen und Beschneidungen der gewerkschaftlichen und betrieblichen Interessenvertretung geplant sind.

Mikroelektronisch gesteuerte hochflexible Fertigungssysteme machen es heute technisch möglich, zerstückelte und repetitive Arbeitsvorgänge zu überwinden und sie in einen ganzheitlichen Produktionsprozeß zu überführen. Solche Konzepte, die die Überwindung der tayloristischen Arbeitsteilung anstreben, werden unter dem Stichwort 'Gruppenarbeit' und 'Qualitätszirkel' innerhalb der Gewerkschaften diskutiert und betrieblich zum Teil bereits angewendet.

Sowohl die fachgerechte Anwendung neuer technischer Systeme als auch die Entwicklung menschengerechter Arbeitsabläufe setzen qualifizierte Arbeitnehmer voraus. In vielen Großunternehmen läuft bereits eine Reihe von Qualifizierungsmaßnahmen, die allerdings nicht unseren Vorstellungen entsprechen. Solche Qualifizierungen sind in der Regel einseitig anwendungsbezogen und erfüllen lediglich die Minimalanforderungen, um solche neuen Systeme bedienen zu können. Hinzu kommt eine sehr selektive, auf die Interessen des Managements bezogene Auswahl der Teilnehmer für solche Qualifizierungsmaßnahmen. Wir aber wollen ein Qualifizierungskonzept,
- das prinzipiell allen Arbeitnehmergruppen offensteht und damit die Spaltung der Belegschaften verhindert;
- das nicht nur minimale Systembenutzeranforderungen erfüllt, sondern ein breites Anwendungs- und Gestaltungswissen vermittelt.

Und wir wollen schließlich ein Qualifizierungskonzept, das integraler Bestandteil eines Konzeptes der Neugestaltung von Arbeits- und Produktionsprozessen darstellt, bis hin zur Orientierung der tariflichen Eingruppierung entsprechend der erworbenen Qualifikation. Arbeitszeit muß sich deshalb künftig zusammensetzen aus Produktionszeit und Qualifizierungszeit. Ein Teil der betrieblichen Arbeitszeit muß für die Qualifizierung der Arbeitnehmer verwandt werden.

In Zeiten immer schneller voranschreitender technischer Innovationen reicht das erworbene Wissen der Schul- und Berufsausbildung nicht mehr aus, um mit diesen raschen Veränderungen Schritt halten zu können. In der Fabrik und auch im Büro 2000 wird ein Teil der Beschäftigten produzieren, während ein anderer Teil sich gerade in einer Qualifizierungsmaßnahme befindet. Wir als IG Metall werden diese Entwicklung aktiv begleiten, wenn dabei gewährleistet ist, daß damit eine Umgestaltung der Arbeit Hand in Hand geht.

Ein weiteres Kernelement der Humanisierung der Arbeit ist die Entdichtung von Arbeitsprozessen. Auch hier spielt die Zeit eine zentrale Rolle. Durch die Einführung von Erholpausen können sowohl die psychischen als auch physischen Belastungen reduziert werden. Im Lohnrahmentarifvertrag II von

Nordwürttemberg/Nordbaden haben wir solche Pausen vereinbaren können. Leider konnten wir diesen Tarifvertrag nur noch bei VW und in der Feinblechpackungsindustrie durchsetzen. In anderen Tarifbezirken verhandeln wir schon seit Jahren darüber oder die Arbeitgeber haben Gespräche generell verweigert.

Ein Paradigmenwechsel hat sich innerhalb der IG Metall bei der Frage von besonders belastenden Arbeitsbedingungen vollzogen. Früher verhandelten wir über sogenannte Schmutzzulage, heute fordern wir zusätzlich Zeitabschläge. Wer zum Beispiel in einer Gießerei am Hochofen, in der Lackiererei bei Lärm, Hitze, Staub und Dämpfen arbeiten muß, der soll - sofern sich diese Arbeitsbedingungen nicht grundsätzlich vermeiden lassen - eine zusätzlich bezahlte Freizeit erhalten.

Das gleiche gilt für die Schichtarbeit. Auch hier ist es gesundheitspolitisch und humanisierungspolitisch sinnvoller, diese Belastungen mit zusätzlich bezahlten Freischichten auszugleichen anstatt die Erhöhung von Zulagen zu fordern. Auch dort, wo taktgebundenes Arbeiten unvermeidlich ist, läßt sich über das Instrument 'Zeit' die Arbeit humanisieren, etwa durch die Vereinbarung von Mindesttaktzeiten.

Beschäftigungssicherung, Arbeitsplatzgestaltung und Humanisierung sind drei Ziele unserer Arbeitszeitstrategie. Darüber hinaus strebt die IG Metall eine möglichst hohe Selbstbestimmung des Arbeitnehmers über seine Zeiteinteilung und Zeitverwendung an.

4. Soziale Arbeitszeit versus unternehmerischer Flexibilisierung

Wir treten ein für die Zeitsouveränität des Arbeitnehmers, für eine möglichst autonome Arbeitszeitgestaltung. Allerdings lehnt die IG Metall ganz entschieden solche Zeitregime ab, die unter dem Deckmantel einer vermeintlichen Zeitautonomie lediglich die Anpassung der individuellen Arbeitszeit an die jeweilige Kapazitätsauslastung des Betriebes anstreben.

In diesem Bereich ist es zu sehr vielen Mißverständnissen gekommen. Wissenschaftler, die nicht in dem Verdacht stehen, arbeitgebernah zu sein, haben sich von dem Begriff Zeitsouveränität blenden lassen und wurden allzu naiv von den Arbeitgebern vereinnahmt. Die IG Metall hat während der Tarifauseinandersetzung 1984 den Fehler begangen, den Begriff Flexibilisierung leichtfertig aufzugeben, so daß die Arbeitgeber ihn mit ihren Inhalten ausfüllen konnten und wir letztlich in die Rolle des Neinsagers kamen. Dabei entspricht der selbstbewußte, über seine eigenen Arbeits- und Lebensbedingungen mitgestaltende und engagierte Arbeitnehmer unserem Menschenbild und unserer Vorstellung von Freiheit und Individualität. Natürlich haben wir nichts gegen eine möglichst individuelle, an den persönlichen Bedürfnissen und Lebensfragen ausgerichteten Gestaltung der Arbeitszeit. Aber sie muß eingebettet sein in eine kollektivvertragliche Regelung. Denn nur auf einer kollektiven Basis läßt sich Individualität für den Schwächeren entfalten. Dies ist das Prinzip der Gewerkschaften. Es ist eine Binsenweisheit, daß der einzelne Arbeitnehmer machtlos ist gegenüber seinem Arbeitgeber. Nur über betriebliche und gewerkschaftliche Interessenvertretungen kann er seine Hoffnungen, Wünsche und Bedürfnisse einbringen. Das freie Wochenende kann eben nur tarifvertraglich oder gesetzlich verteidigt werden, ebenso der 8-Stunden-Tag und die 5-Tage-Woche. Dies sind unsere Eckpunkte für eine soziale Arbeitszeitgestaltung. Innerhalb dieses Rahmens sind wir für alle Formen offen.

Wir werden bei der jetzt anstehenden Umsetzung der 37,5- bzw. der 37-Stunden-Woche keine zwingenden Vorgaben für ein bestimmtes Modell machen. Wir empfehlen lediglich, daß die zu treffende Regelung möglichst beschäftigungswirksam, möglichst freizeitwirksam und möglichst humanisierungswirksam sein soll. Wie dies konkret im Unternehmen, im Betrieb und in der Abteilung dann aussieht, ist Sache der Beschäftigten und ihrer Betriebsräte. Wir wollen über die geeigneten Umsetzungsformen einen breiten Diskussionsprozeß initiieren, an dem sich möglichst viele Beschäftigte beteiligen sollen.

Es ist denkbar, daß eine tägliche Arbeitszeitverkürzung erfolgt, im Betrieb oder nur in bestimmten Abteilungen, oder es werden täglich acht Stunden gearbeitet und am Freitag früher Schluß gemacht, oder drei mal sieben Stunden und zwei mal acht, oder man einigt sich auf das Ansparen auf freie Tage oder auf irgendwelche Mischformen.

All dies ist möglich, solange die Arbeitszeit auf die Tage Montag bis Freitag verteilt und die acht Stunden Höchstgrenze pro Tag nicht überschritten wird. Aber dies müssen die Beschäftigten vor Ort mit ihren Betriebsräten diskutieren und entscheiden.

Dabei gibt es sicherlich unterschiedliche Interessen. Frauen ziehen aufgrund der in der Regel bestehenden häuslichen und familiären Verpflichtungen eine tägliche Arbeitszeitverkürzung vor. Pendler, die lange Anfahrtswege haben, bevorzugen freie Tage, weil ihre Zeitersparnis dadurch größer wird. Wer ausgiebige Wochenendhobbies pflegt, der möchte gern schon am Freitagnachmittag frei haben.

Aber diesen Bedürfnissen der Beschäftigten stehen die Interessen der Unternehmensleitung entgegen. Die Unternehmer wollen die Arbeitszeit an die Auftragslage und den Auslastungsgrad anpassen. Sie wollen eine Regelung analog der Lagerhaltung von Zulieferteilen. Unter dem Stichwort 'just in time production' werden Zulieferteile direkt von den LKWs und Güterwaggons in die Produktion eingegliedert. Betriebswirtschaftlich ausgedrückt wollen die Unternehmer die Vorratshaltung und die Beschäftigten reduzieren.

Dazu brauchen sie die Flexibilisierung. Die Arbeitnehmer sollen 50 Stunden oder mehr arbeiten, wenn die Auftragsbücher voll sind, und sollen zu Hause bleiben, wenn Unterauslastung herrscht. Wenn dieser Flexibilisierungsspielraum nicht ausreicht, dann sollen Überstunden gefahren werden. Aber eine möglichst extensive Flexibilisierung ist den Unternehmern lieber, weil sie dann keine Überstundenzuschläge zahlen müssen und die lästige Zustimmung des Betriebsrats wegfällt.

Diese Philosophie der Flexibilisierung zu Ende gedacht, führt letztlich zu Bestrebungen nach einer Veränderung des Kündigungsschutzes, des Arbeitsrechtes und des Tarifvertragswesens. Das unkomplizierte Heuern und Feuern ist ein weiteres Instrument zur möglichst flexiblen Anpassung der Beschäftigungslage an die Produktionsauslastung. Das sogenannte Beschäftigungsförderungsgesetz ist ein Einfallstor auf diesem Wege, weil es einen Teil der Arbeitnehmer aus dem Kündigungsschutz herausnimmt und das Heuern und Feuern dadurch erleichtert.

Auf der gleichen Ebene ist die Zunahme der Leiharbeit anzusiedeln. Hier haben sich Verleihfirmen darauf spezialisiert, Kapazitätsschwankungen, die nicht über flexible Arbeitszeitgestaltungen und Überstunden aufgefangen werden können, auszugleichen. Am Ende einer solchen umfangreichen Flexibilisierung steht ein gespaltener Arbeitsmarkt und eine gespaltene Gesellschaft in Stammbelegschaften und Randbelegschaften, in solche, die über einen sicheren Arbeitsplatz und damit über ein gesichertes Einkommen verfügen, und solche, die je nach Konjunkturlage sich einmal innerhalb und dann wieder außerhalb des Beschäftigungssystems befinden.

Wir werden uns betriebswirtschaftlich notwendigen Einsichten nicht verschließen. Aber eine Arbeitsgesellschaft, die sich gänzlich dem Profitprinzip unterordnet, wäre ein Zurückfallen hinter den Sozialstaat und ein Rückschritt in die finsteren Zeiten des Manchesterkapitalismus. Mit den Gewerkschaften ist dies nicht zu machen. Jeder, der diesen Weg einschlägt, muß deshalb wissen, daß dieser Weg mit harten politischen und sozialen Auseinandersetzungen gepflastert ist.

Michael Jungblut

Zeitpolitik und Markt

Die Vermutung, daß wir jetzt in eine große Kontroverse eintreten, wäre vor fünf Jahren sicherlich zutreffend gewesen. Aber ich habe heute mit wachsendem Erstaunen und Zustimmung gehört, welche Überlegungen in der IG Metall angestellt werden - und ich nehme an, daß das, was wir hier gehört haben, repräsentativ war. Für vieles von dem, was Herr Blessing heute vorgetragen hat, bin ich vor fünf Jahren von vielen Gewerkschaftern noch angegriffen worden. Um so mehr freut es mich, daß in diesem Bereich jetzt gedanklich einiges in Bewegung geraten ist. Nun müssen wir nur noch gemeinsam möglichst viele Unternehmer zum Umdenken bewegen.

Dennoch wird vieles von dem, was ich vortrage, nicht jedem einleuchten oder gefallen. Aber über eines können wir uns sicherlich einigen: Wir haben über 2 Millionen Arbeitslose. Möglicherweise könnte man sich darüber streiten, ob diese Zahl echt ist, ob es nicht vielleicht in Wirklichkeit eine Million mehr gibt oder vielleicht 500 000 weniger. Aber das ist heute nicht unser Thema. Einigen können wir uns sicherlich auch alle darüber, daß der Arbeitsmarkt nicht das leistet, was er eigentlich leisten soll - nämlich den Ausgleich zwischen Angebot und Nachfrage herbeizuführen. Dies aber müßte er tun, wenn der Begriff 'Arbeitsmarkt' richtig angewendet ist. Allerdings sind berechtigte Zweifel angebracht, ob es sich in Wirklichkeit überhaupt um einen Markt handelt.

Abgesehen davon, daß an diesem 'Markt' kein Ausgleich zwischen Angebot und Nachfrage stattfindet, müssen wir auch feststellen, daß es gleichzeitig schwarze Märkte gibt. Dazu gehört das, was wir klassisch unter Schwarzarbeit verstehen. Aber dazu gehört auch zum größten Teil das, was man als Eigenarbeit oder Heimarbeit bezeichnet. Da sind die Grenzen fließend. Und überall da, wo wir feststellen - und zwar nicht nur bei uns, sondern auch in allen anderen Wirtschaftssystemen -, daß es einerseits keinen Ausgleich zwischen Angebot und Nachfrage gibt und gleichzeitig schwarze Märkte für Waren oder Arbeit existieren, da funktioniert irgendetwas nicht. Es sind ganz eindeutige Zeichen dafür, daß hier die Dinge durch Eingriffe gesetzlicher oder ökonomischer Art aus dem Lot gebracht wurden. Es sind klassische Merkmale dafür, daß durch Gebote, Verbote, Steuern,

Subventionen oder andere Maßnahmen 'denkend' in das Marktgeschehen eingegriffen worden ist, denn sonst könnte es zumindest diese beiden Erscheinungen gleichzeitig und nebeneinander nicht geben. In einem funktionierenden Markt haben wir den Dreiklang zwischen Angebot, Nachfrage und Preis. Wenn alle drei Elemente flexibel sind, kommt es in der Regel zum Ausgleich zwischen Angebot und Nachfrage. Wenn aber eines oder gar zwei von diesen Elementen fixiert werden, dann funktioniert dieser Ausgleich nicht. Ein Beispiel dafür, über das wir hier wohl nicht zu streiten brauchen, sind die Agrarmärkte. Da werden Preise fixiert - das Ergebnis kennen Sie alle: Weil die Preise in der Regel aus politischen Gründen zu hoch angesetzt wurden, steigt die Produktion, und die Nachfrage sinkt. Das Ergebnis sind gewaltige Überschüsse. Inzwischen hat sich die Agrarpolitik in eine Sackgasse hineinmanövriert, aus der kaum noch ein Ausweg zu finden ist. Die Frage ist nun, ob wir uns auf dem Arbeitsmarkt nicht in einer ganz ähnlichen Situation befinden. Denn auch auf dem Arbeitsmarkt haben wir - das ist wohl ziemlich eindeutig - die Preise fast überall mehr oder weniger fixiert. Ob sie zu hoch sind, darüber kann man sich streiten. Das zweite Problem ist, daß das Angebot am Arbeitsmarkt oft nicht der Nachfrage entspricht. Die Qualifikationsstruktur der Arbeitslosen - aber oftmals auch der noch Beschäftigten - entspricht in vielen Regionen keineswegs der Nachfrage aus der Wirtschaft. Diese Nachfrage ist dabei nicht - wie gelegentlich polemisch unterstellt wird - das Ergebnis von Unternehmerwillkür, sondern spiegelt die sich verändernden Bedürfnisse der Verbraucher und den technischen Fortschritt wider. Unternehmen, die sich diesen Bedingungen verschließen würden, könnten sich auf die Dauer nicht am Markt behaupten, das heißt, alle dort vorhandenen Arbeitsplätze gingen verloren.

Die Diskrepanz zwischen den angebotenen und den nachgefragten Qualifikationen läßt sich nicht über Nacht beseitigen, auch wenn alle dafür notwendigen Bedingungen erfüllt würden. Dabei kommt es nicht nur darauf an, daß die Gesellschaft insgesamt bereit ist, die für eine sogenannte Qualifikationsoffensive benötigten finanziellen Mittel zur Verfügung zu stellen. Auch die Arbeitslosen und die von Arbeitslosigkeit Bedrohten müssen ihren Teil beitragen. Das bedeutet vor allen Dingen, daß sie die Bereitschaft und die Fähigkeit mitbringen müssen, sich fortzubilden oder ganz neue Qualifikationen zu erwerben. Hinzukommen muß die Bereitschaft zur Mobilität, da es wenig hilft, wenn die an einem Ort gesuchten Qualifikationen an einem anderen im Überfluß vorhanden sind. Aber selbst wenn alle diese Bedingungen erfüllt sind, darf der Faktor Zeit nicht übersehen werden. Ausbildung, Fortbildung und Umschulung können nicht von heute auf morgen bewältigt werden. Unter Umständen sind Jahre notwendig, um die Qualifikationsstruktur auf der Angebots- und auf der Nachfrageseite wieder aneinander anzupassen.

Das Problem, daß Angebot und Nachfrage in vielen Bereichen nicht zusammenpassen, besteht aber nicht nur in dieser Hinsicht. Es gilt auch - und das ist das eigentliche Thema, mit dem ich mich hier beschäftigen soll - für die Diskrepanz beim Angebot und bei der Nachfrage von Arbeitszeit. Auch wenn sie - wie ich versucht habe anzudeuten - keineswegs die einzige Ursache für die Arbeitslosigkeit ist, so trägt sie doch in erheblichem Ausmaß zu den Ungleichgewichten am Arbeitsmarkt bei. Sowohl die Nachfrage nach Arbeitszeit als auch das Angebot an Arbeitszeit entsprechen in weiten Bereichen nicht dem Bedarf. Vor allem das Angebot entspricht von Jahr zu Jahr weniger der Struktur der Nachfrage. Wer sich ernsthaft um eine Lösung des Beschäftigungsproblems bemühen will, muß deshalb eine weit durchdachtere und phantasievollere Arbeitszeitpolitik betreiben, als dies in den vergangenen Jahren der Fall war.

Auf diesen Punkt will ich mich jetzt konzentrieren. Die einleitenden Bemerkungen sollten aber verhindern, daß der Eindruck entsteht, die Defizite bei der Arbeitszeitgestaltung sollten als die einzige Ursache der Arbeitslosigkeit dargestellt werden. Dies ist natürlich keineswegs der Fall. Überall da, wo große ungelöste Probleme bestehen, gibt es in der Regel ein Bündel von Ursachen. Und jede monokausale Erklärung beschwört daher die Gefahr, bei der Therapie wiederum nur neuen Schaden anzurichten.

Rein rechnerisch läßt sich die Arbeitslosigkeit zwar ganz leicht dadurch beseitigen, daß man die Arbeitszeit so verkürzt, daß für jeden genügend Arbeit übrig bleibt. Theoretisch läßt sich genau ausrechnen, um wieviel Stunden die Wochen- oder Jahresarbeitszeit im Durchschnitt gekürzt werden müßte, um Vollbeschäftigung zu erreichen. Könnten die so gewonnenen Arbeitsstunden dann gleichmäßig auf die Arbeitslosen verteilt werden, wäre das Problem der Arbeitslosigkeit gelöst. Darüber, daß dies nicht funktioniert - und schon gar nicht bei vollem Lohnausgleich -, sind schon viele gelehrte Abhandlungen geschrieben worden.

Auch wenn immer wieder versucht wird, durch Zahlen und Statistiken nachzuweisen, daß die generelle Arbeitszeitverkürzung, also die Reduzierung der 40-Stunden-Woche, eine Entlastung für den Arbeitsmarkt gebracht hat, so wird doch kaum ein Fachmann behaupten wollen, daß allein durch Arbeitszeitverkürzung das Arbeitslosenproblem zu lösen sei - schon gar nicht kurzfristig. Einer der Gründe dafür ist, daß der regionale Ausgleich nicht so leicht herzustellen ist. Denn selbst, wenn die 30-Stunden-Woche eingeführt würde, heißt das noch lange nicht, daß dann die Ostfriesen sofort nach München wandern, wo dann ein großer Arbeitskräftebedarf entstehen würde, oder nach

Stuttgart bzw. in den Frankfurter Raum. Das Qualifikationsproblem können wir ebenfalls nicht auf diese Art lösen. Es würde im Gegenteil in vielen Bereichen noch verschärft, in denen heute schon Fachkräfte fehlen. Auch hier wäre Zeit für die notwendigen Anpassungen erforderlich.

Es gibt überdies andere Hemmnisse. Ich will das an einem Beispiel aus meinem gegenwärtigen Berufsbereich verdeutlichen. Wir haben beim ZDF einen großen Arbeitskräftebedarf in den Redaktionen, in der Verwaltung und in den Sekretariaten, beim Bühnenbetrieb und in fast allen anderen Bereichen. Das ist natürlich auch eine Folge der Arbeitszeitverkürzung und der Urlaubsverlängerung. Ein Teil der früher tarifvertraglich vorhandenen Arbeitszeit fehlt, während gleichzeitig die Aufgaben gewachsen sind. Dennoch sind wir nicht in der Lage, dem Bedarf entsprechend neue Arbeitskräfte einzustellen, weil die Gremien peinlichst darauf achten, daß die Zahl der Stellen möglichst nicht mehr wächst. Jedes andere Unternehmen wird öffentlich gelobt, wenn es mehr Leute einstellt. Im öffentlich-rechtlichen Bereich ist das umgekehrt. Dafür gibt es sicherlich auch einige gute Gründe. Aber es ist in der Tat so, daß die Arbeitszeitverkürzung bei uns nur durch Überstunden aufgefangen werden kann und vieles entweder gar nicht mehr gemacht wird oder bei weiterer Arbeitszeitverkürzung nur durch größere Arbeitsintensität in der verfügbaren Zeit zu schaffen ist. Also auch hier wieder ein Beispiel dafür, daß schematische Arbeitszeitverkürzung allein nicht unbedingt die Lösung bringt.

Doch das ist nicht der einzige Einwand gegen eine Politik der generellen Arbeitszeitverkürzung. Was mich an diesem schematischen Vorgehen - in Form von mehr Urlaubstagen, weniger Wochenarbeitsstunden oder Jahresarbeitsstunden für alle - mindestens ebenso stört, das ist das obrigkeitliche, bürokratische Vorgehen, das auf individuelle Wünsche keine Rücksicht nimmt. Herr Blessing hat hier vorgetragen, daß auch die Gewerkschaften sehen, daß die Arbeitnehmer unterschiedliche Wünsche haben, daß nicht jeder 35 oder 37 Stunden arbeiten will. sondern daß es ganz andere, individuelle Vorstellungen von der idealen Arbeitszeit gibt. Ein weiterer, nach meiner Ansicht sehr wichtiger Gesichtspunkt ist, daß wir es uns endlich abgewöhnen müssen, nur über eine Verteilung des Mangels zu reden, also des Mangels an Arbeit; denn dies hat in der gesamten Wirtschaftsgeschichte noch nie zu einer dauerhaft befriedigenden Lösung geführt, sondern in der Regel die Situation nur verschärft. Es läßt sich nämlich überall feststellen: Da wo der Mangel oder auch der Überfluß - wie derzeit im Agrarbereich - nur verwaltet wird, kommt es zu keiner wirklichen Lösung. Je länger der Reformbedarf aufgestaut wird, um so mehr wächst die Gefahr, daß es schließlich zu einer politischen oder ökonomischen Eruption kommt. Wenn der angebliche Mangel an Arbeit nicht mit marktwirtschaftlichen, sondern mit bürokratischen und planwirtschaftlichen Mitteln verwaltet wird, so führt dies - und das ist mir ganz besonders wichtig - auch zu keiner Verbesserung der Lebensqualität. Dies aber ist immer dann der Fall, wenn nicht bürokratisch und schematisch, sondern marktwirtschaftlich, das heißt auf individuelle Bedürfnisse ausgerichtet vorangegangen wird. Denn wenn dem Markt die Steuerung überlassen bleibt, bedeutet dies im Prinzip, daß die Entscheidung von der Mehrheit der Verbraucher, Arbeitnehmer und Produzenten getroffen wird, anstelle von Bürokraten, Verbandsfunktionären oder Politikern. Wir würden dann auch sehr bald zu der Erkenntnis kommen, daß wir nicht nur einen Mangel an Arbeitsplätzen haben, sondern auch einen Überschuß an Freizeit - und daß beides gleichermaßen falsch verteilt wird.

Dabei ist es gar kein Geheimnis, daß es eine große Nachfrage nach individuell kürzerer Arbeitszeit gibt. Das zeigen viele Umfragen. Das zeigen aber auch die vielen Anfragen nach kürzeren Arbeitszeiten, nach Teilzeitarbeit in den Betrieben. Wenn ich beispielsweise in meinem Bereich eine Halbtagsstelle ausschreibe, dann kann ich sicher sein, daß ich mindestens fünf Bewerbungen für die halbe Stelle bekomme, und zwar überwiegend von Arbeitnehmern, die eine feste Vollzeitstelle haben, damit aber nicht glücklich sind. Viele davon bemühen sich zum Teil schon seit Jahren um einen Arbeitsplatz, an dem sie mit weniger Wochenstunden auskommen oder an dem es möglich ist, daß sie nur an bestimmten Wochentagen erscheinen. Die Gründe dafür sind vielfältig. Es kann an der Einkommenssituation, aber auch am gesundheitlichen Zustand, an den familiären Verhältnissen, an Fortbildungsplänen oder schließlich schlicht an dem Wunsch nach mehr Freizeit liegen.

Ich behaupte außerdem, daß die Nachfrage nach individuell kürzerer Arbeitszeit noch steigerungsfähig wäre, wenn es eine Angebotspolitik am Arbeitsmarkt gäbe, das heißt, wenn verstärkt nach Lösungen gesucht würde, die individuellen Bedürfnissen nach maßgeschneiderter Arbeitszeit besser entsprächen als dies heute der Fall ist - oder die diesen Bedarf durch attraktive Angebote weckten. Wir wissen alle, daß da, wo kein schematisches einfallsloses, sondern ein vielgestaltiges Angebot gemacht wird, stets auch die Nachfrage größer wird. Ein ganz einfaches Beispiel: Wenn bei uns - wie es zeitweise in China der Fall war - nur blaue oder graue Kittel als Bekleidung angeboten würden, dann gehört nicht viel Phantasie dazu, um sich vorzustellen, wie viele Kittel es dann bei der Durchschnittsfamilie im Schrank gäbe. Neben dem einen, den jedes Mitglied der Familie jeweils zur Arbeit trägt, würde es noch einen zum Waschen und vielleicht noch einen weiteren als Reserve geben.

Das würde reichen, und es lohnte sich ja auch gar nicht, mehr zu kaufen. Doch nun sehen Sie einmal in Ihren eigenen Kleiderschrank oder in den Ihrer Frau oder Ihres Mannes und zählen Sie einmal nach, was da alles hängt - und nach Meinung der meisten Menschen immer noch nicht ausreicht. Ich jedenfalls kenne keine Frau, die genug Kleider hat, und die Männer klagen vielleicht weniger darüber, sind aber inzwischen fast genauso anspruchsvoll, was ihre Kleidung und viele andere Dinge des täglichen Bedarfs angeht. Würde morgen die Regierung anordnen, daß in Zukunft nur noch blaue und graue Kittel getragen werden dürfen, dann kann ich dafür garantieren, daß schon nach sehr kurzer Zeit 95 % der Beschäftigten in der Bekleidungsindustrie entlassen werden müßten. Wo kein attraktives Angebot ist, geht auch die Nachfrage zurück.

Und nun behaupte ich: Das gleiche gilt auch für die Arbeitszeit. Wenn wir interessantere, besser auf den Einzelfall zugeschnittene Arbeitszeitmodelle anbieten würden, dann würde auch die Nachfrage nach kürzerer, nach flexiblerer, nach anders gestalteter Arbeitszeit gewaltig zunehmen. Das heißt, wir würden mehr Leute finden, die freiwillig bereit wären, einen Teil ihrer Arbeitszeit abzugeben und dabei sogar noch auf einen Teil ihres Einkommens zu verzichten. Sie würden also nicht - wie bei der Arbeitszeitverkürzung bei vollem Lohnausgleich - genausoviel Geld mit nach Hause nehmen wollen wie vorher, sondern Arbeitszeit und Lohn gleichzeitig anderen zur Verfügung stellen. Beides kann und muß besser verteilt werden.

Dagegen läßt sich natürlich einwenden, daß es gar nicht sehr viele Leute gibt, die es sich leisten können, auf Arbeitszeit und Einkommen gleichzeitig zu verzichten, weil die meisten gerade soviel verdienen, wie sie unbedingt zum Leben brauchen. Das gleiche Argument wurde allerdings schon vor 10 Jahren verwendet, als die große Mehrzahl der Arbeitnehmer bei weitem weniger verdiente als heute, und es wird auch wieder kommen, wenn die Arbeitnehmer ihr Einkommen nochmals um 20 oder 30 Prozent erhöht haben. Doch ich will dies gar nicht beurteilen. Ich überlasse die Entscheidung darüber, was man sich leisten kann und ob mehr Einkommen oder mehr Freizeit im Einzelfall wichtiger sind, lieber den Männern und Frauen, die sich mit dem Wunsch nach kürzerer Arbeitszeit melden. Wie die Erfahrung zeigt, gibt es offenbar viele Arbeitnehmer - es sind jetzt schon rund drei Millionen -, denen mehr Freizeit wichtiger ist als mehr Geld und die sich deshalb schon unter den heutigen Bedingungen dazu entschlossen haben, Arbeitszeit abzutreten. Nur bietet man ihnen dazu nicht die Möglichkeit, weil die Bereitschaft von Behörden, Institutionen und Unternehmen, Teilzeit anzubieten, immer noch viel zu gering ist. Sofern sie überhaupt vorhanden ist, meint man in vielen Unternehmen, mit der simplen Halbtagsarbeit schon alle Möglichkeiten erschöpft zu haben. Zu einem reichhaltigeren Angebot fehlt der Wille oder die Phantasie. Ob solche Angebote dann auch attraktiv erscheinen, den persönlichen Bedürfnissen entsprechen, muß dann der einzelne Arbeitnehmer entscheiden. Niemand kann das besser als er oder sie selber.

Eine ganz andere Frage ist, ob der Gesetzgeber und die Gewerkschaften schon alles getan haben, um zum Beispiel die soziale Sicherung auch für diejenigen zu gewährleisten, die sich entscheiden, von der Regelarbeitszeit abzuweichen. Bisher hat nur die IG Chemie für ihren Tarifbereich einen Vertrag ausgehandelt, der den Teilzeitbeschäftigten im Prinzip die gleichen Rechte sichert wie allen anderen. Er zeigt zugleich, daß die Tarifvertragsparteien durchaus in der Lage sind, solche Fragen auch ohne Hilfe des Staates befriedigend zu lösen. Sie müssen auch dann beraten, wenn die Gefahr besteht, daß 30- oder 35jährige in ihrer Freude an vermehrter Freizeit vergessen, daß sie sich eine Alterssicherung aufbauen müssen. Aber wenn man von diesen Einschränkungen absieht, so meine ich, daß jeder selbst beurteilen kann, wieviel Geld und wieviel Zeit er braucht, um sich so einzurichten, wie es seinen Vorstellungen von Lebensqualität entspricht.

Wenn wir uns jetzt unter diesem Gesichtspunkt einmal ansehen, welche Möglichkeiten der Arbeitszeitgestaltung es gibt, dann hat Herr Blessing schon einige Beispiele genannt. Ich will das nicht wiederholen, sondern es durch zusätzliche Modelle erweitern. Wir könnten zunächst einmal versuchen, im herkömmlichen Arbeitszeitrahmen - also zwischen 40 und 37,5 Wochenstunden - die Möglichkeiten der Teilzeit zu erweitern. Es muß nämlich nicht immer nur eine Halbierung sein. Teilzeit kann beispielsweise 80 % der üblichen Arbeitszeit bedeuten, aber damit ist noch nicht gesagt, wie sie auf den Tag, die Woche, den Monat oder das Jahr verteilt wird. Denn man kann täglich kürzer arbeiten oder die vertraglich vereinbarte Stundenzahl auf 2, 3 oder 4 Tage in der Woche verteilen. Teilzeit kann aber auch bedeuten, daß der Arbeitnehmer in der einen Woche voll arbeitet und in der nächsten zu Hause bleibt, oder dies im monatlichen Wechsel tut.

Das hätte übrigens noch den Vorteil, daß er obendrein einen 'Fahrtzeitbonus' erhält. Die Fahrten zum Arbeitsplatz werden immer länger, die Straßen voller, die Luft schlechter. Viele Familien sind früher ins Grüne gezogen, weil dort die Grundstücke billiger waren oder die Lebensqualität höher. Doch nun müssen sie immer längere Fahrtwege in Kauf nehmen. Andere haben den alten Arbeitsplatz verloren und finden nur dann eine neue Beschäftigung, wenn sie längere Fahrtzeiten akzeptieren. Doch nun stellen sie fest, daß sie für den Weg zur Arbeit von Jahr zu Jahr mehr Zeit brauchen, weil sie fast täglich im Stau steckenbleiben. Arbeitswege von einer halben Stunde und mehr - jeweils hin und zurück - sind deshalb durchaus keine Seltenheit. Das bedeutet, jeden Tag eine Stunde (und in vielen Fällen erheblich mehr), die sowohl für die Arbeit als auch für die Freizeit, für Familie, Hobby und Erholung verloren ist. Das Verhältnis zwischen Fahrtzeit und Arbeitszeit wird sich in Zukunft tendenziell weiter verschlechtern und das Mißverhältnis immer deutlicher zutage treten, je kürzer die Arbeitszeit wird. Das gilt natürlich insbesondere für Teilzeitbeschäftigungen, denn gleichgültig wie kurz auch immer der Arbeitstag in Zukunft sein wird, die Fahrtzeit bleibt gleich oder nimmt eher noch zu. Wenn die Arbeitszeit dagegen so gestaltet wird, daß der jeweilige Arbeitnehmer zum Beispiel nur jeden zweiten Tag oder jede zweite Woche im Betrieb erscheint und dann den vollen Arbeitstag ableistet, so bedeutet dies, daß er mehrere Stunden Fahrzeit pro Woche 'geschenkt' bekommt - also einen Fahrzeitbonus erhält. Gleichzeitig leistet er noch einen Beitrag zum Umweltschutz, weil viele Fahrten wegfallen - ein Gesichtspunkt, der heute nicht mehr unbeachtet bleiben darf.

Teilzeit kann aber auch bedeuten, wahlweise im Sommer oder im Winter zu arbeiten, dabei aber kontinuierlich wie eine Halbtagskraft bezahlt zu werden. Das wird zwar immer nur eine kleine Zahl von Beschäftigten und Betrieben betreffen, die das wollen oder können. Aber es gibt beispielsweise Frauen und Männer, die freiberuflich tätig sind - zum Beispiel journalistisch oder künstlerisch - und es einerseits zu schätzen wissen, wenn sie ein gesichertes Grundeinkommen und eine ausreichende soziale Sicherung haben, die sie sich durch ihren Arbeitsplatz, also durch die abhängige Tätigkeit verschaffen können, die aber andererseits gerne auch selbständig arbeiten wollen und dies möglichst in einem geschlossenen zeitlichen Rahmen. Andere müssen vielleicht aus gesundheitlichen Gründen in diesem Rhythmus arbeiten. Als Beispiel dafür können zwei Graphiker dienen. Der eine leidet stark unter Heuschnupfen. Er ist deswegen nur im Winter in Deutschland und arbeitet in einem Verlag. Im Sommer zieht er sich in die Pyrenäen zurück, weil er dort vor den Pollen am sichersten ist, und kann dort gleichzeitig voll seinen künstlerischen Arbeiten nachgehen. Der andere betreibt zusammen mit seiner Frau eine Galerie. Wenn das Geschäft gut läuft, möchte er voll dabei sein. Außerhalb dieser Zeit zieht er die sichere Angestelltentätigkeit vor. Die Wünsche der beiden ergänzen sich ideal - und der Arbeitgeber ist auch zufrieden. Warum sollte man nicht zu solchen Lösungen greifen, wenn alle dabei ihren Vorteil sehen?

Nur der Vollständigkeit halber soll hier auch das 'gewöhnliche' Job-Sharing erwähnt werden. Es ist früher sehr stark überbewertet und oft sogar als Arbeitszeitverkürzungsmodell der Zukunft gepriesen worden. Daß zwei Beschäftigte gemeinsam einen Arbeitsplatz 'pachten', wird es immer nur in Einzelfällen geben. Aber auch Einzelfälle addiert bringen zum Schluß dann doch einiges für den Arbeitsmarkt.

Denkbar und praktisch erprobt ist auch ein Modell, bei dem sich zwei Belegschaften geschlossen wöchentlich abwechseln. In einem konkreten Fall handelt es sich um einen Betrieb im ländlichen Raum. Der wöchentliche Wechsel erlaubt es den Mitarbeitern, sich in der einen Woche um ihren Hof und in der anderen Woche um ihr sicheres Einkommen als Lohnempfänger zu kümmern. In anderen Fällen könnte es sich dagegen empfehlen, einen ganz anderen Gesamtarbeitszeitrahmen als heute allgemein üblich zu wählen. So könnte man ein System von drei oder vier Schichten schaffen, bei dem man aber nicht jeweils acht Stunden arbeitet, sondern zum Beispiel 2 x 4 und 1 x 6 Stunden. In anderen Fällen kann eine variable Schichteinteilung sinnvoll sein, bei der morgens mit einer Schicht von zwei Stunden begonnen wird, der zwei Schichten von je drei Stunden folgen und dann noch einmal eine Schicht von zwei Stunden. Da hätte dann der einzelne Mitarbeiter die Chance, entweder nur zwei Stunden oder nur drei Stunden oder kombiniert 2 + 2 x 3 Stunden zu arbeiten. Das böte jedem einzelnen in diesem Rahmen eine sehr starke Variationsmöglichkeit. Dies könnte sich beispielsweise bei Betrieben anbieten, die Dienstleistungen produzieren, also Banken, Versicherungen oder Behörden.

Dabei wird allerdings ein wunder Punkt der Gewerkschaften berührt, die sich hier bisher mit allen ihnen zur Verfügung stehenden Mitteln gewehrt haben, nämlich im Dienstleistungsbereich zu kundenfreundlichen Öffnungszeiten überzugehen. Doch hier werden sie in Zukunft irgendwann einmal umdenken bzw. nachgeben müssen; denn es geht ja dabei nicht um Interessen kleiner privilegierter Gruppen, sondern vor allem um die Dienstleistungen für das breite Publikum. Denn was nützt es uns allen, wenn wir immer weniger arbeiten, gleichzeitig aber immer häufiger vor geschlossen Türen stehen - seien es nun die von Banken, Schwimmbädern, Einzelhandelsgeschäften, Gaststätten oder Einwohnermeldeämtern.

Natürlich muß für die Beschäftigten eine Lösung gefunden werden. Denn niemand wird erwarten oder gar fordern, daß bei verlängerten Öffnungszeiten auch die allgemeine Arbeitszeit der Beschäftigten in diesen Firmen und Behörden verlängert wird. Das läßt sich bei der Anwendung flexibler Arbeitszeitmodelle aber durchaus verhindern. Denn durch sie kann einerseits dafür gesorgt werden, daß die Beschäftigten nicht zeitlich übermäßig beansprucht werden - also etwa wieder zum 10-Stunden-Tag zurückkehren müssen, während andere die 35-Stunden-Woche fordern -, und andererseits dennoch dafür gewährleistet werden, daß die Schalter und Geschäfte länger geöffnet bleiben. Andernfalls führt die generelle oder auch individuelle Kürzung der Arbeitszeit tatsächlich nur zu einer Verteilung des Mangels, wenn die längere Freizeit, die größere private Verfügbarkeit über die Zeit, oder anders ausgedrückt, die wachsende Zeitsouveränität nicht in sinnvoller Weise genutzt werden kann. Ebenso wie die kapitalintensiven Arbeitsplätze müssen auch die Freizeiteinrichtungen länger und zu günstigeren Zeiten genutzt werden können, als es der immer kürzeren individuellen Arbeitszeit entspricht.

Zu erreichen ist dies allerdings nur, wenn endlich auf breiter Front von den schematischen Arbeitszeitregelungen Abschied genommen wird und bei der Gestaltung der Arbeitszeit mehr Rücksicht auf die Wünsche der Mitarbeiter einerseits und des Marktes andererseits genommen wird. Wobei niemals vergessen werden darf, daß der Arbeitnehmer in dem Augenblick, in dem er das Werk oder die Verwaltung verläßt, selber zum Nachfrager wird, also Teil des Marktes, für den er während der Zeit im Betrieb arbeitet. Unter diesem Gesichtspunkt können sich dann auch solche Lösungen anbieten und als zweckmäßig erweisen wie eine doppelte Besetzung von Arbeitsplätzen, und zwar nicht jeweils für acht Stunden, sondern bei Bedarf für drei und sechs Stunden, von vier und acht Stunden oder auch von 3 x 4 Stunden. Es sind auch ganz individuelle Absprachen denkbar, wie dies in einzelnen großen Betrieben schon seit langem ganz pragmatisch praktiziert wird. In vielen Fällen weiß nicht einmal die Personalabteilung, was zwischen dem jeweiligen Vorgesetzten und seinen Mitarbeitern vereinbart wird.

Aber bei anderen Unternehmen kommt die Anweisung zu pragmatischem, flexiblem Handeln auch ganz von oben. Bei der BASF zum Beispiel hält man es mit dem Motto 'Laßt 1 000 Blumen blühen' - und zwar mit Erfolg. Dort gibt es eine Anweisung des Vorstandes, daß jeder individuelle Arbeitszeitwunsch, der vorgetragen wird, möglichst erfüllt werden sollte. Wenn dies nicht an dem jeweiligen Arbeitsplatz möglich ist, dann muß an anderer Stelle versucht werden, den Arbeitszeitwunsch zu erfüllen. Das Ergebnis ist eine lange Liste höchst unterschiedlicher Regelungen, die nur ein gemeinsames Merkmal haben: freiwillige Arbeitszeitverkürzung bei gleichzeitigem Lohnverzicht.

Ein anderes Beispiel aus dem gleichen Unternehmen für eine glückliche Kombination sozialer, betriebswirtschaftlicher und arbeitsmarktpolitischer Aspekte ist der Elternurlaub. Er bedeutet, daß man den Beschäftigten die Möglichkeit gibt - und zwar entweder Vater oder Mutter -, nach der Geburt eines Kindes 7 Jahre auszusetzen, ohne den Anspruch auf den Arbeitsplatz zu verlieren. Es wird danach nicht unbedingt der gleiche Platz sein, denn den gibt es möglicherweise in 7 Jahren nicht mehr, aber ein vergleichbarer Arbeitsplatz. Einzige Bedingung: Man muß in der Zwischenzeit gelegentlich aushelfen, beispielsweise in der Urlaubszeit. Das liegt sicherlich im Interesse des Betriebes, weil er dann erfahrene Aushilfen bekommt, aber es liegt sicherlich ebenso im Interesse des oder der Betroffenen, weil dadurch der Kontakt zum Beruf erhalten bleibt, technische und inhaltliche Veränderungen am Arbeitsplatz miterlebt werden und nicht nach 7 Jahren unvermittelt über die Betroffenen hereinbrechen.

Denn dies ist auch eines der ganz großen Probleme der heutigen Arbeitslosen, insbesondere der Langzeitarbeitslosen, die für ein Jahr oder länger von der Berufswelt ausgeschlossen waren. Selbst wenn sie in den Betrieb wieder eingestellt werden, in dem sie früher tätig waren, fühlen sie sich oft überfordert, weil inzwischen neue Maschinen oder neue Arbeitsorganisationen aufgebaut wurden. Sehr viele kündigen deshalb nach kurzer Zeit wieder. Dies berührt zugleich das Problem der permanenten Qualifikation, das auch Herr Blessing so stark betont hat. Und an dieser Stelle schließt sich auch sofort wieder der Kreis, denn wenn im tariflichen Bereich über Arbeitszeit und Freizeit verhandelt wird, dann reicht das alleine heute nicht mehr aus. Neben Freizeit und Arbeitszeit muß Qualifizierungszeit (Aus- und Fortbildung, Umschulung) als drittes Element hinzutreten. Wenn in Zukunft immer weniger nur über die Alternative Arbeitszeit oder Freizeit gestritten, sondern auch die Qualifizierungs-, die Fortbildungszeit mindestens gleichberechtigt in die Verhandlungen einbezogen würde, dann wäre diese in doppelter Hinsicht arbeitsmarktwirksam: In der Zeit der Fortbildungen sind die Beschäftigten ebenso wenig am Arbeitsplatz wie in der Freizeit. Man braucht also andere, die einspringen. Zugleich ist Qualifizierung die beste Sicherung für die Zukunft des einzelnen und im Interesse des Betriebes und seiner Wettbewerbsfähigkeit.

Es gibt noch eine Fülle anderer Möglichkeiten der Arbeitszeitgestaltung. Dazu gehören auch neue Urlaubsformen. Man muß nicht nur über die Verlängerung des herkömmlichen Jahresurlaubs verhandeln, denn sechs Wochen Urlaub haben inzwischen schon die meisten Arbeitnehmer. Man kann auch darüber nachdenken, ob es nicht sinnvoller wäre, Sparpläne für einen Langzeiturlaub zu entwickeln. Dafür könnten entweder Urlaubstage oder auch Teile der vereinbarten Verkürzungen der Wochenarbeitszeit oder auch bestimmte Einkommensteile angespart werden, die ähnlich wie bei der betrieblichen Altersversorgung in die Rücklagen fließen und dann - allerdings früher als bei der betrieblichen Altersversorgung, nämlich schon nach drei oder fünf Jahren - ausgezahlt werden. Damit könnte dann ein längerfristiger Urlaub von zwei oder drei Monaten finanziert werden. Es ist durchaus möglich - und zwar nicht nur in der Theorie, sondern bereits in der Praxis -, daß man den Arbeitnehmern am Jahresanfang die Wahl läßt, ob sie 38, 40 oder 42 Stunden arbeiten wollen. Bei 40 Stunden beispielsweise erhalten sie dann zwei Wochen mehr bezahlten Urlaub im Jahr. Sie können aber auch auf 2,6 % ihres Stundenlohnes verzichten und dafür zwei Wochen mehr bezahlten Urlaub erhalten. Andere entscheiden sich vielleicht dafür, pro Woche kürzer zu arbeiten und verzichten dafür auf eine Lohnerhöhung.

In einem Unternehmen, in dem diese 'tarifliche Speisekarte' gilt, optieren von den rund 350 Beschäftigten inzwischen nur noch 10 oder 11 für die Regelarbeitszeit. Alle anderen haben Sonderwünsche. Es hat etwa zehn Jahre gedauert, bis sich nahezu alle an diese Möglichkeit gewöhnten und die Vorteile individueller Regelungen erkannten. Aber heute würde sie niemand mehr missen wollen. Der tarifliche Regellohn, die Regelarbeitszeit und der Regelurlaub werden kaum noch in Anspruch genommen. Sie dienen im wesentlichen nur noch als Rechenmaßstab zur Berechnung der unterschiedlichen, maßgeschneiderten Kombinationen zwischen mehr Lohn und weniger Freizeit oder weniger Lohn, mehr Wochenstunden und mehr Urlaub etc. Das Beispiel zeigt auch, daß es durchaus möglich ist, ein solches Modell personalwirtschaftlich zu bewältigen - immer vorausgesetzt, die Bereitschaft und der Wille dazu sind sowohl beim Management als auch beim Betriebsrat vorhanden. Außerdem hat man in dem Unternehmen die Erfahrung gemacht, daß ein Betrieb, der bereit ist, auf die Wünsche der Arbeitnehmer flexibel einzugehen, dann auch Arbeitnehmer hat, die ihrerseits bereit sind, auf bestimmte betriebliche Belange wie Auftragsspitzen, Urlaubsengpässe und andere nicht planbare Ereignisse und Entwicklungen ebenso flexibel einzugehen.

Es gibt noch eine Fülle ähnlicher Beispiele dafür, wie sich durch Angebotspolitik bei der Gestaltung der Arbeitszeit interessante, reizvolle Möglichkeiten schaffen lassen, um individuelle Wünsche und betriebliche Notwendigkeiten miteinander in Einklang zu bringen. Es sind zugleich Anreize, einmal darüber nachzudenken, ob es nicht der persönlichen Lebensqualität dient, das Verhältnis von Lohn und Freizeit stärker nach individuellem Bedarf zu variieren.

Auch wenn in unserer herkömmlichen Wachstumsrechnung die Freizeit überhaupt nicht vorkommt, so dürfen wir sie dennoch als Wert nicht vergessen. Die Arbeitszeitverkürzung spielt bei der Berechnung des Bruttosozialprodukts als eigenständige Größe überhaupt keine Rolle - obwohl mehr Freizeit inzwischen einer wachsenden Gruppe von Arbeitnehmern wichtiger ist als mehr

Einkommen. Wenn beispielsweise in einem Jahr ebenso viel produziert wird wie in den 12 Monaten zuvor, gleichzeitig aber die Arbeitszeit gesenkt wird, so heißt das, daß eindeutig mehr Lebensqualität produziert worden ist als zuvor. Dennoch drückt sich dies in unseren herkömmlichen Wachstumsberechnungen in keiner Weise aus. Auch wenn es aus statistischen Gründen recht schwer ist, diesen Fehler zu beseitigen, so müssen wir uns dennoch ständig dessen bewußt sein, daß Arbeitszeitverkürzung auch eine Möglichkeit ist, Wohlstand zu verteilen. Das gilt nur dann nicht, wenn die durch Produktivitätsfortschritt erarbeitete Freizeit einseitig und zwangsweise zugeteilt wird: nämlich im Fall der Arbeitslosigkeit.

Ähnliches gilt auch für den Ruhestand. Er müßte nicht - wie das heute leider noch sehr weit verbreitet ist - mit der immer noch üblichen Fallbeilwirkung eintreten, also das Arbeitsleben von heute auf morgen abrupt beenden. Für viele ist das ein schwerer Schock, der auch gesundheitliche Folgen haben kann. Dabei ist diese Praxis weder human noch ökonomisch, und es gäbe viele Möglichkeiten, diesen Übergang leichter zu gestalten. Auch dies wäre eine wichtige Aufgabe einer zeitgemäßen Arbeitszeitpolitik, einer Angebotspolitik am Arbeitsmarkt. Der - vereinzelt schon praktizierte - gleitende Übergang in den Ruhestand ist eine dieser Möglichkeiten. Statt einer Arbeitszeitverkürzung, die den 30-jährigen ebenso wie den 16-jährigen bedenkt, kann dabei die Wochenarbeitszeitverkürzung so gestaltet werden, daß die älteren Arbeitnehmer davon in erster Linie profitieren und sich auf diese Art schrittweise aus dem Berufsleben zurückziehen und an den dritten Lebensabschnitt gewöhnen können.

Eine letzte Variante für eine phantasievollere Arbeitsmarktpolitik soll hier zum Schluß noch erwähnt werden: die Schaffung eines 'zweiten Arbeitsmarktes'. Der Begriff wird auch in einem anderen Sinn verwendet - beispielsweise für weitgehend aus öffentlichen Mitteln finanzierte Beschäftigungsprogramme und damit die Produktion subventionierter Güter und Dienste, die zu ihren echten Kosten keinen Markt finden. Ich verstehe dagegen unter dem 'zweiten Arbeitsmarkt' ein Mittelding zwischen dem regulären Arbeitsleben und dem Ruhestand. Ältere Menschen, die in ihrem bisherigen Berufsleben große Erfahrung gesammelt haben und sich dabei gleichzeitig einen gewissen Wohlstand, Rücklagen sowie einen Anspruch auf Alterssicherung geschaffen haben und nun gleitend oder vorzeitig in den Ruhestand gehen, sind nicht nur in der (materiellen) Lage, sondern in vielen Fällen auch bereit, ihr Expertenwissen an Stellen einzusetzen, an denen man den normalen Lohn nicht bezahlen kann. Dies kann beispielsweise in der Erwachsenenfortbildung, im Sozialbereich, in der Entwicklungshilfe oder bei der Beratung junger Unternehmer der Fall sein. Es gibt bereits einen Senior-Expert-Service. Hier finden sich erfahrene Kaufleute, Ingenieure, Facharbeiter, Ausbilder und andere Spezialisten zusammen, die bereit sind, ihre Fachkenntnisse weitgehend kostenlos zur Verfügung zu stellen. Das ließe sich noch auf viele andere Gebiete ausdehnen, mit dem Ergebnis, daß wir einerseits zwar einen Vorruhestand haben, im regulären Bereich also Arbeitsplätze freimachen, gleichzeitig aber dafür sorgen, daß dieses human capital, dieser große Erfahrungsschatz, der da über Jahrzehnte gesammelt worden ist, nicht einfach 'verschrottet', sondern noch sinnvoll angewendet wird. Und dies könnte und müßte vor allen Dingen in den Bereichen stattfinden, in denen man die normalen Löhne und Lohnnebenkosten einfach nicht tragen kann. Ähnliches könnte geleistet werden bei einer Kombination zwischen regulär bezahlter Teilzeitarbeit und verbilligter Sozialarbeit im weitesten Sinne.

Schon diese kleine Auswahl an Beispielen macht zur Genüge deutlich, was Angebotspolitik am Arbeitsmarkt bedeutet und was sie leisten könnte. Natürlich läßt sich das Beschäftigungsproblem nicht allein auf diesem Weg lösen. Eine phantasievollere Arbeitszeitpolitik könnte aber einen wichtigen Beitrag leisten, denn das Potential der Menschen, die bereit wären, freiwillig auf Teile ihrer Arbeitszeit und ihres Arbeitslohnes zu verzichten, wenn sie dafür 'Freizeit nach Maß' erhalten könnten, ist bei weitem noch nicht ausgeschöpft. Als Beispiel dafür können auch die skandinavischen Länder und insbesondere Schweden dienen. Dort ist Teilzeit weit stärker verbreitet als in der Bundesrepublik. Gleichzeitig ist die Arbeitslosigkeit seit vielen Jahren deutlich geringer. Doch dies wäre ohnehin nur ein Aspekt einer neuen Arbeitszeitpolitik. Mindestens ebenso wichtig ist, daß damit auch ein beträchtlicher Beitrag zur Erhöhung der Lebensqualität geleistet würde (Jungblut 1983).

Der berühmte Mister Parkinson hat dies alles einmal in einem einfachen Satz zusammengefaßt: 'Strebe nach Arbeitsplätzen und Du schaffst alles andere als Wohlstand; und umgekehrt: Strebe nach Wohlstand, und du schaffst Arbeitsplätze'. Heute müßte man nur das Wort 'Wohlstand' durch den Begriff 'Lebensqualität' ersetzen.

Literatur:
Michael Jungblut, Der Wohlstand entläßt seine Kinder, Stuttgart 1983

Rolf G. Heinze / Claus Offe

Zur Requalifizierung von Zeit*

In den arbeitsmarkt- und sozialpolitischen Debatten, die in den letzten zehn bis fünfzehn Jahren in der Bundesrepublik auf politischer und wissenschaftlicher Ebene geführt worden sind, kann man drei aufeinander folgende Zyklen konstatieren. Dabei handelt es sich

- erstens um den vergleichsweise engen Steuerungsbereich, in dem es lediglich um die sozialpolitische bzw. steuerliche Zuteilung und Umverteilung von Einkommen, Lohnersatzleistungen und betrieblichen Kosten geht; Medium der Steuerung ist Geld.
- Im zweiten Zyklus wird der Horizont insoweit ausgeweitet, als es jetzt zusätzlich um die Umverteilung von Erwerbsmöglichkeiten, und zwar vorwiegend durch arbeitszeitpolitische Maßnahmen und die von ihnen erwarteten beschäftigungspolitischen Effekte, geht; Medium der Steuerung ist Zeit.
- In einem dritten Schritt kommt dann eine Diskussion auf, bei der es nicht mehr lediglich um das zeitlich gesteuerte Verteilungsmuster von Erwerbschancen, sondern zusätzlich um das Verteilungsmuster von 'nützlichen Tätigkeiten' geht, von denen ja die förmliche Erwerbsarbeit nur eine Teilmenge darstellt. Nach diesem Ansatz kommt als Medium der Steuerung die Variation institutioneller Formen der Tätigkeit in Betracht.

Zumindest für die Bundesrepublik, vermutlich aber auch für so verschiedenartige Länder wie die USA, Frankreich, Großbritannien und Italien, kann man konstatieren, daß die gesellschaftspolitische Debatte mittlerweile in dieser 'dritten' Runde angekommen ist. Angesichts der begründeten Zweifel daran, ob die Wiederherstellung von 'Vollbeschäftigung' ein realistisches Ziel sein kann, ist nicht zu erwarten, daß das theoretische und praktische Interesse an einem Neuzuschnitt des Verteilungsmusters zwischen formeller Erwerbsarbeit und informeller, d. h. nicht durch Marktmechanismen zugewiesener und entgoltener 'nützlicher Tätigkeit', alsbald erlöschen wird.

* Die folgenden 'holzschnittartigen' und an einigen Stellen verkürzten Ausführungen werden in einem Forschungsvorhaben des Ministeriums für Stadtentwicklung, Wohnen und Verkehr des Landes Nordrhein-Westfalen über 'Entwicklungschancen und Probleme von Selbstversorgungsaktivitäten jenseits von Haushalt und Markt (Nachbarschaft/Wohnumfeld)' von den beiden Autoren vertieft und präzisiert.

Infolgedessen ist von Interesse, sich das Repertoire an institutionellen Alternativen zur Erwerbsarbeit zu vergegenwärtigen, das in modernen Gesellschaften zur Verfügung steht. Wenn 'Arbeit' im landläufigen Sinne 'bezahlte Zeit' (oder unter monetären Gewinnerwartungen verwendete Zeit) ist - wie läßt sich dann eine Zeitverwendung vorstellen und ggf. auch institutionalisieren, die einerseits Nutzen stiftet (also nicht bloßer 'Konsum' ist), andererseits aber nicht nur monetär bewertet und gesteuert wird? Produktive Zeitverwendung außerhalb der Geldlogik ist das, was eine 'Requalifizierung der Zeit' zustandebringen müßte.

Bevor im folgenden einige Überlegungen - sowohl theoretischer als auch praktischer Art - für eine verstärkte Nutzung informeller, freiwilliger Tätigkeitsformen präsentiert werden, sollen zunächst analytische Aspekte des Verhältnisses der beiden Medien 'Zeit' und 'Geld' kurz diskutiert werden.

Die Philosophen haben immer schon angenommen, daß die Zeit das einzige ist, was wirklich knapp ist in der menschlichen Existenz. Das Leben ist begrenzt, und infolgedessen ist das die Knappheitsschwelle, die nicht durchbrochen werden kann; die Zeit ist die wichtigste, die grundlegende Ressource. Das scheint auf den ersten Blick plausibel, erweist sich jedoch auf den zweiten Blick als nicht zutreffend. Vielmehr gibt es einen Konflikt zwischen den beiden Medien 'Zeit' und 'Geld', in dem die Zeit aus Gründen, die nun in vier Punkten kurz zu resümieren sind, den unterlegenen Part spielt.

1. Es gibt zwischen den Medien 'Zeit' und 'Geld' eine ganz grundsätzliche Asymmetrie. Man kann mit Geld Zeit kaufen, d. h. 'zeitsparende' Güter und Dienstleistungen beschaffen und so gebundene Zeitkontingente für eine konsumtive Verwendung freimachen. Es ist aber in unserem Gesellschaftssystem (jedenfalls unter den gegenwärtigen konjunkturellen und sozialstrukturellen Bedingungen) nicht immer und nicht für alle möglich, umgekehrt für Zeit Geld zu beschaffen, d. h. durch eine individuell wählbare Art der Zeitverwendung (Erwerbsarbeit) Geldbedarfe zu decken. Diese asymmetrische Austauschbeziehung zwischen Zeit und Geld privilegiert das Geld und diskriminiert die Zeit. Das ist zu verdeutlichen: beispielsweise kann man, anstatt sich sein eigenes Essen zu kochen, im Restaurant essen; man kann fliegen, statt im Auto oder mit der Bundesbahn zu fahren; man kann also durch Verausgabung von Geld Zeit beschaffen oder Zeitressourcen verfügbar machen. Unter Bedingungen hoher Arbeitslosigkeit und geringer Aufnahmefähigkeit des Arbeitsmarktes ist es demgegenüber weitaus schwieriger, für freie Zeit Geld (als Erwerbseinkommen) zu beschaffen.

2. Ein weiterer Vorsprung des Geldes gegenüber der Zeit beruht darauf, daß Zeit, und darauf werden wir im weiteren gleich noch eingehen, für sich genommen oft nicht sehr viel wert ist. Das bloße 'Zeithaben' ist keine Quelle von Genuß. Angenommen, man bekommt genügend Schlaf und hat genug Zeit sich zu erholen, dann ist darüber hinaus die Zeit für sich selbst nicht viel wert, sondern erst in Kombination mit Geld wertvoll. Alles das, was man in der freien Zeit an befriedigenden und nützlichen Unternehmungen anstellen kann, oder sehr vieles von dem jedenfalls, wird erst durch hinzukommendes Geld ermöglicht, z. B. Urlaubsreisen. 'Langeweile' ist der geläufige Ausdruck für ein Zeiterlebnis, bei dem man zwar über Zeit, nicht aber über die monetären und sozialen Ressourcen verfügt, die zu ihrer befriedigenden Nutzung benötigt werden. Interessanterweise gibt es nicht einmal unter Bedingungen extremer Inflation ein geldliches Pendant zu dieser 'Langeweile'.

3. Die Zeit hat den Nachteil, nicht sparbar zu sein. D. h. einzelne Zeitkontingente können nicht wie viele einzelne Einzahlungen auf ein Sparkonto zusammengelegt und dann in beliebigen Kontingenten verausgabt werden - jedenfalls nicht in Abwesenheit von 'time-banking'-Arrangements. Eine der Schwierigkeiten von schrittweisen tariflichen Verkürzungen der wöchentlichen Arbeitszeit besteht ja darin, daß man die zwanzig Minuten, die man am Tage eventuell weniger arbeitet, gegebenenfalls nutzlos an der Bushaltestelle verbringt, ohne davon einen Gebrauchswert zu haben. Das Medium Geld hat den großen Vorteil, daß kleinste Beträge aufeinandergelegt und zu einem späteren Zeitpunkt als größere Summe verausgabt werden können.

4. Ein weiteres Argument, das in dieselbe Richtung weist, besagt, daß der Grenznutzen von Geld offenbar langsamer sinkt als der Grenznutzen von Zeit. Dies bedeutet zum Beispiel, daß etwa bei einem Jahreseinkommen von 100 000,- DM eine Erhöhung um 10 % durchaus noch attraktiv ist, jedenfalls in stärkerem Maße als wenn bereits sehr viel Freizeit - sagen wir 40 Stunden disponible Freizeit pro Woche - zur Verfügung steht und diese dann um zehn Prozent erhöht wird, also vier Stunden hinzukommen. Dieser Grenznutzen scheint bei der Zeit schneller abzunehmen als beim Geld.

Zusammengenommen weisen diese verschiedenen, hier nur knapp resümierten Gesichtspunkte darauf hin, daß unter Status-quo-Bedingungen das Steuerungsmedium Geld attraktiver, leistungsfähiger und disponibler ist als das relativ starre und in dem Befriedigungswert relativ zurückbleibende Medium Zeit. Daraus ergeben sich eine Reihe von Schwierigkeiten, die einer relativen

Aufwertung der Zeit gegenüber dem Geld, d. h. einer Requalifizierung der Zeit, im Wege stehen.

Im folgenden möchten wir uns nun einigen empirisch orientierten Überlegungen zuwenden, die in einem relativ einfachen Vierfelderschema zusammengefaßt sind.

Abb. 1:
Schematische Darstellung von Entwicklungen der Verfügbarkeit und des 'Wertes' der Ressourcen 'Zeit' und 'Geld'.

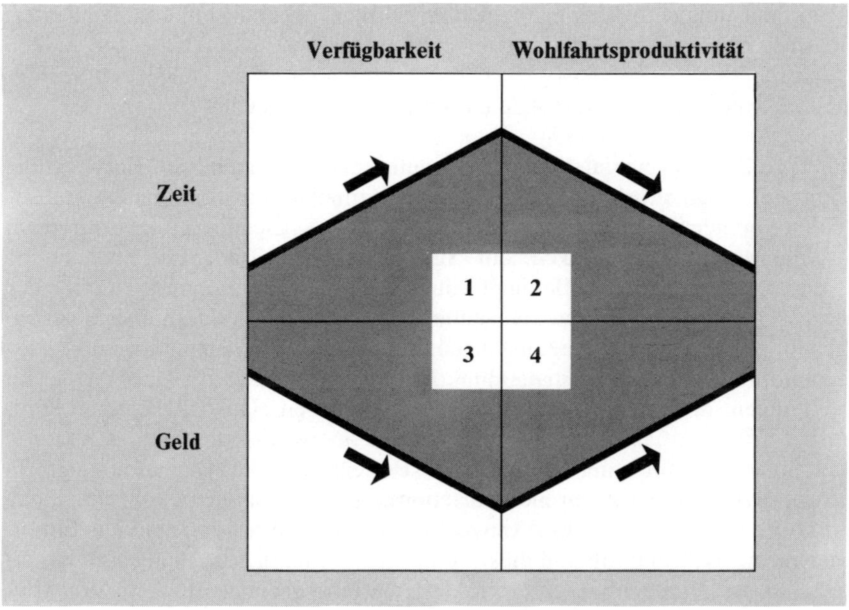

Das Schema ergibt einen Rhombus, dessen vier Seiten je eine Entwicklungstendenz markieren. Uns kommt es hier lediglich auf die Darstellung plausibler Vermutungen über einzelne Trends und ihres Zusammenhanges an, keineswegs auf eine quantitativ auch nur annähernd akkurate Wiedergabe, die sehr aufwendig wäre. Welche Annahmen sind es, die einen Verlauf der Trendgeraden in der angegebenen Weise vermuten lassen?

Zunächst zu Feld 1, das die durchschnittliche individuelle Verfügbarkeit von Zeit betrifft. Hier haben wir zweifellos einen Aufwärtstrend. Der Anteil der Arbeitszeit an der Gesamtlebenszeit sinkt aufgrund einer ganzen Reihe von Faktoren: höhere Lebenserwartung, früheres Ausscheiden aus dem Erwerbsleben, längere Urlaubszeiten, längere Bildungszeiten, kürzere Arbeitszeiten pro Woche, pro Jahr usw. Zwar wird dieser Trend dadurch relativiert, daß die außerhalb der Arbeitszeit verbleibende Zeit 'zwangsweise' oder de facto von verschiedenen gesellschaftlichen Institutionen in Anspruch genommen wird - von den Transportleistungen im Pkw, den Selbstbedienungsläden, den Behördengängen, den ausgleichenden und vorbeugenden Gesundheitsaktivitäten bis zu den im Alltagsleben anfallenden Tätigkeiten vom Typus der 'Beziehungs'- oder 'Sorgearbeit'. Im Durchschnitt wird man jedoch, wenn man diese zeitlichen Belastungen mit den erreichten Arbeitszeitverkürzungen und den Zeitersparnissen moderner Transport-, Kommunikations- und Hauhaltstechniken saldiert, mit einer langfristig gestiegenen und wohl weiter steigenden Verfügbarkeit von nichtarbeitsgebundener Zeit rechnen können.

Im Feld 2 haben wir als einen vermuteten globalen Trend die Entwicklung dargestellt, daß aufgrund einer Fülle von normativen, institutionellen und sozialen Veränderungen die Möglichkeiten, diese wachsenden Zeitressourcen in Wohlfahrtswerte umzusetzen, im Sinken begriffen sind. Für eine solche Trendannahme gibt es vielfältige Gründe. Die säkular abnehmende Größe der durchschnittlichen privaten Haushalte vermindert die Anlässe und Gelegenheiten, größere produktive Leistungen, die über Routineverrichtungen hinausgehen, für die eigene Haushalts- bzw. Familiengemeinschaft zu erbringen. Bei Leistungen, die Empfängern außerhalb des eigenen Haushaltes zugute kommen würden, entfällt in großstädtischen und anonymisierten Sozialstrukturen mit hoher Mobilität der motivierende Beweggrund der Gegenseitigkeit. In einer Gesellschaft von Großorganisationen und spezialisierten Professionen sinkt der subjektiv geschätzte Gewinn an sozialer 'Ehre', den man aus Ehrenämtern ziehen kann; oft sind diese von preiswerten Hilfsdiensten kaum zu unterscheiden. Vielmehr ist mit der Modernisierung der westlichen Industriegesellschaften die privatistische Freizeitkultur zu einem dominanten Muster geworden, und der physisch-psychische Regenerationsbedarf, den der Streß des Berufs- und Arbeitslebens erzeugt, bietet für dieses Muster auch alle subjektive Rechtfertigung.

Zusammengenommen führen die beiden bisher beschriebenen Trends zu der Schlußfolgerung, daß einerseits die Verfügbarkeit von Zeit wächst, andererseits ihre Verwertbarkeit (jedenfalls zum Nutzen Dritter und zum Erwerb sozialer Achtung und Anerkennung) gleichzeitig sinkt. Wo die verfügbaren

Zeitkontingente mit hohen Einkommen zusammentreffen, mag das Ergebnis durchaus ein vielseitiger und verfeinerter Lebensgenuß sein. Wo dies jedoch nicht der Fall ist, zeigen sich die Symptome einer institutionell bedingten Brachlegung und Entwertung derjenigen Zeitanteile, die nicht in nützlicher und sozial anerkannter Weise organisiert werden können. Das paradoxe Ergebnis eines solchen Trendverlaufs wäre die sinkende Wohlfahrtsproduktivität gerade der Ressource, über die wir in steigendem Maße zu verfügen scheinen.

Genau umgekehrt liegen die Verhältnisse beim Geldmedium. Gemäß der Trendgeraden in Feld 3 gehen wir davon aus, daß die Verfügbarkeit von Einkommen durchschnittlich und relativ, d. h. im Verhältnis zur Verfügbarkeit von Zeit, prekär wird. Damit sind drei Dinge gemeint:
- einmal die nominelle Höhe des Einkommens, das wir durchschnittlich, d.h. pro Kopf der Wohnbevölkerung, erzielen können;
- zweitens dessen realer Wert und
- drittens die erwartbare Kontinuität.

Unter den gegenwärtigen Bedingungen auf dem Arbeitsmarkt (vgl. hierzu näher Glastetter in diesem Band) erscheinen gerade die Geldressourcen als etwas, was besonders begehrenswert, weil besonders knapp ist. Der eingangs schon diskutierte Vorsprung des Geldes gegenüber der Zeit wird also weiter gestützt durch sozialökonomische Bedingungen, unter denen eine auskömmliche, langfristige, inflationsgesicherte und gegen technisch-ökonomische Veränderungen immune Berufsposition und das an ihr hängende Einkommen für wachsende Teile der Bevölkerung nicht zur erwartbaren Selbstverständlichkeit gehören.

Im vierten Feld dieses sehr groben Schemas versuchen wir die Frage zu beantworten, ob der relative Wert, d. h. die relative Wohlfahrtsproduktivität, von Geldeinkommen sinkt oder wächst. Unsere Auffassung dazu soll ebenfalls kurz begründet werden. Viele Dinge, die früher außerhalb des monetären Zyklus geleistet und beschafft werden konnten, können heute nur noch über das Geldmedium beschafft werden; sie sperren sich gegen solche 'altertümlichen' Formen wie Eigenarbeit, Nachbarschaft, Verwandtschaft, Vereine usw. In vielen Bereichen läuft die Professionalisierung (z. B. von sozialen Dienstleistungen) darauf hinaus, daß das, was an Hilfe, Beratung, Pflege, Gesundheitsdiensten, Erziehung usw. im informellen Bereich in der Geschichte der modernen Gesellschaft einmal erbracht und geleistet werden konnte, heute durch (individuell oder kollektiv) bezahlte Dienstleistungen verdrängt wird. Daraus ergibt sich die Tendenz, daß Wohlfahrtsgüter und -leistungen immer mehr nur über das Geldmedium erreichbar sind, während andere Formen des Bedarfsausgleichs relativ zurückbleiben.

Die beiden Asymmetrien der Entwicklung, also die wachsende Verfügbarkeit, sinkende Produktivität von Zeit und die sinkende Verfügbarkeit, aber wachsende Wohlfahrtsrelevanz von Geld, haben zur Folge, daß es ein ganz rationales Verhalten der individuellen Besitzer von Zeitressourcen ist, diese nach Kräften in Geldeinkommen zu transformieren, d. h. auf den Arbeitsmarkt zu strömen und zu versuchen, diese im Überfluß vorhandenen Zeitressourcen in die vergleichsweise knappe Geldressource umzusetzen.

Wenn dies eine gewiß holzschnittartige, aber doch in den einzelnen Trendannahmen zutreffende Problembeschreibung ist, dann ist die hochaktuelle Aufgabe der staatlichen und auch der Politik der Tarifparteien darin zu sehen, dieses Mißverhältnis zwischen den Medien Zeit und Geld in eine neue Balance zu bringen, und zwar durch eine relative Entwertung des Geldmediums und eine massive Aufwertung des Zeitmediums. Dies kann so aussehen, daß man institutionelle Möglichkeiten schafft, die vorhandenen Zeitressourcen in Gebrauchswerte, d. h. in Wohlfahrtseinheiten, umzusetzen, ohne daß man dabei durch das Geldmedium gehen müßte.

Im folgenden soll auf der Grundlage der zuvor angestellten Überlegungen ein institutionelles Modell zur *Requalifizierung von Zeit* vorgestellt werden, das wir als Kooperationsring bezeichnen wollen. Grobe Kennzeichen eines Kooperationsringes sind,

- daß innerhalb eines überschaubaren sozialen Gefüges Dienstleistungen gegeneinander getauscht werden;
- daß für eine individuell erbrachte Dienstleistung Anrechte auf den Empfang gleichwertiger Dienstleistungen von anderen am Kooperationsring Beteiligten erworben werden;
- daß der Austausch ohne das Medium Geld erfolgt und stattdessen durch untereinander übertragbare Leistungsgutscheine geregelt wird.

Diese Darstellung dient dem Ziel, die Leistungsfähigkeit des Modells des Kooperationsringes der theoretischen und der politisch-normativen Kritik auszusetzen und weitere gedankliche Vorarbeiten für eine ggf. anzuschließende praktische Erprobung und empirische Evaluation dieses Modells (z. B. in Gestalt eines Versuchsprogramms mit Begleitforschung) zu leisten bzw. anzuregen. Kriterium für die Leistungsfähigkeit von Kooperationsringen soll ihre Eignung sein, die Selbstversorgungsfähigkeit privater Haushalte qualitativ und quantitativ zu steigern, ohne daß dabei die normativen Kriterien der Reziprozität, der Freiheit und Gleichheit (bzw. der stabilen Generalisierung) insgesamt verletzt oder miteinander in Konflikt gebracht werden.

Eines der Hauptprobleme produktiver Selbstversorgung mit Gütern und Leistungen in Haushalten ist die geringe Größe der Haushalte selbst. In geradezu hoffnungslosem Maße leidet, betriebswirtschaftlich betrachtet, der moderne (häufig: Ein-Personen-)Haushalt an seinen 'diseconomies of small scale'. Diese größenbedingte strukturelle Entmutigung von Selbstversorgungsaktivitäten läßt es dann als rational erscheinen, daß sich der Haushalt nahezu ausschließlich als Konsumeinheit verhält, Güter und Leistungen über externe Märkte oder Leistungsverwaltungen bezieht und im übrigen bestrebt ist, durch Steigerung des Erwerbseinkommens der Mitglieder die haushaltliche Konsumtionsfähigkeit zu maximieren. Diese betriebswirtschaftlichen Nachteile der geringen Haushaltsgröße beruhen vor allem auf zwei Sachverhalten:

- Erstens lohnt sich häufig aus Kostengründen die Anschaffung von haushaltlichen Kapitalgütern (Tiefkühltruhe, Heimwerkergeräte etc.) nicht, weil die Nutzungsintensität zu gering und mithin die Stückkosten der selbsterzeugten Leistungen zu hoch sein würden.
- Zweitens ergeben sich analoge Engpässe auf der Seite des Humankapitals, weil kleine Haushalte kaum Spezialisierungsmöglichkeiten zulassen und der förmliche Erwerb von einschlägigen Kenntnissen und Fertigkeiten sich aus dem zuvor genannten Grunde allenfalls dann lohnt, wenn es sich nicht primär um Selbstversorgungs-, sondern um eher konsumtive Selbstdarstellungs- und Selbstverwirklichungsaktivitäten (Beispiel: Töpferarbeiten, Hausmusik etc.) handelt.

Dieses zentrale betriebswirtschaftliche Problem des größenbedingten Effizienznachteils privater Haushalte könnte nun vermutlich auf dem Wege der Maßstabsvergrößerung bzw. durch Einrichtung von Verbundsystemen zwischen Haushalten überwunden werden. Beispiele hierfür sind die auf stabilen Reziprozitätserwartungen beruhenden Formen der Nachbarschaftshilfe einerseits, andererseits die 'anstaltliche' Kollektivierung bestimmter Kapitalgüter (z. B. Waschmaschinen u. ä.) für die gemeinsame Nutzung durch mehrere Haushalte. Anspruchsvollere Varianten der ersten Alternative sind vereinsähnliche Initiativen und Klubs zur Betreuung von Kleinkindern, Schülern und älteren Menschen. Aufwendige Beispiele für die zweite Alternative sind aus den Wohnungsbauprojekten des 'roten Wien' der 20er Jahre bekannt, bei denen die im einzelnen Haushalt verbleibenden Versorgungsfunktionen minimiert und zum überwiegenden Teil in wohnbereichsnahen Kollektiveinrichtungen zusammengefaßt werden sollten.

Beide Ansätze zur Lösung des Größenproblems, sowohl die 'gemeinschaftlichen' wie die 'anstaltlichen', weisen charakteristische Schwächen auf. Die gemeinschaftlichen Organisationsformen haben einen außerordentlich hohen Bedarf an 'Reziprozitätsvertrauen' bei den Beteiligten und sind deshalb sehr störungsanfällig, wenn dieses Vertrauen nicht laufend durch die Motive und Wahrnehmungen der Beteiligten regeneriert wird. Demgegenüber besteht die Schwierigkeit der 'anstaltlichen' Kollektivierungsvariante darin, daß auf 'gemeinschaftlichen' Bedarfsausgleich weitgehend verzichtet wird und stattdessen durch formale Regeln (Gebühren, Benutzungsordnungen und -zeitpläne usw.) ein individuell zu nutzendes Standardangebot normiert wird. Damit tendiert jedoch das Angebot dahin, lediglich qualitativen Minimalstandards zu genügen und ähnlich wie beim Spannungsverhältnis zwischen Pflichtversicherung und privater Versicherung jedenfalls den bessergestellten Mitgliedern des Nutzerkreises den Ausweg in die qualitativ in aller Regel bessere 'private', d. h. haushaltsindividuelle Versorgungsform nahezulegen.

Wegen dieser Schwierigkeiten ist in unserem Modell des 'Kooperationsringes' vorgesehen, die überhaushaltliche Kollektivierung von Selbstversorgungseinrichtungen weder gemeinschaftlich noch administrativ, sondern marktförmig zu organisieren, allerdings mit den beiden Besonderheiten,

a) daß der Leistungsaustausch nicht über das allgemeine Medium des Geldes, sondern über Leistungsgutscheine läuft, welche nur im Kreis der Teilnehmer und nur für den Zweck des Leistungsverkehrs zwischen einer lokal abgegrenzten Zahl von Haushalten Geltung haben, und

b) daß das Zustandekommen und der Bestand eines derartigen, durch eine nicht-konvertible Eigenwährung ausgegrenzten Marktes öffentlich subventioniert wird, und zwar ebenfalls nicht monetär, sondern durch die Bereitstellung von Räumen, Geräten, Sachleistungen und Humankapital.

Dies hätte den Vorteil, derartige überhaushaltliche Arrangements von der Voraussetzung begrenzt wirksamer und immer anfälliger Solidaritäts- und Reziprozitätsbeziehungen abzukoppeln, aber andererseits auch den Ausweg einer schematisierenden und standardisierenden Kollektivversorgung mit ihren qualitativen Mängeln zu vermeiden. Anders gesagt: Teilnahme- und Leistungsmotiv der Beteiligten wäre damit weder die unbestimmte Aussicht darauf, daß die jetzt Begünstigten die empfangene Hilfe irgendwann einmal erwidern würden, und ebensowenig der Umstand, daß man sich etwas 'Besseres' (einstweilen) nicht leisten kann, sondern vielmehr das rationale Kalkül eines möglichst effizienten Bedarfsausgleichs.

Gleichzeitig wäre ein solcher zwischenhaushaltlicher Markt für Güter und Dienstleistungen der Selbstversorgung vom allgemeinen Markt durch die Tatsache abgekoppelt, daß hier nicht mit Geld, sondern mit Gutscheinen gezahlt wird. Ihre Einführung hat den Sinn, daß Leistungen von anderen Haushalten nur aufgrund vorausgegangener Leistungen an andere Haushalte bezogen werden können (und nicht aufgrund von Markteinkommen), und daß das Tauschmittel nicht zum Ausgangspunkt für Akkumulationsprozesse und Ausbeutungsverhältnisse werden kann: Man kann mit den für eigene Leistungen bezogenen Gutscheinen nichts anderes machen, als sie wiederum für Leistungen anderer auszugeben. In diesem Zusammenhang wäre zur Stimulierung kontinuierlicher Transaktionen und zur Vermeidung des Hortens der Gedanke eines zeitabhängigen Wertverfalls der Gutscheine aufzunehmen. Eine entsprechende Bestimmung könnte z. B. vorsehen, daß die Gutscheine nach dreimonatiger Nicht-Benutzung ihren Wert verlieren. Von einem regulären, monetär vermittelten Markt würde sich ein solches Arrangement ferner dadurch unterscheiden, daß keine freie Preisbildung stattfindet und immer nur 'ganze' Einheiten von Gutscheinen ausgegeben bzw. eingenommen werden könnten. Man könnte sich dies in der Praxis so vorstellen, daß aufgrund jährlich revidierbarer Vereinbarungen zwei oder höchstens drei Leistungsklassen für Güter und Dienstleistungen des zwischenhaushaltlichen Verkehrs definiert würden (differenziert z. B. nach Reinigungs- und Transportleistungen, Sachgüter- und Reparaturleistungen, personale soziale Dienste wie Personenbetreuung), wobei jeweils die eingesetzte Stunde, mit einer, zwei oder drei Werteinheiten bewertet würde.

Der strukturelle Vorteil eines solchen Arrangements ist vor allem darin zu vermuten, daß es Spezialisierung erlaubt und anregt, sowie darin, daß entsprechende Kapitalinvestitionen für haushaltliche Selbstversorgung nun anfangen, sich zu lohnen. Den letzteren Effekt könnte man, wie erwähnt, durch eine Sachkostenübernahme für derartige Kooperationsringe durch die öffentliche Hand verstärken. Diese Vorteile beruhen darauf, daß zwischen die beiden heute verfügbaren Alternativen der einzelhaushaltlichen Selbstversorgung und der marktlichen bzw. administrativen Fremdversorgung eine dritte Ebene eingeführt und zur Option gestellt würde, auf der sich *solidarische, marktliche und administrativ-subventionierende* Versorgungsformen mischen. Der prinzipiell freie Zugang zu bzw. Austritt aus diesem kooperativen System des Bedarfsausgleichs würde gleichzeitig das Niveau der anfallenden Transaktionskosten in engen Grenzen halten. Jede Interaktion, die zustandekommt, erfolgt ausschließlich aufgrund freier Vereinbarung und 'einzelwirtschaftlicher' Nutzenschätzung; Zwangskonsum und von interessierten Anbietern durchgesetzte Bedarfsoktroyierung sind ausgeschlossen. Bei kleinräumiger Auslegung eines solchen Kooperationsringes - zu denken wäre etwa an eine Größenordnung von zwischen 100 und 500 räumlich benachbarten Haushalten - wären auch die erforderlichen Informations- und Transportkosten unerheblich. Für das Entstehen eines ausgeprägten Vereinslebens oder eines administrativen

Apparates für die Zuteilung und Überwachung von Leistungen oder die Adjudikation von Konflikten bestünde kein immanenter Bedarf oder Anlaß.

Trotz dieser vermuteten (und nach ihrem Umfang bzw. ihren Voraussetzungen relativ leicht durch empirische Begleitforschung überprüfbaren) Vorteile sind eine Reihe von Schwierigkeiten und Problemen zu antizipieren, die abschließend genannt seien. Solche Schwierigkeiten dürften zunächst in der Konstitutionsphase eines Kooperationsringes auftreten: Es muß ein 'Anfangskapital' von nachbarschaftlichen Vertrauensbeziehungen und an haushaltlichen Leistungskapazitäten vorhanden sein, damit ein solches Arrangement entstehen kann. Es ist jedoch vorstellbar, daß günstige Entstehungsvoraussetzungen auch durch die Vorbildwirkung schon laufender Projekte, durch die Aussichten auf öffentliche Subvention, durch Werbung und eine entsprechende kommunalpolitische Mobilisierung zustandegebracht werden können. Ferner ist unter Umständen mit sehr stark ausgeprägten Präferenzen derart zu rechnen, daß die präsumtiven Teilnehmer sich auf Fremdversorgung oder auf individuelle haushaltliche Selbstversorgung beschränken wollen und allen Zwischenformen, zu denen auch das Modell des Kooperationsringes gehört, im Namen von Werten wie Anonymität, Schutz der Privatsphäre usw. mit Mißtrauen und Argwohn begegnen. Über Intensität und Verbreitung solcher anti-kooperativer Vorbehalte könnte man ebenfalls nur mit den Mitteln empirischer Forschung Aufschluß erhalten, wobei auch hier Wandlungspotentiale zu unterstellen sind. Schließlich ist damit zu rechnen, daß vehemente Einsprüche und Gegeninitiativen von seiten einzelner Anbietergruppen aus der formellen Ökonomie einsetzen würden (z. B. dem Einzelhandel oder dem Handwerk), sobald zwischenhaushaltliche Kooperationsbeziehungen beginnen würden, nennenswerte Anteile ihrer Märkte zu übernehmen.

Allerdings gibt es in USA und in Kanada bereits einige Erfahrungen und konkrete Beispiele mit derartig selbstorganisierten Versorgungsaktivitäten (Heinze/Offe 1988), die zeigen, daß man den Gebrauchswert freier Zeit durchaus requalifizieren kann. An dieser Stelle soll nur auf eines dieser Beispiele hingewiesen werden, das in den USA in insgesamt sechs Bundesstaaten bereits seit Anfang der 80er Jahre praktiziert wird und das dort unter dem Stichwort 'Service Credits' (Dienstleistungskredite) gehandelt wird. Hier wird eine Art der Nebenwährung eingeführt, die nicht aus Dollar besteht, sondern aus Gutscheinen für geleistete Zeitstunden. Es ist ein Sozialversicherungssystem auf Zeitbasis, das so funktioniert, daß Personen im Prinzip bis zu 10 Stunden pro Woche in einer ziemlich breiten Kategorie von sozialen Dienstleistungen tätig werden können und pro Stunde - und zwar unabhängig davon, was sie getan haben - Gutscheine bekommen, die sie entweder sofort oder zu einem zukünftigen Zeitpunkt für ein breites Sortiment von Dienstleistungen verwenden können, die dann von anderen erbracht werden. Dieses System wird vorwiegend von Personen wahrgenommen, die am Arbeitsmarkt keine oder eine nur geringe Chance haben, die aber auf diese Weise sich in den Besitz von Gütern und insbesondere Dienstleistungen bringen können, die sie sich sonst niemals kaufen könnten. Die Rationalität des Modells besteht darin, das Geldmedium zu umgehen und Zeiteinheiten direkt in Wohlfahrtseinheiten umzusetzen. Diese neue Produktionsfunktion wird jedoch erst möglich durch die politisch garantierte (und in komplexen gesetzlichen Formulierungen festgeschriebene) Institution der Dienstleistungskredite. Solch konkrete Modelle weisen darauf hin, daß der strukturelle Vorsprung des Mediums Geld gegenüber dem Zeitmedium durch neue gesellschaftspolitische Initiativen ein Stück weit wieder rückgängig gemacht werden kann.

Literatur:
Heinze, Rolf G. / Offe, Claus (Hrsg.), Organisierte Eigenarbeit, Frankfurt - New York 1988 (im Erscheinen)

IV. Diskussionsbeiträge

Claus Schäfer

Diskussionsbeitrag

Es ist sicher richtig, daß von Wissenschaft und Politik die Offenheit und damit auch die Gestaltbarkeit von gesellschaftlicher Zukunft durch das Formulieren von Szenarien demonstriert wird. Es ist ebenfalls im Sinne von Hegner richtig, daß die Wissenschaft als Politikberaterin dabei nicht voluntaristisch und spekulativ, sondern auf der Grundlage sorgfältiger Analyse vorgehen soll, um die Bandbreiten möglicher Entwicklungen und vorausgreifender, korrigierender sowie gestaltender politischer Eingriffsmöglichkeiten oder -notwendigkeiten zu verdeutlichen.

Es ist aber in der aktuellen Diskussion häufig zu beobachten, daß dabei die Bandbreiten zu eng gesehen und gewählt werden, bzw. gerade im vieles entscheidenden ökonomischen Bereich vermeintliche Entwicklungen als unausweichlich und damit auch als Szenario- und Handlungsanweisungsprämisse hingenommen werden, obwohl dies bei näherem Hinsehen nicht gerechtfertigt ist. Dafür sollen hier zwei Beispiele aus den sogenannten Rahmenbedingungen (1) angeführt und mit entsprechenden Handlungsanweisungen (2) verknüpft werden.

1. Zu den Rahmenbedingungen

Die von Hegner stellvertretend für viele angesprochene unausweichliche Entwicklung der Wirtschaftsstrukturen hin zur Dienstleistungsgesellschaft ist zu großen Teilen nur eine Umetikettierung von bestehenden Bereichen des industriellen Sektors. Das heißt, es entstehen eigentlich keine neuen Tätigkeiten, sondern es werden schon vorhandene nur aus Produktionsunternehmen 'herausgebrochen' und in eine eigenständige organisatorische Form gebracht (häufig durch Initiative der Mutterunternehmen selbst als 'spin off' oder ähnliches) und damit statistisch-klassifikatorisch dem Dienstleistungsbereich zugeordnet. Deshalb darf man vom 'Trend zur Dienstleistungsgesellschaft' auch keine besondere Dynamik zugunsten von mehr Wirtschaftswachstum und zusätzlicher Beschäftigung erwarten. Im Gegenteil ist auch hier eher Skepsis angebracht. Große Teile der Dienstleistungen gehören zum öffentlichen Dienst, der in absehbarer Zeit unter Sparpolitik zu leiden haben wird, oder zu klassischen Bank- und Versicherungsleistungen und ähnlichem, wo sich bald, ähnlich wie im Produktionsbereich, arbeitsplatzvernichtende Elektronisierung bemerkbar machen kann. Dagegen sind wirklich 'neue' und zugleich wachstumsträchtige Dienstleistungsbereiche kaum in Sicht (Schäfer 1986).

Noch mehr gefährliche Illusionen für Öffentlichkeit und Politik - im Sinne von falschem Problembewußtsein und daraus folgender politischer Untätigkeit oder Fehlhandlung - können mit der schon kaum noch hinterfragten Aussage verbunden sein, nach der die Bevölkerung in der Bundesrepublik besonders nach dem Jahr 2000 drastisch sinken und völlig neue und bedrohliche Probleme schaffen werde. Es besteht sogar ganz offensichtlich die Gefahr, daß diese Aussage politisch mißbraucht wird, um mit dieser behaupteten zukünftigen Entwicklung bestimmte politische Aktivitäten und Positionen von heute zu rechtfertigen. In diesem Sinne wird zum Beispiel argumentiert:

- Arbeitslosigkeit wird 'bald' wegen dieser Bevölkerungsentwicklung vom Arbeitskraftmangel abgelöst, womit Arbeitslosigkeit als Problem heruntergespielt und Maßnahmen zu ihrer Lösung, wie Arbeitszeitverkürzungen, als schädlich klassifiziert werden, weil wegen der zu erwartenden Bevölkerungsentwicklung eher Arbeitszeitverlängerung angesagt sei.
- Wegen der nach 2000 zu erwartenden 'dramatisch steigenden Rentenlast' (das heißt einem Mißverhältnis von beitragszahlenden Erwerbstätigen und leistungsempfangenden Rentnern) seien heute schon als Vorbeugung weitreichende 'Reformmaßnahmen' in der Rentenversicherung wie in der Sozialversicherung generell notwendig: gemeint sind Beitragserhöhungen bzw. eher Leistungssenkungen und andere 'unumgängliche Opfer' der Arbeitnehmer.

Es besteht demnach die Tendenz, mit den behaupteten Problemen des Jahres 2030 solche von heute und von mittlerer Frist zu 'erschlagen' und gleichzeitig für eigene politische Positionen Pflöcke zu setzen. Dabei hat der Beitrag von Werner Glastetter noch einmal bemerkenswert deutlich gemacht, daß bis zum Jahr 2000 selbst auf der Basis der üblichen Bevölkerungsprognosen kein 'natürliches', das heißt demographisch bedingtes Aussterben der Arbeitslosigkeit stattfindet. Und auch darüber hinaus ist damit nur sehr bedingt zu rechnen. Ich will das mit einer Kritik an der behaupteten Bevölkerungsentwicklung selbst, aber auch im Zusammenhang mit einem teilweise davon unabhängigen Faktor am Arbeitsmarkt, der Frauenerwerbsneigung, belegen (Schäfer 1986 und 1987).

Bei der behaupteten drastischen Abnahme der Bevölkerung in der Bundesrepublik wird von einigen Prämissen ausgegangen, die so kaum haltbar sind. Dabei wird im folgenden auf diejenigen Bevölkerungsprognosen Bezug genommen, die in den letzten Jahren vom Statistischen Bundesamt in Zusammenarbeit mit dem Bundesministerium des Innern vorgelegt wurden (vgl. dazu auch Tab. 40 im Anhang):

1. Ganz offensichtlich unrealistisch ist aus außenpolitisch bzw. außenhandelspolitischen Gründen die offizielle Annahme, daß die Zuwanderungen aus dem Ausland mit jährlich netto 55 000 Personen nur ähnlich hoch wie heute schon angesetzt und außerdem bis zum Jahre 2009 befristet werden. Dies widerspricht der innerhalb der Europäischen Gemeinschaft zu erwartenden größeren Freizügigkeit, die vor allem wegen der EG Vorteile für deutsche Industrieprodukte von den schwächeren EG-Ländern politisch eingeklagt werden wird - nicht zuletzt von Spanien und Portugal mit einem wahrscheinlichen Zuwachs ihres Erwerbspersonenpotentials um allein 5 Millionen Personen allein bis zum Jahre 2000. In diesen Ländern ist schließlich heute schon eine überdurchschnittlich hohe Arbeitslosigkeit anzutreffen. Aber auch eine nochmalige Erweiterung der Europäischen Gemeinschaft ist langfristig nicht auszuschließen, was allein im Fall der Türkei den Druck von zusätzlichen 10 Millionen türkischer Erwerbspersonen bis zum Jahr 2000 bedeuten würde.

2. Amtlicherseits wird auch ab dem Jahre 1995 eine Konstanz der bis dahin rückläufigen Sterblichkeit erwartet. Doch auch danach ist aufgrund verschiedener Faktoren, nicht zuletzt auch aufgrund von Arbeitszeitverkürzungsmaßnahmen mit der Folge einer geringeren Arbeitsintensität und Arbeitsmühe, mit einer weiteren Erhöhung der Lebenserwartung bzw. Verbesserung der Gesundheit, mit weniger Invalidität und vorzeitigem Tod und damit mit einem längeren Verbleiben bzw. Verbleiben-Wollen im Erwerbsleben zu rechnen.

3. Schließlich ist auch eine mittelfristig wieder ansteigende Geburtenrate der deutschen Bevölkerung nicht auszuschließen, wie sie seit rund zwei Jahren beobachtet und zur Zeit lediglich wegen der bis dahin zunehmenden Frauenjahrgänge im 'gebärfähigen und gebärwilligen' Alter als 'bis 1997 vorübergehend' eingeschätzt wird. Immerhin war dieser bereits zu beobachtende Anstieg Anlaß genug, in einer amtlichen Alternativrechnung anstelle einer Geburtenrate von bisher 0,6 (und damit 0,4 weniger als zur Konstanzerhaltung der Bevölkerung notwendig) eine von 0,8 zu unterstellen; sie läßt die Gesamtbevölkerung bis zum Jahr 2030 nur noch auf 53,5 Millionen Personen statt auf 48,5 Millionen sinken (einschließlich der Ausländer

unter der oben zitierten unrealistischen Annahme eines jährlichen und bis 2009 befristeten positiven Wanderungssaldos von 55 000). Es sind aber unabhängig von 'zufälligen' Verhaltensänderungen 'neue' familienpolitische Maßnahmen denkbar, die auch langfristig eine dauerhafte Niveauerhöhung der Geburtenrate erleichtern könnten. Ich werde auf sie unten noch zu sprechen kommen.

Aber selbst wenn die bekannten pessimistischen Bevölkerungsprognosen eintreffen sollten, so wird das nicht automatisch Entlastung für den Arbeitsmarkt bedeuten. Wer diese Hoffnung hegt, hat schon bisher eine wichtige Entwicklung auf dem Arbeitsmarkt vernachlässigt: die steigende Erwerbsneigung der Frauen. Mit einer ähnlichen Bedeutung wie die Produktivitäts-Schere auf der Seite der Nachfrage nach Arbeit, deren mittelfristig fortdauernde Wirkung Werner Glastetter so eindrucksvoll geschildert hat, erhöht sich schon seit vielen Jahren ständig das Angebot an Arbeitskräften und wird dies auch in absehbarer Zukunft weiter tun. Selbst in wissenschaftlichen Kreisen wird dieser Faktor immer noch unterschätzt - so auch in der kürzlich veröffentlichten und von Glastetter herangezogenen Langfristprognose des DIW bis 2000. Die dort genannte relativ niedrige Gesamtarbeitslosigkeit für die Jahrtausendwende kommt nur zustande, wenn sich bis dahin der Trend der Frauenerwerbsneigung deutlich abschwächt, im Fall des DIW auf das Niveau, das vom Institut für Arbeitsmarkt- und Berufsforschung der Bundesanstalt für Arbeit (IAB) und der Prognos AG in einer gemeinsamen vorangegangenen Arbeitsmarktprognose als die untere bzw. (für den Arbeitsmarkt) optimistische Variante bezeichnet wurde. Doch für eine Abschwächung dieses Trends gibt es bis heute trotz der Arbeitslosigkeit, die vermeintlich abschreckt, keine Anzeichen, eher ist das Gegenteil richtig und kürzlich auch von DIW selbst in einer anderen Veröffentlichung zur Frauenbeschäftigung bestätigt worden (Klauder/Schnur/Thon 1985, DIW 1987).

Deshalb ist bis zum Jahr 2000 im Hinblick auf die Frauenerwerbsneigung eher die obere (pessimistische) Entwicklungsvariante von IAB und Prognos wahrscheinlich, die 'nur' den seit 1967 bestehenden Trend (einschließlich der verheirateten Frauen zwischen 25 und 55 Jahren) fortschreibt und in 2000 zu einer höheren Arbeitslosigkeit als heute führt. Dabei werden für die anderen Faktoren des Arbeitsmarktes solche unterstellt, wie sie von IAB und Prognos im Rahmen einer von ihnen sogenannten mittleren Entwicklungsvariante als wahrscheinlich angesehen werden; aber auch sie könnten bei näherer Betrachtung noch als optimistisch bezeichnet werden, bzw. bei einer entsprechenden Relativierung zu einer noch höheren zukünftigen Arbeitslosigkeit führen (Schäfer 1986).

Die zunehmende Erwerbsneigung der Frauen ist nicht nur auf ihre wachsenden Gleichberechtigungs- und damit auch ökonomischen Gleichstellungsansprüche zurückzuführen, sondern auch auf ihren im internationalen Vergleich deutlich sichtbaren Nachholbedarf bei der Erwerbstätigkeit. Schon in 1985 waren im vergleichbaren Ausland die Anteile erwerbstätiger Frauen an allen Frauen zwischen 15 und 65 Jahren (Erwerbsquote) höher als die 53 % in der Bundesrepublik Deutschland. Die entsprechenden Zahlenziffern lauten für Frankreich 55 %, Großbritannien 60 %, Kanada 62 %, USA 64 %, Finnland 75 %, Schweden 78 %. Und selbst bei Fortsetzung des oben genannten 67er Trends wird die Frauenerwerbsquote auch in 2000 erst 66 % betragen, bzw. es wird auch danach noch einen Angleichungsprozeß an die Erwerbsquote der deutschen Männer von heute 83 % geben.

Entscheidend ist daher für heutige Politikentscheidungen: Unterstellt man in einer Fortsetzung dieses Frauenerwerbstrends z. B. für das Jahr 2010 eine Frauenerwerbsquote von ungefähr 75 % (und damit immer noch weniger als in manchem westlichen Industrieland heute schon), so wird es in 2010 fast eine Million mehr Arbeitssuchende als heute und damit möglicherweise auch mehr Arbeitslosigkeit geben - selbst wenn man bis dahin entsprechend den amtlichen Prognosen von einer stark sinkenden Bevölkerung ausgeht. Die Frauenerwerbsneigung wird also für den Arbeitsmarkt und die Beschäftigungspolitik auf längere Zeit eine größere Bedeutung bekommen als sie bisher die geburtenstarken Jahrgänge gehabt haben. Diese Bedeutung läßt sich plastisch auch an folgender Aussage festmachen: Würde die Gesellschaft die Gleichberechtigung der Frauen auch ökonomisch wirklich so ernst nehmen, wie sie häufig propagiert wird, wäre die Frauenerwerbsneigung bzw. Frauenerwerbsquote heute so hoch wie die der Männer, mit der Folge, daß es heute 6 Millionen weibliche Arbeitslose mehr gäbe. Das bedeutet, die Gesellschaft kann froh sein, wenn ihr zukünftig von den Frauen selbst im Rahmen des Gleichstellungsprozesses durch eine nicht sprunghaft steigende Erwerbsneigung Zeit gelassen wird, die Frauenansprüche zu befriedigen.

2. Zu den Handlungsanweisungen (oder: Zur Notwendigkeit von quantitativen und qualitativen Arbeitszeitverkürzungen)

Die vorangegangene, an zwei Beispielen demonstrierte Relativierung von scheinbar festen Rahmenbedingungen für die Zukunft sollte selbstverständlich auch Konsequenzen für eine zukunftsorientierte Politik haben - und das beinhaltet häufig andere Maßnahmen, als sie heute vielfach propagiert werden. Zu diesen 'anderen Maßnahmen' gehören in erster Linie - und da bin ich einig mit Glastetters Schlußfolgerungen - weitere und verstärkte Arbeitszeitverkürzungen über einen langen Zeitraum. Sie hätten die doppelte Aufgabe auch über 2000 hinaus

- einerseits drohende weitere Arbeitslosigkeit zu verhindern und vorhandene Arbeitslosigkeit abzubauen und
- andererseits die Frauen in den Arbeitsmarkt zu integrieren.

Beides wird heute von zu vielen bereits als lästige Last empfunden, und die Versuchung ist, wie bereits gesagt, groß, Arbeitslosigkeit als Problem zu relativieren und Frauen zur 'Entlastung' des Arbeitsmarktes wieder an Heim und Herd zu schicken, was nichts anderes heißt, als versteckte und erzwungene Frauenarbeitslosigkeit herzustellen. Diese Kreise wollen und können aber auch nicht die möglichen positiven Seiten der steigenden Frauenerwerbsneigung sehen, die eine bedeutende Chance zur Lösung anderer Probleme eröffnet: nämlich gerade bei den Rentenfinanzen. Denn eine steigende Frauenerwerbsquote wäre in der Lage, über die damit verbundenen zusätzlichen Sozialversicherungs-Beiträge und die gleichzeitig eintretende Entlastung der Rentenversicherung von 'abgeleiteten' Rentenansprüchen der nicht oder wenig erwerbstätigen Frauen die Rentenfinanzen auch bei deutlich sinkender Bevölkerung ohne jegliche Beitragserhöhung oder Leistungssenkung zu sichern.

Nach einer Modellrechnung aus dem Sonderforschungsbereich 3 der Universitäten Frankfurt und Mannheim von 1986 genügt dafür schon eine Frauenerwerbsquote von 66 % durch eine kontinuierliche Steigerung der Frauenerwerbstätigkeit bis 2030 (Thieds 1986). 66 % aber würden im 'Selbstlauf' des empirischen Trends eigentlich schon in 2000 (siehe oben) erreicht sein, müßte nicht heute die Verhinderung dieser Marke durch eine nachlässige konservative Beschäftigungspolitik und ein ideologisch motiviertes (Wieder-)Verdrängen der Frauen vom Arbeitsmarkt befürchtet werden. Um so mehr aber müßte angesichts der nicht nur ökonomischen Chancen, die mit mehr Frauenerwerbstätigkeit verbunden sind, von der Wissenschaft und der aufgeklärten Politik auf andere, arbeitsmarkt-integrierende Maßnahmen gedrungen werden, wie sie in erster Linie durch Arbeitszeitverkürzung verkörpert werden.

Nun reicht Arbeitszeitverkürzung zur Lösung der beiden eben genannten Aufgaben nur aus, wenn sie auch im Rahmen bestimmter Formen erfolgt. Solche geeigneten Formen sind aber gerade nicht diejenigen, welche Michael Jungblut in seinem Referat fordert, und vor denen Jürgen Rinderspacher zu Recht gewarnt hat (vgl. dazu auch WSI 3/1986):

- Vor allem sind es nicht ungeschützte und eine unabhängige Existenz nicht sichernde Teilzeit-Arbeitsplätze, wie sie von Jungblut und von konservativer Seite vor allem für Frauen, aber auch für Berufsanfänger gefordert werden.
- Es sind aber auch nicht Vollzeitarbeitsplätze, wenn sie im Jungblut'schen Sinn flexibilisiert und dereguliert werden.

Die von Jungblut im Referat von Karlheinz Blessing entdeckte vermeintliche Gemeinsamkeit bei der Bereitschaft von Arbeitgebern und Arbeitnehmern zur Flexibilisierung und sein Angebot zu einer entsprechenden 'Koalition' verwischen die Unterschiede bei den Interessen der Tarifparteien nach mehr 'Zeitsouveränität'. Die negativen und nicht nur von Gewerkschaftsseite kritisierten Auswirkungen von Flexibilisierung und Deregulierung nach Arbeitgebersicht können gerade in jüngster Zeit an vielfachen in- und ausländischen Erfahrungen abgelesen werden. Die vielgerühmte US-amerikanische 'Job-Erzeugungs-Maschine' hat im wesentlichen nur schlecht bezahlte und ungesicherte Arbeitsplätze erzeugt - bei einer übrigens stark steigenden Gesamtbevölkerung und auch ansonsten mit der Bundesrepublik nur bedingt vergleichbaren Strukturen. Und in der Bundesrepublik haben das Beschäftigungsförderungsgesetz und andere politische Maßnahmen im wesentlichen auch nur eine Erhöhung von befristeten Arbeitsplätzen, von Leiharbeitsverhältnissen und sonstigen unsicheren sowie für eine eigene Existenz nicht ausreichenden Beschäftigungsverhältnissen, teilweise auf Kosten bisheriger Vollzeitarbeitsplätze, erbracht.

Es kann daher kein Trost sein, wenn Michael Jungblut auf in einzelnen Unternehmen heute schon vorhandene Arbeitszeitmodelle bzw. -praktiken verweist, denen man teilweise durchaus die Erfüllung von Arbeitnehmerwünschen nachsagen kann. Noch weniger kann man darauf vertrauen, daß diese Modelle im Sinn der Arbeitnehmerinteressen zunehmen werden. Denn diesen Modellen und ihrer Praxis liegen keine gesicherten Ansprüche der Arbeitnehmer zugrunde, sondern nur die letztlich unbefriedigende Ideologie, daß sich einzelne 'starke' Arbeitnehmer oder Belegschaften in individuellen Verhandlungen mit ihrem jeweiligen mehr oder weniger geneigten Arbeitgeber interessenmäßig durchsetzen - oder auch nicht. Weil in solchen bilateralen Verhandlungen die Arbeitnehmer meist den kürzeren ziehen, muß es nach wie vor Gewerkschaften geben, die kollektiv für alle verbindliche Normen im Sinn von Ansprüchen durchsetzen.

Nun wird aber an dieser Stelle schon seit längerer Zeit und nicht nur von konservativer Seite behauptet, daß es einen zunehmenden Konflikt gebe zwischen zwangsläufig vereinheitlichenden Normen von Tarifverträgen (und auch

Gesetzen) und beobachtbar zunehmend auseinanderstrebenden individuellen Bedürfnissen, Lebensstilen usw. der Arbeitnehmer selbst. Auch Claus Offe hat heute implizit diese These vertreten, als er die eigene persönliche Erfahrung mit Einkaufsmöglichkeiten in den USA nachts um 3.00 Uhr als 'Wohlstandsvermehrung' bezeichnet hat.

Nun will ich nicht behaupten, daß das bestehende, in Tarifverträgen kodifizierte Normalarbeitsverhältnis den Interessen aller Arbeitnehmer sehr weit entgegenkommt, weil dies auch viele Unzulänglichkeiten der bestehenden Tarifpraxis fahrlässig zudecken würde. Aber es ist ein verhängnisvoller Irrtum zu glauben, daß kollektive Normen und individuelle Interessen prinzipiell im Konflikt stehen. Der Irrtum besteht darin, die Norm für ein Zwangskorsett zu halten. Dagegen schafft die Norm durch die Formulierung von Ansprüchen, die ausgeschöpft werden können, erst die notwendigen und geschützten Freiräume für die Entfaltung verschiedener Bedürfnisse.

In diesem Sinn bzw. zur Widerlegung der These über den Konflikt von kollektiver Norm und individuellem Interesse ist im WSI ein 'phantastischer Tarifvertragsentwurf' formuliert und begründet worden (Kurz-Scherf/Breil 1987 und Kurz-Scherf 1987). Darin werden Ansatzmöglichkeiten für eine neue Zeitkultur im Betrieb wie im Alltag benannt, weil viele der vorgestellten neuen Tarifvertragsnormen trotz ihrer Arbeits- bzw. Betriebsbezogenheit auch eine unmittelbare Auswirkung auf andere Lebensbereiche haben. Basis eines neuen Normalarbeitsverhältnisses ist danach der Sechs-Stunden-Tag von Montag bis Freitag. Auf dieser Basis existieren weitere Ansprüche auf zusätzliche Arbeitszeitverkürzung wie mehr Zeitsouveränität,

- und zwar für alle Arbeitnehmer/innen im Sinn von persönlichen Erholzeiten, Ansprüchen auf Gleitzeit, gesicherter Teilzeit und sonstigen Freistellungen, Verfügungszeiten für Arbeitsgruppen und andere Kollektive, Freizeitausgleich für Überstunden u. a. m.,
- aber auch spezielle Ansprüche für besondere Arbeitnehmergruppen, wie durch Lärm, Staub, Hitze u. ä. Belastete (die zusätzliche Ausgleichs-Freizeiten erhalten), Väter und Mütter erziehungspflichtiger Kinder (die Erziehungs-Freizeiten beanspruchen können), Ältere (die in den Ruhestand gleiten können) usw.

An einem Beispiel können die individuellen Entfaltungsmöglichkeiten wie die gesellschaftlichen Auswirkungen dieses neuen Normalarbeitsverhältnisses verdeutlicht werden. Schafft schon der Sechs-Stunden-Tag zusätzliche Chancen für mehr Frauenbeschäftigung im Betrieb wie für mehr Gleichverteilung der Alltagslasten von Männern und Frauen sowie Vätern und Müttern im Privatbereich, so wird dieser Effekt durch Detailbestimmungen im angesprochenen Tarifvertragsentwurf erheblich verstärkt. Zum Beispiel wird jedem/jeder Erziehungspflichtigen von Kindern bis zu 7 Jahren der Anspruch gegeben und damit die Möglichkeit gewährt, für maximal 3 Jahre wöchentlich weitere 10 Stunden bzw. täglich weitere 2 Stunden Arbeitsbefreiung für Kinderbetreuung bei einem 75 %igen Lohnausgleich zu erhalten. Damit ist ein deutlicher Anreiz gegeben, daß sich Vater und Mutter hintereinander für insgesamt sechs Jahre gleichmäßig an der Kinderbetreuung beteiligen (bei Alleinerziehenden bezieht sich der besondere Arbeitszeitverkürzungsanspruch auf sechs Jahre). Ähnliches gilt für erziehungsbezogene Ansprüche auf gänzliche Arbeitsbefreiung für allerdings kürzere Fristen und ohne Lohnausgleich. Es wäre schließlich nicht verwunderlich, wenn diese Anreize auch zu einem Wiederansteigen der Geburtenrate führten. Aber zu betonen bleibt, Anreize bzw. Ansprüche sind kein Zwang.

Diese und andere Bestimmungen eines neuen Normalarbeitsverhältnisses sind nun aber entgegen dem provokatorischen Etikett nicht 'phantastisch', sondern durchaus realistisch und realisierbar. Inhaltlich fassen sie schon vorhandene Diskussionslinien in den Gewerkschaften zusammen und entwickeln sie fort. Und ökonomisch sind sie auch ganz 'nah', weil z. B. allein die Fortsetzung des langfristigen Vergangenheitstrends von 1 % jährlicher Arbeitszeitverkürzung, die beschäftigungspolitisch sowieso als Minimum geboten ist, bis zum Jahr 2000 die 33- und bis 2010 die 27-Stunden-Woche bringen wird. Das Gesamtvolumen der Arbeitszeitverkürzungen im erwähnten Tarifvertragsentwurf verlangt zwar mehr als 1 % jährlich; aber auch dies ist, soweit es sich quantifizieren läßt, durchaus vergleichbar mit dem Verkürzungsvolumen, das für 1950 bis 1970 in Zeiten ähnlicher Herausforderungen für den Arbeitsmarkt realisiert wurde (Schäfer 1987).

Um ein Fazit zu formulieren: Sowohl veränderte Rahmenbedingungen als auch daraus ableitbare Gestaltungsaufgaben legen nahe, gerade die Zeit nicht mehr überwiegend als Arbeitszeit oder ökonomischen Faktor, sondern als umfassende Lebenszeit zu begreifen und auch politisch zu bearbeiten - wie es Christoph Zöpel eingangs ebenfalls gefordert hat. Und Gestaltung der Zeit muß in erster Linie heißen: Verkürzung der Arbeitszeit und Verlängerung der 'Lebenszeit' nach Maßgabe des zum Zeitsouverän zu machenden Individuums.

Literatur:

Deutsches Institut für Wirtschaftsforschung (Hrsg.), Perspektiven der wirtschaftlichen Entwicklung in der Bundesrepublik Deutschland bis zum Jahr 2000, in: DIW-Wochenbericht 25/1987, S. 329 ff.

Deutsches Institut für Wirtschaftsforschung (Hrsg.), Immer mehr Frauen im Beruf. - Zur längerfristigen Entwicklung des Erwerbsverhaltens der Frauen, in: DIW-Wochenbericht 29/1987, S. 393 ff.

Wirtschafts- und Sozialwissenschaftliches Institut des DGB (Hrsg.), Schwerpunktheft Frauen: Arbeitsleben - Lebensarbeit, in: WSI-Mitteilungen 8/1986.

W. Klauder/P. Schnur/M. Thon, Arbeitsmarktperspektiven der achtziger und neunziger Jahre - Neue Modellrechnungen für Potential und Bedarf an Arbeitskräften, in: Mitteilungen aus der Arbeitsmarkt- und Berufsforschung, Heft 1/1985, S. 41 ff.

I. Kurz-Scherf/G. Breil (Hrsg.), Wem gehört die Zeit - Ein Lesebuch zum Sechs-Stunden-Tag, Hamburg 1987.

I. Kurz-Scherf, Zeit(t)räume per Tarifvertrag, in: WSI-Mitteilungen 8/1987, S. 492 ff.

C. Schäfer, Auch bei Wachstum bleibt die Bekämpfung der Arbeitslosigkeit bis zum Jahr 2000 eine politische Aufgabe - Szenarien zur Entwicklung des Arbeitsmarktes bis 2000, in: WSI-Mitteilungen 3/1986, S. 1145 ff.

C. Schäfer, Ein Arbeitszeitverkürzungs-Plan für 1990 bis 2010, in: WSI-Mitteilungen 8/1987, S. 502 ff.

R. Thiede, Die soziale Sicherung kann auch in Zukunft sicher bleiben, Arbeitspapier Nr. 208 des Sonderforschungsbereichs 3 der Universitäten Frankfurt und Mannheim, 1986.

Wirtschafts- und Sozialwissenschaftliches Institut des DGB (Hrsg.), Schwerpunktheft Zukunft der Arbeit, in: WSI-Mitteilungen 3/1986.

Bodo Richter

Diskussionsbeitrag

Die hier vorgestellte und diskutierte Verbreiterung der Angebotsstrukturen bei der Arbeitszeit wird auf Widerstand im öffentlichen Dienst stoßen. Ich sehe hier - auch auf dem Hintergrund der Anforderungen unserer Verfassung - ganz erhebliche Defizite und Schwierigkeiten.

Nach dem Grundgesetz soll der Zugang zum öffentlichen Dienst mit Chancengleichheit versehen sein. In den letzten Jahren haben wir diesen Zugang drastisch verengt. Durch die notwendigen Haushaltskonsolidierungsmaßnahmen - sprich: im wesentlichen Personalkosteneinsparungen - haben wir die Personalfluktuation genutzt, um in großem Umfang Planstellen des öffentlichen Dienstes abzubauen. Die aus Altersgründen und aus anderen Motiven ausscheidenden Mitarbeiter sind über Jahre nicht ersetzt worden.

In diesem Verfahren liegt ein krasser Generationenegoismus; denn es hat den Zugang zum öffentlichen Dienst für junge Leute auf Jahre verengt. Bei der Knappheit der Personalkostenetats ist damit zu rechnen, daß diese Verengung des Zugangs im Vergleich zu dem Angebot für frühere Generationen für lange Zeit bestehen bleiben wird. Spiegelbildlich läßt sich diese Entwicklung daran ablesen, daß bei Ausschreibungen von Ausbildungsplätzen und Eingangsämtern zum öffentlichen Dienst regelmäßig die Zahl der Bewerbungen das Stellenangebot um das 10-20fache übersteigt.

Diese Ungleichbehandlung der Generationen ließe sich deutlich entschärfen, wenn das knapper gewordene Angebot durch andere Arbeitszeitstrukturen erheblich mehr Menschen zuteil würde. Das derzeitige Arbeitszeitangebot im öffentlichen Dienst nimmt aber so gut wie überhaupt nicht Rücksicht auf die individuellen Wünsche der Beschäftigten. Derzeit sind wir in dieser Frage viel zu unbeweglich. Es ließen sich viele Modelle neuer Arbeitszeitstrukturen des öffentlichen Dienstes entwickeln.

Ein Beispiel : Wenn eine junge Frau - in den kommunalen Diensten der Großstädte arbeiten sehr viele Frauen, bis zu 50 % der Mitarbeiter - zum ersten Mal schwanger ist und vor der Frage ihrer weiteren Lebensplanung steht, kommt sie oft mit dem Wunsch, auf einige Jahre nach der Schwangerschaft zunächst in einer Teilzeitbeschäftigung weiterzuarbeiten. In der Phase der Haushaltskonsolidierungen und des Stellenabbaus haben manche Personalämter diese Frauen vor das 'Alles oder Nichts' gestellt, indem sie angeboten haben, entweder auf einen 40-Stunden-Arbeitsplatz zurückzukommen oder auf den Weiterbeschäftigungsanspruch im öffentlichen Dienst zu verzichten. Vor diese Alternative gestellt, haben viele Frauen sich dafür entschieden, überhaupt nicht mehr in den öffentlichen Dienst zurückzukehren.

Die Bereitschaft zu einer vorausschauenden Personalplanung bei langfristiger Urlaubsgewährung oder zwischenzeitlicher Teilzeitbeschäftigung nach individuellen Wünschen ist nach wie vor gering. Nach meiner Beobachtung liegt das keineswegs nur an den Personal- und Organisationsämtern, sondern wesentlich auch an den Personalräten. Dort herrscht bewußt oder unbewußt die Vorstellung, daß Macht und Einfluß des Personalrats entscheidend davon abhängen, möglichst viele Vollzeitbeschäftigte mit 40-Stunden-Verträgen als Gewerkschaftsmitglieder im Hintergrund stehen zu haben. Die Angst vor Veränderungen versteinert die derzeitigen Arbeitszeitstrukturen.

Der öffentliche Dienst mit seinen vielfältigen Dienststellen muß allerdings bezüglich der möglichen Arbeitszeitstrukturen differenziert betrachtet werden. Zwar kann ich bei der Berufsfeuerwehr oder im Krankenhausdienst, in denen ein 24-Stunden-Dienst erforderlich ist, kaum individuell unterschiedliche Arbeitszeitblöcke organisieren; daneben haben wir aber einen größeren Anteil zeitlich disponibler Verwaltungsarbeit, den man fast beliebig in unterschiedliche Bearbeitungszeitblöcke zerlegen kann. Ich meine, daß wir die vielfältigen Möglichkeiten nach der Eigenart des öffentlichen Dienstes dazu nutzen müssen, der Gesellschaft vorbildliche Problemlösungen der neuen Zeitökonomie nach individuellen Wünschen vorzuführen. Das wäre zugleich ein wichtiger Beitrag zur Herstellung von mehr Chancengleichheit im Zugang zu öffentlichen Ämtern, insbesondere vor dem Hintergrund der riesigen Nachfrage nach Arbeitsplätzen im öffentlichen Dienst.

Es gibt aber auch ein ureigenes Interesse der Anbieter öffentlicher Dienste an der Auflockerung der herkömmlichen Arbeitszeitstrukturen. Das gilt beispielsweise für die vielen kommunalen Freizeitangebote, die zu vielen gewerblichen Freizeiteinrichtungen in Konkurrenz stehen. Die Hallenbäder, die kommunalen Zoos und andere Einrichtungen werden sich nicht behaupten können, wenn sie weiter ihre Öffnungszeiten nur an den Arbeitszeitstrukturen eines 40-Stunden-Beschäftigungsverhältnisses organisieren.

Das ‘Kundeninteresse’ und das ‘Mitarbeiterinteresse’ sind hier auf Dauer nicht zu vereinbaren. Wenn der Zoo um 17.00 oder 18.00 Uhr geschlossen wird, also zu einem Zeitpunkt, an dem die Freizeit der größten Zahl der Berufstätigen gerade begonnen hat, bedeutet diese zeitliche Angebotsstruktur auf Dauer den Ruin des öffentlichen Angebots, das immer mehr durch attraktive, privatwirtschaftliche und zeitlich flexiblere Freizeitangebote verdrängt werden wird.

Bei der Verwendung der Gebrauchszeit ist in den Großstädten ohnehin die Kommerzialisierung im Vormarsch. Die prestigebewußte Zeitverwendung wird dadurch wesentlich von der Verfügbarkeit über Geld abhängig. Diese Kommerzialisierung des Freizeitangebots beschleunigt sich zur Zeit, wird in Zukunft die Verwendung der Gebrauchszeitressourcen erheblich verändern. Es kommt ja nicht von ungefähr, daß der Deutsche Sportbund z. B. derzeit eine große Öffentlichkeitsoffensive gestartet hat, um die Vorzüge des Freizeitsports im Verein zu verteidigen. Das traditionelle Freizeitangebot der Sportvereine wird mit einer atemberaubenden Geschwindigkeit durch kommerzielle Sport- und Fitnessangebote verdrängt. Für viele ist die gepflegte Atmosphäre privater Sporteinrichtungen, verbunden mit vielfältigen Angeboten des gehobenen Konsums (Sportkleidung, Essen und Trinken, Geselligkeit), viel attraktiver als das spartanische Vereinshaus am Sportplatz, in dem sich zudem noch die Gängelung und Eitelkeit des Vereinsfunktionärswesens darstellt. Für die Kommunalpolitik hat diese Entwicklung Folgen: Eine ganze Welt kommunaler Förderungsmaßnahmen gerät ins Rutschen; auf Dauer lassen sich Subventionen für die Sportvereine nicht halten, wenn das Interesse und die Nachfrage der Bürger am Angebot dieser Vereine zurückgehen.

Man kann auch beobachten, daß das in unserem Land verfügbare Kapital immer mehr in Investitionen für große, private Freizeiteinrichtungen fließt. Kürzlich hat ein Unternehmer in unserer Stadt das Projekt eines ‘Karibischen Bades’ in Wuppertal vorgestellt. Als ich ihm vorhielt, wir hätten bereits 10 Hallenbäder, antwortete mir der Unternehmer trocken: ‘Ihre Mitarbeiter betrachten die Badbenutzer doch nur als ihre natürlichen Feinde, die sie in ihrer Ruhe stören’. Als seine Unternehmensphilosophie stellte er vor: ‘Die Sinne täuschen’. Er will die perfekte Illusion eines Urlaubstages an der Südsee schaffen, aber natürlich erst, nachdem die Besucher den opulenten Eintritt an der Kasse bezahlt haben. Dieses Konzept ist bisher in den Großstädten sehr erfolgreich gewesen. Die Wachstumsraten des Unternehmens sind enorm.

Hier wird deutlich, wohin die Wertvorstellungen gehen: Man muß beides haben, Zeit und Geld, um mithalten zu können in einer statusgerechten Nutzung der größeren Gebrauchszeitressourcen. Wir befinden uns bereits in einer

Phase, in der diese Wertvorstellungen verinnerlicht werden. Wenn ich mir den Terminkalender von 6-jährigen Kindern ansehe, die von ihren Müttern in dichter Abfolge von der Musikschule in das Freizeitbad, zur Tennishalle und zu anderen Aktivitäten transportiert werden, dann wird erkennbar, daß die Freiheiten im Umgang mit der zunehmenden Gebrauchszeit in einer Konsumgesellschaft so grandios auch wieder nicht sind. Vielmehr ist erkennbar, daß sich die gesellschaftlichen Schichtungs- und Differenzierungsprozesse auch immer mehr auf das Prestige und den Status der Gebrauchszeitverwendung verlagern.

V. Zusammenfassung

Joachim Jens Hesse

Vom Umgang mit der Zeit - ein vorläufiges Fazit

Das 'Forum Zukunft', mit einer Veranstaltung zum Thema 'Zukunft und staatliche Verantwortung' eröffnet und in einer Publikation gleichen Titels dokumentiert, zielt mit seiner zweiten Veranstaltung auf ein zunächst ungewöhnliches Thema: die Neuorganisation der Zeit. Ungewöhnlich schon deshalb, weil die Themenstellung voraussetzt, daß 'die Zeit' ein für die künftige Entwicklung bedeutsames Handlungsfeld ist, sie der Neuorganisation bedarf oder doch zumindest deren Notwendigkeit behauptet wird, es schließlich Handelnde gibt, die Zeit zu organisieren, auf die Zeitverwendung also Einfluß zu nehmen vermögen.

Die folgenden Ausführungen suchen in einem ersten Fazit der Verhandlungen in Düsseldorf diesen Voraussetzungen nachzugehen, die vorgelegten Beiträge und darauf bezogenen Diskussionen zusammenzufassen und schließlich Auskunft auf die Frage zu geben, ob die Zeit in der Tat ein künftiges Politikfeld darstellen könnte. Diese vermeintliche Verengung der Fragestellung, ihre Zuweisung an öffentlich Handelnde, mag erstaunen, folgt aber dem Ansatz des 'Forum Zukunft', das den Staat, seine unterschiedlichen Träger und deren zukunftsbezogenes Handeln in das Zentrum der Analyse stellt.

Diesem Anspruch folgend, soll hier zunächst der Zeitbegriff noch einmal kurz umrissen werden, bevor unterschiedliche Ansprüche an und Verständnisse von Zeitverwendung darzustellen sind: Dabei wird zwischen politischen, ökonomischen, sozialen und kulturellen Begründungsebenen zu unterscheiden sein. Schließlich ist zu fragen, wie denn konkret über Zeit zu verfügen, sie gar zu 'organisieren' ist, durch wen, auf welche Weise, mit welchen erwartbaren Ergebnissen. Daß das dabei zu formulierende Fazit notwendigerweise nur ein 'vorläufiges' sein kann, liegt am hier diskutierten Gegenstand: der Zeit und ihrer Flüchtigkeit.

1. Die Zeit - notwendige Vorbemerkungen

Daß die Zeit, zentrale Kategorie jeder Geschichtstheorie und nicht erst seit Henri Bergson auch Grundthema einer auf die Entwicklungsdynamik moderner Gesellschaften zielenden Sozialwissenschaft und Philosophie, in den 80er Jahren zu einem dominanten Thema auch der politischen Auseinandersetzung in der Bundesrepublik Deutschland werden könnte, war schwerlich vorauszusehen. Natürlich: Die Knappheit der Zeit, die 'Vordringlichkeit des Befristeten', der Prozeßcharakter von Politik waren und sind bekannte Phänomene. Nur: Während etwa der Raum, die öffentlichen Finanzen und schließlich auch die Umwelt zum Gegenstand querschnittsorientierter Politiken wurden und eine meist auch adäquate Abbildung im Bereich der staatlichen Ministerialorganisation und auf kommunaler Ebene fanden, galt dies für die Zeit nicht. Sie blieb - aus guten Gründen - nur implizit Gegenstand von Politik: Zwar allgegenwärtig, aber ohne besondere Klientel, immer mitgedacht, aber selten jene statische Logik durchbrechend, die das dominante Politikverständnis durchaus noch kennzeichnet.

Diese Ausgangssituation hat sich im Laufe der vergangenen Jahre nicht unbeträchtlich gewandelt. Auftretende Knappheiten, damit verbundene Verteilungsprobleme und schließlich die wachsende Erkenntnis, die Konsequenzen des eigenen Tuns in finanzieller, technischer, ökologischer und sozialer Hinsicht nicht mehr ausreichend überblicken und wohl auch legitimieren zu können, haben ein Umdenken befördert. Die Zeit, die Form ihrer Verwendung, ihr individueller wie kollektiver Einsatz auch zur Erhaltung des Gemeinwesens stehen zur Diskussion. Hier treffen sich das Bewußtsein von 'Endlichkeiten' im Gefolge von Tschernobyl und Sandoz, die Erkenntnis, den Aufgaben etwa der sozialen Sicherung nicht länger nur auf der Basis wohlfeiler Absichtserklärungen oder durch Überwälzung auf künftige Generationen gerecht werden zu können, und schließlich die Gewißheit, rechts- und sozialstaatlichen Gefährdungen mit längerfristigen, d. h. über die Tagesaktualität und Wahlperioden hinausgehenden Konzeptionen begegnen zu müssen. Die traditionellen Polarisierungen schwächen sich dabei allmählich ab, der Handlungszwang relativiert die Auseinandersetzung zwischen tradierten Denkmustern, die Verwendung von Zeit wird zu einem Thema.

Dabei kann die eher politische Diskussion um Fragen der Zeitverwendung auf einer Reihe von wissenschaftlichen Zugängen aufbauen. Sie reichen - klammert man naturwissenschaftliche Zeitbegriffe im engeren Sinne hier aus - von handlungs- und systemtheoretischen Zeitvorstellungen etwa Niklas Luhmanns ('Temporalisierung der Komplexität') über die Rekonstruktion und Weiterentwicklung Marx'scher Kategorien ('Zeit als Raum menschlicher Entwicklung') bis hin zu historisierenden Positionen oder wissenssoziologischen Ansätzen wie bei Norbert Elias ('without understanding genesis one cannot understand structure'). Schließlich sei daran erinnert, daß phänomenologischer Betrachtung (Heidegger: 'Das Rechnen mit der Zeit ist konstitutiv für das In-der-Welt-sein') bei der Diskussion um Zeit und Zeitverwendung beträchtliche Bedeutung zukommt.

2. Neuorganisation der Zeit - warum?

Wenn im Zuge der benannten, eher auf die politische Praxis zielenden Diskussionen nun auch von einer Neuorganisation der Zeit die Rede ist, bleibt allerdings als entscheidende Vorfrage, inwieweit Zeit denn der Organisation unterliegen sollte, ihre Verfügbarkeit etwa staatlicher Regelung zu unterwerfen ist, ob der Zugriff auf die Zeit nicht gar mühsam erkämpfte Freiheitsrechte einzuschränken droht.

Die in solchen Fragen angelegte Zurückhaltung gegenüber einer allzu forschen Ausweitung des staatlichen Organisationsanspruches stellt dabei nicht nur eine zeitgeistgestützte Referenz an ordnungspolitische Grundhaltungen und liberalstaatliche Denkmuster dar, sie ist vielmehr auch und gerade Reflex des so spannungsreichen wie produktiven Verhältnisses von Individuum, Gesellschaft und Staat. Dabei ist allerdings zu berücksichtigen, daß die routinehafte Kennzeichnung von deren wechselseitiger Durchdringung heute notwendigen Präzisierungen und nicht unbeträchtlichen Veränderungen unterliegt. So ist im Verlauf der vergangenen Jahre deutlich geworden, daß staatliche Steuerungsansprüche nicht nur eine Reihe von Akzeptanz-, Effizienz- und Legitimationsproblemen aufwerfen, das Staatshandeln vielmehr auch in einer gewissen Umorientierung steht. Sie wird gekennzeichnet als Hinwendung zum 'kooperativen Staat', der seine Gestaltungsaufgaben zunehmend weniger auf dem Wege autoritativer Zwecksetzung als vielmehr verstärkt über koordinative und kommunikative Leistungen zu erbringen sucht. Dabei scheint eine Neudefinition des staatlichen Führungsverständnisses insofern angeraten, als staatliche Orientierungs-, Organisations- und Vermittlungsfunktionen an Gewicht gewinnen. Während die Aufgabe der Orientierung dabei auf die Definition von Problemen und den Ausweis von Handlungsoptionen gerichtet ist und die Vermittlungs- oder Moderatorenfunktion der Konsensbildung dienen sollte, stellt die Organisationsaufgabe zunächst darauf ab, die unterschiedlichen Akteure und Handlungsträger zur Lösung von Aufgaben zu mobilisieren, zumal gesellschaftliche Problemfelder ja meist nur zu einem Teil von Variablen gebildet werden, auf die der Staat direkt Einfluß zu nehmen vermag. Organisation der Zeit heißt demnach hier, die für Fragen der Zeitverwendung relevanten gesellschaftlichen Gruppen zusammenzuführen, zunächst die Voraussetzung für materielle Entscheidungen zu schaffen. Den Entscheidungsbedarf erschließt dann ein Blick auf die Empirie. Sie verweist für Arbeits- wie Freizeiten auf Ungleichgewichte und Verteilungsprobleme, auf Zugänge und Ausschlüsse, auf Gestaltungs- und Duldungspotentiale. Die Zeit wird dabei zu einem gesellschaftlichen Problem, ihre Verwendung dem ausschließlich individuellen Zugriff entzogen, ihre Organisation zur Aufgabe.

3. Die politische Wahrnehmung

Wenn richtig ist, daß Aufgaben- wie Problembewältigung entscheidend von der Wahrnehmung und der Problemdefinition Beteiligter wie Betroffener abhängen, kommt den entsprechenden kognitiven Potentialen und den damit verbundenen Selektionsprozessen zentrale Bedeutung zu; dies gilt auch für die Verwendung der Zeit. Wird dabei im folgenden zwischen politischen, ökonomischen, sozialen und kulturellen Wahrnehmungen und Interessen unterschieden, stellt dies eine lediglich analytische Unterscheidung faktisch miteinander verbundener Bereiche dar. Ihre Begründungsebenen allerdings sind so unterschiedlich, daß eine gesonderte Behandlung angezeigt erscheint.

Die politische Wahrnehmung der Zeit ist zunächst kein neues Phänomen. Politische Macht wird in demokratischen Gesellschaften bekanntlich nur auf Zeit vergeben. Die Mandatsträger sind gehalten, sich dessen zu erinnern, ihre mögliche Abwahl oder doch zumindest die zeitliche Begrenztheit ihrer 'Herrschaft' als selbstverständliches Charakteristikum der vom Volk entliehenen Macht zu sehen. Bezieht sich dieses Element von 'Zeitlichkeit' auf allgemeine Strukturmerkmale des politischen Systems, treten Gestaltungsaufgaben hinzu, die sich aus einer problematischen Entwicklung der gesellschaftlichen Zeitverwendung ergeben. Spätestens mit der Herausbildung einer strukturell verfestigten Arbeitslosigkeit und mit der Erkenntnis, aufgrund eines tiefgreifenden demographischen, ökonomischen, ökologischen und soziokulturellen Strukturwandels kurz- wie mittelfristige politische Reaktionen durch längerfristigere Konzeptionen ergänzen zu müssen, gewann die Überzeugung an Raum, auch individuelle und kollektive Zeitverwendungen der politischen Gestaltung zu unterwerfen. In Erfüllung des Rechts- und Sozialstaatsgebotes sehen sich die politischen Vertreter von Bundes-, Landes- und kommunaler Ebene aufgefordert, die längerfristigen Konsequenzen ihres Tuns abzuwägen und über 'Zeitpolitiken' die öffentlichen Ressourcen einer verantwortungsbewußten Verwendung zuzuführen.

Dabei geriet die Wahrnehmung von 'Zeit' insofern auch in die ideologische Auseinandersetzung, als ordnungs- und interventionsstaatliche Positionen zunächst gegenübergestellt wurden. Während erstere einen staatlichen Zugriff auf die individuelle Zeitgestaltung ablehnten, glaubten letztere, den Staat mit zusätzlicher Verfügungsmacht ausstatten zu müssen, um Zukunftsaufgaben bewältigen zu können. Inzwischen ist deutlich geworden, daß die in solchen Auseinandersetzungen angelegten Polarisierungen weder sach- noch problemadäquat sind. So stellen im Zuge der arbeitsmarktpolitischen Debatte Arbeitszeitverkürzungen nicht mehr nur ein Thema für Gewerkschaftskongresse oder sozialdemokratisch ausgerichtete Strategiepapiere dar, neuere Vorstellungen etwa der CDU-Sozialausschüsse oder einzelner Unternehmensverbände verweisen vielmehr auf eine breitere Argumentationsbasis. Und auch die Verwendung der erwerbsfreien Zeit (umgangssprachlich: der Freizeit) unterliegt verstärkter politischer Diskussion. Dabei geht es nicht nur um Fragen etwa des Auf- und Ausbaus einer entsprechenden Infrastruktur, sondern eben auch um die Diskussion jener Konsequenzen, die sich aus einer weiter steigenden Freizeit für die individuelle und gesellschaftliche Entwicklung ergeben. Hier wird deutlich, daß die sozialen wie kulturellen Konsequenzen einer 'Freizeitgesellschaft' noch weitgehend unerforscht sind, sie aufgrund der in ihnen angelegten Potentiale wie Gefährdungen aber der weiteren politischen Aufmerksamkeit bedürfen. Daß bei Erörterungen über einen staatlichen Zugriff auf erwerbsfreie Zeiten dabei erneut wieder sehr unterschiedliche Positionen zutage treten, ist kaum verwunderlich, allerdings kann auch hier von einer Umorientierung der relevanten gesellschaftlichen Akteure ausgegangen werden. Die zunehmende Fragwürdigkeit, Arbeits- und Freizeiten oder Erwerbs- und erwerbsfreie Zeiten voneinander zu trennen, die Notwendigkeit, den sich inzwischen ergebenden Trend zu einer 'Informationsgesellschaft' dabei einzubeziehen und schließlich die Schwierigkeit, die sich verändernden Ansprüche an die Zeit adäquat würdigen zu können, haben ein Umdenken befördert. Allerdings ist dabei auch deutlich geworden, daß die 'Zeit' als Querschnittsdimension staatlichen und politischen Handelns einer eher aggregierten Wahrnehmung unterliegt, erst bei Kennzeichnung entsprechender Problemfelder eine Konkretisierung möglich ist, die in unterschiedliche, auch sektoral ansetzende Handlungsempfehlungen mündet.

Zusammengefaßt gründet sich der Ruf nach einer 'Zeitpolitik' somit weniger auf den Wunsch, den staatlichen Steuerungsanspruch auszuweiten, als vielmehr auf die Erkenntnis, daß Ungleichgewichte in der Zeitverteilung wie Zeitverwendung zu ökonomischen und sozialen Verwerfungen führen können, die ein zukunftsorientiertes politisches Handeln zu berücksichtigen hat: Wohlgemerkt nicht im Sinne einer Problemvertagung oder -verdrängung, sondern im Sinne einer aktiven Gestaltung künftiger Lebensbedingungen.

4. Das ökonomische Interesse

Das ökonomische Interesse an Fragen der Zeitverwendung ist meist mit einem Blick auf die Zukunft der Arbeitsgesellschaft verbunden. Folgt man dabei den einschlägigen Analysen, so ist offensichtlich, daß die in der Bundesrepublik inzwischen bereits längere Zeit anhaltende Diskrepanz zwischen Arbeitsplatznachfrage und Arbeitsplatzangebot sich verfestigt hat. Dieses meist mit dem Wiederanstieg der Erwerbsquote und mit dem Rückgang realer Wachstumsraten erklärte Beschäftigungsdefizit fordert nach den Verlautbarungen der politischen Parteien zur Wiedergewinnung der Vollbeschäftigung den konzentrierten Einsatz nahezu aller beschäftigungswirksamer Mittel der Wirtschafts- und Arbeitsmarktpolitik. Dies gilt gleichermaßen für eine auf die Ausweitung der gesamtwirtschaftlichen Nachfrage gerichtete Geld- und Fiskalpolitik, für eine auf die Förderung von Investitionen und technischem Fortschritt gerichtete Struktur- und Innovationspolitik, schließlich auch für eine Ausweitung der erkennbaren Beschäftigungspolitiken einschließlich einer Verstärkung 'aktiver' Arbeitsmarktpolitik. Zu ihr zählen insbesondere auch arbeitszeitpolitische Maßnahmen, zumal erkennbare Wachstumsgrenzen (etwa bei der Exportentwicklung, aufgrund ökologischer Restriktionen oder im Gefolge von Tertiärisierungsprozessen) und problematische Produktivitätseffekte nicht erwarten lassen, daß sich die Arbeitsmarktungleichgewichte auflösen.

Arbeitszeitpolitiken konzentrieren sich dabei im wesentlichen auf drei Ansätze: auf eine Verkürzung der Arbeitszeit, auf deren Flexibilisierung, schließlich auf Entwicklungen im sogenannten informellen Sektor. Im Bereich der Arbeitszeitverkürzung unterliegt inzwischen das gesamte Spektrum möglicher Vorgehensweisen der Diskussion. Dies schließt Vorruhestandsregelungen als Verkürzung der Lebensarbeitszeit ebenso ein wie die Ausweitung der Teilzeitbeschäftigung oder auch die Einführung der 35-Stunden-Woche. Während Arbeitszeitverkürzungen - sofern sie von substantieller Bedeutung sind - meist von positiven Haltungen der Arbeitnehmer, inzwischen aber auch einzelner Arbeitgeber getragen sind, bleiben Überlegungen zum erweiterten Vorruhestand meist auf Krisenbranchen beschränkt und werden Ansätze zur Einführung der 35-Stunden-Woche bei der Frage des Lohnausgleichs kontrovers. So wäre hier bei einem Lohnverzicht der Arbeitnehmer mit einem beträchtlichen Nachfrageausfall, bei vollem Lohnausgleich mit nicht unerheblichen Kostensteigerungen zu rechnen, so daß das gesamtwirtschaftliche Beschäftigungsvolumen noch weiter schrumpfen könnte. Eine gleichzeitig einkommens- wie kostenneutrale Lösung wäre zwar in Form einer 'produktivitätsorientierten' Arbeitszeitverkürzung in kleinen Schritten von jährlich etwa einer Wochenstunde möglich, doch damit allein könnte eine kurzfristig spürbare Verminderung der Arbeitslosigkeit sicher nicht erreicht werden.

Daher kommt auch einer Ausweitung der Teilzeitarbeit und Ansätzen zur Teilung von Arbeitsplätzen eine gesteigerte Bedeutung zu, zumal das damit verbundene Beschäftigungspotential sowohl nach Befragungen als auch im internationalen Vergleich größer sein dürfte als bislang angenommen. Ob die Hoffnungen auf entsprechende Arbeitsplatzgewinne insbesondere im tertiären Sektor dabei allerdings aufgehen, bleibt zweifelhaft. Die aus anderen westlichen Industriestaaten erkennbare Niedriglohnorientierung solcher Dienstleistungen, die damit häufig verbundene problematische Sozialversicherungsregelung und schließlich der meist noch unklar definierte Bereich der produktionsorientierten Dienstleistungen wecken hier Vorbehalte. Auch bleibt zu bedenken, daß individuelle Arbeitszeitverkürzungen in der Regel freiwillig sind, sie sich also nur langsam durchsetzen werden. Dabei passen Arbeitgebervorstellungen und Arbeitnehmerwünsche auch eher selten zusammen und wird meist nur ein Teil des durch Verkürzungen gegebenen Arbeitsausfalls tatsächlich zu Neueinstellungen genutzt. Deshalb erscheinen Vorstellungen erwägenswert, im Bereich der Arbeitszeitpolitik weniger von einem traditionellen zu einem neuen Erwerbsbeteiligungsmuster übergehen zu wollen (schon gar nicht bruchlos), sondern innerhalb alter Grundmuster flexible Arbeitszeitvarianten anzubieten. So besteht für unterschiedliche Personengruppen im Lebensverlauf ein Bedarf an Vollzeit- *und* Freizeitarbeit, an kontinuierlicher Erwerbsarbeit *und* an zeitweiligen Unterbrechungs- bzw. Freistellungsmöglichkeiten, an regelmäßiger *sowie* variabler Gestaltung der wöchentlichen und monatlichen Arbeitszeit.

Dies führt über zur Frage nach einer erweiterten Arbeitszeitflexibilisierung. Obwohl die Diskussion hier weitgehend polarisiert und blockiert erscheint, wäre darauf zu verweisen, daß nicht nur arbeitgeberfreundliche Analysen darauf aufmerksam machen, daß ein generelles Arbeitszeitfixum heute kaum mehr notwendig ist, individuelle Autonomien vielmehr in wesentlich umfangreicherem Maße als früher zum Zuge kommen könnten. Auch bleibt bei Abwehrhaltungen gegenüber einer weitergehenden Flexibilisierung zu berücksichtigen, daß die hierfür notwendigerweise gegebenen Arbeitsplatzmerkmale häufig gar nicht vorliegen. So weisen eine Reihe empirischer Untersuchungen nach, daß Teilzeitarbeiten sich kaum ergeben, wenn im Zusammenhang zu verrichtende Einzeltätigkeiten angesprochen sind, Informationsverluste bei der Arbeitsübergabe befürchtet werden müssen, eine Überlagerung von Kompetenzen und Verantwortlichkeiten gegeben ist, Terminbindungen zu berücksichtigen sind, persönliche Klientel- und Kundenkontakte die Arbeit strukturieren und schließlich Leitungs- und Führungsfunktionen wahrgenommen werden. Schon dieser Katalog von Merkmalen verweist darauf, daß die Diskussion erheblich differenziert werden müßte, um die in ihr liegenden

Gefährdungen, aber auch ihre Vorteile richtig einschätzen zu können. Tarifvertraglich oder gesetzlich abgesicherte Arbeitnehmeroptionen auf 'weniger Arbeit' wären im übrigen als Pendant zum gegenwärtigen Recht des Arbeitgebers auf Ableistung von Mehrarbeit zu verstehen und könnten u. a. den vorübergehenden Wechsel in Teilzeitarbeit, optionale 'Verfügungszeiten' im Wochen-, Monats- oder Jahreszyklus oder auch das Recht auf Sonderbeurlaubung beinhalten.

Insgesamt sollte aber auch bedacht werden, daß Arbeitszeitverkürzungen und -flexibilisierungen den Trend zur Schichtarbeit noch verstärken könnten. Die Forderung nach verkürzten Wochenarbeitszeiten erzeugt häufig die Gegenforderung nach unveränderten oder gar verlängerten Betriebszeiten. Auch wird darauf verwiesen, daß das Interesse der Betriebe an der Nutzung des betriebsspezifischen Humankapitals meist zu einer Differenzierung der Arbeitszeiten unterschiedlicher Beschäftigungsgruppen führt. Dabei versuchen die Betriebe vor allem für qualifizierte Arbeitskräfte längere Arbeitszeiten zu vereinbaren. Dies führt dann möglicherweise zu dem paradoxen Ergebnis, daß jene Arbeitnehmergruppen, die aufgrund ihrer relativ niedrigen Einkommen am wenigsten an Arbeitszeitverkürzung interessiert sind, sie am ehesten durchsetzen können, während umgekehrt die besser Verdienenden trotz deutlichen Interesses auf Widerstände stoßen. In längerfristiger Perspektive aber scheint man sich einig, daß der Wunsch nach mehr Zeitsouveränität flexible Arbeitszeitformen zweifellos begünstigen und neue Ideen in diesem Bereich fördern wird. Zwar ist das Beharrungsvermögen der Beteiligten noch groß, doch ist zu erwarten, daß sich die persönlichen Arbeitszeiten zunehmend von der Betriebszeit lösen und flexible Arbeitszeitformen sich stärker durchsetzen werden. Der quantitative Effekt dieser Politiken bleibt allerdings noch offen.

Ob schließlich Flexibilisierungen der Arbeitszeit einen Trend zur Rückverlagerung eines Teils der Güterversorgung aus dem formellen Sektor in den informellen Sektor nachhaltig befördern werden, ist materiell wie politisch strittig. Die dadurch mögliche Schließung von Versorgungslücken und die durchaus auch erwarteten Entlastungen im Bereich sozialstaatlicher Leistungen sind hier immer auch vor dem Hintergrund möglicherweise irrealer Vorstellungen über die Zukunft der Erwerbsarbeit zu sehen.

5. Die soziale Dimension

Die soziale Dimension der Zeitverwendung zeigt sich in unterschiedlichen Kontexten. Da ist zunächst die in Zusammenhang mit der Diskussion um die

Potentiale des informellen Sektors erhobene Forderung nach Schaffung eines Grundeinkommens oder einer Lebensrente. Zwar würde die damit verbundene Auflösung der Verkoppelung von Arbeitsleistung und Einkommen in den Augen ihrer Befürworter einer gleichsam 'naturwüchsigen Dualisierung' der Gesellschaft entgegenwirken, doch ist darauf zu verweisen, daß die Idee der Entkoppelung von Einkommen und produktiven Funktionen das für unsere Gesellschaft fundamentale Recht auf Arbeit, den Anspruch auf einen Anteil an der Erwerbsarbeit also aufgibt. Die sogenannten dualwirtschaftlichen Konzepte, die in alternativen Projekten, Selbsthilfegruppen, neuen Selbständigen und anderen unkonventionellen Beschäftigungsformen einen Ausweg aus der perspektivlosen Arbeitslosigkeit sehen, sind daher auch nicht frei von utopischen Zügen. Sie hoffen auf sozialpolitisch motivierte Freiräume für Eigenarbeit und kollektive Selbstversorgung wie Selbstbestimmung innerhalb einer im übrigen unverändert entfremdeten und unsolidarischen Erwerbsgesellschaft. Diese Hoffnung erscheint insofern unrealistisch, als sie nicht mit dem Kultur- und auch Verteilungskonflikt zwischen den 'Aussteigern' und den zur Selbstdisziplin gezwungenen, steuerzahlenden Erwerbstätigen rechnet. Auch negiert sie die Bedeutung, die die reguläre Erwerbstätigkeit unserer Gesellschaft nach wie vor für das volle Teilhabe- und Bürgerrecht besitzt. Die Spaltung der Gesellschaft in eine Mehrheit von Arbeitsplatzbesitzern und in eine wachsende Minderheit von Arbeitslosen, Frührentnern, Gelegenheitsarbeitern und Mitgliedern von Alternativprojekten ist sicher keine erstrebenswerte Perspektive, zumal die künftige Gesellschaft ebenso wie die gegenwärtige von der Erwerbsarbeit geprägt sein dürfte. Die gleiche Teilhabe aller an den Chancen zur Erwerbsarbeit bleibt deshalb nach wie vor Voraussetzung des vollen Bürgerrechts (Scharpf).

Wichtiger könnte hier ein bislang eher wenig diskutierter Aspekt der Diskussion sein, der darauf zielt, Arbeitszeitverkürzungen nicht nur als Reflex auf problematische Beschäftigungslagen und belastende Arbeitsbedingungen, sondern vielmehr als Chance zu sehen, individuelle Lebensinteressen und -bedürfnisse besser erfüllen zu können, u. a. durch eine entsprechende Teilnahme am sozialen, kulturellen und politischen Leben. Zur quantitativen Dimension tritt hier also die Schaffung qualitativer Lebensverhältnisse als weiteres Ziel von Arbeitszeitpolitiken. Dieser Aspekt führt im übrigen auch dazu, die Flexibilisierungsstrategie der Arbeitgeber mit den arbeitnehmerorientierten Forderungen nach einer umfangreicheren Arbeitszeitverkürzung zu konfrontieren. Dabei ist die Flexibilisierungsforderung ja nicht schon deshalb schlecht, weil sie errungene sozialstaatliche Sicherungen aufzuweichen scheint, sie wird es erst dann, wenn versucht wird, ein Maximum an Arbeitszeitflexibilisierung bei einem Minimum an Arbeitszeitverkürzung durchzusetzen. Arbeitszeitpolitik könnte hier eine versachlichende Wirkung entfalten, wenn Randbedingungen und Erweiterungen der Diskussion mitbedacht werden. Hierzu gehören die Erörterung eines gesetzlichen Bildungsurlaubs, die Einräumung von sogenannten sabbaticals (als aggregierten Freizeiten) sowie eine sozialere Gestaltung des Arbeitslebens - Forderungen, wie sie von Einzelgewerkschaften und einzelnen Arbeits- wie Wirtschaftswissenschaftlern immer wieder erhoben werden. Dabei ist im übrigen auch zu bedenken, ob es denn prinzipiell negativ sein muß, die Dauer und Lage der individuellen Arbeitszeit von jedem einzelnen Arbeitnehmer in einem Arbeitsvertrag mit dem Arbeitgeber vereinbaren zu lassen - allerdings in den von Tarifverträgen gesteckten Grenzen.

6. Kulturelle Implikationen

Die kulturpolitische Dimension der Zeitverwendung wird meist mit dem behaupteten 'Weg zur Freizeitgesellschaft' in Verbindung gebracht. Kulturpessimisten sehen hier einen erheblichen Bedarf an staatlicher Steuerungsleistung, während in der optimistischen Variante eine erweiterte Freizeitorientierung der Gesellschaft als Beleg für die Produktivitätsreserven freiheitlicher Gesellschaften gilt. Auch hier aber empfiehlt sich eine Differenzierung der Diskussion. So ist zunächst festzustellen, daß die simple Gegenüberstellung von Arbeitszeit und Freizeit so nicht mehr haltbar sein dürfte, ihr zumindest der Bereich der arbeitslosen Zeit hinzuzufügen ist. Arbeitslose Zeiten oder auch unfreiwillige Freizeiten stellen dabei ein offensichtlich erhebliches gesellschaftliches Verteilungsproblem dar. Ihr begegnet zum einen die benannte Arbeitszeit- und Sozialpolitik, zum anderen aber auch die Freizeitpolitik insofern, als hier besondere Innovationspotentiale gegeben sein können. Dies gilt vor allem mit Blick auf junge Menschen, denen vielfach der Zugang zum Erwerbsleben verschlossen ist, und die begonnen haben, ihre ökonomische Bedarfsbefriedigung mit freiwilligem sozialen und kulturellen Handeln zu verknüpfen, aber auch für ältere Menschen, die häufig unverantwortlich früh aus dem Erwerbsleben ausgeschieden sind und jetzt kulturelle Kreativität, soziale Phantasie und handwerkliches Können entwickeln, um mit der unfreiwillig arbeitsfreien Zeit fertig zu werden.

Aber auch in den traditionellen Tätigkeitsfeldern einer Freizeitpolitik ergibt sich insofern ein Handlungsbedarf, als die Freizeit selbst zu einem zunehmend wichtigeren Markt für Güter und Dienstleistungen geworden ist, von einer zunehmenden 'Ökonomisierung der Freizeit' gesprochen werden kann. Damit dringen Elemente der Effizienz und der Zweckrationalität in das Freizeitverhalten ein, wird das Freizeitverhalten standardisierbar und unter ökonomischen Gesichtspunkten in marktgängige Produkte aufgespalten, werden Freizeitaktivitäten von Fremddienstleistungen abhängig. Hieraus ergeben sich Konsequenzen für die staatliche Infrastrukturpolitik, aber auch für jene Wechselbeziehungen zwischen Arbeitsmarkt und Freizeitmarkt, zwischen Erwerbszeit und Freizeit sowie zwischen kulturell und monetär bestimmtem Handeln, die die gegenwärtige Diskussion prägen.

Darüber hinaus ist strittig, inwieweit schließlich der weltweit diagnostizierte Wandel von Werthaltungen und Einstellungsmustern der Bevölkerung die künftige Zeitverwendung tangieren wird. Positiven Einschätzungen der weiteren kulturellen Entfaltungsmöglichkeiten des Individuums stehen hier Negativszenarien über 'Fehlnutzungen' von Freizeiten gegenüber. Ansätze zu einer erweiterten Sinnvermittlung, zur Schaffung zusätzlicher Rahmenbedingungen für kreative Freizeitgestaltungen und schließlich zu einer Verbindung von Hoch- und Alltagskulturen prägen deshalb diese Diskussion. Nahezu alle Ansätze zielen dabei darauf ab, einer weiteren Entkoppelung von Erwerbs- und erwerbsfreien Zeiten entgegenzuwirken, der im 'Wertewandel' und in der Ausweitung von Informations- und Kommunikationstechniken angelegten Chance zur kreativen Nutzung erwerbsungebundener Zeiten zu folgen und schließlich berufliche, soziale und kulturelle Entwicklungsprozesse miteinander zu verknüpfen.

7. Wer organisiert die Zeit?

Sind so unterschiedliche Zugänge zur Frage der Zeitverwendung umrissen, bleibt zu fragen, wer eigentlich und wie man denn Zeit organisiert. Folgt man hier den in den vorangegangenen Abschnitten vorgestellten Überlegungen, stehen zusammengefaßt drei Akteure oder Akteurgruppen im Vordergrund des Interesses: der Einzelne, gesellschaftliche Großgruppen und schließlich der Staat.

Das Individuum bleibt dabei Souverän der Zeit und ihrer Verwendung, sollte und muß es bleiben. In einer Welt, deren Reglementierung und Strukturierung von den meisten erlebt und von vielen beklagt wird, ist die Verwendung der Lebenszeit nahezu letztes Reservat individueller Entscheidung. So muß es dem Einzelnen überlassen bleiben, welche Zeit er in seine Bildung investiert, welchen Stellenwert er der Erwerbstätigkeit zumißt, wie und wofür er die erwerbsfreie Lebenszeit einsetzt. Diese Zeitsouveränität des Individuums ist dabei allerdings eingebettet in den Kreis jener vielfältigen Institutionen und Organisationen, die die so häufig zitierte 'Kolonialisierung der Lebenswelt' ausmachen. Sie, im Zuge der sozialstaatlichen Entwicklung zum Teil erst geschaffen, um die Risiken und Gefahren ungleicher wie mißbräuchlicher Zeitverwendung einzugrenzen, bewahren und beschränken die Zeitsouveränität zugleich: Bewahren sie durch die Gewährleistung jener Freiräume, ohne die freiheitliche Zeitverwendung nicht existent wäre, beschränken sie aber auch aufgrund der Ausgleichs- und Solidaritätsprinzipien einer freiheitlichen Gesellschaft. Hier und nur hier ist Raum für Grenzüberschreitungen, für politische Optionen, für die Diskussion um eine Ausweitung oder Eingrenzung individueller Freiheitsrechte.

Die gesellschaftlichen Großgruppen, im wesentlichen die Tarifpartner und von Fragen der Zeitverwendung betroffene Verbände, stellen demgegenüber gleichsam institutionalisierte und für Teilaspekte der Zeitverwendung legitimierte Entscheidungsträger dar. Sie organisieren unabhängig von staatlicher Intervention den Einsatz und die Verteilung der Arbeitszeit, beeinflussen über Aus-, Fort- und Weiterbildungsangebote das Qualifikationsniveau einer Gesellschaft, wirken schließlich aufgrund einer Vielzahl von Freizeitangeboten auf das kulturelle Leben ein. Dabei zeigt sich einmal mehr, wie verwoben erwerbs- und erwerbsfreie Zeitverwendungen sind, wie individuelle und kollektive Zeitpräferenzen ineinandergreifen, wie die Organisation der Zeitverwendung auch zu einem Beleg für die Reife und den Freiheitsgrad einer Gesellschaft werden kann.

Der Staat schließlich, hier trotz seiner Binnendifferenzierung als Aggregat gesehen, bleibt zum einen über den Gesetzgebungsprozeß Gewährleister jener Rahmenbedingungen, ohne die individuelle Zeitpräferenzen, aber auch Tarifautonomien nicht um- und durchsetzbar wären, hat zum anderen aber zunehmend die Aufgabe, den Prozeß der Verständigung darüber zu ermöglichen, wie individuelle und gesellschaftliche Zeitverwendungen künftig miteinander zu vereinbaren sind, ob Knappheiten und Ungleichverteilungen des Eingriffs bedürfen, wer schließlich über Gestaltungsmacht verfügen sollte, um Zeitsouveränitäten im Interesse des Gemeinwesens einzuschränken. Der 'kooperative Staat' sieht sich dabei zunächst in einer Moderatorenfunktion, die erst dann in die Wahrnehmung auch hoheitlicher Gestaltungsaufgaben übergeht, wenn rechts- und sozialstaatliche Sicherungsgebote dies erfordern.

8. Wie organisiert man Zeit?

Wenn richtig ist, daß die individuelle Zeitverwendung der Souveränität des Einzelnen unterliegen muß und auch die Vereinbarungen zwischen gesellschaftlichen Großgruppen etwa durch das Prinzip der Tarifautonomie und verbandliche Absprachen geprägt sind, ist die Frage nach dem ‘wie‘ der Zeitorganisation hier im wesentlichen auf den Staat zu beschränken. Dabei ist entscheidend, daß der Staat zwar erklären kann, etwa Ladenschlußzeiten flexibilisieren und die Lebensarbeitszeit verlängern zu wollen, die Umsetzung solcher Vorstellungen vermag er aber nur zum Teil zu gewährleisten. Auch hier wirken föderalstaatliche Prinzipien, Grundsätze der Arbeits- und Machtteilung, Subsidiaritätskriterien und anderes mehr. Erneut also ist zu verweisen auf spezifische Grenzen des staatlichen Handelns und auch auf damit verbundene Funktionsveränderungen, die es verstärkt zu berücksichtigen gilt.

Hinzu kommt, daß die Binnenstruktur staatlicher Institutionen wenig darauf eingerichtet erscheint, untypische Querschnittsaspekte staatlichen Handelns angemessen zu berücksichtigen. So sind die Zeit und ihre Verwendung ein Problembereich, der über keine adäquate Abbildung und damit auch Interessenvertretung verfügt. Die Zeit ist zwar präsent, aber kaum faßbar, als Herausforderung gegenwärtig, doch nur eingeschränkt planbar. Diese Ubiquität und Universalität von Zeit läßt dem Staat folglich wenig Raum zu ihrer Organisation. Das Medium, Fragen der Zeitverwendung zu transportieren, ist daher auch eher das Wort, die Überzeugung, die Aufforderung an sich selbst und an Dritte, das Handeln bewußt zeitbezogen und zukunftsorientiert zu gestalten. Dabei überwiegt das Appellative, als Versuch, dem Prozeß gesellschaftlicher Veränderung administrativ und politisch zu folgen und bei Bedarf auf ihn einzuwirken.

9. Ein Politikbereich der Zukunft?

Doch ist aus all dem zu schließen, daß die Zeit kein Politikbereich der Zukunft ist? Gewiß, wir haben Zweifel an der Handlungsmöglichkeit des Staates geäußert, haben seine Kompetenz in Sachen Zeitverwendung in Zweifel gezogen, haben auf fehlenden Zugriff und fehlendes Bewußtsein verwiesen. Doch all dies sollte nicht davon ablenken, daß gerade die nicht nur den Institutionen, sondern eben auch der Gesellschaft insgesamt fehlende Verantwortung für den bewußten Umgang mit der Zeit eine verstärkte Rolle und Funktion des Staates nahelegt. Natürlich: Im Bereich der Arbeitsmarktpolitik ist sie bereits heute existent und sektoral definiert, auch im Bereich der Kulturpolitik sind die Erwartungen in ein Ansteigen der arbeits- und erwerbsfreien Zeit von zentraler Bedeutung. Nur heißt dies bislang nicht, daß Arbeitszeitpolitiken als wirklich akzeptiert gelten können, Freizeitpolitik über die Bereitstellung entsprechender Infrastruktur hinausgeht, Regionalpolitiken sich auf längerfristige Zyklen der Wirtschaftsentwicklung einlassen. Solange die politischen Routinen greifen und die sie tragenden Institutionen in der Lage sind, Leistungen zu erbringen, die delegitimatorische Prozesse begrenzt halten, wird es schwer sein, die Notwendigkeit zukunftsbezogenen staatlichen Handelns und des verantwortungsvollen Umgangs mit der Zeit zu verdeutlichen. Wenn allerdings richtig ist, daß die Knappheiten bei lebenswichtigen Ressourcen wachsen, Verteilungsentscheidungen unaufschiebbar werden, Akzeptanz- und Legitimationsprobleme routinisierte Reaktionen in Frage stellen, dann wird auch deutlich, daß die Zeit, ihre Verwendung, die bewußte Gestaltung der Zukunft zu einem zentralen Politikfeld werden könnten.

10. Vom Umgang mit der Zeit

So legen unsere Diskussionen schließlich nahe, die Zeit künftig weder als Restgröße noch als manipulierbare Variable politischen Handelns zu sehen, sie vielmehr als integralen Bestandteil zukünftiger Politiken zu begreifen. Dabei sollte deutlich geworden sein, daß das Spannungsverhältnis zwischen individueller Zeitsouveränität und gesellschaftlicher Verantwortung nicht nur staatlich-politischer, sondern auch und gerade individueller Wahrnehmung unterliegen sollte. Dem politischen Zugriff auf die Zeit muß der Versuch der Selbstorganisation vorausgehen, erst ihr Scheitern oder die durch sie erzeugte Komplexität rechtfertigen den Eingriff des Staates. Allen Beteiligten sei dabei angeraten, sich der Irreversibilität von Zeit zu erinnern, beim Umgang mit ihr von jener 'Endlichkeit' auszugehen, die sich für alle Individuen, aber auch für die meisten Institutionen stellt.

Literatur

Henri Bergson, Zeit und Freiheit, Jena 1911 (Meisenheim 1949); Originalfassung: Essai sur les données immédiates de la conscience, Paris 1888

Günter Buttler/Karl Oettle/Helmut Winterstein (Hrsg.), Flexible Arbeitszeit gegen starre Sozialsysteme, Baden-Baden 1986

Meinolf Dierkes/Burkhard Strümpel (Hrsg.), Wenig Arbeit - aber viel zu tun. Neue Wege der Arbeitsmarktpolitik, Opladen 1985

Norbert Elias, Über die Zeit, Frankfurt am Main 1984

Karl Furmaniak/Ulrich Weihe (Hrsg.), Flexibilisierung der Arbeitszeit, München 1986

Joachim Jens Hesse, Aufgaben einer Staatslehre heute, in: Jahrbuch zur Staats- und Verwaltungswissenschaft Bd. 1, hrsg. von Thomas Ellwein, Joachim Jens Hesse, Renate Mayntz, Fritz W. Scharpf, Baden-Baden 1987, S. 55 - 87

Joachim Jens Hesse/Christoph Zöpel, Zukunft und staatliche Verantwortung, Forum Zukunft Bd. 1, Baden-Baden 1987

Reinhart Koselleck, Geschichte, Geschichten und formale Zeitstrukturen, in: Geschichte, Ereignis und Erzählung, hrsg. von Reinhart Koselleck und Wolf-Dieter Stempel, München 1973, S. 211 - 222

Niklas Luhmann, Soziale Systeme, Frankfurt am Main 1984

Rainer Marr (Hrsg.), Arbeitszeitmanagement. Grundlagen und Perspektiven der Gestaltung flexibler Arbeitszeitsysteme, München 1987

Oskar Negt, Lebendige Arbeit, enteignete Zeit. Politische und kulturelle Dimensionen des Kampfes um die Arbeitszeit, Frankfurt am Main 1984

Claus Offe/Karl Hinrichs/Helmut Wiesenthal (Hrsg.), Arbeitszeitpolitik, Formen und Folgen einer Neuverteilung der Arbeitszeit, Frankfurt am Main 1982

Fritz W. Scharpf/Ronald Schettkat, Verkürzung der Wochenarbeitszeit: Nur der Staat kann den beschäftigungspolitischen Handlungsspielraum erweitern, Ms. Wissenschaftszentrum Berlin 1984

VI. Anhang

Empirische Informationen zur gesellschaftlichen Organisation der Zeitverwendung

1. Einführung*

Die Beiträge dieses Bandes belegen, daß Zeitpolitik nicht unabhängig von den wirtschaftlichen und gesellschaftlichen Gegebenheiten und absehbaren Entwicklungen gestaltet werden kann. Die Bevölkerungszahl, die Altersstruktur der Bevölkerung, die Erwerbsbeteiligung, der gesellschaftliche Wohlstand und die Produktivität sind die wichtigsten Rahmenbedingungen, die es zu beachten gilt.

Der folgende empirische Befund soll die Diskussion von Notwendigkeit und Möglichkeiten einer Neuorganisation von Zeit in zusammenfassender Form statistisch ergänzen.

1.1 Rahmendaten

In der Bundesrepublik Deutschland lebten im Jahre 1986 im Jahresdurchschnitt etwa 61 Mio. Menschen; rund 4,5 Mio. davon waren ausländische Staatsbürger (vgl. Tab. 1). Bis Mitte der 70er Jahre wuchs die Bevölkerungszahl stetig, seither nimmt sie im Trend wieder ab. Anhand der Abbildung 1 lassen sich die Folgen der beiden Weltkriege, der Weltwirtschaftskrise, des 'Babybooms' und des 'Pillenknicks' im Altersaufbau der Bevölkerung verdeutlichen. 'Schülerberg', 'Überlast an den Hochschulen', 'Alterslast' sind einige Stichworte für die dadurch verursachten bzw. zu erwartenden politischen Probleme. Die Bevölkerungsstruktur ist in allen Bundesländern ähnlich, die Entwicklung jedoch läuft etwas auseinander. Tendenziell verlieren die nördlichen Bundesländer seit einigen Jahren Bewohner, während die südlichen Bundesländer auch ab Mitte der 70er Jahre noch Bevölkerungsgewinne verbuchten (vgl. Tab. 2). Die Lebenserwartung, eine wichtige Größe für die Abschätzung des Freizeitpotentials alter Menschen, ist in diesem Jahrhundert erheblich gewachsen (vgl. Tab. 3).

In der amtlichen Statistik werden die Menschen eingeteilt in jene, die erwerbstätig sind bzw. sein wollen (Erwerbspersonen), und jene, die nicht erwerbstätig sein wollen (Nichterwerbspersonen). Den Anteil der Erwerbspersonen an der Gesamtbevölkerung bezeichnet man als Erwerbsquote; dies ist das gebräuchlichste Maß für die Erwerbsbeteiligung. Die Tabelle 4 zeigt, wie sich die Zahl der Erwerbspersonen und die Erwerbsquote entwickelten. Wesentliche Bestimmungsfaktoren für diese Entwicklung waren die Altersstruk-

* Zusammenstellung und Bearbeitung: Nikolaus Richter, MSWV; Kartographische Aufbereitung: Institut für Landes- und Stadtentwicklungsforschung des Landes Nordrhein-Westfalen (ILS), Dortmund

tur der Bevölkerung, die Bereitschaft der Frauen, erwerbstätig zu sein, die gestiegene Bildungsbeteiligung und die Aufnahmefähigkeit des Arbeitsmarktes (zur altersspezifischen Erwerbsbeteiligung von Frauen und Männern vgl. Abb. 2). Die Beschäftigungsentwicklung verlief in den Bundesländern - ähnlich dem Muster der Bevölkerungsentwicklung - unterschiedlich (vgl. Tab. 5 u. Abb. 3). Die Tabellen 6 bis 10 und die Abbildungen 4 und 5 zeigen die Entwicklung und Struktur der registrierten Arbeitslosigkeit.

Die Verhältnisse auf dem Arbeitsmarkt, die die Zeitverwendungsmöglichkeiten der Menschen erheblich mitbestimmen (auf der einen Seite steht die Überbeanspruchung durch Überstunden und auf der anderen Seite erzwungene Freizeit in Form von Arbeitslosigkeit und Kurzarbeit), werden sehr stark von der Entwicklung der gesamtwirtschaftlichen Produktion und des Arbeitsertrags der Erwerbstätigen (Produktivität) beeinflußt (vgl. Tab. 11 u. 12). Eine wesentliche Einflußgröße auf die Produktivität ist die Ausstattung der Arbeitsplätze mit neuen Maschinen und Anlagen. Eine besondere Rolle spielen dabei die Industrieroboter, deren Einsatz von 1980 bis 1986 auf fast das Zehnfache anstieg (Tab. 13).

1.2 Zeitverwendung

Die Lebensarbeitszeit wird bestimmt vom Zeitpunkt des Eintritts ins Erwerbsleben, dem zeitlichen Umfang der Erwerbstätigkeit, eventuellen Erwerbspausen und dem Zeitpunkt des Ausscheidens aus dem Erwerbsleben. Die Tabellen 14 bis 19 sowie die Abbildungen 6 und 7 zeigen, daß sich auf der einen Seite die Ausbildungszeiten deutlich verlängert haben (die Kinder und Jugendlichen erreichen höhere Bildungsabschlüsse, es wird länger studiert). Auf der anderen Seite wurde der vorgezogene Altersruhestand ausgeweitet. Die Zahl der Teilzeitbeschäftigten ist in den letzten Jahren deutlich gestiegen; rund 93 % davon sind Frauen. Hinzu kommen viele Frauen, die nur geringfügig - und deshalb nicht sozialversichert - beschäftigt sind.

Die Tabellen 20 bis 29 zeigen die Entwicklung der Komponenten von Jahres-, Wochen- und Tagesarbeitszeit. Insgesamt zeigt sich eine deutliche und beinahe kontinuierliche Verringerung der Arbeitszeit seit dem Jahre 1960. Die Tabellen 30 und 31 informieren über die - nicht eindeutige - Entwicklung bei der Weiterbildungsteilnahme und der Zeit, die für den Weg zur Arbeitsstätte benötigt wird.

Zur Information über die Verwendung der Freizeit wurden eine Reihe von Tabellen und Schaubildern zusammengestellt. Dabei ergab sich die Schwierigkeit, daß hierüber die amtliche Statistik nur wenig Auskunft gibt. Häufig kann nur indirekt auf die Entwicklung der Freizeitaktivitäten geschlossen werden (etwa von der Ausstattung mit bestimmten Gütern auf deren Nutzung). Besonders erwähnenswert ist: Die Ausstattung der Haushalte mit Geräten, die die Hausarbeit erleichtern, hat stark zugenommen. Ebenso ist die Verbreitung von Gütern gestiegen, die der Freizeitgestaltung dienen. Zugenommen haben auch die Reiseaktivitäten, insbesondere ins Ausland.

1.3 Blick in die Zukunft

Von entscheidender Bedeutung für die Zeitpolitik ist die Entwicklung der Rahmendaten. Aus diesem Grund wurden in diesem Teil die Bevölkerungsvorausschätzung des Bundesministers des Innern vom 10. 2. 1987 sowie die Ergebnisse einiger Prognosen zur Entwicklung von Wirtschaft und Arbeitsmarkt zusammengestellt, die in wissenschaftlichen Instituten erarbeitet wurden (vgl. Tab. 40 bis 43).

2. Empirische Informationen*

2.1 Rahmendaten

2.2 Zeitverwendung

* Wenn nicht anders angegeben, beziehen sich die Daten auf das gesamte Bundesgebiet

b) Freizeit

Tab. 1
Wohnbevölkerung

Jahr	Wohnbevölkerung					
	Insgesamt				männlich	weiblich
	Bundesgebiet			dar. Ausländer3)	1 000 1)	
	1971 1)	%	2)			
	1 000		1 000	1 000		
1950	49 989	·	46 908	·	23 216	26 773
1955	52 382	+ 1,0	49 203	·	24 425	27 957
1960	55 433	+ 1,0	52 183	·	25 974	29 459
1960	55 433	+ 1,0	55 433	·	25 974	29 459
1961	56 175	+ 1,3	56 175	686	26 413	29 762
1962	56 837	+ 1,2	56 837	·	26 787	30 050
1963	57 389	+ 1,0	57 389	·	27 102	30 287
1964	57 971	+ 1,0	57 971	·	27 411	30 560
1965	58 619	+ 1,1	58 619	·	27 787	30 832
1966	59 148	+ 0,9	59 148	·	28 062	31 086
1967	59 286	+ 0,2	59 286	1 807	28 047	31 239
1968	59 500	+ 0,4	59 500	1 924	28 131	31 369
1969	60 068	+ 1,0	60 068	2 381	28 479	31 589
1970	60 651	+ 1,0	60 651	2 977	28 867	31 784
1971	61 302	+ 1,1	61 302	3 439	29 264	32 038
1972	61 672	+ 0,6	61 672	3 527	29 468	32 204
1973	61 976	+ 0,5	61 976	3 966	29 646	32 330
1974	62 054	+ 0,1	62 054	4 127	29 669	32 385
1975	61 829	– 0,4	61 829	4 090	29 499	32 330
1976	61 531	– 0,5	61 531	3 948	29 316	32 215
1977	61 400	– 0,2	61 400	3 948	29 243	32 157
1978	61 327	– 0,1	61 327	3 981	29 210	32 116
1979	61 359	+ 0,1	61 359	4 144	29 253	32 106
1980	61 566	+ 0,3	61 566	4 453	29 417	32 149
1981	61 682	+ 0,2	61 682	4 630	29 501	32 181
1982	61 638	– 0,1	61 638	4 667	29 482	32 156
1983	61 423	– 0,3	61 423	4 535	29 365	32 058
1984	61 175	– 0,4	61 175	4 364	29 241	31 934
1985	61 024	– 0,2	61 024	4 366	29 181	31 843
1986	61 066	+ 0,1	61 066	4 513	29 232	31 834

1) 1950 im September, 1961 im Juni, sonst Jahresdurchschnitt nach dem Gebietsstand des Bundesgebietes am 1.1.1971
2) bis 1960 (1. Zeile) ohne Saarland und Berlin
3) Jeweils 30. September; 1961 6. Juni; 1986 31. Dezember

Abb. 1
Altersaufbau der Bevölkerung am 31. 12. 1985

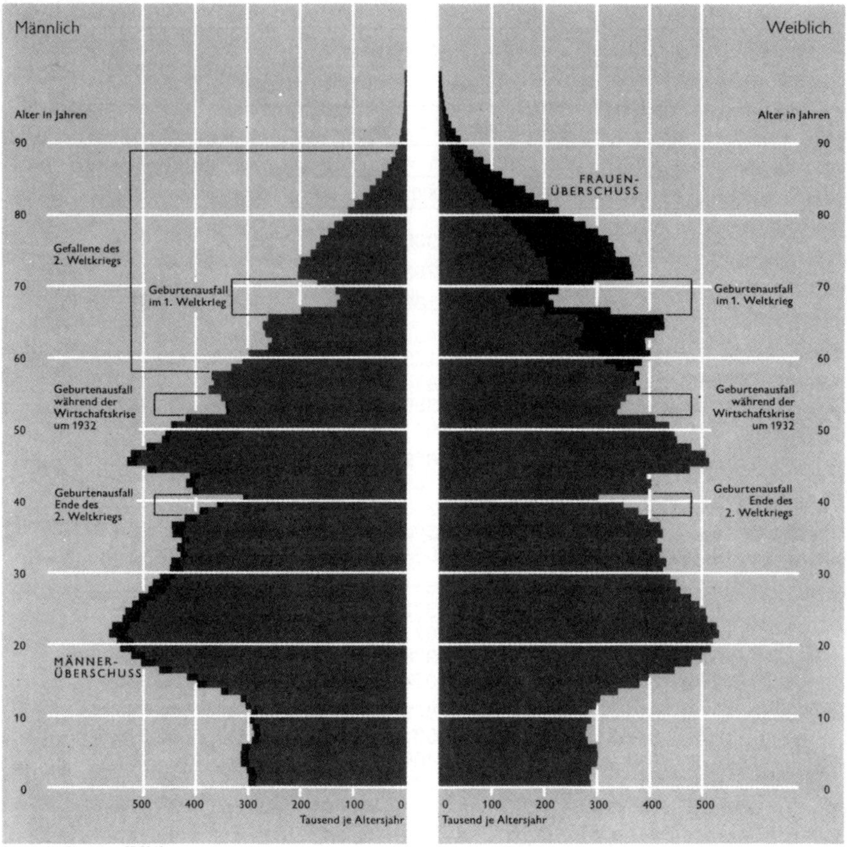

Statistisches Bundesamt 87 0242

Tab. 2

Wohnbevölkerung in den Bundesländern (jeweils Jahresende, in Tausend)

Jahr	Bundes-gebiet	Schleswig-Holstein	Hamburg	Nieder-sachsen	Bremen	Nordrhein-Westfalen	Hessen	Rheinland-Pfalz	Baden-Württemberg	Bayern	Saarland	Berlin (West)
1961	56 589	2 329	1 841	6 675	712	16 029	4 861	3 439	7 839	9 594	1 083	2 189
1968	60 463	2 529	1 823	7 039	754	16 951	5 333	3 645	8 714	10 406	1 129	2 141
1969	61 195	2 557	1 817	7 100	756	17 130	5 423	3 671	8 910	10 569	1 127	2 134
1970	61 001	2 511	1 794	7 122	735	17 005	5 425	3 659	8 954	10 561	1 121	2 115
1971	61 503	2 543	1 782	7 181	739	17 138	5 490	3 679	9 055	10 691	1 122	2 084
1972	61 809	2 564	1 766	7 215	734	17 193	5 533	3 690	9 154	10 779	1 119	2 063
1973	62 101	2 580	1 752	7 259	729	17 246	5 584	3 701	9 239	10 853	1 112	2 048
1974	61 991	2 584	1 734	7 265	724	17 218	5 576	3 688	9 226	10 849	1 103	2 024
1975	61 645	2 582	1 717	7 239	717	17 130	5 550	3 666	9 153	10 810	1 096	1 985
1976	61 442	2 583	1 699	7 227	710	17 073	5 538	3 649	9 119	10 804	1 089	1 951
1977	61 353	2 587	1 680	7 224	703	17 030	5 541	3 639	9 120	10 819	1 081	1 927
1978	61 322	2 591	1 664	7 225	698	17 006	5 554	3 631	9 138	10 831	1 073	1 910
1979	61 439	2 599	1 653	7 234	695	17 017	5 576	3 633	9 190	10 871	1 069	1 902
1980	61 658	2 611	1 645	7 256	694	17 058	5 601	3 642	9 259	10 928	1 066	1 896
1981	61 713	2 619	1 637	7 267	691	17 046	5 612	3 641	9 288	10 959	1 063	1 889
1982	61 546	2 618	1 624	7 257	685	16 961	5 600	3 637	9 271	10 967	1 058	1 870
1983	61 307	2 617	1 610	7 249	677	16 837	5 565	3 633	9 243	10 970	1 053	1 855
1984	61 049	2 614	1 592	7 216	666	16 704	5 535	3 624	9 241	10 958	1 051	1 849
1985	61 020	2 614	1 580	7 197	660	16 674	5 529	3 615	9 271	10 974	1 046	1 860
1986	61 140	2 613	1 571	7 196	654	16 677	5 544	3 611	9 327	11 026	1 042	1 879

Tab. 3

Lebenserwartung*)

Vollendetes Altersjahr x[1])	Männlich							Weiblich						
	1901/10	1924/26	1932/34	1949/51	1960/62	1970/72	1983/85	1901/10	1924/26	1932/34	1949/51	1960/62	1970/72	1983/85
Von 100 000 Lebendgeborenen erreichen das Alter x														
0	100 000	100 000	100 000	100 000	100 000	100 000	100 000	100 000	100 000	100 000	100 000	100 000	100 000	100 000
1	79 766	88 462	91 465	93 823	96 467	97 400	98 934	82 952	90 608	93 161	95 091	97 222	98 016	99 157
2	76 585	87 030	90 618	93 433	96 244	97 249	98 851	79 761	89 255	92 394	94 749	97 027	97 888	99 089
5	74 211	85 855	89 654	92 880	95 929	96 989	98 728	77 334	88 169	91 535	94 270	96 782	97 690	98 985
10	72 827	85 070	88 793	92 444	95 620	96 692	98 593	75 845	87 452	90 753	93 937	96 579	97 492	98 880
15	72 007	84 469	88 244	92 097	95 388	96 459	98 470	74 887	86 877	90 270	93 701	96 434	97 349	98 798
20	70 647	83 268	87 298	91 466	94 812	95 732	98 018	73 564	85 808	89 490	93 295	96 188	97 059	98 608
25	68 881	81 429	86 032	90 531	93 948	94 858	97 441	71 849	84 275	88 390	92 711	95 884	96 755	98 404
30	67 092	79 726	84 715	89 518	93 166	94 097	96 909	69 848	82 597	87 139	92 039	95 485	96 429	98 162
35	65 104	78 111	83 234	88 428	92 322	93 245	96 281	67 679	80 847	85 754	91 221	94 949	95 997	97 846
40	62 598	76 313	81 481	87 102	91 218	92 089	95 392	65 283	78 917	84 135	90 225	94 184	95 331	97 337
45	59 405	74 032	79 285	85 342	89 659	90 363	93 983	62 717	76 704	82 211	88 901	93 081	94 308	96 578
50	55 340	71 006	76 322	82 648	87 230	87 781	91 689	59 812	73 943	79 620	86 991	91 442	92 683	95 407
55	50 186	66 818	72 147	78 562	83 221	83 789	87 963	55 984	70 236	76 038	84 225	89 063	90 272	93 572
60	43 807	60 883	66 293	72 852	76 652	77 675	82 440	50 780	65 076	70 984	80 166	85 484	86 903	90 816
65	36 079	52 715	58 106	64 999	66 941	68 242	74 259	43 540	57 671	63 712	73 875	79 839	81 647	86 545
70	27 136	41 906	47 059	54 394	54 461	54 909	63 036	34 078	47 255	53 184	63 994	70 840	73 157	80 059
75	17 586	28 998	33 479	40 700	39 784	38 872	48 107	23 006	34 028	39 132	49 605	57 076	60 033	69 725
80	8 987	16 066	19 122	25 106	24 156	23 167	30 748	12 348	19 711	23 500	31 787	38 507	42 046	53 786
85	3 212	6 371	7 732	11 321	10 861	10 595	15 202	4 752	8 372	10 323	15 225	19 500	22 478	33 337
90	683	1 599	1 966	3 175	3 092	3 251	5 247	1 131	2 356	2 868	4 815	6 480	8 016	14 533
Lebenserwartung in Jahren im Alter x														
0	44,82	55,97	59,86	64,56	66,86	67,41	71,18	48,33	58,82	62,81	68,48	72,39	73,83	77,79
1	55,12	62,24	64,43	67,80	68,31	68,20	70,95	57,20	63,89	66,41	71,01	73,46	74,32	77,45
2	56,39	62,26	64,03	67,08	67,46	67,31	70,01	58,47	63,85	65,96	70,26	72,60	73,42	76,50
5	55,15	60,09	61,70	64,47	64,68	64,49	67,09	57,27	61,62	63,56	67,61	69,78	70,56	73,58
10	51,16	55,63	57,28	59,76	59,88	59,68	62,18	53,35	57,11	59,09	62,84	64,93	65,70	68,66
15	46,71	51,00	52,62	54,98	55,02	54,81	57,25	49,00	52,47	54,39	57,99	60,02	60,79	63,71
20	42,56	46,70	48,16	50,34	50,34	50,21	52,50	44,84	48,09	49,84	53,24	55,17	55,97	58,83
25	38,59	42,70	43,83	45,83	45,78	45,65	47,80	40,84	43,92	45,43	48,55	50,33	51,14	53,95
30	34,55	38,56	39,47	41,32	41,14	41,00	43,05	36,94	39,76	41,05	43,89	45,53	46,30	49,07
35	30,53	34,30	35,13	36,80	36,50	36,35	38,31	33,04	35,56	36,67	39,26	40,78	41,50	44,22
40	26,64	30,05	30,83	32,32	31,91	31,77	33,64	29,16	31,37	32,33	34,67	36,09	36,77	39,44
45	22,94	25,90	26,61	27,93	27,41	27,33	29,11	25,25	27,20	28,02	30,14	31,48	32,14	34,73
50	19,43	21,89	22,54	23,75	23,10	23,05	24,77	21,35	23,12	23,85	25,75	27,00	27,65	30,12
55	16,16	18,09	18,69	19,85	19,08	19,02	20,71	17,64	19,20	19,85	21,50	22,65	23,32	25,66
60	13,14	14,60	15,11	16,20	15,49	15,31	16,92	14,17	15,51	16,07	17,46	18,48	19,12	21,36
65	10,40	11,46	11,87	12,84	12,36	12,06	13,49	11,09	12,17	12,60	13,72	14,60	15,18	17,28
70	7,99	8,74	9,05	9,84	9,60	9,35	10,42	8,45	9,27	9,58	10,42	11,12	11,63	13,46
75	5,97	6,50	6,68	7,28	7,20	7,17	7,85	6,30	6,87	7,09	7,68	8,16	8,59	10,06
80	4,38	4,77	4,84	5,24	5,24	5,36	5,87	4,65	5,06	5,15	5,57	5,85	6,16	7,26
85	3,18	3,50	3,52	3,72	3,76	3,92	4,42	3,40	3,76	3,70	4,02	4,17	4,37	5,16
90	2,35	2,68	2,63	2 66	2,69	2,81	3,55	2,59	2,92	2,72	2,89	3,03	3,16	3,75
In nebenstehenden Lebensabschnitten durchlebte Jahre (berechnet je Lebendgeborenen)														
unter 15	11,18	12,89	13,43	13,92	14,38	14,53	14,80	11,64	13,24	13,71	14,14	14,51	14,65	14,84
15 — 45	20,01	23,91	25,33	26,79	27,90	28,18	29,02	20,86	24,72	26,06	27,54	28,58	28,87	29,41
45 — 65	9,87	13,13	14,20	15,49	16,31	16,47	17,34	11,01	13,85	15,01	16,66	17,64	17,91	18,59
65 und mehr	3,75	6,04	6,90	8,35	8,27	8,23	10,02	4,83	7,02	8,03	10,13	11,66	12,40	14,96
Insgesamt	**44,82**	**55,97**	**59,86**	**64,56**	**66,86**	**67,41**	**71,18**	**48,33**	**58,82**	**62,81**	**68,48**	**72,39**	**73,83**	**77,79**

*) Bis 1932/34 Reichsgebiet, jeweiliger Gebietsstand; 1949/51 Bundesgebiet ohne das Saarland und Berlin.

[1]) Es beziehen sich: das Alter 0 auf den Zeitpunkt der Geburt, die anderen Altersangaben auf den Zeitpunkt, an dem jemand genau × Jahre alt geworden ist.

Tab. 4
Erwerbspersonen, Erwerbsquoten

Jahr[1]	Erwerbspersonen[2]				Erwerbsquoten[3]		
	Insges.		Männer	Frauen	Insges.	Männer	Frauen
	1 000	%	1 000		%		
1950	21 960	·	14 236	7 724	45,9	63,8	30,2
1955	24 165	+ 2,3	15 435	8 730	48,2	65,7	32,7
1960	26 518	+ 0,0	16 678	9 840	50,8	64,2	33,4
1961	26 772	+ 1,0	16 879	9 893	47,7	63,9	33,2
1962	26 845	+ 0,3	16 968	9 877	47,2	63,3	32,9
1963	26 930	+ 0,3	17 035	9 895	46,9	62,9	32,7
1964	26 922	– 0,0	17 083	9 839	46,4	62,3	32,2
1965	27 034	+ 0,4	17 190	9 844	46,1	61,9	31,9
1966	26 962	– 0,3	17 217	9 745	45,6	61,4	31,3
1967	26 409	– 2,1	16 902	9 508	44,5	60,3	30,4
1968	26 291	– 0,4	16 791	9 500	44,2	59,7	30,3
1969	26 535	+ 0,9	16 958	9 577	44,2	59,5	30,3
1970	26 817	+ 1,1	17 179	9 638	44,2	59,5	30,3
1971	27 002	+ 0,7	17 274	9 728	44,0	59,0	30,4
1972	26 990	– 0,0	17 124	9 866	43,8	58,1	30,6
1973	27 195	+ 0,8	17 161	10 034	43,9	57,9	31,0
1974	27 147	– 0,2	17 037	10 110	43,7	57,4	31,2
1975	26 884	– 1,0	16 824	10 060	43,5	57,0	31,1
1976	26 651	– 0,9	16 629	10 022	43,3	56,7	31,1
1977	26 577	– 0,3	16 589	9 988	43,3	56,7	31,1
1978	26 692	+ 0,4	16 662	10 030	43,5	57,0	31,2
1979	26 923	+ 0,9	16 803	10 120	43,9	57,4	31,5
1980	27 217	+ 1,1	16 926	10 291	44,2	57,5	32,0
1981	27 416	+ 0,7	16 979	10 437	44,4	57,6	32,4
1982	27 542	+ 0,5	17 007	10 535	44,7	57,7	32,8
1983	27 589	+ 0,2	17 009	10 580	44,9	57,9	33,0
1984	27 623	+ 0,1	16 979	10 644	45,2	58,1	33,3
1985	27 846	+ 0,8	17 070	10 776	45,6	58,5	33,8

1) 1950, 1955 ohne Berlin, Jahresdurchschnitte, ab 1983 vorläufige Werte
2) Einschl. Soldaten
3) Erwerbspersonen in % der Wohnbevölkerung

Abb. 2

Altersspezifische Erwerbsquoten für Männer und Frauen 1975 und 1985 (Ergebnis der EG-Ergebnisse des Mikrozensus 1975 und 1985)

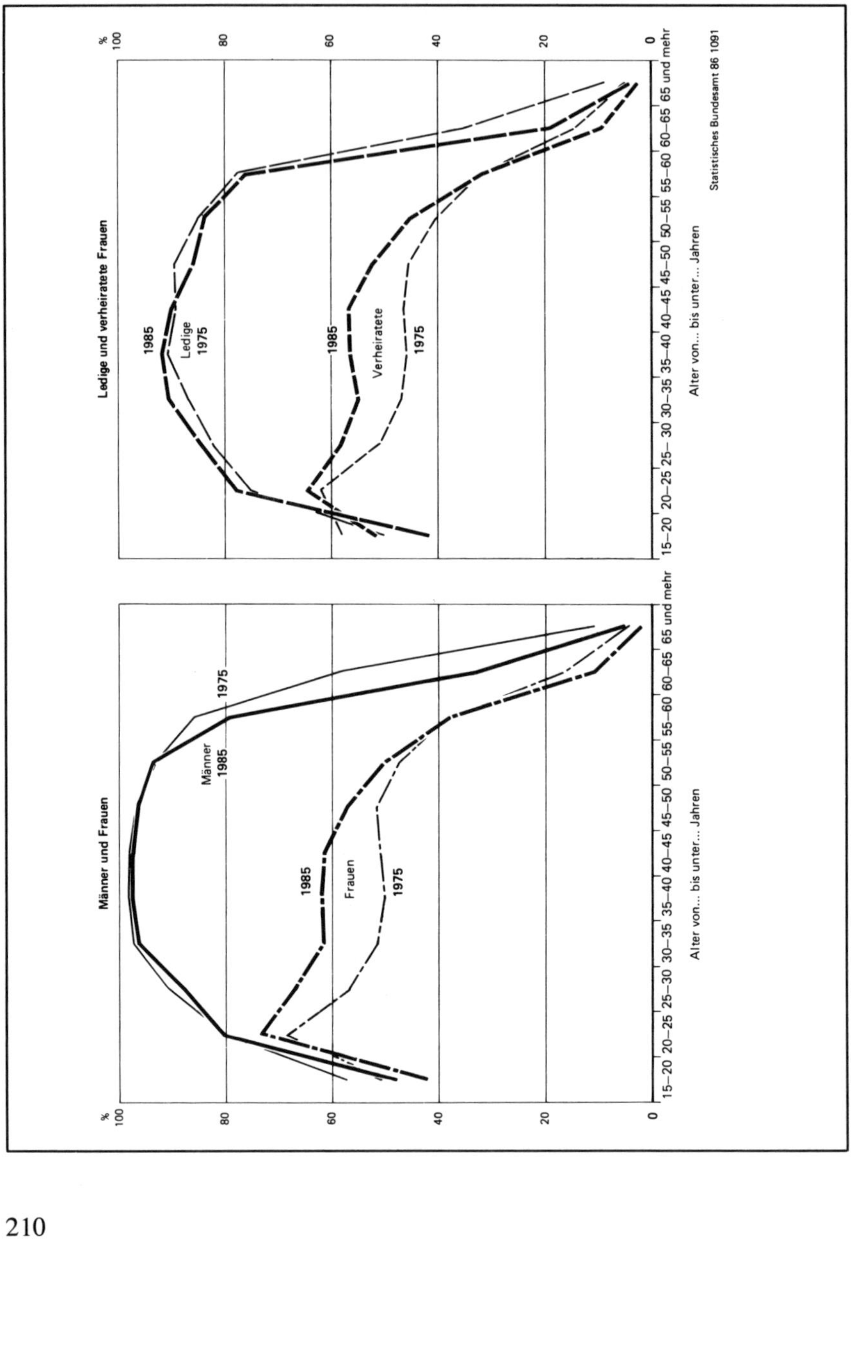

Tab. 5

Erwerbstätige in den Bundesländern

Jahr	Schleswig-Holstein	Hamburg	Niedersachsen	Bremen	Nordrhein-Westfalen	Hessen	Rheinland-Pfalz	Baden-Württemberg	Bayern	Saarland	Berlin (West)	Bundesgebiet
Anzahl in 1 000												
1970	954	966	2 998	366	6 964	2 431	1 477	4 197	4 828	435	944	26 560
1971	966	966	2 999	367	7 067	2 460	1 475	4 220	4 819	447	936	26 721
1972	965	957	2 983	369	7 014	2 472	1 474	4 220	4 834	449	924	26 661
1973	973	955	2 992	376	7 057	2 487	1 482	4 287	4 875	450	917	26 849
1974	967	936	2 954	374	6 973	2 444	1 453	4 264	4 793	437	902	26 497
1975	949	900	2 841	363	6 774	2 383	1 417	4 128	4 684	432	873	25 746
1976	942	886	2 816	357	6 714	2 364	1 401	4 089	4 668	431	862	25 530
1977	946	881	2 827	357	6 730	2 348	1 410	4 040	4 660	435	856	25 490
1978	954	876	2 840	352	6 735	2 367	1 419	4 092	4 726	426	858	25 644
1979	973	879	2 868	357	6 833	2 404	1 434	4 156	4 792	434	865	25 995
1980	987	888	2 879	357	6 915	2 415	1 447	4 236	4 839	442	871	26 278
1981	979	885	2 863	353	6 834	2 402	1 437	4 227	4 808	442	862	26 092
1982	962	864	2 809	343	6 691	2 358	1 414	4 175	4 754	435	845	25 651
1983	953	849	2 762	332	6 539	2 326	1 402	4 121	4 727	425	837	25 272
1984	952	841	2 745	325	6 514	2 333	1 402	4 147	4 769	422	846	25 297
1985	957	836	2 756	323	6 552	2 364	1 405	4 190	4 819	420	860	25 482
Anteil am Bundesgebiet in %												
1970	3,6	3,6	11,3	1,4	26,2	9,2	5,6	15,8	18,2	1,6	3,6	100
1975	3,7	3,5	11,0	1,4	26,3	9,3	5,5	16,0	18,2	1,7	3,4	100
1976	3,7	3,5	11,0	1,4	26,3	9,3	5,5	16,0	18,3	1,7	3,4	100
1977	3,7	3,5	11,1	1,4	26,4	9,2	5,5	15,8	18,3	1,7	3,4	100
1978	3,7	3,4	11,1	1,4	26,3	9,2	5,5	16,0	18,4	1,7	3,3	100
1979	3,7	3,4	11,0	1,4	26,3	9,2	5,5	16,0	18,4	1,7	3,3	100
1980	3,8	3,4	11,0	1,4	26,3	9,2	5,5	16,1	18,4	1,7	3,3	100
1981	3,8	3,4	11,0	1,4	26,2	9,2	5,5	16,2	18,4	1,7	3,3	100
1982	3,8	3,4	10,9	1,3	26,1	9,2	5,5	16,3	18,5	1,7	3,3	100
1983	3,8	3,4	10,9	1,3	25,9	9,2	5,5	16,3	18,7	1,7	3,3	100
1984	3,8	3,3	10,9	1,3	25,7	9,2	5,5	16,4	18,9	1,7	3,3	100
1985	3,8	3,3	10,8	1,3	25,7	9,3	5,5	16,4	18,9	1,6	3,4	100

Abb. 3

Sozialversicherungspflichtig Beschäftigte in den Landesarbeitsamtsbezirken (jeweils 30. Juni – 1974 = 100)

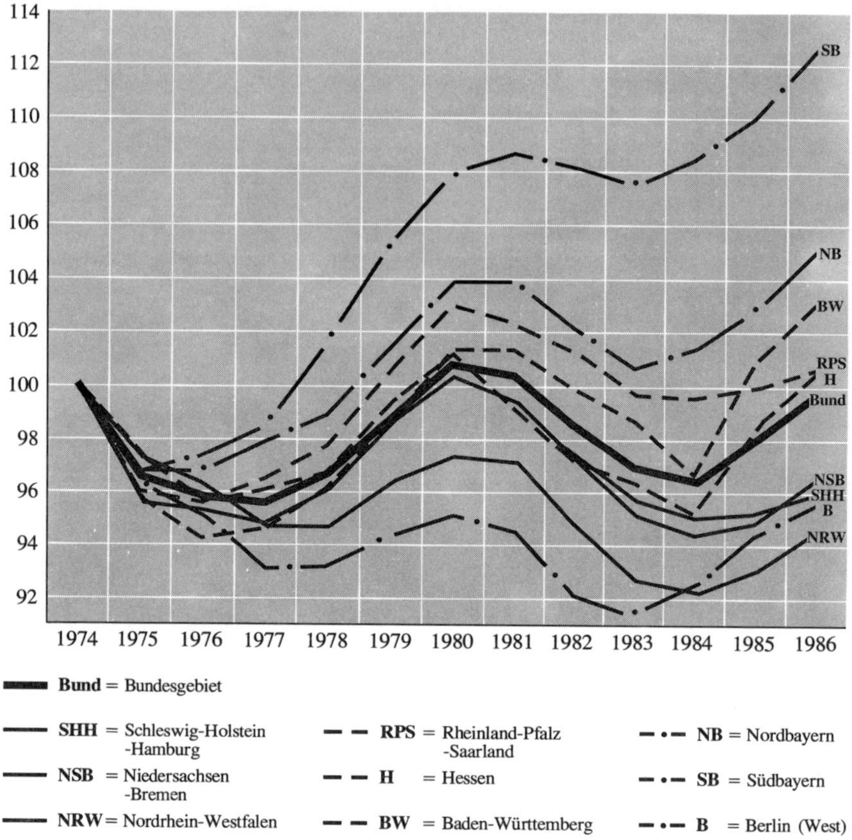

Tab. 6
Arbeitslose

Jahr[1)]	Insgesamt[2)]		Männer	Frauen	Arbeits-losen-quote
	in 1 000				%-Zahlen
1950	1 869	(2 288/1 508)	1 256	613	11,0
1955	1 074	(2 000/ 611)	631	443	5,6
1960	271	(684/ 131)	178	92	1,3
1961	181	(423/ 108)	118	63	0,8
1962	155	(286/ 91)	103	52	0,7
1963	186	(417/ 104)	130	55	0,8
1964	169	(338/ 100)	115	54	0,8
1965	147	(291/ 85)	106	42	0,7
1966	161	(269/ 101)	117	45	0,7
1967	459	(674/ 341)	335	124	2,1
1968	323	(673/ 175)	235	88	1,5
1969	179	(474/ 101)	125	54	0,9
1970	149	(286/ 95)	93	56	0,7
1971	185	(286/ 135)	101	84	0,8
1972	246	(376/ 190)	141	106	1,1
1973	274	(486/ 201)	150	124	1,2
1974	583	(946/ 451)	325	258	2,6
1975	1 074	(1 223/1 002)	623	452	4,7
1976	1 060	(1 351/ 899)	567	494	4,6
1977	1 030	(1 249/ 911)	518	512	4,5
1978	993	(1 224/ 864)	489	504	4,3
1979	876	(1 171/ 737)	417	459	3,8
1980	889	(1 118/ 767)	426	463	3,8
1981	1 272	(1 704/1 110)	652	619	5,5
1982	1 833	(2 223/1 646)	1 021	812	7,5
1983	2 258	(2 536/2 134)	1 273	985	9,1
1984	2 266	(2 539/2 113)	1 277	989	9,1
1985	2 304	(2 619/2 149)	1 289	1 015	9,3
1986	2 228	(2 593/2 026)	1 200	1 028	9,0

1) 1950, 1955 ohne Saarland, Jahresdurchschnitte
2) in Klammern: Höchste und niedrigste Monatswerte

Abb.4
Arbeitslose und offene Stellen

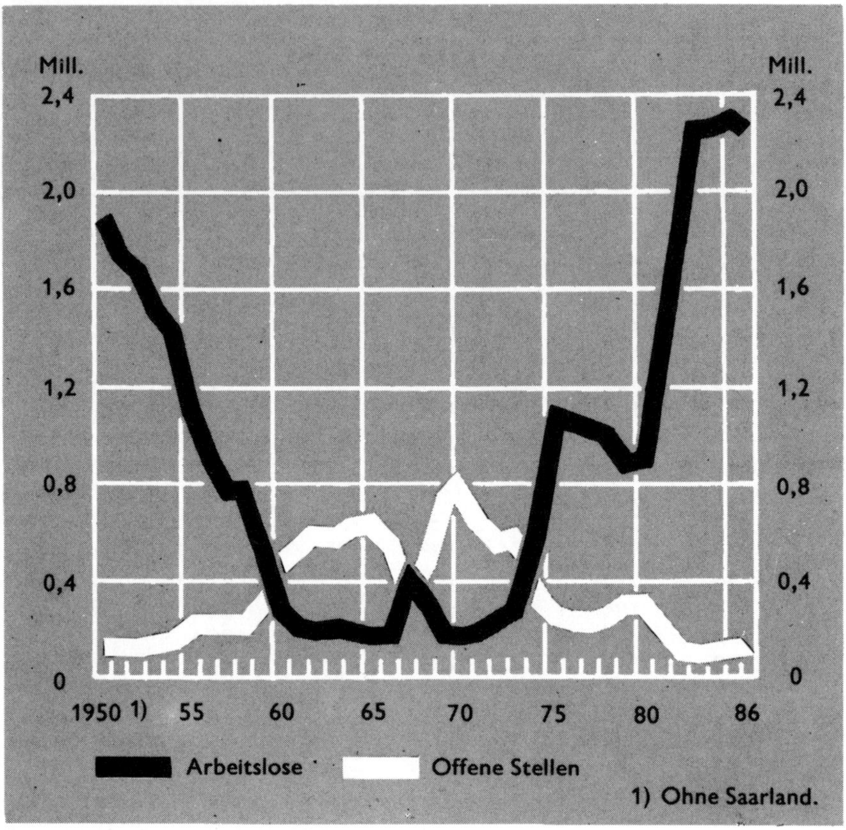

Statistisches Bundesamt 87 0244

Tab. 7

Arbeitslosenquoten in den Landesarbeitsamtsbezirken und Bundesländern

Landesarbeitsamtsbezirk/ Bundesland	1976	1977	1978	1979	1980	1981	1982	1983	1984	1985	1986
Schleswig-Holstein-Hamburg	4,6	4,8	4,6	4,0	3,8	5,8	8,4	10,3	10,9	11,6	11,7
davon: Schleswig-Holstein	5,2	5,2	4,8	4,2	4,2	6,4	9,1	10,5	10,7	11,1	10,9
Hamburg	3,9	4,2	4,3	3,6	3,4	5,0	7,4	10,2	11,2	12,3	13,0
Niedersachsen-Bremen	5,4	5,5	5,2	4,7	4,7	6,8	9,5	11,4	12,1	12,5	11,9
davon: Niedersachsen	5,4	5,5	5,2	4,6	4,7	6,8	9,5	11,3	11,9	12,3	11,5
Bremen	5,6	5,4	5,4	4,9	5,3	7,2	10,1	13,1	13,8	15,2	15,5
Nordrhein-Westfalen	4,9	5,0	5,0	4,6	4,6	6,4	8,6	10,6	10,7	11,0	10,9
Hessen	4,4	4,0	3,6	2,9	2,8	4,3	6,2	7,6	7,4	7,2	6,8
Rheinland-Pfalz-Saarland	5,2	5,2	5,1	4,3	4,4	6,0	7,7	9,2	9,3	9,7	9,4
davon: Rheinland-Pfalz	4,8	4,6	4,3	3,7	3,8	5,4	7,1	8,5	8,3	8,7	8,3
Saarland	6,7	7,2	7,6	6,5	6,5	8,1	9,7	11,8	12,7	13,4	13,3
Baden-Württemberg	3,4	2,9	2,6	2,1	2,3	3,3	4,8	5,9	5,6	5,4	5,1
Bayern	5,0	4,6	4,2	3,6	3,5	5,1	6,9	8,1	7,8	7,7	7,0
davon: Nordbayern	5,7	5,2	4,8	4,1	4,0	6,0	8,2	9,4	8,9	8,7	7,8
Südbayern	4,5	4,1	3,7	3,2	3,1	4,4	5,9	7,1	6,9	6,9	6,4
Berlin (West)	3,9	4,5	4,6	4,0	4,3	5,8	8,7	10,4	10,2	10,0	10,5
Bundesgebiet	**4,6**	**4,5**	**4,3**	**3,8**	**3,8**	**5,5**	**7,5**	**9,1**	**9,1**	**9,3**	**9,0**

Abb. 5

Arbeitslosenquoten in den Arbeitsamts- und Landesarbeitsamtsbezirken (Ende September 1986)

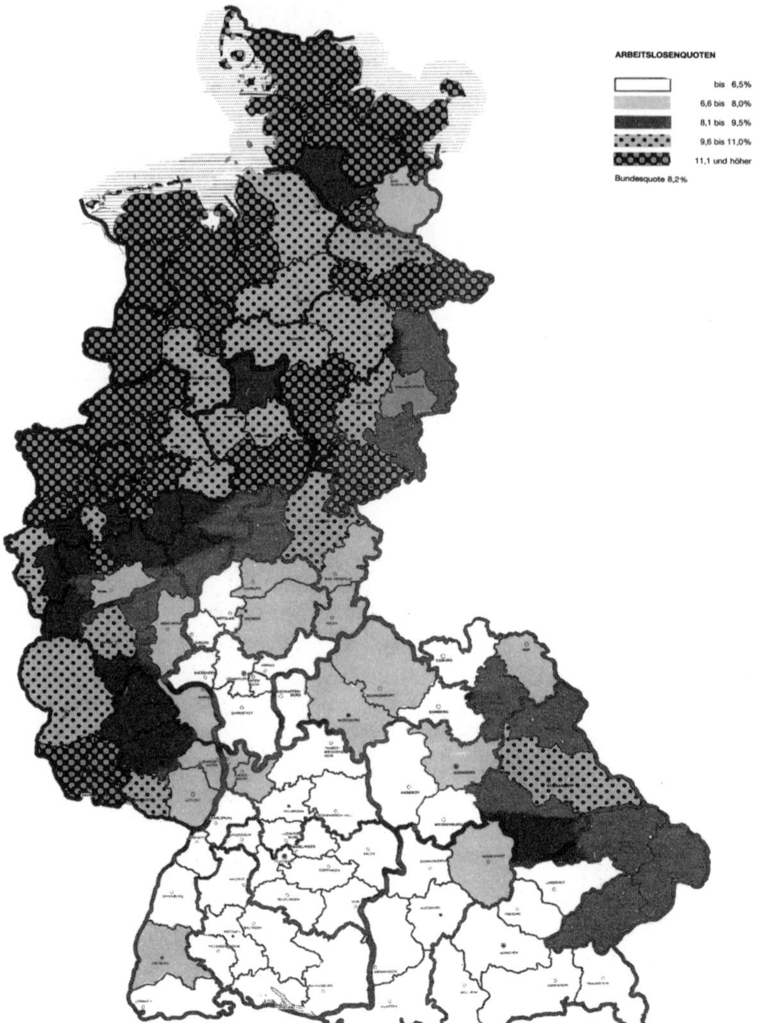

Tab. 8
Altersspezifische Arbeitslosenquoten

Altersgruppe	Arbeitslosenquoten Ende September						
	1980	1981	1982	1983	1984	1985	1986
unter 20 Jahre	3,5	5,9	9,1	9,7	8,4	8,9	7,6
20 bis unter 25 Jahre . .	5,1	8,5	11,5	13,3	12,9	11,5	10,5
25 bis unter 30 Jahre . .	4,4	7,0	9,8	11,3	11,4	11,0	10,5
30 bis unter 35 Jahre . .	3,4	5,6	7,4	8,6	8,7	8,9	8,7
35 bis unter 40 Jahre . .	2,3	3,3	5,8	7,2	7,3	7,7	7,8
40 bis unter 45 Jahre . .	2,3	3,6	4,9	5,7	5,4	5,4	5,0
45 bis unter 50 Jahre . .	2,4	3,7	5,2	6,1	6,4	6,1	6,2
50 bis unter 55 Jahre . .	2,9	3,9	5,2	6,0	6,4	7,3	7,6
55 bis unter 60 Jahre . .	5,5	6,6	7,8	9,6	11,4	11,7	10,9
60 bis unter 65 Jahre . .	9,1	11,9	10,7	9,4	9,5	9,2	8,1
Zusammen	3,5	5,4	7,5	8,6	8,6	8,6	8,2

Tab. 9

Arbeitslose nach der Dauer der Arbeitslosigkeit[1]) jeweils Ende September, absolute Zahlen in Tausend und Verhältniszahlen in vH

	1973	1974	1975	1976	1977	1978	1979	1980	1981	1982	1983	1984	1985	1986
Arbeitslose insgesamt	219	557	1 006	899	911	864	737	823	1 256	1 820	2 134	2 143	2 152	2 046
bis 1 Jahr Dauer	200	528	909	738	742	689	591	683	1 052	1 434	1 525	1 441	1 398	1 302
Anteil in vH	91,3	94,8	90,4	82,1	81,4	79,7	80,2	83,0	83,8	78,8	71,5	67,2	65,0	63,6
Struktur in vH														
Arbeitslosengeldempfänger	60	61	70	67	64	63	61	61	63	58	55	50	48	48
Arbeitslosenhilfeempfänger	4	5	7	6	6	7	9	8	9	10	12	14	14	14
Übrige	36	34	23	27	30	30	30	31	28	32	33	36	38	38
1 bis 2 Jahre Dauer	15	22	84	122	106	98	85	79	131	275	411	398	388	357
2 Jahre und länger	4	7	13	39	63	77	61	61	73	111	198	304	366	387
Langzeitarbeitslose	19	29	97	161	169	175	146	140	204	386	609	702	754	744
Anteil in vH	8,7	5,2	9,6	17,9	18,6	20,3	19,8	17,0	16,2	21,2	28,5	32,8	35,0	36,4
Struktur in vH														
Arbeitslosengeldempfänger	2	2	2	3	4	5	6	7	9	7	5	4	6	9
Arbeitslosenhilfeempfänger	68	65	63	64	60	53	44	44	42	46	51	53	50	51
Übrige	30	33	35	33	36	42	50	49	49	47	44	43	44	40
bis 1 Jahr Dauer	200	528	909	738	742	689	591	683	1 052	1 434	1 525	1 441	1 398	1 302
+ Langzeitarbeitslose mit kurzer Unterbrechung	3	6	16	28	39	48	31	34	41	59	77	84	88	90
Insgesamt	203	534	925	766	781	737	622	717	1 093	1 493	1 602	1 525	1 484	1 392
1 bis 2 Jahre	13	18	72	104	90	85	72	64	114	246	377	371	363	334
2 Jahre und länger	3	5	9	29	40	42	43	42	49	81	155	247	303	320
bis 1 Jahr, Basis t = 100	100	100	100	100	100	100	100	100	100	100	100	100	100	100
1 bis 2 Jahre, Basis t – 1	9	13	11	12	11	10	10	16	23	25	23	24	23	.
2 Jahre und länger, Basis t – 2	5	5	4	5	6	6	8	11	14	17	19	21	.	.

[1]) Zusammengestellt aus der Arbeitsmarktstatistik der Bundesanstalt für Arbeit. Die Arbeitslosenzahlen bis 1 Jahr Dauer entsprechen im oberen Teil der Tabelle der Berechnung bis einschl. 1984 und im unteren Teil der Tabelle der Stichtagsberechnung ab 1985. Die als Differenz ebenfalls angegebenen Zahlen betreffen Langzeitarbeitslose mit kurzen Unterbrechungen der Arbeitslosigkeit im jeweiligen Berichtsjahr (Beträge z.T. geschätzt). Die Strukturdaten wurden aus den Gesamtergebnissen für den Monat September und den Sondererhebungen für diesen Monat abgeleitet.

Tab. 10

Arbeitslosenquoten[1]) in EG-Ländern

Jahr	BR Deutschland	Belgien	Frankreich	Italien	Luxemburg	Niederlande	Großbritannien	Dänemark	Irland	EG[2)] 9
	% - Zahlen									
1950	8,1	4,7	·	·	0,0	1,5	·	2,8	4,3	·
1955	4,3	3,3	0,8	9,7	0,0	1,1	1,0	3,0	4,7	3,7
1960	1,0	3,1	0,7	7,2	0,1	0,7	1,6	1,5	4,7	2,5
1961	0,7	2,5	0,6	6,6	0,1	0,5	1,4	1,2	4,2	2,2
1962	0,6	2,0	0,7	5,5	0,1	0,5	1,9	1,1	4,2	2,0
1963	0,7	1,5	0,7	5,2	0,2	0,6	2,3	1,5	4,5	2,1
1964	0,6	1,5	0,6	5,2	0,0	0,5	1,6	0,9	4,3	1,9
1965	0,6	1,8	0,7	5,7	0,0	0,6	1,4	0,7	4,5	1,9
1966	0,6	2,0	0,7	5,5	0,0	0,8	1,4	0,8	4,3	1,9
1967	1,8	2,6	1,0	5,0	0,1	1,7	2,2	1,0	4,5	2,4
1968	1,3	3,1	1,3	4,7	0,1	1,5	2,3	1,7	4,8	2,3
1969	0,7	2,3	1,1	4,4	0,0	1,1	2,3	1,4	4,6	2,0
1970	0,6	2,1	1,3	4,4	0,0	1,3	2,5	1,0	5,3	2,0
1971	0,7	2,1	1,6	5,1	0,0	1,8	3,0	1,2	5,2	2,4
1972	0,9	2,7	1,8	5,2	0,0	3,0	3,4	1,2	6,0	2,7
1973	1,0	2,8	1,8	4,9	0,0	2,9	2,4	0,7	5,6	2,4
1974	2,2	3,1	2,3	4,8	0,0	3,7	2,4	2,0	6,0	2,8
1975	4,1	5,1	3,9	5,3	0,2	5,3	3,6	5,0	8,4	4,2
1976	4,0	6,5	4,2	5,6	0,3	5,6	4,9	5,2	9,3	4,7
1977	4,0	7,5	4,8	5,4	0,5	5,4	5,3	6,3	9,1	4,9
1978	3,8	8,1	5,2	6,1	0,7	5,4	5,1	7,1	8,3	5,1
1979	3,3	8,4	5,9	6,7	0,7	5,5	4,7	5,8	7,4	5,1
1980	3,4	9,1	6,4	7,2	0,7	6,2	6,0	6,7	8,2	5,7
1981	4,8	11,1	7,7	8,0	1,0	8,8	9,2	8,9	10,2	7,4
1982	6,9	13,0	8,7	9,7	1,3	11,8	10,6	9,5	12,2	9,0
1983	8,4	14,3	8,8	10,9	1,6	14,3	11,6	10,2	14,9	10,1
1984	8,4	14,4	9,9	11,9	1,7	14,5	11,8	9,8	16,5	10,6
1985	8,6	13,5	10,3	13,0	1,6	13,4	12,3	8,8	17,7	10,9

1) Arbeitslose in % der Erwerbspersonen
2) Ab 1974 Durchschnitt der 10 Mitgliedsländer

Tab. 11

Bruttoinlandsprodukt und gesamtwirtschaftliche Produktivität

Jahr[1])	in jeweiligen Preisen		in Preisen von 1980		Produktivitätszuwachs[2])	
	Mio. DM	%	Mio. DM	%	je Erwerbstätigen in %	je Erwerbstätigenstunde in %
1960	302 710	-	726 940	-	-	-
1961	331 710	+ 9,6	762 720	+4,6	+3,2	+4,0
1962	360 760	+ 8,6	798 820	+4,7	+4,3	+5,5
1963	382 370	+ 6,0	820 950	+2,6	+2,5	+3,6
1964	420 180	+ 9,9	875 690	+6,7	+6,6	+6,2
1965	459 170	+ 9,3	923 700	+5,5	+4,8	+5,9
1966	488 230	+ 6,3	950 870	+2,9	+3,3	+4,2
1967	494 350	+ 1,3	949 740	−0,1	+3,2	+4,0
1968	533 280	+ 7,9	1 002 540	+5,6	+5,4	+5,2
1969	596 950	+ 1,9	1 077 350	+7,5	+5,8	+6,5
1970	675 300	+13,1	1 132 620	+5,1	+3,8	+4,3
1971	750 650	+11,1	1 165 600	+2,9	+2,3	+3,5
1972	823 740	+ 9,8	1 214 700	+4,2	+4,4	+5,4
1973	917 270	+11,4	1 271 650	+4,7	+3,9	+5,0
1974	984 580	+ 7,3	1 275 100	+0,3	+1,6	+2,9
1975	1 026 900	+ 4,3	1 254 830	−1,6	+1,3	+2,8
1976	1 121 720	+ 9,2	1 322 740	+5,4	+6,3	+5,1
1977	1 197 820	+ 6,6	1 361 790	+3,0	+3,1	+4,1
1978	1 285 320	+ 7,3	1 400 900	+2,9	+2,2	+3,3
1979	1 392 300	+ 8,3	1 459 040	+4,2	+2,7	+3,4
1980	1 478 940	+ 6,2	1 476 940	+1,4	+0,3	+0,9
1981	1 540 930	+ 4,2	1 461 390	+0,2	+0,8	+1,8
1982	1 597 920	+ 3,7	1 471 830	−0,6	+1,1	+1,4
1983	1 674 840	+ 4,8	1 493 920	+1,5	+2,8	+3,2
1984	1 754 310	+ 4,7	1 534 870	+2,7	+2,7	+2,9
1985	1 839 910	+ 4,9	1 574 850	+2,6	+1,8	+2,6
1986	1 943 950	+ 5,7	1 614 230	+2,5	-	-

[1]) ab 1984 vorläufiges Ergebnis
[2]) in Preisen von 1980

Tab. 12

Produktivitätsentwicklung in der Industrie[1])
(Veränderung gegenüber dem Vorjahr in %)

Jahr	Insgesamt	Bergbau	Verarbeitendes Gewerbe: Zusammen	Grundstoff- und Produktionsgüter-gewerbe	Investitions-güter produzierendes Gewerbe	Verbrauchs-güter produzierendes Gewerbe	Nahrungs- und Genußmittel-gewerbe
	Produktionsergebnis[2]) je Beschäftigten						
1951–55	5,2	2,9	5,5	5,9	6,3	4,8	5,4
1956–60	3,9	3,3	3,9	4,6	2,9	5,0	4,0
1961–65	4,4	5,4	4,3	5,3	3,2	4,8	4,8
1966–70	4,8	7,8	4,6	7,0	3,8	3,7	4,0
1971–75	2,6	1,1	2,6	1,7	2,0	4,3	4,0
1976–80	3,8	0,3	3,9	4,7	3,9	4,1	2,7
1981–85	2,7	–0,9	2,8	2,2	3,2	2,3	3,7
1977	3,0	–1,8	3,1	2,2	3,3	5,6	3,1
1978	3,3	0,9	3,4	5,5	2,0	3,7	5,0
1979	4,6	4,7	4,6	7,2	3,7	3,5	3,8
1980	–0,5	–1,5	–0,4	–3,9	1,5	–0,9	1,9
1981	0,1	–1,0	0,1	–2,4	1,8	–1,4	2,1
1982	0,1	–5,4	0,3	–1,5	0,9	1,1	0,6
1983	4,9	–2,6	5,2	7,2	3,3	7,2	5,1
1984	4,5	2,6	4,5	6,5	3,7	3,5	4,3
1985	4,0	2,2	4,2	1,5	6,2	1,4	6,5
1986	1,0	–3,5	1,0	0,1	0,7	2,0	3,8
	Produktionsergebnis[2]) je Beschäftigtenstunde						
1951–55	5,3	4,1	5,6	6,0	6,3	5,0	5,3
1956–60	6,1	5,5	6,2	6,9	5,2	7,3	6,0
1961–65	5,7	6,2	5,7	6,4	4,7	6,6	6,0
1966–70	5,0	8,6	4,8	7,3	3,9	4,0	4,1
1971–75	4,5	2,0	4,6	4,1	4,3	5,5	4,8
1976–80	4,4	1,5	4,5	4,9	4,4	4,8	4,0
1981–85	2,9	–0,5	3,1	2,5	3,5	2,5	3,6
1977	4,2	1,2	4,3	3,6	4,3	6,6	5,8
1978	4,8	2,3	4,9	6,2	3,7	5,1	5,6
1979	4,8	3,4	5,0	7,2	4,0	4,6	4,9
1980	1,2	–1,4	1,2	–2,3	3,2	0,7	3,3
1981	1,3	–0,5	1,3	–1,4	3,3	0,3	1,7
1982	0,8	–5,9	1,2	–0,4	1,8	1,5	0,8
1983	4,0	–0,9	4,1	6,6	2,7	5,1	3,0
1984	4,2	3,7	4,2	5,8	3,2	3,4	6,3
1985	4,4	1,2	4,6	2,3	6,3	2,1	6,4
1986	2,0	–1,3	2,1	1,2	1,7	2,7	4,9

[1]) Ab 1970 Bergbau und Verarbeitendes Gewerbe. [2]) Index der Arbeitsproduktivität für den Zeitraum 1950 bis 1960 auf Basis 1962 = 100, für den Zeitraum 1961 bis 1970 auf Basis 1970 = 100, für den Zeitraum 1971 bis 1975 auf Basis 1976 = 100, für den Zeitraum 1976 bis 1986 auf Basis 1980 = 100.

Tab. 13

Installierte Industrieroboter[1])

	1980	1981	1982	1983	1984	1985	1986
Insgesamt	1.255[2])	2.301	3.500	4.800	6.600	8.800	12.400
Werkzeughandhabung	723	1.399	2.487	3.372	4.700	6.175	8.626
davon:							
Beschichten	155	231	397	586	727	775	1.082
Punktschweißen	339	771	1.331	1.560	1.894	2.548	3.152
Bahnschweißen	138	227	585	856	1.334	1.781	2.322
Entgraten	5	10	20	22	22	25	52
Montage	52	101	122	248	452	753	1.658
sonstige Handhabung	34	59	32	100	271	293	360
Werkstückhandhabung	481	880	955	1.348	1.743	2.415	3.437
davon:							
Pressen	78	25	70	121	135	173	193
Schmieden	24	29	52	73	75	84	113
Druck-/Spritzguß	138	113	120	132	147	174	194
Maschinen Be- und Entladen	192	374	193	320	466	805	1.156
sonstige Handhabung	49	339	520	702	920	1.179	1.781
Forschung	17	22	58	80	157	210	337

[1]) Stand: jeweils Jahresende. [2]) Einschl. Einsatz unbekannt: 34.

Tab. 14

Struktur der Schulabgänger

Schulabgänger nach Art des Abschlusses in Prozent der 15jährigen Bevölkerung

Jahr	Abgänger nach Beendigung der Vollzeitschulpflicht				Abgänger mit Realschul- oder entsprechendem Abschluß		
	Insgesamt	davon			Insgesamt	davon aus	
		ohne Hauptschulabschluß		mit Hauptschulabschluß		allgemeinbildenden Schulen	beruflichen Schulen
		Insgesamt	darunter aus Sonderschulen				
1960	83,2	•	3,2	•	•	18,2	•
1965	70,8	16,9	3,4	53,1	•	11,8	•
1970	60,6	17,4	4,1	43,2	24,8	17,8	7,0
1975	47,7	11,8	4,4	35,9	33,1	24,2	8,9
1976	46,7	11,5	4,3	35,2	31,7	22,5	9,2
1977	52,4	12,3	4,6	40,0	33,3	24,7	8,6
1978	51,6	11,9	4,5	39,8	36,1	27,5	8,5
1979	50,0	11,1	4,8	38,9	38,2	29,5	8,7
1980	48,4	10,6	3,7	37,8	41,0	31,7	9,3
1981	43,2	9,6	3,2	33,6	41,4	32,2	9,3
1982	45,1	9,5	3,1	35,6	42,8	34,1	8,7
1983	45,8	9,2	3,0	36,5	44,9	36,1	8,8
1984	46,8	9,1	3,0	37,8	48,0	39,4	8,7
1985	48,4	8,9	3,0	39,6	51,9	43,2	8,8

Schulabgänger nach Art des Abschlusses in Prozent der 18jährigen Bevölkerung

Abgänger mit Hoch- und Fachhochschulreife							Abgänger nach beendeter Ausbildung aus Berufsschulen	Jahr
Insgesamt	davon aus							
	allgemeinb. Schulen			beruflichen Schulen				
	Insgesamt	davon		Insgesamt	davon			
		Hochschulreife	Fachhochschulreife		Hochschulreife	Fachhochschulreife		
7,3	7,3	7,3	–	–	–	–	•	1960
6,9	6,9	6,9	–	–	–	–	•	1965
11,3	10,3	10,3	–	1,0	0,5	0,5	64,8	1970
19,4	13,2	13,0	0,2	6,2	1,2	5,0	57,4	1975
22,0	15,0	14,7	0,3	7,0	1,4	5,7	60,2	1976
22,3	15,7	15,4	0,3	6,6	1,3	5,3	57,2	1977
22,6	16,4	16,1	0,3	6,2	1,4	4,8	55,7	1978
19,3	13,5	12,9	0,6	5,8	1,3	4,5	56,4	1979
22,0	15,9	15,5	0,4	6,1	1,3	4,8	60,8	1980
23,8	17,2	16,8	0,5	6,6	1,4	5,2	58,9	1981
26,3	18,6	18,0	0,5	7,7	1,7	6,0	60,6	1982
28,8	20,1	19,5	0,6	8,6	1,9	6,7	61,4	1983
28,7	20,5	20,0	0,6	8,2	1,9	6,3	59,3	1984
29,4	21,3	20,7	0,6	8,1	2,1	6,1	63,8	1985

Tab. 15

Durchschnittsalter und mittlere Studiendauer deutscher Absolventen 1981, 1983, 1985 (nach Abschlußart und ausgewählten Fächergruppen bzw. Studienbereichen[1])

Prüfungsgruppe bzw. Abschlußart / Fächergruppe bzw. Studienbereich	Alter bei Abschluß der Prüfung 1981	1983	1985	Fachstudienzeit 1981	1983	1985	Gesamtstudienzeit 1981	1983	1985
	Jahre			Fachsemester			Hochschulsemester		
Diplom (U) und entsprechende Hochschulprüfungen[2])	27,5	27,6	27,9	11,4	11,8	12,2	12,8	13,0	13,4
darunter:									
Sprach- und Kulturwissenschaften	28,6	28,5	28,7	11,6	11,6	12,0	13,6	13,8	14,0
Rechts-, Wirtschafts- und Sozialwissenschaften	27,4	27,5	27,8	10,8	11,0	11,4	12,2	12,4	12,6
Mathematik, Naturwissenschaften	27,2	27,3	27,5	12,4	12,8	13,2	13,2	13,6	14,0
Ingenieurwissenschaften	27,4	27,5	27,6	11,6	12,2	12,8	12,8	13,2	13,6
Kirchliche Prüfungen	26,4	26,7	27,1	11,2	12,0	12,8	11,8	12,8	13,6
Staatsprüfungen (außer Lehramtsprüfungen)	27,7	28,0	28,0	11,8	12,0	12,4	13,4	14,0	13,8
darunter:									
Rechtswissenschaft	26,7	26,9	27,1	11,2	11,6	12,0	12,0	12,6	12,8
Humanmedizin	28,8	28,9	28,7	12,8	12,8	13,0	15,4	15,4	15,0
Veterinärmedizin	27,4	27,7	27,7	10,8	11,2	11,0	12,6	13,0	12,2
Doktorprüfungen	31,4	31,4	31,4	13,4	13,4	13,6	15,8	16,2	16,2
darunter:									
Mathematik, Naturwissenschaften	31,1	31,2	31,1	15,6	15,4	15,0	17,6	18,0	18,0
Humanmedizin	30,3	30,5	30,6	12,8	12,8	13,0	15,2	15,2	15,2
Lehramtsprüfungen (LA)									
1. Staatsprüfung LA	26,7	26,8	27,0	9,8	10,0	11,2	11,2	11,2	13,4
Grund- und Hauptschulen/Primarstufe	25,5	25,4	25,4	7,8	8,0	8,8	9,0	9,0	9,6
Realschulen/Sekundarstufe I	26,4	26,9	27,0	8,6	9,2	11,0	9,8	10,6	12,4
Gymnasien/Sekundarstufe II, allgemeinbildende Schulen	27,0	27,2	27,5	11,6	11,6	12,8	12,8	12,8	14,0
darunter:									
Sprach- und Kulturwissenschaften	27,0	27,2	27,0	11,6	11,6	11,4	12,8	12,8	12,6
Mathematik, Naturwissenschaften	26,8	27,0	26,7	11,4	11,6	11,4	12,4	12,6	12,4
Sonderschulen	27,4	26,9	27,7	7,8	8,6	10,6	10,4	10,4	12,6
Berufliche Schulen	28,7	28,4	29,1	9,2	9,8	10,6	12,4	12,2	13,0
Zusatzprüfungen LA	31,3	32,2	32,2	6,0	6,2	7,2	12,4	13,0	14,2
Künstlerische Abschlüsse	26,3	25,9	26,7	9,2	9,2	9,4	11,8	11,8	12,2
Diplom (FH)/Kurzstudiengänge	25,8	26,1	26,5	7,6	7,8	7,8	8,2	8,2	8,2
darunter:									
Rechts-, Wirtschafts- und Sozialwissenschaften	25,8	26,1	26,6	7,0	7,0	7,0	7,6	7,6	7,6
Sozialwesen	25,9	26,4	27,0	7,2	7,6	7,6	7,8	8,2	8,2
Verwaltungswissenschaft	25,2	26,0	26,3	6,0	5,6	6,0	6,4	6,2	6,2
Wirtschaftswissenschaften	26,1	25,9	26,4	7,8	7,4	7,4	8,4	8,0	7,8
Ingenieurwissenschaften	25,8	26,2	26,5	8,2	8,6	8,6	8,8	9,2	9,2
Maschinenbau/Verfahrenstechnik	28,0	26,3	26,5	8,2	8,4	8,4	8,8	9,0	9,0
Elektrotechnik	25,7	26,1	26,5	8,2	8,4	8,4	8,8	9,2	9,0
Insgesamt	27,2	27,4	27,7	10,0	10,2	10,6	11,4	11,6	12,0

[1]) Ergebnisse der Individualstatistik. – [2]) Ohne künstlerische Abschlüsse.

Tab. 16

Tarifverträge zum Vorruhestand[1])
(Tarifbereiche mit mehr als 1 000 Beschäftigten)

Wirtschaftsbereich[2])	AN, die von TVen der DGB-Gewerkschaften begünstigt werden[3]) insgesamt	Arbeitnehmer insgesamt in Tarifbereichen mit TVen zum vorzeitigen Ausscheiden aus dem Erwerbsleben	
	in 1 000	in 1 000	in vH[4])
1	2	3	4
Gartenbau, Land- und Forstwirtschaft	211	—	—
Energie- und Wasserversorgung, Bergbau	376	156	41,5
Grundstoff- und Produktionsgütergewerbe	1 186	768	64,7
Investitionsgütergewerbe	4 844	3 646	75,3
Verbrauchsgütergewerbe	1 481	600	40,5
Nahrungs- und Genußmittelgewerbe	725	364	50,2
Bau-, Ausbau- und Bauhilfsgewerbe	1 171	920	78,6
Handel, Banken und Versicherungen	3 347	597	17,8
Verkehr und Nachrichtenübermittlung	937	40	4,3
Private Dienstleistungen und Öffentliche Dienste[5])	3 698	61	1,7
Gesamte Wirtschaft	17 976	7 152	39,8

1) In der Tabelle sind alle im Tarifarchiv des WSI zum 31. 12. 1986 vorliegenden Tarifverträge aus Tarifbereichen mit mehr als 1 000 Arbeitnehmern auf der Basis des „Vorruhestands-Gesetzes" vom 13. 4. 1984 berücksichtigt. — 2) Die Abgrenzung der Tarifbereiche entspricht nicht immer der Abgrenzung der Wirtschaftsbereiche in den vorliegenden amtlichen Statistiken; die Zuordnung erfolgt nach dem Schwergewicht der einzelnen Tarifbereiche. — 3) Da keine amtliche Beschäftigungsstatistik nach den Abgrenzungen der Tarifbereiche vorliegt, müssen die von den Geltungsbereichen der Tarifverträge erfaßten Arbeitnehmer aus zahlreichen Quellen schätzungsweise ermittelt werden; die Angaben umfassen i.d.R. auch die Auszubildenden und beziehen sich, soweit keine anderen Quellen vorhanden sind, auf sozialversicherungspflichtig beschäftigte Arbeitnehmer. — 4) Von Spalte 2. — 5) Dienstleistungen einschließlich Organisationen ohne Erwerbszweck.

Abb. 6

Der Freizeitbonus (zusätzliche tarifliche Freizeit-Regelungen für ältere Arbeitnehmer nach ausgewählten Tarifbereichen - Stand: Juni 1987)

Tarifbereich	Bezahlte Altersfreizeiten	Anspruchsvoraussetzungen
Eisen- und Stahlindustrie Nordrhein-Westfalen, Bremen und Osnabrück	ein Tag pro Kalenderjahr	Arbeitnehmer der Jahrgänge 1934 und früher
Chemische Industrie Bundesgebiet	1. durchschnittliche Wochenarbeitszeit 20 Stunden bei rund 85 Prozent des letzten Arbeitsentgelt oder 2. Vorruhestand oder 3. wenn weder Teilzeitarbeit noch Vorruhestand in Anspruch genommen wird, vier Stunden je Woche.	Arbeitnehmer ab dem 58. Lebensjahr und mindestens 10 Jahren Betriebszugehörigkeit.
Kautschukindustrie Hessen, Niedersachsen, Rheinland-Pfalz, Saarland, Hamburg	durchschnittliche Wochenarbeitszeit 36 Stunden bei vollen Bezügen	Arbeitnehmer ab dem 50. Lebensjahr bei ständiger dreischichtiger Arbeitsweise.
Zementindustrie Nordwest-Deutschland	1. durchschnittliche Wochenarbeitszeit 20 Stunden (Betriebe mit mindestens 50 Mitarbeitern) bei ungefähr 87,5 Prozent des letzten Arbeitsentgelts 2. rund 4 bezahlte Freischichten pro Kalenderjahr (Kleinbetriebe)	Arbeitnehmer ab dem 58. Lebensjahr und 10 Jahren Betriebszugehörigkeit
Druckindustrie Bundesgebiet	2 Tage pro Kalenderjahr	Arbeitnehmer nach Vollendung des 58. Lebensjahrs
Papierindustrie Bundesgebiet	durchschnittliche Wochenarbeitszeit 36 Stunden bei vollen Bezügen	Arbeitnehmer nach Vollendung des 55. Lebensjahres im Drei- oder Vier-Schicht-Betrieb
Schuhindustrie Bundesgebiet	3 Tage pro Kalenderjahr	Arbeitnehmer nach Vollendung des 58. Lebensjahres
Kali- und Steinsalzbergbau Hessen, Niedersachsen, Nordrhein-Westfalen, Südbaden	durchschnittliche Wochenarbeitszeit 20 Stunden bei ungefähr 85 Prozent des letzten Arbeitsentgelts	Arbeitnehmer ab dem 58. Lebensjahr und 15 Jahren Betriebszugehörigkeit
Erdöl- und Erdgasgewinnung Bundesgebiet	2 Tage pro Kalenderjahr	Arbeitnehmer ab dem 55. Lebensjahr
Zuckerindustrie Bundesgebiet	1. 18 Tage pro Kalenderjahr oder 2. alle zustehenden Tage zusammen am Ende des Arbeitslebens	Arbeitnehmer ab dem 60. Lebensjahr und 10 Jahren Betriebszugehörigkeit
Zigarettenindustrie Bundesgebiet	1. durchschnittliche Wochenarbeitszeit 20 Stunden bei vollen Bezügen oder 2. Freistellung von der Arbeit bei 75 Prozent der letzten Bezüge	ältere Arbeitnehmer in den letzten 2 Jahren vor dem frühest möglichen Rentenbezug und mindestens 15 Jahren Betriebszugehörigkeit
Brauereien Nordrhein-Westfalen	28 Tage pro Kalenderjahr	Arbeitnehmer ab dem 60. Lebensjahr und 10 Jahren Betriebszugehörigkeit
Süßwarenindustrie Bundesgebiet	1. 20 bzw. 22 bzw. 24 Tage pro Kalenderjahr oder 2. alle zustehenden Tage zusammen am Ende des Arbeitslebens	Arbeitnehmer ab dem 60 bzw. 61. bzw. 62. Lebensjahr und mindestens 12 Jahren Betriebszugehörigkeit
Handelsmühlen Niedersachsen und Bremen	1. 15 Tage pro Kalenderjahr oder 2. alle zustehenden Tage zusammen am Ende des Arbeitslebens	Arbeitnehmer ab dem 60. Lebensjahr und mindestens 10 Jahren Betriebszugehörigkeit
Öffentlicher Dienst Bund, Länder, Gemeinden	2 Tage pro Kalenderjahr	Arbeitnehmer nach Vollendung des 50. Lebensjahres

Tab. 17

Bezieher von Vorruhestandsgeld nach Wirtschaftsabteilungen und ausgewählten Wirtschaftsgruppen - 30. September 1986[1])

Wirtschaftsabteilung Wirtschaftsgruppe	Insgesamt		davon	
	absolut	%	Männer	Frauen
Land und Forstwirtschaft	32	0,0	31	1
Energie, Bergbau	3 219	4,7	2 992	227
Verarbeitendes Gewerbe	28 185	41,0	22 322	5 863
dar. Chemische Industrie	5 520	8,1	4 778	742
Kunststoffverarbeitung	1 233	1,8	1 006	227
Steine und Erden	899	1,3	864	35
Eisen- und Stahlerzeugung	381	0,6	348	33
Zieherei, Stahlverformung u. ä.	149	0,2	128	21
Stahl- und Leichtmetallbau	214	0,3	194	20
Maschinenbau	1 365	2,0	1 173	192
Straßenfahrzeugbau	5 213	7,6	4 711	502
Elektrotechnik (o. Büromaschinen)	1 099	1,6	700	399
Eisen-, Blech-, Metallwaren	335	0,5	248	87
Sägewerke, Holzverarbeitung	227	0,3	213	14
Zellstoff, Papier, Buchbinderei	1 452	2,1	1 313	139
Textilverarbeitung	2 851	4,2	1 833	1 018
Bekleidungsgewerbe	1 118	1,6	383	735
Nahrungs- und Genußmittel	4 411	6,4	3 284	1 127
Baugewerbe	28 141	41,1	27 813	328
dav. Bauhauptgewerbe	27 549	40,2	27 241	308
Ausbau- und Bauhilfsgewerbe	592	0,9	572	20
Handel	1 696	2,5	1 228	468
Verkehr und Nachrichtenübermittlung	649	0,9	550	99
Kreditinstitute, Versicherungen	4 889	7,1	2 570	2 319
Dienstleistungen, anderw. nicht genannt	1 206	1,7	838	368
dar. Wissenschaft, Kunst, Publizistik	368	0,5	243	125
Sonstige Dienstleistungen	579	0,8	418	161
Organisationen ohne Erwerbscharakter, private Haushalte	263	0,4	113	150
Zusammen (einschl. ohne Angabe)	68 533	100	58 658	9 875

[1]) Vorläufige Ergebnisse

Tab. 18

Sozialversicherungspflichtig Teilzeitbeschäftigte (Jahresdurchschnitte)

Jahr	Teilzeitbeschäftigte insgesamt	Veränderung gegenüber Vorjahr absolut	Veränderung gegenüber Vorjahr %
	Männer und Frauen		
1977.	1 446 462		.
1978.	1 501 186	+54 724	+3,8
1979.	1 574 361	+73 175	+4,9
1980.	1 659 486	+85 125	+5,4
1981.	1 717 301	+57 815	+3,5
1982.	1 761 180	+43 879	+2,6
1983.	1 777 494	+16 314	+0,9
1984.	1 822 925	+45 431	+2,6
1985.	1 872 705	+49 780	+2,7
	Männer		
1977.		.	.
1978.	104 092	.	.
1979.	107 762	+ 3 670	+3,5
1980.	110 444	+ 2 682	+2,5
1981.	114 225	+ 3 781	+3,4
1982.	118 568	+ 4 343	+3,8
1983.	124 932	+ 6 364	+5,4
1984.	129 748	+ 4 816	+3,9
1985.	128 958	− 790	−0,6
	Frauen		
1977.			.
1978.	1 397 094		.
1979.	1 466 599	+69 505	+5,0
1980.	1 549 042	+82 443	+5,6
1981.	1 603 076	+54 034	+3,5
1982.	1 642 612	+39 536	+2,5
1983.	1 652 562	+ 9 950	+0,6
1984.	1 693 177	+40 615	+2,5
1985.	1 743 747	+50 570	+3,0

Tab. 19

Entwicklung »geringfügiger« Teilzeitbeschäftigungen von Frauen 1970 - 1984

	1970 1)	1973 2)	1979 3)	1983 4)	1984 5)	Veränderungen in % 1970/83	1979/83
abhängig teilzeitbeschäftigte Frauen insgesamt - in Tsd.	1.832	2.214	2.544	2.869	2.744 6)	+ 56,6 %	+12,8 %
davon: mit einer normalerweise geleisteten Wochenarbeitszeit von 1-14 Std. - in Tsd.	203	284	336	433	490	+113,3 %	+28,9 %
- in % aller teilzeitbeschäftigten Frauen	11,1 %	12,8 %	13,2 %	15,1 %	17,9 %	+ 36,0 %	+14,4 %

1)-Quelle: Statistisches Bundesamt, Volks- und Berufszählung 1970; Teilzeitbeschäftigte: 'normalerweise geleistete Arbeitszeit' 1-36 Wochenstunden.

2)-Quelle: Statistisches Bundsamt, Mikrozensus 1973; Teilzeitbeschäftigte: 'normalerweise geleistete Arbeitszeit' 1-35 Wochenstunden.

3)-Quelle: Statistisches Bundesamt, Mikrozensus 1979; Brinkmann/Kohler 1981, S.123; Teilzeitbeschäftigte: 'normalerweise geleistete Arbeitszeit' 1-35 Wochenstunden.

4)-Quelle: Statistisches Bundesamt, Mikrozensus 1983; Schoer 1985, S. 26.

5)-Quelle: Das Sozio-ökonomische Panel Welle I/1984; Teilzeitbeschäftigte: 'normale Arbeitszeit ohne Überstunden' 1-34 Wochenstunden.

6)-ohne Befragte, die keine Angaben zur 'normalen Wochenarbeitszeit' gemacht haben.

Abb. 7

Strukturunterschiede zwischen vollzeitbeschäftigten, regulär teilzeitbeschäftigten und geringfügig teilzeitbeschäftigten Frauen

	Abhängig beschäftigte Frauen (ohne Auszubildende)		
Personen- und Berufsmerkmale	Vollzeitbeschäftigte (A)	Sozialversicherungspflichtig regelmäßig Teilzeitbeschäftigte[2]) (B)	Geringfügig und/oder unregelmäßig Teilzeitbeschäftigte[3]) (C)
Alter	Konzentration bei 20- bis 30jährigen	Konzentration bei 30- bis 50jährigen	Wie Spalte (B), doch häufig auch jünger als 30 und älter als 60
Familienstand	Rd. zur Hälfte verheiratet, häufig auch ledig oder geschieden	Sehr häufig verheiratet	Noch häufiger verheiratet, doch relativ viele auch ledig oder verwitwet
Haushaltsgröße und Kinder unter 16 Jahren	Relativ häufig Ein- und Zweipersonenhaushalte; relativ häufig ohne Kinder unter 16 Jahren	Häufig Drei- und Mehrpersonenhaushalte, häufig mit Kindern unter 16 Jahren	Noch häufiger Drei- und Mehrpersonenhaushalte; noch häufiger mit Kindern unter 16 Jahren
Schulabschluß und Berufsausbildung (abgeschlossen)	Neben Hauptschulabschluß relativ häufig auch Mittlere Reife und höher (50:50); nur rd. 20 % ohne Berufsausbildung	Relativ seltener Mittlere Reife und höher (65:35); rd. 30 % ohne Berufsausbildung	Noch seltener Mittlere Reife und höher (70:30); fast 50 % ohne Berufsausbildung
Tätigkeit im erlernten Beruf	Rd. die Hälfte der Frauen im erlernten Beruf tätig	Etwas weniger als die Hälfte im erlernten Beruf tätig	Nur rd. ein Viertel im erlernten Beruf tätig; rd. drei Viertel nicht im erlernten Beruf tätig bzw. keinen Beruf erlernt
Ausgeübte Tätigkeit	Relativ häufig qualifizierte manuelle, kaufmännische und Dienstleistungsberufe	Relativ häufig einfache kaufmännische und Dienstleistungsberufe	Sehr häufig einfache kaufmännische und Dienstleistungsberufe
Wirtschaftsbereich	Relativ häufig im produzierenden Gewerbe	Relativ häufig im Handel	Relativ häufig in Gaststätten, Wäschereien, Gebäudereinigung und Organisationen ohne Erwerbscharakter/private Haushalte
Beschäftigungsdauer beim derzeitigen Arbeitgeber	Relativ lange Betriebszugehörigkeit	Wie Spalte (A)	Häufig kurze Betriebszugehörigkeit
Arbeitgeberwechsel	selten	Wie Spalte (A)	etwas häufiger

Forts. Abb. 7

Strukturunterschiede zwischen vollzeitbeschäftigten, regulär teilzeitbeschäftigten und geringfügig teilzeitbeschäftigten Frauen

	Abhängig beschäftigte Frauen (ohne Auszubildende)		
Personen- und Berufsmerkmale	Vollzeitbeschäftigte (A)	Sozialversicherungspflichtig regelmäßig Teilzeitbeschäftigte²) (B)	Geringfügig und/oder unregelmäßig Teilzeitbeschäftigte³) (C)
Im Vorjahr (1983) (zeitweise) arbeitslos gemeldet gewesen	selten	Wie Spalte (A)	Rd. ein Zehntel
Arbeitszeitwechsel im Laufe des Vorjahres	wenig	Relativ häufiger Wechsel von Voll- in Teilzeitbeschäftigung	Relativ häufiger Wechsel von Arbeitslosigkeit/Nichterwerbstätigkeit in (geringfügige) Teilzeitbeschäftigung
Bruttostundenlöhne der un- und angelernten Arbeiterinnen sowie einfachen Angestellten	Rd. DM 10,50	Rd. DM 10,50	Rd. DM 9,50
Sozialversicherungsstatus der als Arbeiterin/Angestellte Beschäftigten	Pflichtversichert in der Renten- und Krankenversicherung	Meist pflichtversichert	Rd. drei Fünftel nicht pflichtversichert

Tab. 20

Komponenten der Arbeitszeit in der Gesamtwirtschaft (je Arbeitnehmer)

Jahr	Potentielle Jahres-arbeits-tage	Tarifliche Vorgaben		Über-stunden	Ausfall-stunden[2])	Effektive Jahresar-beitszeit	Effektive Wochenar-beitszeit
		Jahresur-laubstage	Wochenar-beitsstd.			in Std.	
1960–64	271,0	16,7	44,0	97,1	188,7	2.020,1	38,8
1965–69	258,1	19,5	42,3	120,3	146,4	1.932,0	37,2
1970	250,1	21,2	41,5	157,3	170,4	1.885,0	36,3
1972	250,2	22,3	41,0	127,0	164,7	1.831,7	35,2
1973	249,5	23,0	40,9	126,6	175,1	1.804,4	34,7
1974	248,5	23,7	40,7	115,5	171,0	1.776,4	34,2
1975	248,8	24,3	40,3	99,7	174,1	1.736,5	33,4
1976	253,1	24,7	40,3	102,7	171,0	1.770,2	34,0
1977	251,2	25,2	40,2	93,7	171,1	1.741,0	33,5
1978	250,2	25,9	40,2	90,9	176,8	1.717,0	33,0
1979	249,5	26,7	40,2	90,4	181,1	1.699,0	32,7
1980	250,3	27,3	40,1	80,2	181,3	1.688,3	32,5
1981	249,9	28,0	40,1	75,0	182,0	1.672,1	32,2
1982	251,1	28,8	40,0	66,0	168,4	1.677,5	32,3
1983	251,0	29,6	40,0	64,1	164,5	1.671,3	32,1
1984	250,0	29,9	40,0	65,5	162,4	1.662,7	32,0
1985	248,3	30,1	39,8	67,6	161,9	1.640,8	31,6
1986[1])	248,8	30,3	39,4	67,6	162,9	1.626,9	31,3

[1]) Vorläufige Ergebnisse. [2]) Einschließlich Krankenstand.

Tab. 21
Kurzarbeiter

Jahr[1)]	Insgesamt	Männer	Frauen
	1000		
1955	25	10	15
1960	3	1	2
1961	3	1	2
1962	4	2	2
1963	11	7	4
1964	2	1	1
1965	1	1	0
1966	16	9	7
1967	143	89	54
1968	10	6	4
1969	1	1	0
1970	10	4	6
1971	86	52	34
1972	76	54	22
1973	44	18	26
1974	292	198	95
1975	773	538	236
1976	277	210	67
1977	231	181	50
1978	191	149	42
1979	88	59	28
1980	137	98	38
1981	347	239	108
1982	606	326	460
1983	675	379	548
1984	384	325	59
1985	235	197	37
1986	**197**	**164**	**34**

1) 1955 ohne Saarland, Jahresdurchschnitte

Tab. 22
Streiks und Aussperrungen

Jahr[1]	Streiks[2]		Aussperrungen[3]		Streiks und Aussperrungen	
	Beteiligte Arbeitnehmer	Ausgefallene Arbeitstage	Betroffene Arbeitnehmer	Ausgefallene Arbeitstage		
	1 000					%[4]
1951	174	1 593	0,3	9,0	1 602	11,7
1955	597	847	0,6	7,0	854	5,3
1960	17	38	–	–	38	0,2
1961	21	65	0,5	2,0	68	0,3
1962	79	451	0,1	3,0	454	2,3
1963	101	878	216,0	968,0	1 846	9,4
1964	6	17	–	–	17	0,1
1965	6	49	0,0	1,0	49	0,2
1966	196	27	0,0	0,2	27	0,1
1967	60	390	–	–	390	2,0
1968	25	25	–	0,1	25	0,1
1969	90	249	0,0	0,0	249	1,3
1970	184	93	–	–	93	0,5
1971	334	2 599	202,0	1 884,0	4 484	21,8
1972	23	66	–	–	66	0,3
1973	179	545	–	–	545	2,6
1974	250	1 051	–	–	1 051	5,1
1975	36	69	–	–	69	0,3
1976	117	412	52,0	122,0	534	2,7
1977	34	24	–	–	24	0,1
1978	299	2 548	188,0	1 733,0	4 281	21,4
1979	63	405	15,0	78,0	483	2,4
1980	45	128	–	–	128	0,6
1981	253	58	–	–	58	0,3
1982	40	15	–	–	15	0,1
1983	94	41	–	–	41	0,2
1984	399	2 921	138,0	2 696,0	5 618	28,6
1985	78	35	–	–	35	0,2

1) 1951, 1955 ohne Saarland und Berlin
2) Einschl. gleichzeitiger Aussperrungen
3) Ohne gleichzeitige Ausfälle durch Streiks
4) je 100 beschäftigte Arbeiter und Angestellte (ohne Beamte und Soldaten)

Tab. 23
Tariflicher Urlaub

a) Durchschnittlicher Jahresurlaub

Jahr	Abhängig Beschäftigte in der Gesamtwirtschaft			
	Männer	Frauen	Männer und Frauen	
	Arbeitstage			1960 = 100
1960	16,42	13,74	15,52	100
1961	16,93	14,41	16,08	104
1962	17,46	15,07	16,66	107
1963	18,01	15,72	17,24	111
1964	18,53	16,39	17,81	115
1965	19,02	17,05	18,35	118
1966	19,62	17,69	18,97	122
1967	20,20	18,40	19,59	126
1968	20,69	18,99	20,12	130
1969	21,15	19,62	20,63	133
1970	21,70	20,23	21,20	137
1971	22,22	20,89	21,77	140
1972	22,76	21,55	22,34	144
1973	23,46	22,28	23,04	148
1974	24,09	22,93	23,68	153
1975	24,72	23,51	24,28	156
1976	25,21	23,89	24,73	159
1977	25,70	24,40	25,20	162
1978	26,40	25,10	25,90	167
1979	27,10	25,90	26,70	172
1980	27,80	26,60	27,30	176
1981	28,40	27,30	28,00	180
1982	29,20	28,10	28,80	186
1983	30,00	29,00	29,60	191
1984	30,30	29,30	29,90	193
1985p	30,40	29,40	30,00	193

b) Tariflicher Jahresurlaub (Stand 31. 12. 85)
Einen Jahresurlaub von ... Wochen

3 bis unter 4	4 bis unter 5	5 bis unter 6	6 oder mehr
hatten ... % der Arbeitnehmer			
2	5	31	62

Tab. 24
Tarifvertraglich vereinbarte wöchentliche Arbeitszeit[1])
(Stand 31. Dezember 1986)

Wirtschaftsbereich[2])	Anteil der Beschäftigten mit einer wöchentlichen Arbeitszeit von ... Stunden in vH[3])						durchschnittliche tarifliche Wochenarbeitszeit in Stunden
	unter 38	38	38,5	39	40	41 und mehr	
Gartenbau, Land- und Forstwirtschaft	—	—	—	—	97,6	1,4	40,0
Energie- und Wasserversorgung, Bergbau	—	2,1	1,1	0,0	96,8	—	39,9
Grundstoff- und Produktionsgütergewerbe	—	16,2	3,5	—	80,3	—	39,6
Investitionsgütergewerbe	0,2	—	95,4	—	4,4	—	38,6
Verbrauchsgütergewerbe	—	6,4	33,2	—	59,7	—	39,4
Nahrungs- und Genußmittelgewerbe	—	—	—	—	100,0	—	40,0
Bau-, Ausbau- und Bauhilfsgewerbe	—	—	—	—	100,0	—	40,0
Handel, Banken und Versicherungen	0,2	0	67,5	6,2*	26,1	—	38,9
Verkehr und Nachrichtenübermittlung	0,1	0.6	6,7	—	90,6	0,0	39,9
Private Dienstleistungen und Öffentliche Dienste[4])	1,1	0.2	6,0	0,1	91,8	0,4	39,9
Gesamte Wirtschaft	0,3	1,7	42,9	1,2	53,6	0,0	39,3

*) darunter 197.300 AN mit 38,75 Std./W. — 1) Die Tabelle bezieht sich auf die zum Stichtag 31. 12. 1986 vereinbarte regelmäßige tarifliche Wochenarbeitszeit (bei stufenweiser Verkürzung der Arbeitszeit in der letzten Stufe) unabhängig vom Datum des Inkrafttretens der bis zum Stichtag vereinbarten Arbeitszeitverkürzungen; ohne Wochenarbeitszeitverkürzung für einzelne Beschäftigungsgruppen. — 2) Die Abgrenzung der Tarifbereiche entspricht nicht immer der Abgrenzung der Wirtschaftsbereiche in den vorliegenden amtlichen Statistiken; die Zuordnung erfolgt nach dem Schwergewicht der einzelnen Tarifbereiche. — 3) Die Berechnungen erfolgten auf der Basis aller von Tarifabschlüssen der DGB-Gewerkschaften begünstigten Arbeitnehmer = 100; sofern sich die Anteile nicht zu 100 aufaddieren, existiert in den betr. Wirtschaftszweigen eine Anzahl von Arbeitnehmern ohne tarifliche Wochenarbeitszeitregelung oder Sonderregelung. — 4) Dienstleistungen, einschließlich Organisationen ohne Erwerbszweck.

Tab. 25
Durchschnittliche tarifliche Wochenarbeitszeiten

Oktober[1)]	Arbeiter	Angestellte
	Stunden	
Gewerbliche Wirtschaft und Gebietskörperschaften		
1960	44,1	44,5
1961	44,1	44,5
1962	43,3	44,1
1963	43,0	43,9
1964	42,3	43,4
1965	42,0	43,1
1966	41,8	42,5
1967	41,3	42,1
1968	41,2	42,1
1969	40,9	41,8
1970	40,7	41,6
1971	40,5	41,0
1972	40,5	40,9
1973	40,4	40,7
1974	40,3	40,5
1975	40,1	40,1
1976	40,1	40,1
1977	40,1	40,1
1978	40,1	40,0
1979	40,0	40,0
1980	40,0	40,0
1981	40,0	40,0
1982	40,0	40,0
1983	40,0	40,0
1984	40,0	40,0
1985	39,4	39,6
Gesamte Wirtschaft 2)		
1980	40,1	40,1
1981	40,1	40,1
1982	40,1	40,0
1983	40,0	40,0
1984	40,0	40,0
1985	39,5	39,7

1) 1960 und 1961 ohne Berlin, 1960 bis 1963 jeweils November
2) Ohne Häusliche Dienste und Organisationen ohne Erwerbscharakter, Jahresende

Tab. 26

Durchschnittliche Wochenarbeitszeit der Erwerbstätigen[1])

a) Männer

April[2)]	Insgesamt	Selbständige	Mithelfende Familienangehörige	Beamte, Richter	Angestellte	Arbeiter
	Stunden[3)]					
1957	48,3	58,5	61,5	45,8	46,6	45,3
1960	47,5	56,9	57,4	45,9	46,1	45,0
1961	47,1	57,3	58,1	44,2	45,7	44,5
1962	46,9	57,9	59,0	45,0	45,3	44,1
1963	46,7	57,5	57,5	45,2	45,3	44,1
1964	46,5	58,5	57,7	44,7	44,8	43,7
1965	46,1	57,4	55,8	44,3	44,7	43,5
1966	45,9	57,8	56,2	44,0	44,5	43,2
1967	45,2	57,2	53,4	43,8	43,9	42,4
1968	45,2	57,0	51,3	43,5	44,1	42,6
1969	45,3	57,1	50,3	43,5	44,1	42,8
1970	45,2	57,0	48,6	43,4	44,0	42,9
1971	44,8	57,3	49,1	42,8	43,5	42,5
1972	44,2	57,1	45,9	42,5	43,2	42,0
1973	44,0	56,8	44,4	42,4	42,9	41,9
1974	43,1	55,9	44,6	41,7	42,3	40,8
1975	42,2	55,5	46,0	40,5	41,3	39,8
1976	42,5	56,0	46,5		40,7	
1977	42,3	55,2	43,5		40,6	
1978	42,4	56,5	44,2	40,7	41,7	40,0
1979	42,2	55,4	43,3	40,5	41,4	40,0
1980	42,4	55,9	43,1	40,9	41,6	40,1
1981	41,9	55,8	40,9	40,5	41,2	39,7
1982	42,0	55,4	40,9	40,7	41,4	39,6
1983	41,2	55,5	41,6		39,4	
1984	41,3	56,0	40,4		39,4	

1) Ergebnisse des Mikrozensus (ab 1972 einschl. Soldaten)
2) Berichtszeitraum: eine Woche; 1957 bis 1962: Oktober; 1963, 1973 und 1975: Mai
3) Es handelt sich um die in der vorwiegenden Erwerbstätigkeit geleisteten Arbeitsstunden

Forts. Tab. 26

Durchschnittliche Wochenarbeitszeit der Erwerbstätigen[1])

b) Frauen

April[2])	Insgesamt	Selbständige	Mithelfende Familienangehörige	Beamte, Richter	Angestellte	Arbeiter
	Stunden[3])					
1957	46,1	52,3	51,2	38,5	45,1	43,0
1960	42,9	45,9	44,3	43,0	44,2	40,6
1961	42,7	46,1	46,0	39,5	43,5	39,7
1962	42,2	46,7	47,3	41,9	42,7	38,3
1963	41,8	46,0	45,8	42,8	42,6	38,2
1964	42,1	48,4	48,1	42,9	41,9	38,0
1965	41,4	47,5	47,2	41,9	41,3	37,4
1966	41,1	47,9	47,9	41,5	40,6	36,9
1967	40,3	47,4	46,3	41,6	40,2	36,0
1968	40,0	47,2	45,6	40,1	39,9	36,1
1969	39,7	46,8	45,4	41,1	39,6	35,9
1970	39,2	46,6	45,2	40,8	38,9	35,5
1971	38,9	47,3	46,3	39,8	38,2	35,2
1972	37,4	47,6	43,9	38,3	37,0	34,1
1973	37,0	47,3	43,2	38,2	36,6	33,8
1974	36,5	46,4	42,9	36,2	36,1	33,2
1975	35,9	46,8	42,9	36,5	35,3	32,6
1976	36,0	46,7	43,4		34,5	
1977	35,4	44,7	41,0		34,2	
1978	35,8	46,2	43,3	36,2	35,2	32,8
1979	35,2	44,9	41,5	35,8	34,8	32,6
1980	35,2	45,0	41,4	36,0	34,8	32,7
1981	34,4	43,9	40,3	35,1	34,2	32,0
1982	34,5	42,9	40,7	35,1	34,2	32,0
1983	34,0	43,9	41,7		32,8	
1984	34,5	44,9	42,0		33,2	

1) Ergebnisse des Mikrozensus (ab 1972 einschl. Soldaten)
2) Berichtszeitraum: eine Woche; 1957 bis 1962: Oktober; 1963, 1973 und 1975: Mai
3) Es handelt sich um die in der vorwiegenden Erwerbstätigkeit geleisteten Arbeitsstunden

Tab. 27

Wochenarbeitszeit der Arbeiter in der Industrie[1]) im internationalen Vergleich

Jahr	BR Deutschland	Frankreich2)	Niederlande2)	Großbritannien2)3)	Schweiz	Kanada	USA
	Stunden4)						
1950	48,3	45,6	49,0	47,5	47,5	42,3	40
1955	48,8	45,7	49,0	48,7	47,7	41,0	40,7
1960	45,6	45,9	49,1	47,4	46,1	40,4	39,7
1961	45,3	46,1	46,9	46,8	45,8	40,6	39,8
1962	44,7	46,3	46,9	46,2	45,6	40,7	40,4
1963	44,3	46,5	47,1	46,8	45,5	40,8	40,5
1964	43,6	46,0	46,2	46,9	45,4	41,0	40,7
1965	44,1	45,9	46,3	46,1	44,9	41,0	41,2
1966	43,7	46,0	46,2	45,0	44,8	40,8	41,3
1967	42,0	45,4	45,5	45,3	44,7	40,3	40,6
1968	43,0	45,6	45,5	45,8	44,6	40,3	40,7
1969	43,8	45,3	45,4	45,7	44,7	40,0	40,6
1970	43,8	44,7	44,5	44,9	44,7	39,7	39,8
1971	43,0	44,5	44,2	43,6	44,6	39,7	39,9
1972	42,7	44,0	43,8	44,1	44,4	40,0	40,6
1973	42,8	43,5	43,0	44,7	44,9	39,6	40,7
1974	41,9	42,8	41,9	44,0	44,8	38,9	40,0
1975	40,4	41,5	41,2	42,7	44,5	38,6	39,5
1976	41,4	41,6	41,3	43,5	44,4	38,7	40,1
1977	41,7	41,2	41,2	43,6	44,6	38,7	40,3
1978	41,6	40,9	41,1	43,5	44,4	38,8	40,4
1979	42,0	40,8	41,1	43,2	44,2	38,8	40,2
1980	41,7	40,6	40,9	40,1	43,8	38,5	39,7
1981	41,2	40,3	40,7	40,9	43,8	38,5	39,8
1982	40,7	39,2	40,6	40,9	43,7	37,7	38,9
1983	40,5	38,8	40,6	41,3	43,2	38,4	40,1
1984	41,1	38,7		41,5	43,0	38,5	40,7

1) Ohne Bergbau und Baugewerbe
2) **Oktober, übrige Länder Jahresdurchschnitte**
3) Bis 1979 nur Männer (der Durchschnitt aller Arbeiter dürfte um 1-2 Stunden niedriger liegen)
4) Frankreich, Niederlande, Großbritannien angebotene, übrige Länder **bezahlte** Wochenstunden

Abb. 8

Tarifliche und tatsächliche[1]) Tagesarbeitszeit der Arbeitnehmer in der Gesamtwirtschaft von 1950 - 1985 (Männer und Frauen)

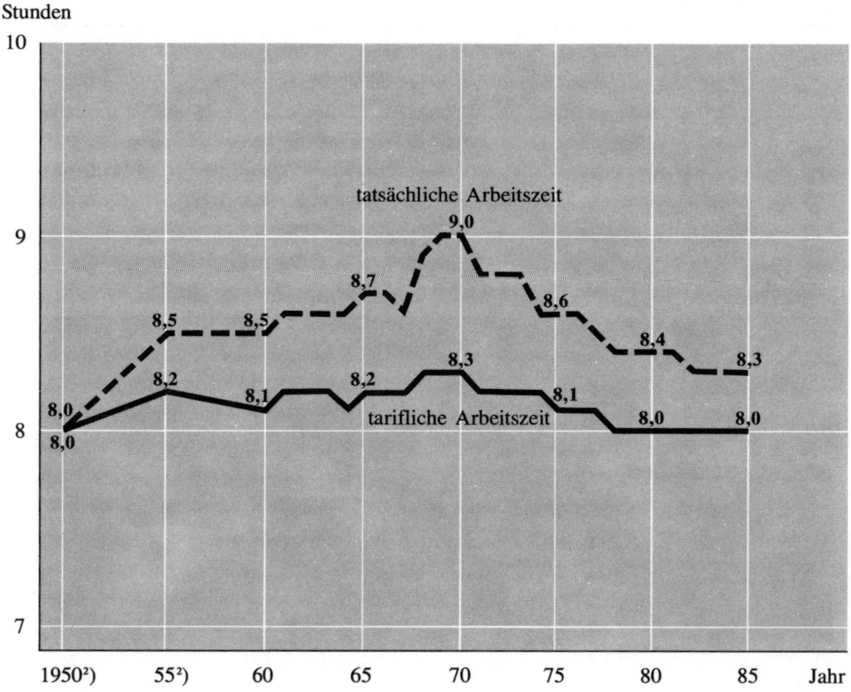

Anmerkungen:

[1]) Errechnet aus den Angaben über die tarifliche Wochenarbeitszeit zuzüglich Mehrarbeitsstunden pro Woche, dividiert durch die Anzahl der wöchentlichen Arbeitstage, wobei gemäß den Berechnungen des IAB eine stetige Abnahme der Arbeitstage pro Woche von 1955 bis 1970 um 0,05 Tage unterstellt wurde.

[2]) Für die Jahre 1950 und 1955 beziehen sich die Daten auf die Arbeiter und Arbeiterinnen des Industriebereichs (ohne Baugewerbe und Bergbau).

- Teilweise eigene Berechnungen

Tab. 28

Zur Entwicklung der Schichtarbeit, der Samstags- und Sonntagsarbeit, der Mehrarbeit und der gleitenden Arbeitszeit nach dem 1. 4. 1985 in der Metallindustrie

Umfrage/Untersuchung Arbeitszeitform	Gesamtmetall 1985 Sonderumfrage in rd. 5000 Betrieben mit ca. 2,2 Mio. Beschäftigten
Ausweitung der Schichtarbeit	9,2 % aller Betriebe, davon 6 % Einführung neuer Schichten
Ausweitung der Samstags-, Sonntagsarbeit	6 % aller Betriebe
Ausweitung der Mehrarbeit	12 % aller Betriebe
Ausweitung der gleitenden Arbeitszeit	12,4 % aller Betriebe

Tab. 29

Erwerbs- und Hausarbeitsstunden pro Werktag bei abhängig beschäftigten Männern und Frauen nach Indikatoren zur (Erwerbs-) Arbeitszeit und Haushaltssituation 1984 (Anteile in %)

	Vollzeitbeschäftigte Männer		Vollzeitbeschäftigte Frauen		Teilzeitbeschäftigte Frauen		Frauen in regelmäßiger Teilzeitbeschäftigung			Frauen in geringfügiger/unregelmäßiger Teilzeitbeschäftigung		
	mit Kind(ern) im HH	ohne Kind(ern) im HH	mit Kind(ern) im HH	ohne Kind(ern) im HH	mit Kind(ern) im HH	ohne Kind(ern) im HH	gesamt	mit Kind(ern) im HH	ohne Kind(ern) im HH	gesamt	mit Kind(ern) im HH	ohne Kind(ern) im HH
Zeit für Erwerbsarbeit pro Werktag												
1-4 Stunden	1,5	1,4	12,2	4,0	48,1	36,3	27,3	31,4	23,7	87,1	90,3	83,1
5-7 Stunden					44,7	53,2	62,0	59,6	63,9	9,8	6,3	13,4
8-10 Stunden	80,4	82,6	80,4	85,5	5,5	9,0	9,0	6,9	10,8	2,2	2,1	2,3
11 und mehr Stunden	18,1	16,0	7,5	10,4	1,7	1,4	1,8	2,1	1,5	0,9	0,7	1,2
Durchschnitt (Std.)	**9,5**	**9,4**	**8,6**	**9,1**	**4,8**	**5,2**	**5,4**	**5,3**	**5,5**	**3,3**	**3,1**	**3,6**
Zeit für Hausarbeit/Besorgungen/Kinderbetreuung pro Werktag												
1 Stunde	59,0	70,2	9,7	28,6	--	6,5	2,0	--	3,8	6,5	--	14,1
2 Stunden	28,0	22,0	18,9	39,3	4,1	15,8	9,4	4,7	13,5	11,7	2,7	22,4
3 Stunden	8,9	4,8	23,1	16,7	9,0	19,3	17,7	11,5	23,2	5,7	3,6	8,3
4 Stunden	2,6	2,3	17,8	8,6	10,5	21,5	18,3	11,7	24,1	10,8	8,1	14,0
5 und mehr Stunden	1,6	0,6	30,6	6,7	76,4	36,9	52,6	72,0	35,4	65,2	85,6	41,2
Durchschnitt (Std.)	**1,6**	**1,4**	**4,0**	**2,3**	**6,4**	**4,1**	**4,9**	**5,7**	**4,1**	**6,3**	**7,9**	**4,4**
Kumulierte Zeit für Erwerbs- und Hausarbeit pro Werktag												
1-4 Stunden	1,1	1,4	3,5	1,1	1,2	8,9	1,4	6,7	2,4	14,3	3,4	26,8
5-7 Stunden					9,8	15,2	9,3		11,6	20,5	16,5	25,1
8-10 Stunden	59,6	64,7	31,4	36,9	35,9	50,5	49,5	39,4	58,2	28,9	28,6	29,1
11-12 Stunden	30,9	27,5	31,5	42,6	30,8	17,6	24,9	31,4	19,3	21,8	29,7	12,7
13 Stunden und mehr	8,4	6,4	33,6	19,3	22,3	7,9	15,0	22,5	8,4	14,6	21,8	6,2
Durchschnitt (Std.)	**11,1**	**10,8**	**12,6**	**11,4**	**11,2**	**9,3**	**10,3**	**11,0**	**9,6**	**9,6**	**11,0**	**8,0**

Tab. 30

Weiterbildungsteilnahme nach Weiterbildungsbereichen in % der Bevölkerung im Alter von 19 bis unter 65 Jahren

Weiterbildungsbereiche	Teilnahme an Weiterbildung im letzten Jahr		
	1979 (in %)	1982 (in %)	1985 (in %)
Berufliche Weiterbildung insgesamt,	**10**	**12**	**12**
und zwar:			
Lehrgänge/Kurse zur Umschulung auf einen anderen Beruf	1	1	1
Lehrgänge/Kurse für den beruflichen Aufstieg (z. B. zum Meister, Techniker, Betriebswirt)	2	2	2
Besondere Lehrgänge/Kurse im Betrieb zur Einarbeitung in eine neue Arbeit	3	4	3
Sonstige Lehrgänge/Kurse im Beruf	6	8	8
Allgemeine Weiterbildung insgesamt,	**12**	**14**	**11**
und zwar Besuch von Kursen, Lehrgängen oder Vorträgen zu den Themenschwerpunkten:			
Fragen der Gesundheit und der gesundheitsgerechten Lebensführung	3	3	2
Versicherungs-, Renten-, Steuer- und sonstige Rechtsfragen	2	2	2
Wie man einen Haushalt führt	1	0	0
Wie man Kinder versorgt und erzieht oder ihnen in der Schule hilft	1	1	1
Wie man mit persönlichen oder familiären Problemen fertig wird	1	1	1
Sprachkenntnisse	3	4	4
Praktische Kenntnisse, die man manchmal braucht, z.B. erste Hilfe, Reparaturen im Haus, am Auto usw.	3	3	2
Naturwissenschaften und Technik	2	1	2
Wie man aktiv seine Freizeit gestalten kann, z.B. basteln, ein Musikinstrument spielen, Tierhaltung, Gartenpflege und andere Hobbys	2	3	3
Wissen auf Gebieten, wie z.B. Kunst, Literatur, Religion, Geschichte oder Länderkunde	2	2	1
Politische Weiterbildung			
Besuch von Kursen, Lehrgängen oder Vorträgen zum Themenbereich:			
Rechte und Pflichten des Staatsbürgers, Wissen über Politik	2	2	2
An mindestens einem der genannten Bereiche (berufliche, allgemeine oder politische Weiterbildung) teilgenommen	**18**	**22**	**19**
Wiederaufgenommene Ausbildung	2	4	3
Sonstige Weiterbildung	3	5	5
Gesamtteilnahmequote	**23**	**29**	**25**

Tab. 31

Erwerbstätige nach dem Zeitaufwand für den Weg zur Arbeitsstätte in %

Zeitaufwand von ... bis unter ... Minuten	Erwerbstätige in %				
	1961	1970	1978	1980	1982
unter 10 Minuten	-	-	26,5 %	20,8 %	20,5 %
unter 15 Minuten	20,2 %	30,5 %	-	-	-
10 - 20 Minuten			26,2 %	29,1 %	30,1 %
15 - 30 Minuten	24,4 %	31,5 %	-	-	-
20 - 30 Minuten		-	16,2 %	17,4 %	17,4 %
30 - 45 Minuten	14,3 %	14,4 % (30 - 60 Minuten)	7,2 %	9,3 %	9,0 %
45 - 60 Minuten	6,0 %		3,9 %	3,7 %	3,4 %
über 60 Minuten	6,8 %	3,9 %	1,9 %	2,5 %	2,4 %
Wohnung und Arbeitsstätte auf dem gleichen Grundstück	27,1 %	19,8 %	14,5 %	15,0 %	14,3 %
keine Angaben	1,4 %	-	3,6 %	2,3 %	2,9 %
durchschnittlicher 1) Zeitaufwand für den Weg zur Arbeitsstätte	22 Min.	18 Min.	17 Min.	17 Min.	17 Min.

1)-Für die Erwerbstätigen, bei denen Wohnung und Arbeitsstätte auf dem gleichen Grundstück liegen, wurden bei der Berechnung des durchschnittlichen Zeitaufwands für den Weg zur Arbeitsstätte 0 Minuten Wegezeit gerechnet.

Tab. 32

Durchschnittlicher Freizeitumfang verschiedener Altersgruppen an Werktagen und Wochenenden 1985 in Stunden pro Tag

Tage	Altersgruppen					
	14-19 Jahre	20-29 Jahre	30-49 Jahre	50-64 Jahre	65 Jahre und mehr	Insgesamt im Durchschnitt
Montag-Donnerstag	7,2	5,6	4,8	6,2	11,0	6,5
Freitag	6,4	5,7	4,4	5,5	8,1	5,7
Samstag	8,7	8,5	7,1	7,6	8,9	7,9
Sonntag	11,4	9,9	8,5	9,2	10,1	9,5

Tab. 33
Freizeitaktivitäten von Jugendlichen und jungen Erwachsenen 1954 und 1984 in %

Erhebungszeitpunkt/ Untersuchungsgruppe Freizeitaktivitäten	1954 (November) 1.493 Befragte im Alter von 15-24 Jahren	1984 (April-Juni) 1.500 Befragte im Alter von 15-24 Jahren
Bücher lesen	35	30
Sport, Wandern	32	48
Rundfunk, Fernsehen	7	24
Kino	6	3

Tab. 34
Vereine und Mitglieder im Deutschen Sportbund

Jahr	Vereine (Anzahl)	(1965 = 100)	Mitglieder (Anzahl)	(1965 = 100)
1965	34441	100,0	6104335	100,0
1970	39201	113,8	8286555	135,8
1975	44373	128,8	11178595	183,1
1980	53451	155,2	14441218	236,6
1981	58937	171,1	15177098	248,6
1982	59871	173,8	15523193	254,3
1983	58091	168,7	15944120	261,2
1984	59717	173,4	16487269	270,1
1985	61514	178,6	16795395	275,1
1986	62930	182,7	17095951	280,1

Abb. 9

Anteil der Haushalte[1]) mit langlebigen Gebrauchsgütern für Hausarbeitsaktivitäten zwischen 1964 und 1985

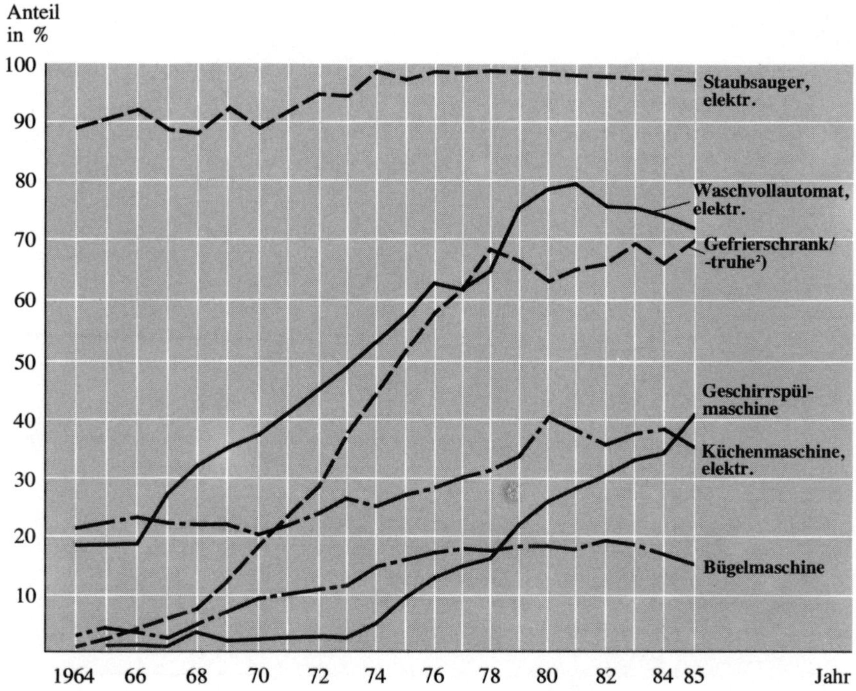

[1]) Es handelt sich um den Haushaltstyp 2 (Vier-Personen-Arbeitnehmerhaushalt mit mittlerem Einkommen)

[2]) 1965 und 1978 wurden unter der Kategorie »Gefrierschränke/-truhen« außerdem »Kühl- und Gefrierkombinationen« miterhoben.

Abb. 10

Anteil der Haushalte[1]) mit langlebigen Gebrauchsgütern für die alltägliche Freizeitgestaltung zwischen 1964 und 1985

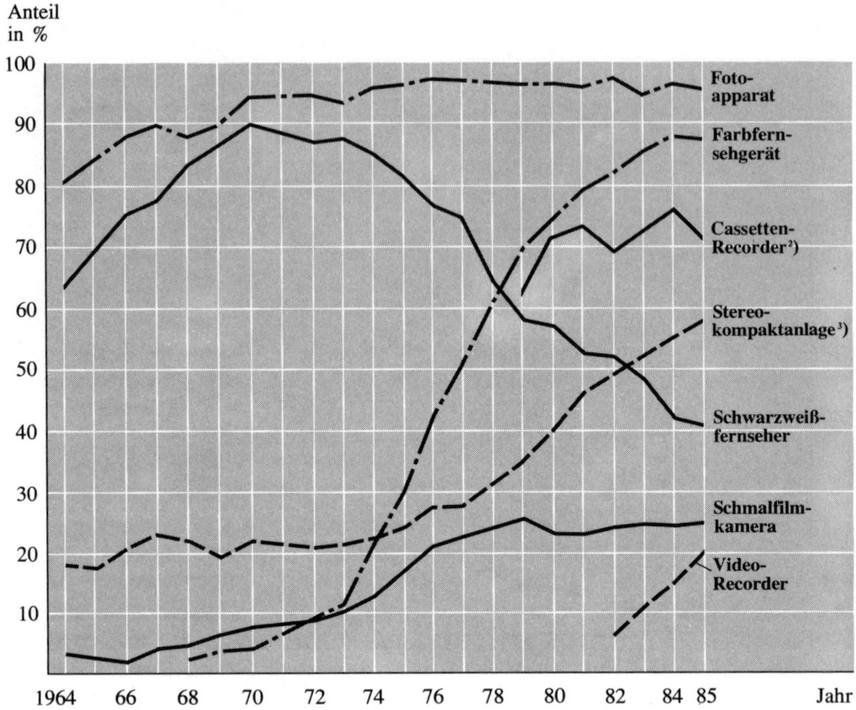

¹) Es handelt sich um den Haushaltstyp 2 (Vier-Personen-Arbeitnehmerhaushalt mit mittlerem Einkommen).

²) Cassetten-Recorder wurden bis einschließlich 1978 bei den Tonbandgeräten und erst ab 1979 gesondert erhoben.

³) Bis einschließlich 1978 wurden nur »Phonokombinationen« (Musikschrank) und ab 1970 dann »Stereo-Kompaktanlagen« und sonstige »Phono-Kombinationen« aufgeführt. In der Abbildung werden somit ab 1979 beide Kategorien zusammengefaßt.

Abb. 11

Täglicher Zeitaufwand für Mediennutzung der Bevölkerung ab 14 Jahre zwischen 1961 und 1985 (in Minuten)

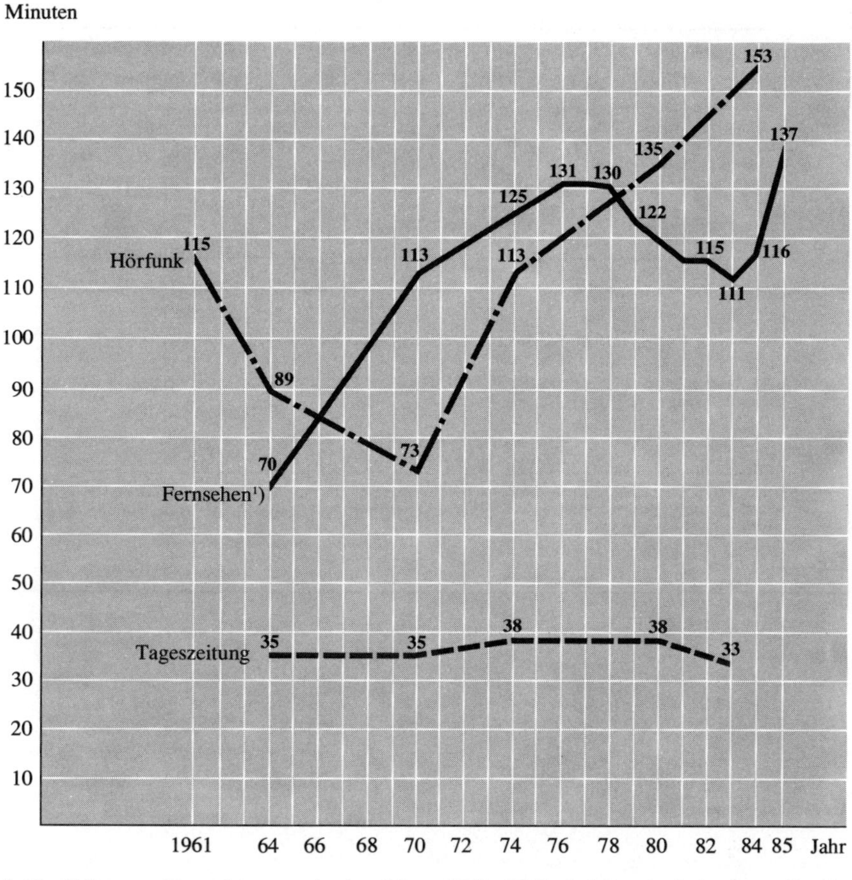

[1]) Die Zeiten zur Fernsehnutzung in den Jahren 1964 - 1974 sind Durchschnittswerte für die Tage Montag bis Samstag. Die Durchschnittszeiten ab 1976 beziehen sich auf die Tage Montag bis Sonntag.

Tab. 35
Nutzung des Fernsehprogramms

	Einschaltdauer der Fernsehgeräte pro Haushalt und Tag[1])			
	1985	1986	1985	1986
	in Min.		in %	
Haushalte mit konventionellem Empfang[2]) insgesamt	209	213	100	100
ARD	89	93	42,6	43,7
ZDF	90	87	43,1	40,8
Dritte Programme	23	23	11,0	10,8
Sonstige	7	10	3,3	4,7

	2. Halbjahr 1986[3])	
	in Min.	in %
Haushalte mit Kabelanschluß[4]) insgesamt	228	100
ARD	70	30,7
ZDF	57	25,0
Dritte Programme	25	11,0
SAT 1	28	12,3
RTL plus	23	10,1
Sonstige	25	11,0

[1]) Montag bis Sonntag; ohne gemeinschaftliches Vormittagsprogramm von ARD und ZDF.
[2]) Panel mit 2.668 Haushalten. [3]) Erhebung wird erst seit dem 1. 7. 1986 durchgeführt.
[4]) Panel mit ca. 400 Haushalten.

Tab. 36
Nutzung des Presseangebots

Zeitungen und Zeitschriften
Stand: jeweils 4. Vierteljahr

	1970		1980		1985		1986	
	Zahl	Auflage[1])	Zahl	Auflage[1])	Zahl	Auflage[1])	Zahl	Auflage[1])
Zeitungen	509	21.846	455	25.939	442	26.541	434	26.275
davon:								
Tageszeitungen	443	20.379	407	24.089	395	24.689	388	24.439
Wochenzeitungen	66	1.467	48	1.799	47	1.851	46	1.836
Zeitschriften	903	79.682	1.016	99.506	1.148	109.231	1.224	116.723
davon:								
Publikums-zeitschriften	237	60.372	271	84.562	369	96.191	411	101.995
Fachzeitschriften	666	19.310	745	14.945	779	13.041	813	14.728

[1]) Verkaufte Auflage in 1.000. Quelle: Informationsgemeinschaft zur Feststellung der Verbreitung von Werbeträgern e.V. (IVW).

Verkaufte Auflage ausgewählter Zeitungen und Zeitschriften
Stand: jeweils 4. Vierteljahr

	1960	1970	1980	1985	1986
	in 1.000				
Bild-Zeitung	3.114,5	3.391,4	4.710,2	5.065,1	4.716,5
Süddeutsche Zeitung	199,5	258,8	330,5	355,5	364,6
Frankfurter Allgemeine	220,8	255,1	312,2	327,3	340,0
Die Welt	224,6	225,5	203,7	202,4	214,8
Frankfurter Rundschau	101,6	146,5	183,9	192,1	191,4
Handelsblatt	24,3	54,8	83,3	95,2	122,4
Bild am Sonntag	1.508,6	2.168,9	2.462,9	2.327,5	2.325,7
Die Zeit	78,7	262,0	388,8	433,2	448,1
Welt am Sonntag	355,4	340,3	325,8	323,7	325,5
Bayernkurier	25,0	121,2	179,1	157,0	159,1
Deutsches Allgemeines Sonntagsblatt	110,6	112,6	125,3	119,2	120,7
Rheinischer Merkur[1])	48,6	50,3	141,3	125,0	119,5
Der Spiegel	340,6	890,4	947,6	926,8	895,6
Capital	9,6[2])	165,0	227,5	255,9	276,2
Impulse	.	.	120,0[3])	125,2	128,1
manager magazin	.	.	70,0[3])	70,8	72,8
industriemagazin[3])	.	26,4[4])	59,8	79,9	81,3
Wirtschaftswoche	10,0	41,3	109,6	119,0	127,6
Stern	1.259,1[5])	1.634,0[5])	1.740,6	1.431,4	1.406,1
Bunte Illustrierte	786,6	1.702,2	1.425,4	1.110,2	1.063,3
Neue Revue[6])	.	1.760,8	1.238,4	1.086,0	1.047,1
Quick	1.202,2	1.432,4	974,2	852,4	815,9

[1]) Ab 1. Quartal 1980 fusioniert mit Christ und Welt. [2]) 4. Quartal 1963. [3]) Garantiert in der Zielgruppe verbreitete Auflage. [4]) 4. Quartal 1971. [5]) Ohne Österreich. [6]) Seit Aug. 1965 aus dem Zusammenschluß von Revue und Neue Illustrierte entstanden.

Tab. 37

Aufwendungen ausgewählter privater Haushalte für Freizeitgüter je Haushalt und Monat*) in DM

Jahr	Insgesamt	Davon entfielen auf										
		Urlaub	Freizeitgüter (ohne Urlaub)									
			zusammen	Bücher, Broschüren, Zeitungen, Zeitschriften	Rundfunk, Fernsehen u. ä., einschl. Gebühren	Kraftfahrzeug¹)	Sport und Camping	Gartenpflege und Tierhaltung	Spiele und Spielzeug	Besuch von Bildungs- und Unterhaltungsstätten²)	Fotografieren, Filmen³)	sonstiger Freizeitbedarf
						Haushaltstyp 1						
1982	122,53	35,39	87,14	23,43	25,02	10,82	1,94	15,15	1,25	1,30	0,85	7,38
1983	141,29	46,56	94,73	25,82	20,10	12,80	2,85	19,88	1,35	1,83	0,84	9,26
1984	140,13	45,93	94,20	26,35	19,09	13,45	2,32	18,52	1,81	1,98	1,07	9,61
1985	153,58	51,32	102,26	27,50	21,49	16,13	2,79	19,28	2,15	2,17	1,03	9,72
						Haushaltstyp 2						
1982	428,48	123,28	305,20	43,90	53,22	63,11	28,28	31,07	19,62	11,04	9,20	45,76
1983	438,27	115,22	323,05	43,71	53,24	68,52	38,93	34,85	19,80	11,77	7,61	44,62
1984	453,88	134,29	319,59	43,27	51,52	69,08	33,67	35,71	20,84	12,32	6,33	46,85
1985	464,52	130,40	334,12	44,43	57,82	75,25	31,58	35,04	21,85	10,96	7,87	49,32
						Haushaltstyp 3						
1982	765,20	270,77	494,43	73,04	66,98	100,34	54,45	53,35	23,28	21,80	15,88	85,31
1983	807,32	280,83	526,49	77,16	75,81	102,49	66,39	57,58	22,42	22,08	14,13	88,43
1984	805,75	284,23	521,52	77,20	67,24	101,97	57,05	61,50	20,61	22,62	12,08	101,25
1985	817,43	281,89	535,54	79,40	70,61	103,49	67,00	55,11	24,30	23,51	14,61	97,51

*) Haushaltstyp 1: Zwei-Personen-Haushälte von Renten- und Sozialhilfeempfängern mit geringem Einkommen;
Haushaltstyp 2: Vier-Personen-Arbeitnehmerhaushalte mit mitttleren Einkommen;
Haushaltstyp 3: Vier-Personen- Haushalte von Beamten und Angestelten mit höheren Einkommen.

¹) 30% der laufenden monatlichen Aufwendungen für das Kraftfahrzeug außerhalb des Urlaubs.
²) Ohne Besuch von Sportveranstaltungen.
³) Ohne Kosten für Entwickeln und Kopieren, die im sonstigen Freizeitbedarf enthalten sind.

Tab. 38

Jährliche Aufwendungen ausgewählter privater Haushalte für Urlaubs- und Erholungsreisen*) in DM

Jahr	Insgesamt		Von den Aufwendungen für Urlaubs- und Erholungsreisen je Haushalt mit Reisen entfielen auf					
	je Haushalt	je Haushalt mit Urlaubs- u. Erholungsreisen	Pauschalreisen	sonstige Reisen	davon			
					Unterkunft und Verpflegung	eigenes Kraftfahrzeug	fremde Verkehrsmittel	sonstige Aufwendungen
				Haushaltstyp 1				
1982	424,68	1 085,97	274,02	811,94	638,88	41,12	110,16	21,79
1983	558,72	1 369,26	265,26	1 103,99	874,61	45,29	163,51	20,59
1984	551,16	1 259,79	379,89	879,91	707,93	38,40	112,73	20,85
1985	615,84	1 259,99	271,05	988,94	790,07	67,76	111,71	19,40
				Haushaltstyp 2				
1982	1 479,36	2 109,37	374,89	1 734,48	1 379,78	174,87	124,91	54,92
1983	1 382,64	2 076,17	389,03	1 687,13	1 340,09	168,30	111,72	67,03
1984	1 611,48	2 293,82	547,79	1 746,03	1 344,45	183,28	150,48	67,81
1985	1 564,80	2 180,06	418,29	1 761,77	1 355,18	174,20	164,01	68,38
				Haushaltstyp 3				
1982	3 249,24	3 785,60	764,05	3 021,54	2 264,20	326,31	313,87	117,16
1983	3 369,96	4 105,83	894,62	3 211,21	2 390,72	326,33	365,36	128,81
1984	3 410,68	3 878,97	963,11	2 915,85	2 248,17	298,88	257,71	111,09
1985	3 382,68	3 986,73	920,98	3 065,75	2 330,60	319,49	272,39	143,27

*) Haushaltstypen siehe Tabelle 37

Abb. 12

Anteile der Urlaubsreisenden an der Bevölkerung zwischen 1954 und 1985[1])

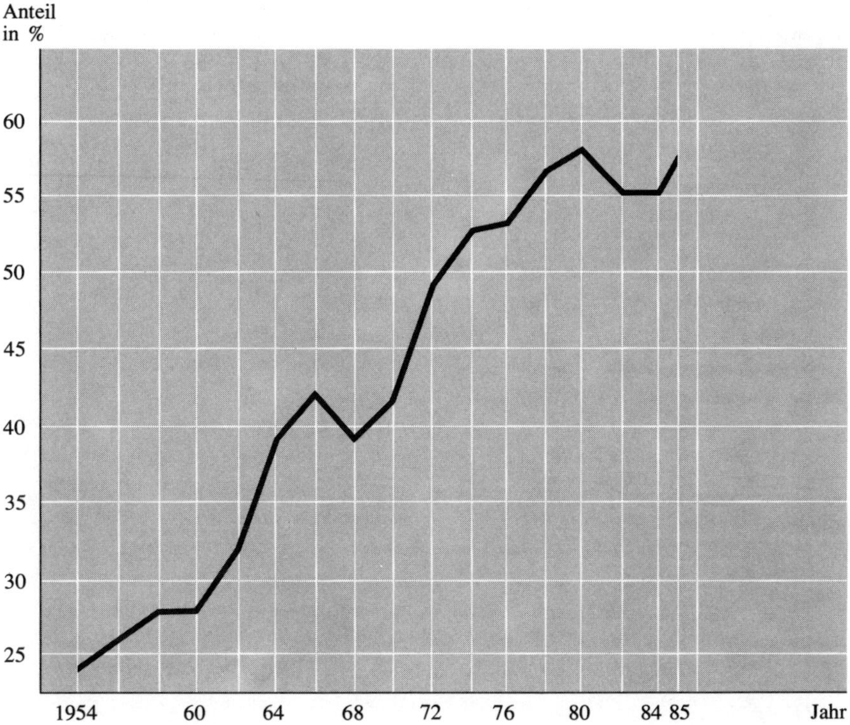

[1]) Bevölkerung ab 14 Jahre

Abb. 13

Durchschnittliche Dauer[1]) der Urlaubs- und Erholungsreisen[2]) pro Jahr zwischen 1968 und 1985[3])

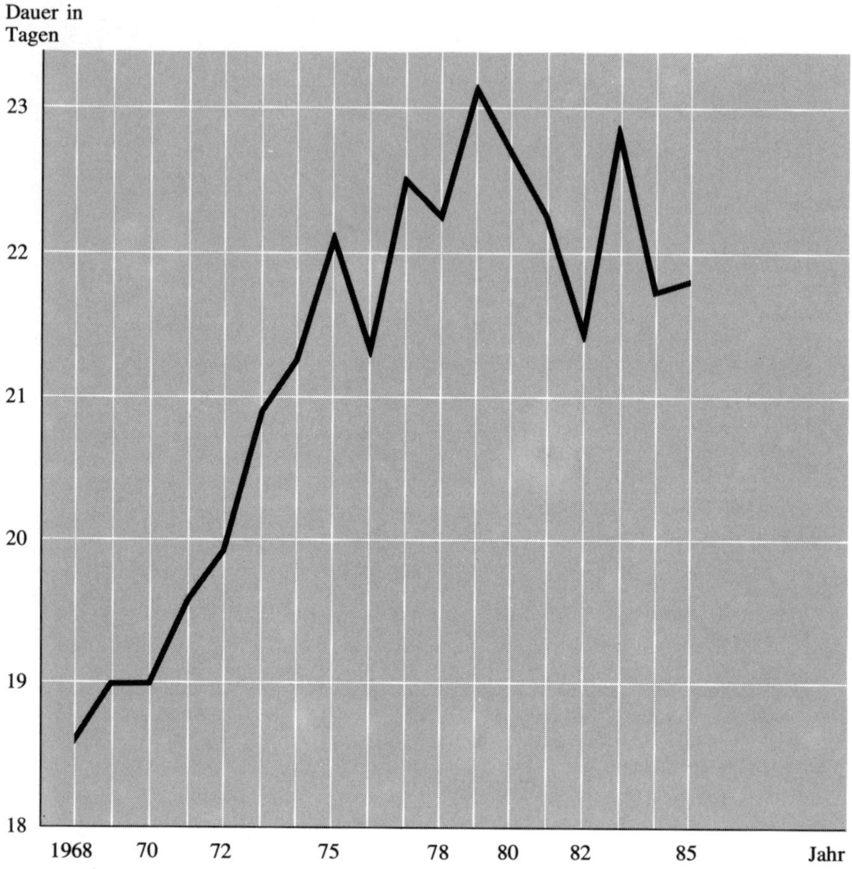

[1]) Nur Reisen von 5 und mehr Tagen
[2]) Je Haushaltsmitglied mit Reisen
[3]) Es handelt sich um den Haushaltstyp 2 (Vier-Personen-Arbeitnehmerhaushalt mit mittlerem Einkommen).

Abb. 14

Anteile der Haupturlaubsreisen im Inland und in das Ausland zwischen 1954 und 1985

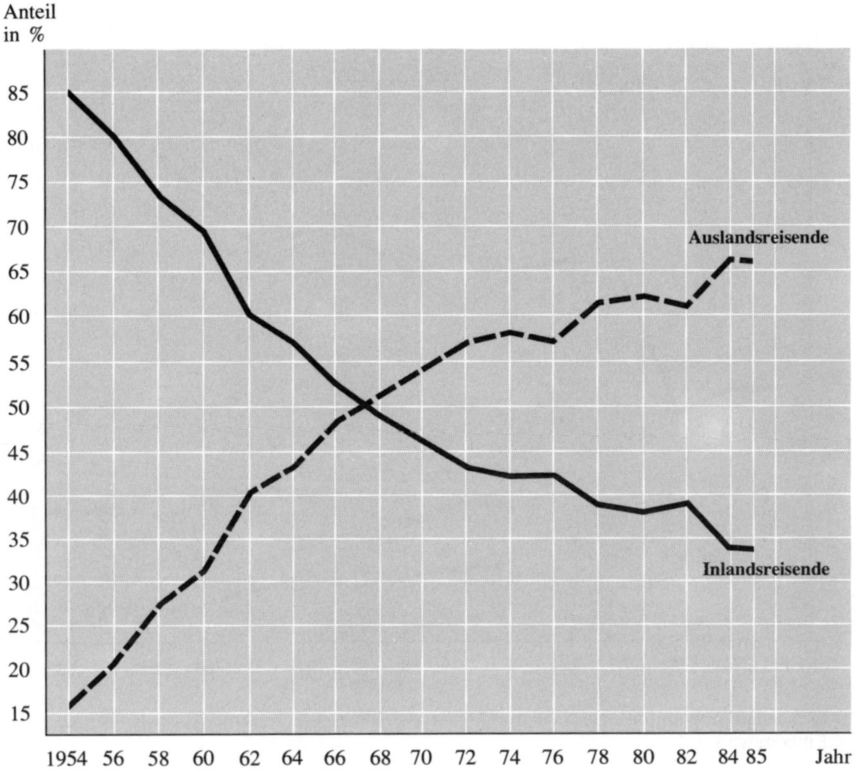

Abb. 15

Anteil der Haushalte[1]) mit langlebigen Gebrauchsgütern für Erholung und Urlaub zwischen 1973 und 1985

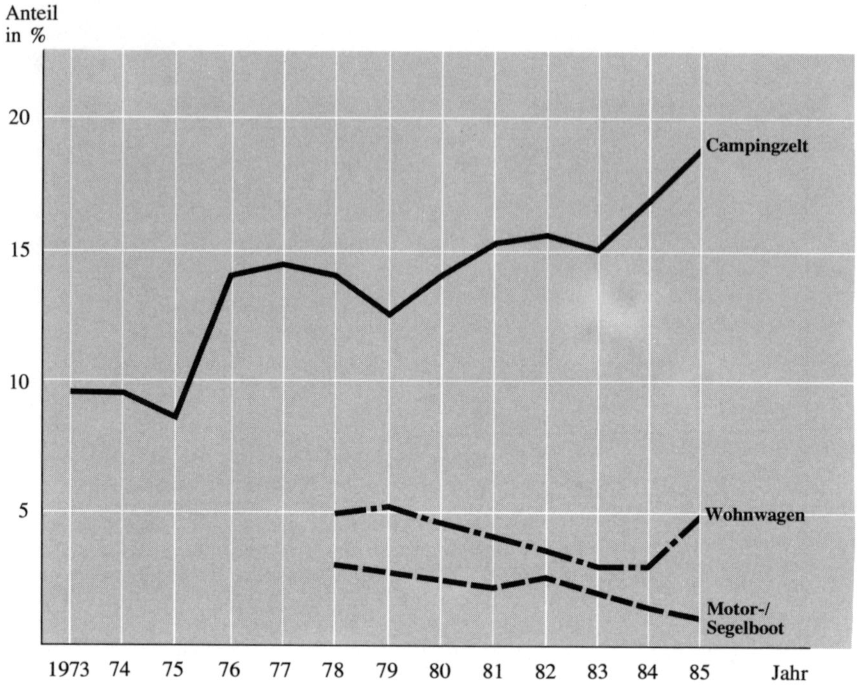

[1]) Es handelt sich um den Haushaltstyp 2 (Vier-Personen-Arbeitnehmerhaushalt mit mittlerem Einkommen).

Abb. 16

Anteil der Ausgaben[1]) für Urlaubs- und Erholungsreisen (Pauschalreisen) am Gesamteinkommen pro Haushalt und Monat zwischen 1964 und 1985[2])

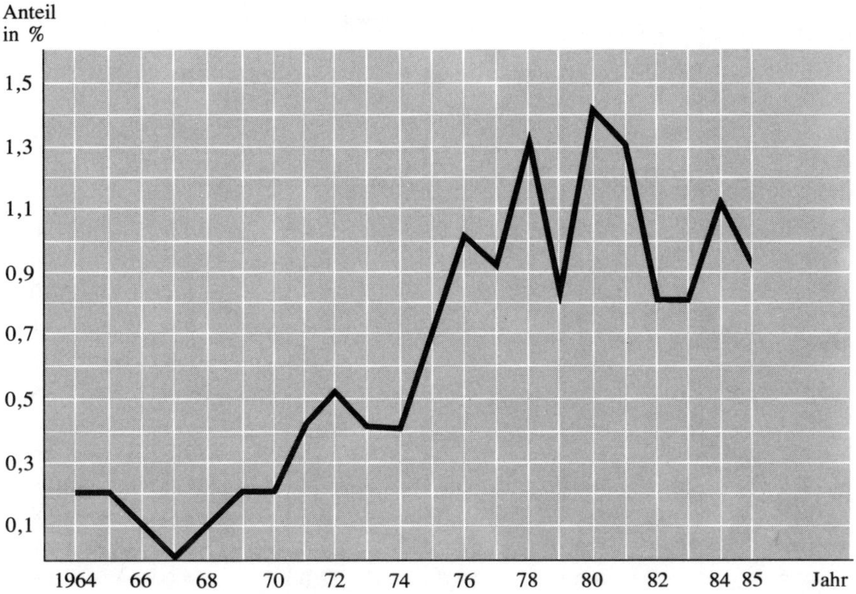

[1]) Anteil an den ausgabefähigen Einkommen und Einnahmen

[2]) Es handelt sich um den Haushaltstyp 2 (Vier-Personen-Arbeitnehmerhaushalt mit mittlerem Einkommen).

Tab. 39

Auslandsreiseverkehr der Bundesrepublik Deutschland

	Einnahmen		Ausgaben		
Jahr	Mrd DM	Veränderung gegen Vorjahr in %	Mrd DM	Veränderung gegen Vorjahr in %	Saldo Mrd DM
1965	2,6	5,8	5,3	16,5	– 2,8
1966	2,7	6,1	6,1	14,9	– 3,4
1967	3,1	11,9	6,1	– 0,7	– 3,0
1968	3,2	5,3	6,3	3,8	– 3,1
1969	3,6	11,5	7,5	18,2	– 3,9
1970 1)	4,9	35,4	10,2	36,9	– 5,4
1971	5,3	9,7	12,6	23,4	– 7,3
1972	6,3	17,6	14,8	17,5	– 8,6
1973	6,5	3,4	17,4	17,3	–10,9
1974	6,4	– 1,3	18,8	8,0	–12,4
1975	7,3	14,0	22,0	17,0	–14,7
1976	8,3	13,6	22,9	4,3	–14,6
1977	9,1	10,1	25,5	11,2	–16,4
1978	9,7	6,7	28,8	12,7	–19,0
1979	10,3	5,8	31,9	10,9	–21,6
1980	11,4	10,3	36,6	14,8	–25,2
1981	13,2	16,5	39,0	6,4	–25,7
1982	13,1	– 1,0	39,3	0,8	–26,2
1983	13,6	4,1	39,1	– 0,5	–25,5
1984	15,4	13,1	40,7	4,1	–25,3
1985	17,3	12,7	43,1	5,9	–25,7
1986	17,0	– 2,0	44,9	4,2	–27,9

1) Ab 1970 einschl. der der Bundesbank von wichtigen Reiseländern mitgeteilten An- und Verkäufe von DM-Noten.

Tab. 40

Bevölkerungsprognose des Bundesinnenministeriums

a) Modellrechnungen zur deutschen Bevölkerung nach Altersgruppen bis 2030 unter drei Annahmen über die Geburtenhäufigkeit[1])

Art der Nachweisung	Stand 1.1.1985	Modell I Geburtenhäufigkeit konstant (NRR 0,60)					Modell II Kohortenmodell mit abnehmender Geburtenhäufigkeit (- 16 %) 2)					Modell III Kohortenmodell mit zunehmender Geburtenhäufigkeit (+ 23 %) 2)				
		1990	2000	2010	2020	2030	1990	2000	2010	2020	2030	1990	2000	2010	2020	2030
Bevölkerungsstand:																
in 1 000	56 644	56 205	54 866	51 476	47 341	42 597	55 990	53 938	50 013	45 151	39 668	56 330	56 135	53 829	50 724	47 532
1985 = 100	100	99	97	91	84	75	99	95	88	80	70	99	99	95	90	84
Nach dem Alter																
unter 20 in 1 000	12 898	11 060	10 661	8 878	7 154	6 480	10 845	9 732	7 627	5 884	4 997	11 185	11 930	11 106	9 278	9 088
%	22,8	19,7	19,4	17,2	15,1	15,2	19,4	18,0	15,3	13,0	12,6	19,9	21,3	20,6	18,3	19,1
1985 = 100	100	86	83	69	55	50	84	75	59	46	39	87	92	86	72	70
20 bis unter 60 in 1 000	31 586	32 504	30 092	28 186	25 406	19 929	32 504	30 092	27 973	24 486	18 483	32 504	30 092	28 311	26 665	22 257
%	55,8	57,8	54,8	54,8	53,7	46,8	58,1	55,8	55,9	54,2	46,6	57,7	53,6	52,6	52,6	46,8
1985 = 100	100	103	95	89	80	63	103	95	89	78	59	103	95	90	84	70
60 und mehr in 1 000	12 159	12 641	14 113	14 412	14 781	16 188	12 641	14 113	14 412	14 781	16 188	12 641	14 113	14 412	14 781	16 188
%	21,5	22,5	25,7	28,0	31,2	38,0	22,6	26,2	28,8	32,7	40,8	22,4	25,1	26,8	29,1	34,1
1985 = 100	100	104	116	119	122	133	104	116	119	122	133	104	116	119	122	133
Belastungsquotienten: Auf 100 20- bis unter 60jährige kommen:																
unter 20jährige	40,8	34,0	35,4	31,5	28,2	32,5	33,4	32,3	27,3	24,0	27,0	34,4	39,6	39,2	34,8	40,8
60jährige und Ältere	38,5	38,9	46,9	51,1	58,2	81,2	38,9	46,9	51,5	60,4	87,6	38,9	46,9	50,9	55,4	72,7
unter 20jährige und 60jährige und Ältere	79,3	72,9	82,3	82,6	86,3	113,7	72,5	79,2	78,8	84,4	114,6	73,3	86,5	90,1	90,2	113,6

1)-Weitere Annahmen für alle Modelle:
Sterblichkeit: Rückgang der Sterblichkeit; Anpassung der Lebenserwartung an günstigere Verhältnisse im Ausland (Zunahme der Lebenserwartung Neugeborener um 2,3 (männlich) bzw. 2,0 Jahre (weiblich) und der ferneren Lebenserwartung 60jähriger um 1,4 Jahre (beide Geschlechter) bis 1995).
Wanderungen: Linearer Rückgang des Zuwanderungssaldos von + 40 000 (1985) über + 20 000 (1999) bis auf + 10 000 (2029).
Einbürgerungen: 1985 - 1999 jährlich 14 000 ab 2000 ansteigend bis auf 25 000 im Jahr 2029
2)-Nichtlinearer Verlauf bis 1995 (Modell II) bzw. 1997 (Modell III).

Forts. 1 Tab. 40

Bevölkerungsprognose des Bundesinnenministeriums

b) Modellrechnungen zur ausländischen Bevölkerung nach Altersgruppen bis 2030 unter drei Annahmen über die Wanderungen[1])

Art der Nachweisung	Stand 1.1.1985	Modell A Ausgeglichener Wanderungssaldo					Modell B Abwanderungsüberschüsse bis 1999 2), dann ausgeglichener Wanderungssaldo					Modell C Zuwanderungsüberschüsse jährlich 55 000 bis 2 009, dann ausgeglichener Wanderungssaldo				
		1990	2000	2010	2020	2030	1990	2000	2010	2020	2030	1990	2000	2010	2020	2030
Bevölkerungsstand:																
in 1 000	4 405	4 542	4 725	4 770	4 614	4 321	4 443	4 352	4 392	4 250	3 993	4 825	5 616	6 327	6 246	5 821
1985 = 100	100	103	107	106	105	96	101	99	100	96	91	110	120	144	142	132
Nach dem Alter																
unter 20 in 1 000..	1 467	1 327	1 015	914	618	726	1 298	931	850	762	677	1 440	1 316	1 356	1 072	819
%	33,3	29,2	21,5	19,2	17,7	16,6	29,2	21,4	19,4	17,9	17,0	29,9	23,4	21,4	17,2	14,1
1985 = 100	100	90	69	62	56	49	88	63	58	52	46	90	90	92	73	56
20 bis unter 60 in 1 000	2 725	2 915	3 069	2 616	2 491	2 263	2 861	2 665	2 630	2 317	2 125	3 080	3 639	3 839	3 398	2 838
%	61,9	64,2	65,0	59,0	54,0	52,8	64,4	65,8	59,9	54,5	53,2	63,8	64,8	60,7	54,4	48,8
1985 = 100	100	107	113	103	91	84	105	105	97	85	76	113	134	141	125	104
60 und mehr in 1 000	213	300	641	1 040	1 305	1 312	285	555	912	1 171	1 190	304	663	1 132	1 775	2 164
%	4,8	6,6	13,6	21,6	28,3	30,4	6,4	12,6	20,8	27,6	29,8	6,3	11,8	17,9	28,4	37,2
1985 = 100	100	141	301	466	613	616	134	261	428	550	559	143	311	531	833	1 016
Belastungs-quotienten: Auf 100 20- bis unter 60jährige kommen:																
unter 20jährige	54	46	33	32	33	32	46	32	32	33	32	47	36	35	32	29
60jährige und Ältere.................	8	10	21	37	52	57	10	19	35	51	56	10	18	29	52	76
unter 20jährige und 60jährige und Ältere	62	56	54	69	85	89		52	67	63	60	57	54	65	84	105

1) Weitere Annahmen für alle Modelle:
Geburtenhäufigkeit: Annäherung an die der Deutschen (Modell I) bis 1999, dann konstant
Sterblichkeit: Konstant (1982/84)
Einbürgerungen: 1985 - 1999 jährlich -14 000; ab 2000 ansteigend bis auf 25 000 im Jahr 2029

2) 1985: Zuwanderungssaldo 60 000; 1986 - 1990 Abwanderungssaldo 40 000 jährlich, 1991 - 1999 Abwanderungssaldo 25 000 jährlich.

Forts. 2 Tab. 40

Bevölkerungsprognose des Bundesinnenministeriums

c) Modellrechnungen zur Gesamtbevölkerung (Deutsche und Ausländer) nach Altersgruppen bis 2030 (Kombination zwischen Modell I und den Modellen A, B und C)

Art der Nachweisung	Stand 1.1.1985	Modell I plus Modell A					Modell I plus Modell B					Modell I plus Modell C				
		1990	2000	2010	2020	2030	1990	2000	2010	2020	2030	1990	2000	2010	2020	2030
Bevölkerungsstand:																
in 1 000	61 049	60 747	59 591	56 247	51 955	46 918	60 648	59 218	52 868	51 591	46 590	61 030	60 484	57 803	53 587	40 418
1985 = 100	100	100	98	92	85	77	99	97	92	85	76	100	99	95	88	79
Nach dem Alter																
unter 20 in 1 000..	14 365	12 307	11 676	9 793	7 972	7 206	12 357	11 592	9 729	7 916	7 158	12 500	11 977	10 234	8 226	7 299
%	23,5	20,4	19,6	17,4	15,3	15,4	20,4	19,6	17,4	15,3	15,4	20,5	19,8	17,7	15,4	15,1
1985 = 100	100	86	81	68	55	50	86	81	68	55	50	87	83	71	57	51
20 bis unter 60 in 1 000	34 311	35 419	33 161	31 002	27 897	22 212	35 365	32 957	30 816	27 723	22 054	35 585	33 731	32 025	28 804	22 767
%	56,2	58,3	55,6	55,1	53,7	47,3	58,3	55,7	55,2	53,7	47,3	58,3	55,8	55,4	53,8	47,0
1985 = 100	100	103	97	90	81	65	103	96	90	81	64	104	98	93	84	66
60 und mehr in 1 000	12 372	12 941	14 754	15 452	16 086	17 500	12 926	14 669	15 324	15 952	17 378	12 945	14 777	15 544	16 556	18 352
%	20,3	21,3	24,8	27,5	31,0	37,3	21,3	24,8	27,4	30,9	37,3	21,2	24,4	26,9	30,9	37,9
1985 = 100	100	105	119	125	130	141	104	119	124	129	140	105	119	126	134	148
Belastungsquotienten: Auf 100 20- bis unter 60jährige kommen:																
unter 20jährige	41,9	35,0	35,2	31,6	28,6	32,4	34,9	35,2	31,6	28,6	32,5	35,1	35,5	32,0	28,6	32,1
60jährige und Ältere........		36,5	44,5	49,8	57,7	78,0	36,6	44,5	49,7	57,5	78,8	36,4	43,8	48,5	57,5	80,6
unter 20jährige und 60jährige und Ältere	77,9	71,5	79,7	81,4	86,2	111,2	71,5	79,7	81,3	86,1	111,2	71,5	79,3	80,5	86,0	112,7

Abb. 17

Gemeinschaftsprojektion von Prognos AG und Institut für Arbeitsmarkt- und Berufsforschung

a) Arbeitsmarktbilanz 1960 - 2000
(Ergebnisse der Modellrechnungen[1]) auf Basis 1982 ohne Vorruhestandseffekte, in Mio.)

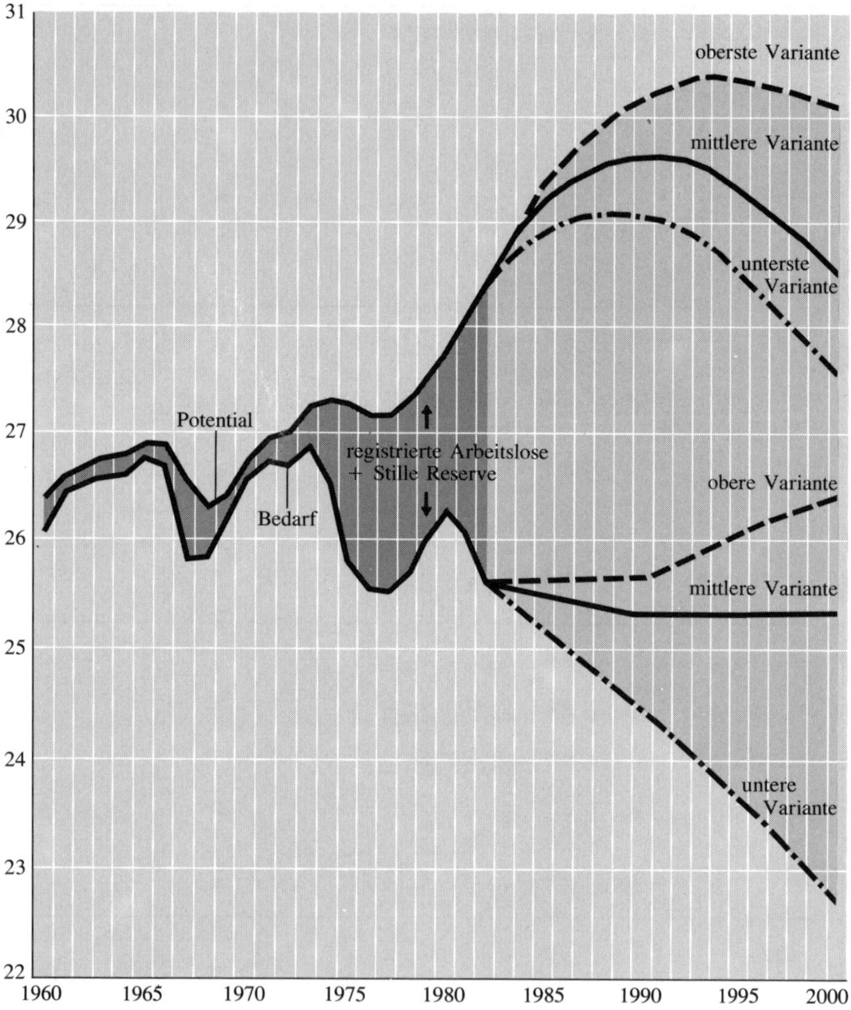

[1]) Projektionswerte des Potentials = IAB-Projektion
Projektionswerte des Bedarfs = IAB/Prognos-Projektion

Forts. Abb. 17

b) Erwerbstätige nach Wirtschaftszweigen in institutioneller Gliederung, Veränderung 1982/2000 in Tausend (Mittlere Variante)

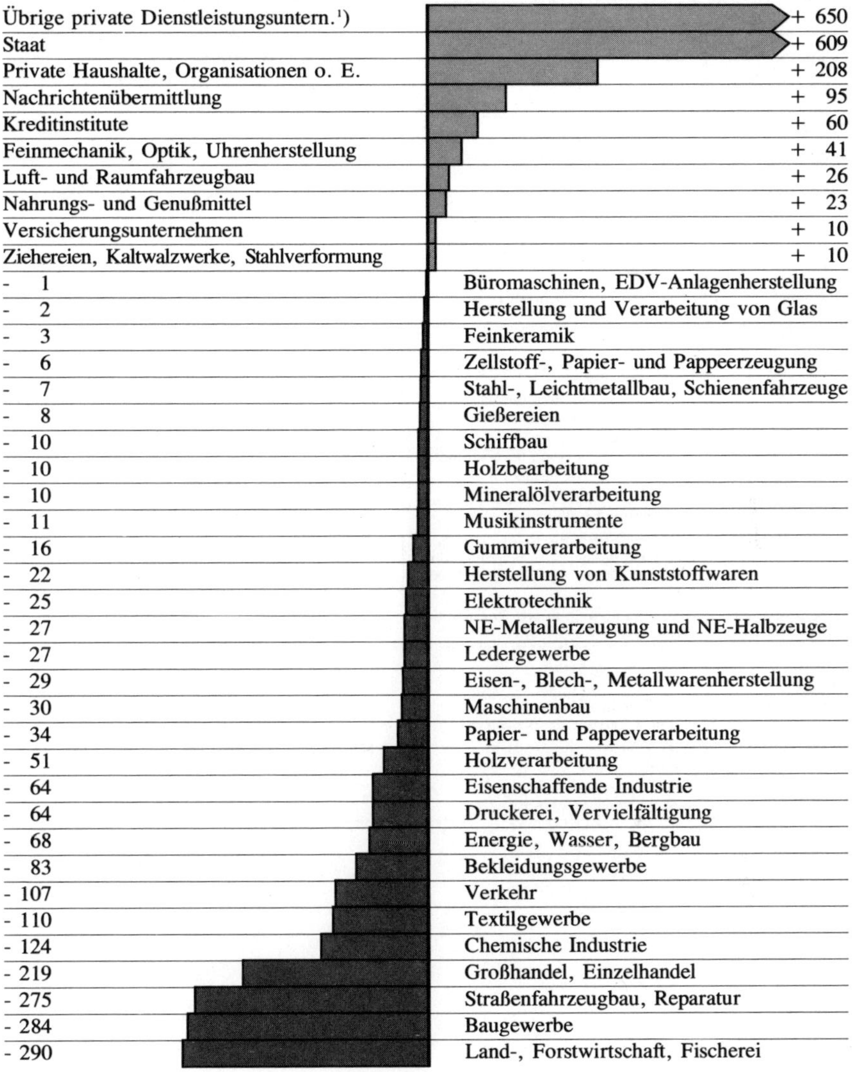

[1]) z. B. Rechts- und Wirtschaftsberatung, Gaststätten, Ausstellungswesen usw.

Tab. 41

Gemeinschaftsprojektion von Prognos AG und Institut für Arbeitsmarkt- und Berufsforschung - Variantenübersicht

a) Projektion des Erwerbspersonenpotentials auf Basis 1982

Varianten	Hauptkennzeichen	Personen in 1000 (Inlandskonzept)				Veränderung in 1000		
		1982	1984	1990[1])	2000	1982/90	1984/90	1990/2000
Deutsche								
untere Variante	Abschwächung der langfristigen Verhaltenstrends, insbesondere bei Frauen	26 081	26 571	26 836	25 174	+ 755	+ 265	– 1662
mittlere Variante	Fortsetzung der langfristigen Verhaltenstrends		26 583	27 016	25 717	+ 935	+ 433	– 1299
obere Variante	stärkerer Anstieg der Frauenerwerbsneigung, weitgehend entsprechend Trends ab 1967		26 631	27 270	26 535	+ 1189	+ 639	– 735
demographische Komponente	spezifische Erwerbsquoten konstant		26 553	26 687	24 749	+ 606	+ 134	– 1938
Ausländer								
untere Variante	gemäßigte Trendfortschreibung der Erwerbsbeteiligung bei Nettoabwanderung Bevölk. bis 1988 von insges. 450 000, Nullwanderung 1989 – 95, Nettozuwanderung Bevölkerung 1996–2000 von insges. 75 000	2274	2180	2204	2329	– 70	+ 24	+ 125
mittlere Variante	gemäßigte Trendfortschreibung wie untere Variante bei Nullwanderung		2360	2587	2759	+ 313	+ 227	+ 172
obere Variante	gemäßigte Trendfortschreibung wie untere Variante bei Zuwanderungssaldo von +55 000 p.a. (1988–92: +85 000 p.a.)		2419	2883	3524	+ 609	+ 464	+ 641
demographische Komponente	spezifische Erwerbsquoten konstant bei Nullwanderung		2379	2664	2909	+ 390	+ 285	+ 245
Deutsche + Ausländer								
unterste Variante	untere Variante für Deutsche + untere Variante für Ausländer	28 355	28 751	29 040	27 503	+ 685	+ 289	– 1537
mittlere Variante	mittlere Variante für Deutsche + mittlere Variante für Ausländer		28 943	29 603	28 476	+ 1248	+ 660	– 1127
oberste Variante	obere Variante für Deutsche + obere Variante für Ausländer		29 050	30 153	30 059	+ 1798	+ 1103	– 94

Forts. Tab. 41
b) Projektion des Arbeitskräftebedarfs auf Basis 1982

Hauptkennzeichen	untere Variante	mittlere Variante	obere Variante
Strukturwandel	wenig	mittel	stark
Wachstumsraten des realen Bruttoinlandsprodukts in % p. a.			
1982/1990	+ 1,5	+ 2,4	+ 2,7
1984/1990	+ 1,4	+ 2,5	+ 3,0
1990/1995	+ 1,1	+ 2,6	+ 3,1
1995/2000	+ 0,9	+ 2,6	+ 3,1
1982/2000	+ 1,2	+ 2,5	+ 3,0
Wachstumsraten der Produktivität je Erwerbstätigen in % p. a.			
1982/1990	+ 2,1	+ 2,5	+ 2,7
1984/1990	+ 1,9	+ 2,4	+ 2,7
1990/1995	+ 1,8	+ 2,6	+ 2,8
1995/2000	+ 1,8	+ 2,6	+ 2,8
1982/2000	+ 1,9	+ 2,5	+ 2,8
Veränderungsraten der durchschnittl. Arbeitszeit je Erwerbstätigen in % p. a.			
1982/2000	− 1,3	− 1,0	− 1,2
Wachstumsraten der Produktivität je Erwerbstätigenstunde in % p. a.			
1982/2000	+ 3,2	+ 3,5	+ 4,0
Veränderungsraten der Zahl der Arbeitsplätze in % p. a.			
1982/1990	− 0,6	− 0,2	+ 0
1984/1990	− 0,5	+ 0,1	+ 0,3
1990/1995	− 0,7	+ 0	+ 0,3
1995/2000	− 0,9	± 0	+ 0,3
1982/2000	− 0,7	− 0,1	+ 0,2
Zahl der Arbeitsplätze in 1000			
Basisjahr 1982		25 572	
effektiv 1983		25 167	
vorläufig 1984		25 111	
1990	24 424	25 257	25 600
1995	23 622	25 283	25 997
2000	22 609	25 282	26 344
Veränderung in 1000			
1982/1990	− 1 148	− 315	+ 28
1984/1990	− 687	+ 146	+ 489
1990/2000	− 1 815	+ 25	+ 744
1982/2000	− 2 963	− 290	+ 772

Tab. 42

Arbeitsmarktprognose des Deutschen Instituts für Wirtschaftsforschung

Arbeitsvolumen und Produktivität (jahresdurchschnittliche Veränderungen in vH)

	1980/ 1973	1986/ 1980	1990/ 1986	1995/ 1990	2000/ 1995
Arbeitsvolumen	-1,2	-0,9	-0,6	-0,1	-0,3
Zahl der Erwerbstätigen	-0,3	-0,4	-0,1	0,4	0,2
Durchschnittl. jährl. Arbeitszeit	-0,9	-0,6	-0,5	-0,5	-0,5
Produktivität					
je Erwerbstätigen	2,5	1,8	1,3	1,9	1,7
je Arbeitsstunde	3,5	2,4	1,8	2,4	2,3
Bruttoinlandsprodukt zu Preisen von 1980	2,2	1,5	1,2	2,2	1,9

Erwerbsbeteiligung und Arbeitsmarkt[1])

	1973	1980	1983	1986	1990	1995	2000
Wohnbevölkerung	61,98	61,57	61,42	60,95	60,77	60,44	59,59
davon							
15 bis unter 65 Jahre	39,51	40,83	42,39	42,74	42,02	40,86	39,92
Männer	19,26	20,25	21,10	21,42	21,21	20,68	20,18
Frauen	20,25	20,58	21,29	21,32	20,81	20,18	19,74
Potentialerwerbsquote in vH[2])							
Männer	89,3	85,0	83,0	82,6	83,5	83,3	83,0
Frauen	49,9	51,6	52,6	53,8	55,2	55,6	56,5
Erwerbspersonenpotential	27,28	27,84	28,71	29,17	29,20	28,45	27,90
Männer	17,19	17,22	17,52	17,69	17,71	17,23	16,75
Frauen	10,09	10,62	11,19	11,48	11,49	11,22	11,15
Stille Reserve	0,09	0,62	1,12	1,15	1,19	0,75	0,46
Erwerbspersonen	27,20	27,22	27,59	28,02	28,01	27,70	27,44
Erwerbstätige	26,92	26,33	25,33	25,79	25,72	26,19	26,49
Arbeitslose	0,27	0,89	2,26	2,23	2,29	1,50	0,96

[1]) Mill. Personen, Inländerkonzept, Jahresdurchschnittswerte. — [2]) Bezogen auf die 15- bis unter 65jährigen.

Tab. 43

Arbeitszeit-Szenario des Wirtschafts- und Sozialwissenschaftlichen Instituts des Deutschen Gewerkschaftsbundes

a) Modellrechnung für Instrumente, Begünstigtengruppen und Volumen von Arbeitszeitverkürzungen (AZV) im Rahmen des 'Arbeitszeitplans 1990 - 2010'

Instrument	(Verkürzungs)-Anspruch	Begünstigter Personenkreis[1]	Ausfall/Reduktion des Arbeitsvolumens	
			pro Tag und Person in Stunden (Basis 1990: 37 Std./Wo.)[2]	im Jahr gesamtwirtschaftlich in Mill. Stunden (Basis 1990: 39,8 Mill. Std.[3])
1. Allgemeine tägliche AZV	tariflicher 6-Std.-Tag (Mo—Fr)	alle Arbeitnehmer/innen: 22,8 Mill.	1,4	6703
2. AZV für besonders belastete Gruppen	zusätzlich 6 Std./Wo. weniger	belastete Arbeitnehmer/innen: 7 Mill.[4]	1,2	1764
3. Erziehungs-AZV für Väter und Mütter mit Kindern von 0—6 Jahren	zusätzlich 10 Std./Wo. weniger (max. 3 Jahre lang) pro Erziehungsperson	Erziehende: 3,6 Mill.[5] bzw. Kinder zwischen 0—6 J.: 2,0 Mill.	2,0	1512
4. Erziehungs-AZV für Väter und Mütter mit Kindern von 7—16 J.	zusätzlich 5 Std./Wo. weniger (max. 5 Jahre lang) pro Erziehungsperson	Erziehende: 7,0 Mill.[6] bzw. Kinder: 7,0 Mill.	1,0	1470
5. Gleitender Ruhestand ab 56 Jahre	zusätzlich 10 Std./Wo. weniger	Personen: 2,5 Mill.[7] (1,6 Mill. Männer, 0,9 Mill. Frauen)	2,0	1025
6. Ausgleich von Mehrarbeit durch AZV	Jede Mehrarbeit wird durch Freizeit ausgeglichen	22,8 Mill. Arbeitnehmer/innen mit durchschnittlich 1,5 Std./Wo. Mehrarbeit[8]	0,3	1436
Zusammen	—	—	—	13910

1) Der Umfang der begünstigten Personenkreise wird der Bevölkerungsstatistik bzw. der Bevölkerungsstruktur von 1985 entnommen und bis zum Jahr 2010 fortgeschrieben. Damit sind die Personenkreise Maximalwerte unter der Annahme, daß die Bevölkerung und ihre Struktur bis dahin konstant bleiben. — 2) Es wird angenommen, daß bis 1990 überall die tarifliche 37-Stunden-Woche durchgesetzt ist. — 3) Es wird angenommen, daß bis 1990 das gesamtwirtschaftliche Arbeitsvolumen von 43,6 Mill. Stunden 1986 auf 39,8 Mill. Stunden sinkt, wozu trotz einer unterstellten leichten Zunahme der Erwerbstätigen um rund 0,5 Mill. Personen vor allem folgende fiktive Eckdaten für die durchschnittliche Arbeitszeit pro Person und Jahr von insgesamt 1.513 Stunden in 1990 (statt 1.630 Stunden in 1986) beitragen: Tarifliche Wochenarbeitszeit 37 Stunden, tariflicher Jahresurlaub 31 Tage, Mehrarbeitsstunden pro Woche 1,5 Stunden, effektive Arbeitstage pro Jahr 210 (bei ansonsten mehr oder weniger unveränderten übrigen Arbeitszeit-Komponenten). Die Reduktion des gesamtwirtschaftlichen Arbeitsvolumens für die Verkürzungs-Instrumente errechnet sich nach der einfachen Formel: Inanspruchnahme in vH des Begünstigtenkreises x beanspruchte AZV pro Tag x 210 effektive Arbeitstage pro Jahr. — 4) Geschätzter Personenkreis, durch Staub, Hitze, Lärm, Nässe usw. belastet. — 5) Annahme: Der Anspruch für die 2 Millionen Kinder wird voll, d.h. von Vater und Mutter hintereinander jeweils 3 Jahre (Alleinerziehende: 6 Jahre), also von 2 Millionen Arbeitnehmern ausgeschöpft. In Wirklichkeit wird die Ausschöpfungsquote geringer sein, weil im hier zugrunde gelegten Modell-Tarifvertrag der Lohnausgleich der Höhe nach auf 75 vH beschränkt wird und weil mit einer weiteren Reduktion der Inanspruchnahme durch die Überlappung von Erziehungszeiten bei relativ dichter Geburtenfolge bzw. mehreren Kindern pro Haushalt zu rechnen ist. — 6) Annahme: Wie bei 5), wobei hier die aufeinanderfolgenden Freizeiten von Vater und Mutter jeweils maximal 5 Jahre betragen (Bei Alleinerziehenden 10 Jahre). — 7) Teilweise geschätzt. Auch hier wird angenommen: Volle Inanspruchnahme trotz ebenfalls der Höhe nach auf 75 vH beschränkten Lohnausgleich. 8) Es wird angenommen, daß sich die durchschnittliche Mehrarbeit pro Woche von 1,6 Stunden in 1986 bis 1990 auf 1,5 Stunden reduziert.

Forts. Tab. 43

b) Eckdaten der Entwicklung von deutscher Bevölkerung und deutschem Erwerbstätigenpotential nach amtlichen Bevölkerungsprognosen[1] - in Mill. Personen

Altersgruppen (AG)[2)] *Erwerbsquoten (EQ)[3)]*	1985	1990	2000	2010	2030
männlich					
AG 0—15 Jahre	4,2	4,1	4,1	3,1	2,5
AG 15—65 Jahre	19,5	19,5	18,5	17,2	13,0
EQ 83 vH	*16,2*	*16,2*	—	—	—
EQ 87 vH[4)]	—	—	*16,1*	*14,9*	*11,3*
AG 65 und mehr	3,0	3,1	3,8	4,7	5,1
weiblich					
AG 0—15 Jahre	4,1	3,9	3,5	3,0	2,3
AG 15—65 Jahre	20,0	19,4	18,6	16,8	12,8
EQ 53/55 vH[5)]	*10,6*	*10,7*	—	—	—
EQ 67 vH	—	—	*12,5*	—	—
EQ 75/87 vH[6)]	—	—	—	*12,6*	*11,1*
AG 65 und mehr	5,8	6,2	6,3	6,7	6,9
insgesamt					
AG 0—15 Jahre	8,3	8,0	7,6	6,1	4,8
AG 15—65 Jahre	39,5	38,9	37,1	34,0	25,8
Erwerbspersonen[7)]	*26,8*	*26,9*	*28,6*	*27,5*	*22,4*
AG 65 und mehr	8,8	9,3	10,1	11,4	12,0
AG zusammen	56,6	56,2	54,9	51,5	42,6

1) Die Daten zur Bevölkerungsprognose wurden dem Statistischen Jahrbuch 1986, Wiesbaden 1986, S. 67 entnommen. — 2) Die Altersgruppen sind genau zu lesen als: von... bis unter... Jahre. — 3) Erwerbsquote ist der Anteil der arbeitsuchenden Personen im „erwerbsfähigen Alter" zwischen 15 und 65 Jahren. — 4) Es wird angenommen, daß die Männer-Erwerbsquote in Zukunft nicht zuletzt aus gesundheitspolitischen Gründen (wozu auch weitere Arbeitszeitverkürzung als Vorsorgemaßnahme gehört) wieder steigt, was vor allem ältere Jahrgänge betrifft. Dabei ist 87 vH noch nicht als Maximalwert zu betrachten. — 5) 53 vH für 1985 und 55 vH für 1990. — 6) 75 vH für 2010 und 87 vH für 2030 wie bei den Männern. — 7) Summe der jeweils oben unter „männlich" und „weiblich" zugrunde gelegten Erwerbsquoten.

Abb. 18:
Potentielle Wachstumsfelder (nach dem BAT-Freizeit-Forschungsinstitut)

Nach Ansicht des BAT Freizeit-Forschungsinstituts kristallisieren sich im 21. Jahrhundert folgende Lebensziele heraus, die zu potentiellen Wachstumsfeldern der Zukunft werden:

Gesünder leben
Bedarfsfelder:
- Körperkultur (Schönheitspflege, Bio-Kosmetik, Fitneßtraining)
- Badekultur (Sauna, Massage)
- Ökologiekultur (Bio-Läden, alternative Energien)

Geselliger leben
Bedarfsfelder:
- Clubkultur (Sport-Clubs, Freizeit-Treffs, Hobby-Gruppen)
- Spielkultur (Spielräume, Spielplätze, neue Unterhaltungsspiele)
- Kneipenkultur (Gaststätten, Eck-Kneipen, Bistros)

Genußorientierter leben
Bedarfsfelder:
- Mußekultur (Musik, Lesen, Sprachen, Malen, Weben)
- Wochenendkultur (Party-Service, Video-Home-Service, Camping)
- Zerstreuungskultur (Videotheken, Freizeitparks)

Aktiver leben
Bedarfsfelder:
- Do-it-yourself-Kultur (Heimwerken, Tischlern, Renovierungsarbeiten)
- Hobbykultur (Handarbeiten, Stricken, Häkeln)
- Bewegungskultur (Joggen, Tennis)

Bewußter leben
Bedarfsfelder:
- Sicherheitskultur (Lebensversicherung, Altersvorsorge, Gesundheitsurlaub)
- Verbraucherkultur (Preisbewußtsein, Verbraucherberatung)
- Beteiligungskultur (Mitarbeit in Eltern-, Mieter-, Bürgerinitiativen)

3. Quellenverzeichnis

3.1 Amtliche Statistik

Bundesanstalt für Arbeit (Hrsg.): Amtliche Nachrichten der Bundesanstalt für Arbeit, Nürnberg, 35. Jg. (1987), Heft 5 und Sondernummer Jahreszahlen 1986 (Abb. 3, 5 und Tab. 7, 8, 17, 18).

Deutsche Bundesbank (Hrsg.): Monatsberichte der Deutschen Bundesbank, Frankfurt, 38. Jg. (1986), Heft 1/86 (Tab. 39).

Deutsche Bundesbank (Hrsg.): Statistische Beihefte zu den Monatsberichten der Deutschen Bundesbank, Reihe 3: Zahlungsbilanzstatistik, Frankfurt, Heft 8/1987 (Tab. 39).

Statistisches Bundesamt (Hrsg.): Statistisches Jahrbuch 1987 für die Bundesrepublik Deutschland, Stuttgart und Mainz 1987 (Abb. 1, 4 und Tab. 2, 3, 34, 37, 38 sowie Werte zur Aktualisierung anderer Tab.).

Statistisches Bundesamt (Hrsg.): Wirtschaft und Statistik, Stuttgart und Mainz, Jahr 1986 u. 1987 (Abb. 2 und Tab. 15).

Statistisches Landesamt Baden-Württemberg (Hrsg.): Bruttoinlandsprodukt und Erwerbstätige 1970 bis 1985, Statistische Berichte Nr. PI1-2/85, Stuttgart 1987 (Tab. 5).

3.2 Datensammlungen

Bundesminister der Finanzen (Hrsg.): Datensammlung, Stand: September 1987, vervielfältigt, Bonn 1987 (Tab. 11).

Bundesminister des Innern (Hrsg.): Modellrechnungen zur Bevölkerungsentwicklung in der Bundesrepublik Deutschland - Aktualisierte Fassung - vervielfältigt, Bonn, 10. Februar 1987 (Tab. 40).

Bundesminister für Arbeit und Sozialordnung (Hrsg.): Statistisches Taschenbuch 1986. Arbeits- und Sozialstatistik, Bonn 1986 (Tab. 1, 4, 6, 10, 21, 22, 23, 25, 26, 27).

Bundesminister für Bildung und Wissenschaft (Hrsg.): Grund- und Strukturdaten 1986/87, Bonn 1986 (Tab. 14).

Bundesminister für Bildung und Wissenschaft (Hrsg.): Berichtssystem Weiterbildungsverhalten 1985, in: Bildung Wissenschaft Aktuell, Bonn, Heft 7/87 (Tab. 30).

Institut der Deutschen Wirtschaft (Hrsg.): Zahlen zur wirtschaftlichen Entwicklung der Bundesrepublik Deutschland, Ausgabe 1987, Köln 1987 (Tab. 12, 13, 20, 35, 36).

3.3 Schriften

Blazejczak, Jürgen u. a.: Perspektiven der wirtschaftlichen Entwicklung in der Bundesrepublik Deutschland bis zum Jahre 2000, in: DIW-Wochenbericht, Berlin 54. Jg. (1987), S. 329 ff. (Tab. 42).

Büchtemann, Christoph; Schupp, Jürgen: Zur Sozio-Ökonomie der Teilzeitbeschäftigung in der Bundesrepublik Deutschland. Analysen aus der ersten Welle des 'Sozio-ökonomischen Panel', in: WZB discussion papers, IIM/LMP 86 - 15, Berlin 1986 (Tab. 19 u. 29).

Chevallerie, Oscar de la: Zur Entwicklung der Langzeitarbeitslosigkeit, in: DIW-Wochenbericht, Berlin, 54 Jg. (1987), S. 415 ff. (Tab. 9).

Hegner, Friedhart u. a.: Entwicklungen der erwerbsgebundenen und erwerbsfreien Zeit in der Bundesrepublik Deutschland nach 1950, Gutachten im Auftrag des Ministers für Stadtentwicklung, Wohnen und Verkehr des Landes Nordrhein- Westfalen, unveröffentlichter Entwurf, Bielefeld 1987. (Abb. 8 bis 16, Tab. 28, 31 bis 33).

Hofer, Peter; Schnur, Peter: Projektion des Arbeitskräftebedarfs nach Sektoren, in: Mitteilungen aus der Arbeitsmarkt- und Berufsforschung, Stuttgart u. a., 19. Jg. (1986), S. 36 ff. (Abb. 17).

Klauder, Wolfgang u. a.: Arbeitsmarktperspektiven der 80er und 90er Jahre. Neue Modellrechnungen für Potential und Bedarf an Arbeitskräften, in: Mitteilungen aus der Arbeitsmarkt- und Berufsforschung, Stuttgart u.a., 18. Jg. (1985), S. 41 ff. (Abb. 15 u. Tab. 41).

Kurz-Scherf, Ingrid: WSI-Tarifarchiv: Bilanz der Tarifrunde 1986, in: WSI-Mitteilungen, Köln, 40. Jg. (1987) S. 132 ff. (Tab. 16 u. 24).

Landenberger, Margarete: Flexible Arbeitszeitformen im Spannungsfeld von ökonomischer Liberalisierung und sozialem Schutzbedarf, in: Aus Politik und Zeitgeschichte. Beilage zur Wochenzeitung Das Parlament, Trier, B. 21/87, S. 15 ff. (Abb. 7).

Ohne Verfasserangabe: Altersfreizeiten. Schrittweiser Rückzug, in: Informationsdienst des Instituts der deutschen Wirtschaft, Köln, 13. Jg. (1987), Heft 27, S. 6 f. (Abb. 6).

Ohne Verfasserangabe: Arbeitsgesellschaft: Die Freizeit-Arbeiter kommen, in: Informationsdienst des Instituts der deutschen Wirtschaft, Köln, 13. Jg. (1987), Heft 18, S. 8 (Abb. 18).

Schäfer, Claus: Arbeitszeitverkürzungs-Plan für den Zeitraum von 1990 bis 2010, in: WSI-Mitteilungen, Köln, 40. Jg. (1987), S. 502 ff. (Tab. 43).

Autorenverzeichnis

Karlheinz Blessing, Dr.,
Industriegewerkschaft Metall für die Bundesrepublik Deutschland,
Wilhelm-Leuschner-Straße 79 - 85, 6000 Frankfurt am Main 11

Werner Glastetter, Prof. Dr.,
Universität Bielefeld, Fakultät für Wirtschaftswissenschaften,
Universitätsstraße, 4800 Bielefeld 1

Friedhart Hegner, Dr.,
Institut für Sozialplanung, Management und Verwaltung,
Ellerstraße 22, 4800 Bielefeld 1

Rolf G. Heinze, Prof. Dr.,
Fachbereich Soziologie, Universität-Gesamthochschule Paderborn,
Pohlweg 55, 4790 Paderborn

Joachim Jens Hesse, Prof. Dr.,
Hochschule für Verwaltungswissenschaften,
Freiherr-vom-Stein-Straße 2, 6720 Speyer

Michael Jungblut, Diplom-Volkswirt,
Zweites Deutsches Fernsehen,
Redaktion Wirtschafts-, Sozial- und Umweltpolitik,
Postfach 4040, 6500 Mainz

Claus Offe, Prof. Dr.,
Fakultät für Soziologie, Universität Bielefeld,
Postfach 8640, 4800 Bielefeld 1

Bodo Richter, Dr.,
Oberstadtdirektor Stadt Wuppertal,
5600 Wuppertal 2

Jürgen P. Rinderspacher, Dr.,
Institut für christliche Gesellschaftswissenschaften, Universität Münster,
Universitätsstraße 13 - 17, 4400 Münster

Claus Schäfer,
Wirtschafts- und Sozialwissenschaftliches Institut des Deutschen
Gewerkschaftsbundes GmbH,
Hans-Böckler-Straße 39, 4000 Düsseldorf

Christoph Zöpel, Dr.,
Minister für Stadtentwicklung, Wohnen und Verkehr
des Landes Nordrhein-Westfalen,
Breite Straße 31, 4000 Düsseldorf

Joachim Jens Hesse /Christoph Zöpel

Zukunft und staatliche Verantwortung

Gegenwärtig werden an den Staat unterschiedliche, im Kern nicht vereinbare Ansprüche gestellt. Hinterfragt werden seine Zukunftsverantwortung und seine Fähigkeit zur Gestaltung der Zukunft. Aktive Steuerung des technischen Fortschritts wird von ihm erwartet; aber auch für die ökologischen und sozialen Folgen der technischen Entwicklung soll er Verantwortung tragen. Zugleich werden Privatisierung, Entstaatlichung und Deregulierung postuliert, entweder zugunsten vorhandener gesellschaftlicher »Kräfte« oder zugunsten neuartiger sozialer Netzwerke. Faktisch werden in weiteren Bereichen staatliche Planungs- und Rationalitätsansprüche zurückgenommen.
Eine systematische Beschäftigung mit Zukunftsfragen und eine Diskussion der Rolle des Staates bei der Zukunftsgestaltung sind überfällig. Die Herausgeber haben eine Publikationsreihe eröffnet, die ein Forum für einen auf Dauer angelegten Dialog über die Möglichkeiten der ökologischen, ökonomischen und sozialen Erneuerung westlicher Industriestaaten schaffen will. »Forum Zukunft« präsentiert Analysen, Prognosen und Meinungen zu zentralen Zukunftsfragen in der Diskussion von Persönlichkeiten, die in Staat, Wirtschaft, Wissenschaft und Verbänden Verantwortung tragen.
Der vorliegende erste Band widmet sich allgemeinen Fragen der Zukunftsforschung sowie der absehbaren Veränderungen von Rahmenbedingungen für staatliches Handeln: Bevölkerungsentwicklung, gesamtwirtschaftliche Rahmenbedingungen, die mittel- und langfristige Arbeitsmarktentwicklung, Technikentwicklung und Innovationsdynamik sowie ökologische Herausforderungen.

1987, 216 S., 18,– DM ISBN 3-7890-1437-0
(Forum Zukunft, Band 1)